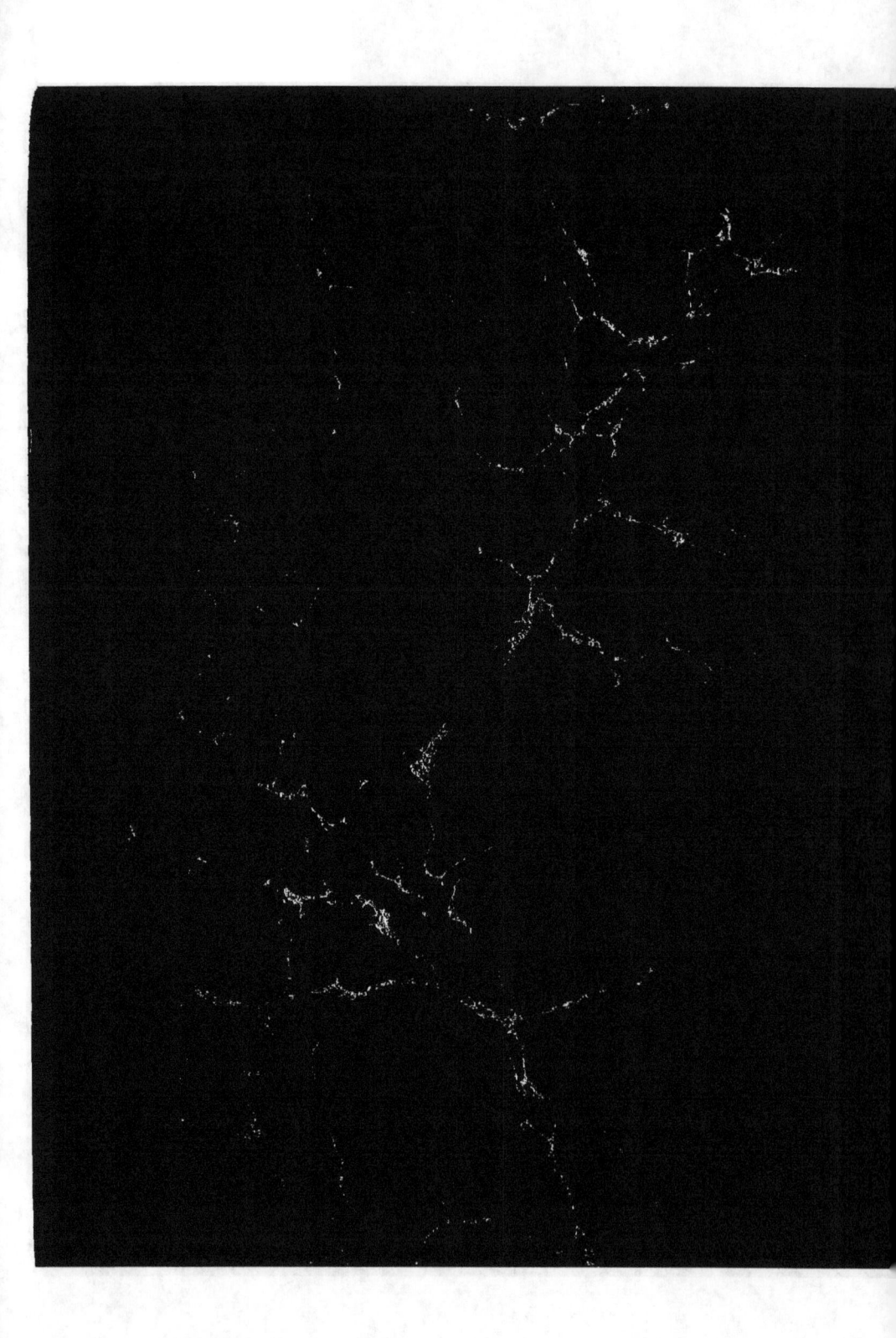

MŒURS, USAGES
ET COSTUMES
AU MOYEN AGE
ET A L'ÉPOQUE
DE LA RENAISSANCE

Typographie Firmin Didot. — Mesnil (Eure).

In epyphania domini ad ſi abſolute incipiat ebdo;
mat:nonoſ; Domine la: aña; Afferte. domino filij rei:
bia; nec: Desiadiutoriuʒ adozate dm̄ in aula ſcta eius;

LA REINE DE SABA DEVANT SALOMON.

Miniature du *Bréviaire* du cardinal Grimani, attribuée à Memling, Biblioth. de S.-Marc, à Venise.
Costumes du xve siècle. (D'après une copie appartenant à M. Ambroise-Firmin Didot.)

Le roi incline son sceptre vers la reine pour indiquer qu'il accueille volontiers la personne et le don. Cinq demoiselles
accompagnent la reine. Les six courtisans de Salomon sont à la droite du trône.

COSTUMES
AU
MOYEN ÂGE
ET À
LA RENAISSANCE

MOEURS, USAGES

ET COSTUMES

AU

MOYEN AGE

ET A L'ÉPOQUE DE

LA RENAISSANCE

PAR PAUL LACROIX

(Bibliophile Jacob)

CONSERVATEUR DE LA BIBLIOTHÈQUE NATIONALE DE L'ARSENAL

OUVRAGE ILLUSTRÉ

DE QUINZE PLANCHES CHROMOLITHOGRAPHIQUES

EXÉCUTÉES PAR F. KELLERHOVEN

ET DE QUATRE CENT QUARANTE GRAVURES

DEUXIÈME ÉDITION

PARIS

LIBRAIRIE DE FIRMIN DIDOT FRÈRES, FILS ET CIE

IMPRIMEURS DE L'INSTITUT, RUE JACOB, 56

1872

Reproduction et traduction réservées.

1871

MŒURS, USAGES
ET COSTUMES
AU MOYEN AGE
ET A L'ÉPOQUE DE LA RENAISSANCE

CONDITION DES PERSONNES
ET DES TERRES

Désordre de l'Occident au commencement du moyen âge. — Mélanges des institutions romaines, germaniques et gauloises. — Fusion opérée par Charlemagne. — Autorité royale. — Condition des grands feudataires. — Division du territoire et prérogatives attachées à la possession territoriale. — Les hommes libres et l'aleu. — Le lide, le colon, le serf, roturiers qui sont le principe du peuple moderne. — Formation de la commune. — Bourgeoisies. — Servitudes. — Droit de mainmorte.

E moyen âge, dit le savant Benjamin Guérard, est le produit de la civilisation païenne, de la barbarie germanique et du christianisme. Il commence en 476, à la déposition d'Augustule, et finit en 1453, à la prise de Constantinople par Mahomet II. La chute de deux empires, celui d'Occident et celui d'Orient, marque ainsi les termes de sa durée. Son premier acte, qui est dû aux Germains, fut la destruction de l'unité politique, que remplaça ensuite l'unité religieuse. Alors on vit naître, sur les ruines du pouvoir central, une multitude de forces éparses et désordonnées. Le joug de la domination impériale fut brisé par les barbares : mais le peuple, loin de s'élever à la liberté, descendit à tous les degrés de la servitude. Au lieu d'un despote, il eut des milliers de tyrans, et ce fut avec une peine et une lenteur extrêmes qu'il se dégagea des entraves de la féodalité. »

Rien de plus étrangement troublé que l'Occident à l'époque de la dissolution de l'empire des Césars; rien de plus divers ni de plus discordant que les

Fig. 1 et 2. — Costumes des Francs, du quatrième au huitième siècle, d'après les documents originaux recueillis par H. de Vielcastel dans les grandes bibliothèques de l'Europe.

intérêts, les institutions, les États de la société livrée aux Germains. D'ailleurs, jamais société formée d'éléments plus hétérogènes, plus incompatibles. D'un côté, des Goths, des Bourguignons, des Vandales, des Allemands, des Francs (fig. 1 et 2), des Saxons, des Lombards : nations, ou plutôt hordes conquérantes; de l'autre, des Romains ou des peuples devenus romains par un long asservissement à la domination romaine (fig. 3). Il y avait, des deux parts, des hommes libres, des affranchis, des colons, des esclaves, et plusieurs degrés étaient marqués dans la liberté comme dans la servitude. Ce principe hiérarchique s'appliquait même au sol. Les domaines, divisés en terres franches et en terres tributaires, en terres seigneuriales et en terres

Fig. 3. — Costumes de soldats romains, d'après les miniatures de divers manuscrits du sixième au douzième siècle.

Fig. 4. — Costume de guerrier germain,

serviles, constituaient des *aleus*, des *bénéfices* ou *fiefs* et des *tenures*. Ajoutons que les coutumes et, en quelque sorte, les lois variaient indéfiniment, suivant les maîtres et les pays. Partout diversité, inégalité, et, en conséquence, partout lutte et anarchie.

Les Germains (fig. 4) n'avaient rien apporté, en deçà du Rhin, des héroïques vertus que Tacite leur a prêtées en écrivant leur histoire, dans le but très-évident de faire la satire de ses compatriotes. Chez les Romains dégénérés, que ces farouches Germains avaient assujettis, la civilisation se résumait, au contraire, en un ensemble de mœurs relâchées, dissolues. Vainqueurs et vaincus n'avaient donc à mettre en commun, pour fonder une société nouvelle, que des ruines et des vices.

A vrai dire, l'apport des conquérants fut encore le plus mauvais; car

Fig. 5. — Esclaves ou serfs, du sixième au douzième siècle, d'après les documents originaux recueillis par H. de Vielcastel dans les grandes bibliothèques de l'Europe.

outre les instincts grossiers et malfaisants qu'ils avaient gardés seuls de leur barbarie primitive, ils arrivaient à l'œuvre de reconstruction sociale avec une espèce de besoin naturel de servilité. Pour eux, la liberté, au nom de laquelle ils bravaient les plus grands dangers, n'était que le simple droit de faire le mal, d'obéir à une ardente soif de butin. Dès longtemps aussi au fond de leurs forêts, ils avaient adopté la bizarre institution du *vasselage* (fig. 5). Lorsqu'ils vinrent en Occident créer des États, au lieu de fondre et de niveler les personnalités, ils ne firent que les échelonner depuis le sommet jusqu'à la base de leur édifice social. Dépendre d'un maître, tel fut leur premier principe politique : et sur ce principe devait un jour s'asseoir la féodalité.

La domesticité était, en effet, de toutes les conditions et de tous les rangs. On la trouvait dans le palais du souverain aussi bien que dans les habitations de ses sujets. Le vassal, qui se faisait servir à table par un valet, servait lui-même, comme valet, à la table de son seigneur; les seigneurs en usaient de même entre eux selon l'ordre de suzeraineté, et tous ces services, véritablement corporels, que chacun rendait et se faisait rendre, étaient regardés, non comme des devoirs onéreux, mais comme des droits et des honneurs. Le sentiment de la dignité et de l'indépendance personnelles, qui est devenu, pour ainsi dire, l'âme des sociétés modernes, n'existait pas ou n'existait que d'une manière fort équivoque chez les Germains. Si nous en pouvions douter, nous n'aurions qu'à nous rappeler que ces hommes si fiers, si insouciants de la souffrance et de la mort, risquaient souvent au jeu leur liberté, dans l'espoir d'un gain pécuniaire qui leur promettait l'assouvissement de quelque brutale passion.

Lorsque les Francs s'emparèrent de la Gaule, leurs costumes, leurs institutions firent nécessairement invasion dans la société romaine (fig. 6); mais ce fut pour y exercer la plus désastreuse influence, à tous les points de vue, et l'on peut aisément démontrer

Fig. 6. — Roi ou chef franc, armé du scramasax d'après une miniature du neuvième siècle, dessinée par H. de Vielcastel.

que la civilisation ne sortit de ce chaos qu'au fur et à mesure que l'esprit tudesque se retira du monde. Tant que cet esprit domina, il n'y eut pas plus de liberté individuelle que de liberté publique. La patrie se réduisait à la famille, et la nation à la tribu. La Gaule se trouva bientôt morcelée en seigneuries presque indépendantes les unes des autres : point de loi générale ni d'intérêt commun. Voilà comment se manifestait le génie germanique.

La solidarité s'établit d'abord au sein des familles. Si quelqu'un souffrait d'une violence, il chargeait ses parents réunis d'en poursuivre la réparation. La question devait alors se vider entre la famille de l'offensé et celle de l'offenseur, également associées dans le but de débattre ensemble une cause qui n'intéressait qu'elles, sans reconnaître aucun pouvoir établi, sans invoquer aucune législation en vigueur. Cependant, si les parties s'étaient recommandées à des hommes puissants, la querelle, grandissant, pouvait allumer la guerre entre deux seigneuries. Toutefois le roi n'intervenait, à son tour, que dans les cas où la sûreté de sa personne et les intérêts de ses domaines se trouvaient menacés.

Les délits et les peines étaient, d'ailleurs, toujours rachetables à prix d'argent. Le fils, par exemple, au lieu de venger la mort de son père, recevait du meurtrier une certaine indemnité en numéraire, d'après le tarif légal; et la justice alors était satisfaite.

Le tarif des indemnités ou des compositions à payer pour chaque offense faisait le fond du code des lois chez la principale tribu des Francs, code essentiellement barbare, qu'on nomme la *loi salique* ou des *Saliens* (fig. 7). Mais tel était l'esprit d'inégalité parmi les peuples germains, qu'un principe fondamental généralement admis chez eux voulait que la justice eût toujours une application subordonnée à la condition des personnes. Plus on était fort, plus on était protégé par la loi; plus on était faible, moins on était défendu par elle. La vie d'un Franc avait, en droit, deux fois plus de valeur que celle d'un Romain; la vie d'un client du roi en avait trois fois plus que celle d'un homme isolé qui ne possédait pas cette attache protectionnelle. D'autre part, le châtiment était d'autant plus prompt et rigoureux, que le coupable appartenait à une classe moins élevée. En cas de vol, par exemple, un personnage considérable était appelé au tribunal du roi, qui avait arbitrairement égard au rang que l'accusé occupait dans la hiérarchie sociale; s'agissait-il, au contraire, d'un pauvre homme, le juge ordinaire, prononçant en dernier ressort, le faisait saisir et pendre sur-le-champ.

Aucune institution politique n'offrant chez les Germains plus de grandeur ni d'équité que chez les Francs et les autres races barbares, nous ne saurions accepter le système des historiens qui ont voulu présenter les Germains comme les véritables régénérateurs de la société en Europe. Les deux sources de la civilisation moderne sont incontestablement l'antiquité païenne et le christianisme.

Après la chute des rois mérovingiens, il y eut un grand progrès dans l'état

Fig. 7. — Le roi des Francs, au milieu des chefs militaires qui formaient sa *treuste*, ou sa cour armée, dicte la loi salique, code des lois barbares. Fac-simile d'une miniature en camaïeu des *Chroniques de Saint-Denis*, manuscrit du quatorzième siècle (Bibliothèque de l'Arsenal).

politique et social des peuples. Ces rois, qui n'étaient que des chefs de bandes indisciplinées, avaient été impuissants à constituer la royauté proprement dite. Leur autorité fut personnelle plutôt que territoriale; car il y eut dans la délimitation de leurs domaines conquis des fluctuations incessantes. Aussi était-ce avec raison qu'ils s'attribuaient le titre de *rois des Francs*, et non celui de *rois de France*.

Charlemagne fut le premier qui, tendant à cette unification sociale dont l'organisation romaine lui fournissait un admirable exemple, sut réunir, diriger et maîtriser les forces divergentes et opposées, établir et coordonner des administrations publiques, fonder et bâtir des villes, former et reconstruire en quelque sorte un nouveau monde avec les éléments et les instruments

Fig. 8. — Charles, fils aîné du roi Pépin, reçoit la nouvelle de la mort de son père, et les grands feudataires lui offrent la couronne. Costumes de la cour de Bourgogne au quinzième siècle. Fac-simile d'une miniature de l'*Histoire des Empereurs* (Bibliothèque de l'Arsenal).

mêmes de la destruction (fig. 8). On le vit assigner à chacun sa place, créer à tous une communauté d'intérêt, faire d'une foule de petits peuples épars une grande et puissante nation : en un mot, rallumer le flambeau de la civilisation antique. Quand il mourut, après quarante-cinq ans du règne le plus actif et le plus glorieux, il laissait un empire immense dans une paix profonde (fig. 9). Mais ce magnifique héritage devait malheureusement passer dans des mains indignes ou inhabiles. La société retomba bientôt dans l'anarchie, dans la confusion. Les grands, investis à leur tour du pouvoir, se firent une guerre acharnée, et affaiblirent successivement l'autorité souveraine, en

Fig. 9. — Portrait de Charlemagne, que la Chanson de Roland nomme *li roi à la barbe grifaigne* ou grisonnante. Fac-simile d'une gravure de la fin du seizième siècle.

se disputant, en s'arrachant les lambeaux du royaume et de la royauté.

La révolution qui s'opéra dans la société sous la dynastie carlovingienne eut cette fois pour caractère particulier de rendre territorial ce qui auparavant n'était qu'individuel, et de détruire, pour ainsi dire, la personnalité. L'usurpation foncière des grands ayant été limitée par les petits, chacun ne songea plus qu'à devenir seigneur terrien. La possession de la terre fut alors la base des diverses conditions sociales, et il s'ensuivit dans l'état des personnes beaucoup moins de servitude et plus de stabilité. Les anciennes lois des tribus nomades tombèrent en désuétude ; et en même temps disparurent maintes distinctions de race et de caste, incompatibles avec le nouvel ordre de choses. Comme il n'y avait plus de Saliens, de Ripuaires ni de Visigoths parmi les hommes libres, il n'y eut plus de colons, de *lides* ni d'esclaves parmi les hommes privés de la liberté.

Des chefs de famille fixés au sol devaient naturellement avoir d'autres vues, d'autres besoins, d'autres mœurs, que des chefs d'aventuriers errants. Il ne s'agissait plus pour eux de rendre forte la bande, mais la demeure. Les forteresses allaient succéder aux associations armées. Ce fut le temps où

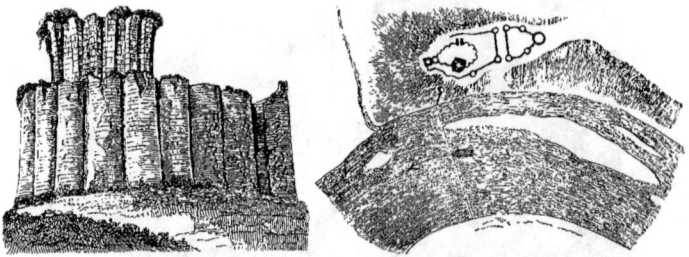

Fig. 10 et 11. — État actuel et plan du château féodal de Château-Gaillard aux Andelys, qui passait au moyen âge pour un des plus forts châteaux de France, reconstruit au douzième siècle par Richard Cœur-de-Lion.

chacun, par un sentiment d'égoïsme antisocial, se cantonna et se retrancha chez soi du mieux qu'il put. Les rives des fleuves, les sites escarpés, les hauteurs inaccessibles furent occupés par des tours et des donjons, entourés de fossés, servant d'abri aux maîtres des terres (fig. 10 et 11). Bientôt les asiles devinrent des lieux d'offense. Aposté chez lui, comme un oiseau de proie dans son aire, le seigneur faisait le guet, toujours prêt à fondre, non-seulement sur son ennemi, mais encore sur son voisin pour le dépouiller, sur le voyageur pour le rançonner. Partout la société se tenait en embuscade et guerroyait sans paix ni trêve : c'était le règne de la féodalité.

Il va sans dire que l'établissement d'un pareil système de guerre, ou plutôt de brigandage permanent, n'avait pas peu contribué à restreindre et à abaisser le pouvoir centralisateur. Aussi, vers la fin de la deuxième race, la royauté se trouvait-elle singulièrement affaiblie ; et quand les descendants de Hugues Capet voulurent la relever en lui donnant une large base, ils se virent obligés, pour s'étendre sur le sol, de s'avancer pied à pied, en attaquant l'un après l'autre les châteaux-forts, en forçant les seigneurs à reconnaître la suzeraineté du roi, en rattachant à la commune chaque fief, chaque cité, chaque province. Il leur fallut des siècles de combats et de négociations avant de constituer le domaine de France.

Fig. 12. — Chevaliers et hommes d'armes, couverts de cottes de mailles, sous le règne de Louis le Gros, d'après une miniature d'un psautier écrit à la fin du onzième siècle.

Les communes, les bourgeoisies, contribuèrent puissamment à la restauration du pouvoir monarchique, aussi bien qu'à la formation de la nationalité française; mais l'influence excellemment bienfaisante qui se fit sentir au moyen âge, ce fut celle du christianisme. Le dogme d'une origine et d'une destinée communes à tous les hommes n'était rien moins qu'un appel incessant à l'émancipation de chacun. L'égalité religieuse préparait l'égalité politique. Les frères devant Dieu tendaient à devenir égaux devant la loi, et, de chrétiens, citoyens.

Lentement, toutefois, s'opéra cette dernière transformation, qui suivit dans ses progrès le plus ou moins de fixité de la propriété. A l'origine, l'esclave ne possédait que sa vie, imparfaitement garantie, même par la loi de charité qui se faisait de jour en jour mieux écouter. Il devint ensuite colon, fermier (fig. 13 et 14), travaillant pour son compte moyennant des conditions ou *tenures,* des redevances, des services souvent exagérés, il est vrai ; il appartenait encore à la glèbe, à ce champ sur lequel il était né, mais au moins était-il sûr que ce champ ne lui serait pas enlevé, et qu'en cédant à son maître une partie de son temps, de ses forces, du fruit de son travail, il pourrait jouir du reste à sa guise. Le fermier se changea ensuite en proprié-

Fig. 13. — Colons laboureurs (douzième siècle), d'après une miniature d'un manuscrit dit de la Sainte-Chapelle, de la Bibliothèque nationale de Paris.

taire, possédant en propre sa personne aussi bien que les terres qu'il cultivait, à la charge par lui de satisfaire à quelques obligations toutes matérielles, qui d'ailleurs s'allégèrent de jour en jour et finirent par disparaître tout à fait. Entré dans la commune, il figura bientôt aux assemblées provinciales, et il fit le dernier pas dans cette voie de progrès social, quand le suffrage de ses pairs l'envoya prendre rang aux états du royaume. Ainsi le peuple, qui avait commencé par l'excessive servitude, arriva graduellement à la souveraineté.

Précisons maintenant avec quelques détails les diverses conditions des personnes au moyen âge.

Le roi, qui tenait ses droits de la naissance et non de l'élection, jouissait d'une autorité relativement absolue, c'est-à-dire proportionnée à la puissance de son génie, à l'étendue de son domaine, au dévouement de ses vassaux. Investi d'un pouvoir qui longtemps ressembla au commandement d'un général d'armée, il n'eut en principe d'autres ministres que des officiers auxquels il déléguait sommairement ses pouvoirs dans telle ou telle province : le même personnage décidant arbitrairement, au lieu et place du roi, sur toutes les questions administratives. Un seul magistrat figurait officiellement près du souverain : c'était le référendaire ou chancelier, qui vérifiait, scellait et expédiait les ordonnances royales.

Quelques grands officiers apparaissent cependant dès le septième siècle, qui sont particulièrement attachés à la personne ou à la maison du roi; un

Fig. 14. — Colons travaillant à la terre (douzième siècle), d'après une miniature d'un manuscrit dit de la Sainte-Chapelle, de la Bibliothèque nationale de Paris.

comte du palais, pour l'examen et la direction des procès portés devant le trône; un maire du palais, qui à une certaine époque s'éleva de l'administration des biens royaux à la suprême puissance; un archichapelain présidant aux affaires ecclésiastiques; un cambrier, chargé du service du trésor de la chambre, et un comte de l'étable, ou *connétable,* du service des écuries.

Pour toutes les affaires importantes, le roi consultait ordinairement les grands de son entourage; mais, comme dans les cinq ou six premiers siècles de la monarchie la résidence royale n'avait aucune permanence, il est probable que ce conseil d'État était composé en partie des officiers qui suivaient le roi, et en partie des seigneurs qui venaient le visiter, ou qui résidaient dans le voisinage du lieu où il se trouvait alors. Ce fut seulement sous les Capétiens que le conseil royal prit un caractère régulier, et s'assembla même à des époques déterminées.

En temps ordinaire, c'est-à-dire quand il n'était pas en campagne avec son armée, le roi n'avait guère autour de lui que sa famille, les officiers de son service personnel et les ministres chargés de l'expédition des affaires; vivant tantôt sur une de ses terres, tantôt sur une autre, il ne tenait réellement sa cour qu'aux grandes fêtes de l'année.

Jusqu'au treizième siècle, il n'y eut, à proprement parler, ni impôt ni trésor public. Le roi recevait, soit en argent, soit en nature, par l'intermédiaire d'officiers spéciaux, des redevances essentiellement variables, mais souvent très-fortes, et perçues presque exclusivement sur ses domaines personnels et privés. Dans les circonstances graves seulement, il faisait appel au concours pécuniaire de ses vassaux.

Les grands, qui vivaient loin de la cour, les uns dans les gouvernements que le roi leur confiait, les autres dans leurs propres fiefs, avaient la plupart une maison montée sur le modèle de celle du roi. De nombreux et considérables privilèges les élevaient au-dessus des autres hommes libres. Les offices et les fiefs étant devenus héréditaires, l'ordre de la noblesse se trouva ainsi constitué; et il y eut dès lors un intérêt majeur pour les familles à conserver les titres généalogiques, qui non-seulement donnaient satisfaction à leur orgueil, mais encore qui leur servaient de preuves et de garanties pour les avantages féodaux résultant de leur naissance (fig. 15). Sans le principe de l'hérédité d'ailleurs, la société, encore mal assise au moyen âge, n'eût pas tardé à se décomposer. Ce principe sacré, légitime aux yeux de tous, petits et grands, soutint et conserva la féodalité, avec laquelle il devait sinon périr, du moins déchoir singulièrement, sans toutefois disparaître dans le chaos des révolutions.

Nous l'avons déjà dit, mais on ne peut assez insister sur ce point capital, du jour où les goûts aventureux des chefs d'origine germanique eurent fait place chez eux au sentiment de la possession territoriale, le rôle de la terre s'agrandit insensiblement jusqu'à déterminer la condition de la personne qui la possédait. Le domaine devint une seigneurie, ou plutôt un petit royaume, dans l'étendue duquel le maître s'attribuait les droits les plus absolus, les plus arbitraires. On vit bientôt s'établir ce principe, que la noblesse était en quelque sorte inhérente à la terre, et, par conséquent, que la terre devait transmettre tout naturellement à ses possesseurs la noblesse seigneuriale.

Ce privilége fut si bien accepté, que la possession prolongée d'un fief finissait par anoblir le roturier. Plus tard, par une espèce de compensation indispen-

Fig. 15. — Les seigneurs et barons « font de leurs blasons fenestres », c'est-à-dire témoignent de leur noblesse, en appendant leurs bannières et en exposant leurs armoiries aux fenêtres de la loge des hérauts d'armes. D'après une miniature des *Tournois du roi René* (quinzième siècle), manuscrit de la Bibliothèque nationale de Paris.

sable, une terre sur laquelle avaient pesé jusque-là les redevances serviles devenait franche et noble en passant aux mains de la noblesse. Enfin, le principe contraire prévalut, qui voulait que les biens ne changeassent pas qualité en changeant de maître : le noble put encore posséder une terre roturière sans perdre sa noblesse, mais le roturier était propriétaire d'un fief sans acquérir par là la qualité de gentilhomme.

Aux compagnons ou *comites*, qui, suivant Tacite, s'attachaient à la fortune des chefs germains, avaient succédé les *leudes* mérovingiens, dont la réunion formait le *comitat* du roi. Ces leudes, personnages considérables à cause du nombre de leurs vassaux, composaient son conseil ordinaire, et ne laissaient pas de se déclarer parfois ouvertement opposés à sa volonté.

Le nom de *leudes* fut abandonné sous la deuxième race, et remplacé par celui de *fidèles*, qui, à vrai dire, devint bientôt une sorte de désignation générale, aussi bien pour les vassaux immédiats de la couronne que pour les vassaux des seigneurs.

Sous les rois de la troisième race, le territoire du royaume était divisé en cent cinquante domaines environ, qu'on appelait les grands fiefs de la couronne, et que possédaient, par droit héréditaire, les membres de la haute noblesse, placés immédiatement sous la suzeraineté ou dépendance royale.

Alors on désignait, en général, par le titre de *barons* les vassaux qui relevaient directement du roi, et dont la plupart possédaient des châteaux-forts. Les autres nobles se confondaient sous la dénomination de *chevaliers*, titre générique auquel s'ajoutait celui de *bannerets* pour ceux qui levaient bannière et mettaient au service du roi une compagnie d'hommes d'armes. Les fiefs *de haubert* devaient fournir au suzerain des chevaliers couverts de cottes de mailles et complétement armés. Tous les chevaliers, comme l'indique leur nom, servaient à cheval (fig. 16) dans les guerres auxquelles ils prenaient part; mais il ne faudrait pas confondre les *chevaliers de naissance* avec ceux qui étaient devenus chevaliers par suite d'un noviciat des armes dans la maison d'un prince ou haut seigneur, et encore moins avec les membres des différents ordres de chevalerie, qui furent successivement institués, comme, par exemple, les chevaliers de l'Étoile, du Genêt, de la Toison d'Or, du Saint-Esprit, de Saint-Jean de Jérusalem, etc. Dans l'origine, le bénéfice ou fief ne comportait rien de plus que la cession de l'usufruit d'une terre, cession qui mettait l'usufruitier dans la dépendance personnelle du propriétaire, puisqu'il devenait son *homme*, et qu'il lui devait foi et hommage (fig. 17), c'est-à-dire service en cas de guerre, et assistance en cas de comparution judiciaire au tribunal du roi. Les chefs de bande germains avaient d'abord récompensé leurs compagnons d'armes en leur cédant, comme

Fig. 16. — Chevalier en costume de guerre, d'après une miniature d'un psautier, écrit et enluminé sous Louis le Gros.

bénéfice ou fief, des parties du territoire conquis en commun. Plus tard, tout fut de même donné en bénéfice : dignités, offices, droits, revenus et titres.

Il est essentiel de remarquer (et c'est en cela seulement que la féodalité nous montre son but social) que si le vassal devait au seigneur obéissance et dévouement, le seigneur en revanche devait au vassal protection et secours.

La qualité d'homme libre n'exigeait pas nécessairement la possession territoriale; mais la position des hommes libres non détenteurs de fiefs était extrêmement délicate et souvent pénible; car ils se trouvaient, de droit naturel, dans la dépendance des feudataires sur le domaine desquels ils rési-

Fig. 17. — Le roi Charlemagne recevant d'un de ses grands feudataires ou hauts barons le serment de foi et hommage. Fac-simile d'une miniature en camaïeu des *Chroniques de Saint-Denis*, manuscrit du quatorzième siècle. (Bibliothèque de l'Arsenal.)

daient. A la vérité, la plupart de ces nobles sans terres devenaient, de préférence, les hommes du roi, au service duquel ils restaient attachés. Tombaient-ils dans le dénûment, ils prenaient des terres à bail pour subsister, eux et leur famille, sans descendre à la servitude proprement dite; et, toutefois, en cas de vente du sol qu'ils exploitaient, ils passaient avec la terre dans le domaine du nouveau propriétaire.

Du reste, il n'était pas rare que la misère les obligeât à vendre eux-mêmes leur liberté; mais si des circonstances meilleures se présentaient pour eux, ils gardaient toujours le droit de se racheter, en remboursant le prix de vente, augmenté d'un cinquième en sus.

On voit donc que la liberté en ces temps reculés, comme en des temps plus modernes, était la conséquence naturelle du plus ou moins de richesse ou de puissance des individus et des familles, qui se disaient libres au milieu d'une dépendance presque générale; car au dixième siècle il eût été sinon impossible, au moins fort difficile de trouver un habitant du royaume de

Fig. 18. — Laboureurs. Fac-simile d'une miniature d'un manuscrit anglo-saxon très-ancien, publié par Shaw, avec une légende qui signifie : *Dieu protége votre charrue et nous envoie du blé en abondance.*

France qui ne fût pas l'*homme* de quelqu'un, les uns étant astreints à des obligations d'un ordre libéral, les autres à des obligations serviles.

La propriété de l'homme libre était originairement l'*aleu* (*alodis*), qui se trouvait placé sous la juridiction des magistrats royaux. L'aleu perdit graduellement la plupart de ses franchises, et dut acquitter les charges communes qui pesaient sur les terres non alodiales.

Anciennement, toute propriété foncière d'une certaine étendue se composait de deux parties distinctes : l'une, occupée par le maître, constituait le domaine ou manoir; l'autre, divisée entre des personnes plus ou moins dépendantes, formait ce qu'on appelait des *tenures*. Ces *tenures* étaient, selon le cas, désignées par le titre de bénéfices ou fiefs, et possédées par des personnes libres qui prenaient le nom de vassaux; ou concédées à des colons, à des *lides*, à des serfs, et s'appelaient alors *colonies* ou *censives*.

Le *lide* occupait un rang intermédiaire entre le colon et le serf. Il avait moins de liberté que le colon, sur lequel le propriétaire ne conservait plus qu'un pouvoir indirect et très-limité. Le colon ne servait que la terre (fig. 18);

Fig. 19. — Serf et vassale au dixième siècle, d'après les miniatures des *Dialogues de saint Grégoire*, manuscrit n° 9917, à la Bibliothèque royale de Bruxelles.

le lide, cultivateur et valet, servait la terre et l'homme en même temps. Il jouissait, néanmoins, du droit de posséder et du droit de se défendre, ou de poursuivre en justice. Pour le serf, au contraire, il n'y avait ni cité, ni tribunal, ni famille. Le lide avait, en outre, la faculté de se racheter quand il avait ramassé le prix de sa liberté.

Les serfs occupaient le plus bas degré de l'échelle sociale (fig. 19). Ils succédèrent aux esclaves, en faisant, grâce au christianisme, un pas vers la liberté. Si les lois civiles les protégeaient peu, celles de l'Église s'efforçaient de mettre, en leur faveur, un frein à l'arbitraire. Le jour vint où il n'y eut plus de maîtres immédiats, mais des seigneurs, et où la dépendance, en quelque sorte absolue des serfs, se trouva remplacée par la dîme et le cens. Le servage, enfin, conduisit à la roture, et le cens et la dîme disparurent à leur tour devant l'impôt.

Ce sont les colons, les lides et les serfs, ramenés uniformément à la roture, qui ont formé le peuple des temps modernes. Ceux qui restèrent attachés à

Fig. 20. — Bourgeois vers la fin du treizième siècle. Fac-simile d'une miniature du manuscrit n° 6820, à la Bibliothèque nationale de Paris.

l'agriculture furent les pères de nos paysans; ceux qui, dans les villes, se livrèrent à l'industrie, au commerce, donnèrent naissance à la commune, à la bourgeoisie.

Dès le commencement de la troisième race nous trouvons, dans les campagnes aussi bien que dans les villes, un grand nombre d'hommes libres. Dès lors les chartes relatives à la condition des terres et des personnes, en dépit de l'instinct oppressif des grands, témoignent de l'adoucissement de la servitude. Dans les siècles suivants, l'institution des communes, des bourgeoisies (fig. 20), rend plus général encore et plus facile l'accès à la liberté. Toutefois cette liberté est plutôt morale que matérielle, car si les seigneurs la concèdent nominalement, ils y mettent pour prix d'excessives redevances, la commune, qui achetait plus ou moins cher l'honneur de s'administrer elle-même, n'allégeant en rien les charges féodales qu'elle avait à supporter.

Et toutefois les communes, comme si elles eussent été providentiellement averties de l'avenir qui leur était réservé, n'hésitaient jamais à accepter de leur seigneur, civil ou ecclésiastique, si onéreuses qu'elles pussent être, les conditions qui leur permettaient de vivre d'une existence propre dans l'intérieur de leur cité.

La commune composait une sorte de petit État, presque indépendant pour des affaires particulières, mais subordonné au pouvoir absolu du roi, et plus ou moins lié par ses coutumes ou ses conventions envers les seigneurs locaux. Elle tenait des assemblées publiques, élisait ses magistrats, dont les attributions embrassaient à la fois l'administration, la justice civile et criminelle, la police, les finances et la milice. Ses lois étaient ordinairement fixes et écrites. Protégée par ses remparts, elle avait un hôtel de ville, un sceau, un trésor, un beffroi. Elle pouvait armer un certain nombre d'hommes, soit pour sa défense propre, soit pour le service du seigneur ou du suzerain dont elle relevait.

Quoi qu'il en fût, la commune ne pouvait être constituée que par la sanction du roi, qui la plaçait sous la sauvegarde de la couronne. Tout d'abord, aveuglés par une cupide politique, les rois ne semblèrent voir dans l'affranchissement des communes qu'un merveilleux prétexte d'en tirer de l'argent. S'ils consentirent à les reconnaître, et même à leur venir en aide contre leurs seigneurs, ce fut au prix des plus grands sacrifices de la part de leurs bonnes villes. Plus tard ils affectèrent, au contraire, la plus noble générosité à l'égard des vassaux qui voulaient se constituer en communes, quand ils eurent compris que les institutions communales devaient être pour eux de puissants auxiliaires contre les grands titulaires féodaux; mais à partir de Louis XI, lorsque la puissance des seigneurs fut bien amoindrie et n'inspira plus d'inquiétude à la royauté, les rois se retournèrent contre les bourgeois, leurs alliés, et les dépouillèrent successivement de toutes les prérogatives qui pouvaient faire ombrage aux droits de la couronne.

La bourgeoisie reçut ensuite, il est vrai, une force considérable de sa participation aux états généraux et aux états provinciaux. Après avoir victorieusement tenu tête au clergé et à la noblesse dans les assemblées des trois

Fig. 21. — Costume d'un vilain ou paysan, quinzième siècle, d'après une miniature de *la Danse Macabre*.
(Manuscrit 7310 de la Bibliothèque nationale de Paris.)

états ou des trois ordres, elle devait finir par l'emporter sur la royauté elle-même.

Louis le Gros, dans les ordonnances duquel apparaît pour la première fois (1134) l'application du titre de *bourgeois*, est généralement regardé comme le fondateur des franchises communales en France ; mais il a été démontré qu'un certain nombre de communes s'étaient déjà formellement constituées avant son avénement au trône.

Ce titre de bourgeois ne fut pas, d'ailleurs, exclusivement donné aux habitants des cités. Il arrivait souvent que, dans l'intention de défricher et d'enrichir leurs domaines, les seigneurs ouvraient, sous le titre alléchant de *villes franches,* ou de *villes neuves,* des espèces d'asiles, où ils offraient, à quiconque voulait venir s'y fixer, des terres, des maisons, et une part plus ou moins étendue de priviléges, de droits et de libertés. Ces agglomérations de *feux* ou de familles ne tardaient pas à constituer des *bourgs,* dont les habitants, quoique tous agriculteurs, prenaient le nom de *bourgeois.*

Il existait encore une troisième espèce de bourgeoisie, qui fut un instrument non moins puissant que la première pour l'extension du pouvoir royal. On nommait *bourgeois du roi* des hommes libres qui, bien qu'établis sur des terres seigneuriales dont les habitants étaient privés de la liberté, n'en conservaient pas moins la leur, grâce à des lettres de protection délivrées par le roi. De plus, lorsqu'un *vilain,* c'est-à-dire le serf d'un seigneur, achetait un fonds de terre dans un bourg royal, la coutume s'établit qu'il y devenait libre et bourgeois du roi, après y avoir demeuré un an et un jour, sans avoir été réclamé par son seigneur et maître. Aussi vit-on les serfs et les vilains (fig. 21) émigrer de toutes parts pour profiter de ces avantages, en sorte que les terres seigneuriales, abandonnées de tous les hommes de *corps* et de *poeste,* c'est-à-dire serfs à différents degrés, étaient menacées de devenir désertes et incultes. Les seigneurs, dans l'intérêt de leur puissance et de leur fortune, s'efforcèrent d'arrêter l'émigration croissante, en améliorant la condition des personnes placées sous leur dépendance, et en créant, eux aussi, dans leurs domaines des bourgeoisies analogues aux bourgeoisies royales. Mais, si libérales que fussent ou que parussent être ces améliorations, et leurs intentions vis-à-vis de leurs serfs, il était difficile aux seigneurs non-seulement de concéder des priviléges égaux à ceux qui émanaient du trône, mais encore d'assurer une protection aussi largement efficace aux nouveaux affranchis. Quoi qu'il en soit, un double courant d'affranchissement se trouva dès lors établi, qui eut pour résultat de diminuer de jour en jour la classe si nombreuse et si misérable des serfs; et qui, tout en émancipant les hommes d'origine inférieure, eut encore pour conséquence immédiate de donner à la royauté un surcroît de force et de pouvoir, et dans ses propres domaines, et dans ceux des seigneurs et de leurs vassaux.

Néanmoins, comme ces révolutions sociales, opérées insensiblement par le temps, n'abolirent pas tout d'un coup les institutions antérieures, nous

Fig. 22. — Gentilhomme italien au quinzième siècle, d'après une carte à jouer gravée sur cuivre vers 1460. Cabinet des estampes de la Bibl. nation. de Paris.

retrouvons encore, à la suite des communes et des bourgeoisies, plusieurs sortes de servitudes.

Au déclin du treizième siècle, d'après le témoignage de Philippe de Beaumanoir, célèbre rédacteur des *Coutumes de Beauvoisis*, il y avait trois états parmi les laïques : les gentilshommes (fig. 22), les personnes franches et les serfs. Tous les gentilshommes étaient francs, mais tous les francs n'étaient pas forcément gentilshommes. Ordinairement, la *gentillesse* venait de par le père, et la *franchise* de par la mère. Selon plusieurs autres *coutumes* de France, cependant, l'enfant suivait, en règle générale, la pire condition de ses parents. Quant aux serfs, il s'en trouvait de deux sortes : les uns tenus rigoureusement dans la dépendance absolue de leur seigneur, à ce point que celui-ci était en droit de s'approprier, s'il le jugeait bon, tout ce qu'ils avaient pendant leur vie et tout ce qu'ils laissaient après leur mort; de les emprisonner, de les maltraiter à tort ou à raison, sans avoir à en répondre à personne, si ce n'est à Dieu ; les autres, également tenus en servage, mais beaucoup plus *débonnairement,* car, « à moins qu'ils ne se rendissent coupables de « quelque mal, le seigneur ne pouvait leur demander, de leur vivant, rien « autre chose que les cens, rentes ou autres redevances, qu'ils devaient payer « à cause de leur servitude. » Mais quand ils se mariaient avec une femme franche, ou bien lorsqu'ils mouraient, tout ce qu'ils possédaient en propre, meubles et héritages, revenait à leur seigneur. Ceux-là ne pouvaient rien transmettre de leurs biens à leurs enfants, et n'avaient à disposer par testament que d'une somme qui ne fût pas supérieure à 5 sous (environ 25 francs de notre monnaie actuelle).

Dès le quatorzième siècle il n'y a plus de servage, ou de servitude, que dans la *mainmorte,* dont il nous reste à parler.

Ce qui constituait essentiellement la mainmorte, c'était la privation du droit de disposer librement de sa personne et de ses biens. Celui qui n'avait pas la faculté soit d'aller où il voulait, soit de donner, de vendre, de léguer et transmettre ses meubles et ses immeubles comme bon lui semblait, était dit *homme de mainmorte.* Ce nom fut apparemment choisi parce que la main, « considérée comme le symbole de la puissance et l'instrument de la « donation, » était chez le serf moralement privée de mouvement, paralysée, frappée de mort. C'est à peu près dans le même sens qu'on appelait aussi gens de mainmorte les gens d'église, parce qu'il leur était également interdit de disposer, soit de leur vivant, soit par testament, de ce qui leur appartenait.

Il y avait deux sortes de mainmorte : la mainmorte réelle et la mainmorte personnelle ; l'une inhérente à la terre, l'autre à la personne ; c'est-à-dire

LA COUR DES DAMES DE MARIE D'ANJOU, FEMME DE CHARLES VII.

Son chapelain, le savant Robert Blondel, lui présente le traité allégorique des *Douze perilz d'Enfer*, qu'il a composé pour elle (1455).

Fac-simile d'une miniature du manuscrit de cet ouvrage. Biblioth. de l'Arsenal.

Costumes du XVe siècle.

qu'une terre *mainmortable* ne changeait pas de *qualité*, quelle que fût la condition de la personne qui l'occupait, et qu'une personne mainmortable ne cessait pas de subir les inconvénients de sa condition, qui l'empêchait de rien posséder, en quelque terre qu'elle allât s'établir.

Les mainmortables étaient ordinairement soumis à la plupart des obligations féodales imposées naguère aux serfs, notamment de travailler pendant un certain temps, et sans recevoir de salaire, pour le compte et au profit de leur seigneur, ou bien encore de lui payer la *taille* quand elle était exigible, dans certains cas déterminés, comme, par exemple, lorsqu'il mariait et dotait sa fille, lorsqu'il était prisonnier de guerre, lorsqu'il allait en Terre sainte, etc. Ce qui caractérisait particulièrement la condition des mainmortables, c'était que le seigneur avait le droit de s'emparer de tous leurs biens, lorsqu'ils décédaient sans enfants, ou quand leurs enfants tenaient ménage à part, et enfin que dans aucun cas ils ne pouvaient disposer, par testament ou par donation, de ce qui leur appartenait, du moins au-delà d'une certaine somme.

Le seigneur qui affranchissait des mainmortables leur imposait presque toujours des conditions très-onéreuses : cens, corvées, redevances de tous genres. D'ailleurs, pour qu'un mainmortable devînt libre il ne suffisait pas qu'il fût affranchi par son seigneur direct, il fallait qu'il le fût aussi par tous les seigneurs dont relevait son maître, jusqu'au suzerain ; car si l'un des seigneurs avait accordé l'affranchissement du mainmortable sans le consentement de son supérieur, il aurait lui-même encouru une amende, cet affranchissement étant considéré comme un démembrement, comme une dépréciation du fief.

Dès la fin du quatorzième siècle les prescriptions rigoureuses de la *coutume* de mainmorte commencent à tomber peu à peu en désuétude dans la plupart des provinces ; mais si le nom allait s'effaçant, la chose continuait à subsister. Les personnes libres ou franches elles-mêmes, soit qu'elles appartinssent à la classe des bourgeois, ou qu'elles fissent partie de celle des paysans, n'en restaient pas moins assujetties envers leurs seigneurs à des redevances, à des obligations d'un caractère tel, qu'on serait tenté quelquefois de considérer ces paysans et ces bourgeois comme de véritables mainmortables.

D'ailleurs, le principe de mainmorte avait été si profondément enraciné, par la féodalité, dans les mœurs sociales, qu'il fallut pour le faire disparaître complétement, à la fin du dix-huitième siècle, trois décrets de la Convention nationale (17 juillet, 2 octobre 1793, et 8 ventôse an II).

Il est juste de dire que, douze et quatorze ans plus tôt, Louis XVI avait fait, dans le même sens, tout ce qui dépendait alors du pouvoir royal, en supprimant la mainmorte, tant réelle que personnelle, sur les terres du domaine de la couronne, et la mainmorte personnelle (c'est-à-dire le droit de *suivre* les mainmortables hors de leurs seigneuries originelles) dans toute l'étendue du royaume.

Fig. 23. — Aumônière tirée d'une tapisserie d'Orléans, quinzième siècle.

PRIVILÉGES

ET DROITS FÉODAUX ET COMMUNAUX.

Eléments de la féodalité. — Droits de trésor, de chasse, de sauf-conduit, de rançon, de déshérence, etc. — Immunité des féodaux. — Redevances des nobles envers leurs suzerains. — Redevances dans l'ordre judiciaire, universitaire; exigences bizarres résultant du système universel de redevances. — Luttes pour l'affranchissement des classes soumises aux redevances. — L'esprit féodal et l'esprit de cité. — Réveil du principe des municipes antiques, en Italie, en Allemagne, en France. — Institutions et associations municipales. — La commune. — Les cités bourgeoises. — Naissance de l'unité nationale.

Pour s'expliquer l'innombrable amas de charges, de redevances, de servitudes, souvent aussi bizarres qu'iniques et vexatoires, qui pesaient, au moyen âge, sur les classes inférieures, il faut se rappeler comment s'était constituée la classe supérieure, qui, sous le régime féodal, s'attribuait sur tout le privilége de l'oppression, sur les terres et sur les personnes.

Les nobles romains, héritiers des domaines agricoles (*villæ*) de leurs pères, avaient réussi la plupart à conserver, à travers les invasions successives des barbares, l'influence attachée au prestige de la naissance et de la richesse : c'étaient eux qui possédaient encore la majeure partie du sol et des populations rurales. Les nobles germains, au contraire, n'avaient point relativement de possessions territoriales aussi étendues, mais ils occupaient toutes les sommités du pouvoir. Les ducs, les comtes, les marquis, dernière expression de la conquête ou de l'établissement libre, étaient généralement de race germanique. La race romaine, à laquelle se mêlait le sang goth, qui le premier était venu se transfuser dans les veines de la société antique, ne fournissait que les barons secondaires.

Ces éléments hétérogènes, réunis et groupés dans des vues communes de domination, constituaient un corps qui n'avait de vie et de mouvement que ce que lui en prêtaient les traditions de Rome et de la vieille Germanie. De ces deux sources historiques découlaient, comme l'indique très-judicieusement M. Mary-Lafon, toutes les habitudes de la société nouvelle, et particulièrement les droits et les priviléges que s'arrogèrent les seigneurs.

Ces droits ou priviléges, que nous allons sommairement passer en revue, étaient nombreux et parfois assez étranges : droits des trésors, de varech, d'établissements de foires ou marchés, de marque, de chasse, etc.

Le droit des trésors était celui qui attribuait aux ducs et aux comtes l'entière propriété de toute matière métallique trouvée sur leurs domaines. Ce fut en voulant maintenir ce droit que le fameux roi d'Angleterre Richard Cœur de Lion trouva la mort. Adhémar, vicomte de Limoges, avait découvert dans un champ un trésor, dont les bruits publics exagéraient sans doute la valeur, car on disait qu'il ne s'agissait de rien moins que de la représentation figurée, en or massif, d'un empereur romain à table avec sa famille, groupe composé de plusieurs statues de grandeur naturelle. Adhémar, vassal du duc de Guienne, avait réservé dans sa trouvaille la part du suzerain. Richard, refusant de rien céder de son privilége, exigea la totalité du trésor. Sur le refus du vicomte, il se présente en armes devant le château de Chalus, où il pensait que l'or devait être caché. A la vue de son pavillon royal, la garnison offrit d'ouvrir les portes de la place. « Non, répondit Richard; puisque vous m'avez fait déployer ma bannière, je n'entrerai que par la brèche, et vous serez tous pendus aux créneaux. » Le siége commença, qui ne semblait pas devoir donner gain de cause aux Anglais, car les assiégés faisaient bonne et fière résistance. Or, un soir pendant que ses troupes donnaient l'assaut, Richard s'était assis, à peu de distance, sur un bloc de rocher, pour mieux observer la position : deux archers le couvraient d'une *targe*, vaste bouclier en osier couvert de cuir et de lames de fer. Impatient de voir le résultat de l'assaut, Richard abaissa de la main le bouclier qui lui servait d'abri, et ce moment décida de son sort (année 1199). Un archer de Chalus, qui l'avait reconnu et qui le guettait du haut du rempart, lui envoya un trait d'arbalète qui l'atteignit en pleine poitrine. La plaie, pourtant, n'eût peut-être pas été mortelle, mais, ayant emporté le château de vive

Fig. 24 et 25. — Varlet ou écuyer portant une *vouge,* sorte de hallebarde à large fer, et archer, armé en guerre, tendant la corde de son arbalète avec un tour à deux manivelles, d'après les miniatures du *Jouvencel* et des *Chroniques* de Froissart, manuscrits du quinzième siècle. Bibliothèque nation. de Paris.

force, joyeux d'y trouver le trésor à peu près intact, il se livra follement à des orgies dégradantes, dans lesquelles il avait déjà dissipé au jeu la plus grande partie de ce trésor, lorsqu'il mourut de sa blessure, douze jours après.

Le privilége de varech ou des naufrages, auquel les seigneurs des contrées maritimes ne renonçaient que rarement, et dont ils se montraient d'autant plus jaloux qu'ils avaient à le disputer sans cesse à leurs vassaux et à leurs voisins, n'était autre que le droit sauvage et impitoyable de s'approprier les épaves des navires naufragés.

Quand les seigneurs féodaux octroyaient à leurs vassaux le droit de se réunir à jour fixe pour établir des foires ou des marchés, ils n'oubliaient jamais de se réserver une redevance plus ou moins avantageuse sur les têtes de bétail, comme sur les diverses marchandises apportées et mises en vente

Fig. 26. — Paysans flamands sur le marché aux bestiaux. Miniature des *Chroniques de Hainaut*, ms. du quinzième siècle, t. II, fol. 204. (Bibliothèque des ducs de Bourgogne, à Bruxelles.)

pendant la durée de ces foires ou marchés (fig. 26), qui attiraient toujours une énorme affluence de vendeurs et d'acheteurs.

Le droit de *marque* ou de représailles avait quelque chose de non moins solennellement terrible que les actes de barbarie qui, d'aventure, y donnaient lieu. On en cite un exemple mémorable. En 1022, Wilhem le Pieux, comte d'Angoulême, avant de partir pour un pèlerinage à Rome, fit jurer à trois de ses frères, qui étaient ses vassaux, de vivre en honorable paix et bonne amitié. Mais, au mépris de leur serment, deux des frères, ayant invité le troisième aux fêtes de Pâques, le saisirent la nuit dans son lit, lui crevèrent les yeux afin qu'il ne retrouvât plus le chemin de son château, et lui coupèrent la langue pour l'empêcher de nommer les auteurs de l'horrible traitement qu'on lui avait fait subir. La voix de Dieu les fit connaître cependant, et le comte d'Angoulême, frémissant d'horreur, en référa

Fig. 27. — Le seigneur, en costume de chasse, précédé de son valet, qui cherche la piste du cerf; d'après une miniature du livre de Gaston Phœbus (*Des Deduit; de la chasse des bestes sauvaiges*), manuscrit du quatorzième siècle. Bibliothèque nationale de Paris.

au duc d'Aquitaine, Guillaume IV, son suzerain. Celui-ci vint alors, mettant tout à feu et à sang, exercer le droit de marque sur les terres des deux coupables, auxquels on ne laissa que la vie et les membres, après leur avoir crevé les yeux et coupé la langue, pour leur infliger la peine du talion.

Le privilége de la chasse, réunion des anciennes coutumes germaniques, était, de toutes leurs prérogatives, celle que les nobles regardaient comme la plus chère et la plus précieuse (fig. 27). Non-seulement des peines sévères et même cruelles frappaient les vilains qui avaient osé tuer la moindre pièce de gibier, mais encore de grandes querelles s'allumaient à propos de chasse entre les seigneurs de divers rangs, les uns se prétendant autorisés, par privilége féodal, à chasser sur les terres des autres. De l'exercice tyrannique de ce droit de chasse, que les nobles les moins puissants ne subissaient pas sans un amer et violent dépit, naquirent ces vieilles ballades populaires, protestations douloureuses des opprimés, dans lesquelles des chasseurs farouches sont condamnés, par l'arrêt des Fées ou du Destin, soit à poursuivre un cerf fantastique durant toute l'éternité, soit à chasser, comme le roi Artus, dans les nuages, pour prendre *une mouche* tous les cent ans.

    Le droit de *ressort*, qui attribuait aux ducs et aux comtes la connaissance judiciaire des causes nées sur leurs domaines, n'avait de supérieur que le droit du roi, dont les seigneurs contestèrent même plus d'une fois la valeur et l'usage, ainsi qu'on le vit dans la malheureuse affaire d'Enguerrand de Coucy. Celui-ci avait fait saisir et pendre trois jeunes Flamands, de race noble, qui étaient écoliers dans l'abbaye de Saint-Nicolas-des-Bois, et qui, sans savoir qu'ils se trouvaient sur les domaines du seigneur de Coucy, avaient tué quelques lapins à coups de flèches. Saint Louis évoqua la cause devant lui. Enguerrand se présenta, mais seulement pour décliner le droit du roi et réclamer la juridiction de ses pairs. Le monarque, sans tenir compte de cette protestation, fit enfermer Enguerrand dans la grosse tour du Louvre, et faillit lui faire appliquer la peine du talion, mais il lui accorda enfin des lettres de rémission, après l'avoir condamné à fonder trois chapelles où l'on dirait des messes à perpétuité pour les trois victimes; à donner la forêt où ces jeunes écoliers avaient chassé indûment à l'abbaye de Saint-Nicolas-des-Bois; à perdre dans toutes ses terres le droit de justice et de garenne; servir trois ans en Terre-Sainte, et à payer au roi une amende de 12,500 livres tournois. Il faut se souvenir, d'ailleurs, que Louis IX, si généreux et si clément qu'il pût être lorsqu'il s'agissait de simples intérêts privés, se montra toujours un des plus inflexibles défenseurs des prérogatives royales.

    Un droit que les féodaux avaient d'autant plus intérêt à faire respecter et à respecter eux-mêmes, qu'ils pouvaient à toute heure, par suite de leur genre de vie nomade, se trouver dans la nécessité d'en réclamer les bénéfices pour leur propre compte, c'était le droit de *sauf-conduit* ou de *guidage*. Ce droit avait en principe une telle force, que, même quand il s'appliquait à des personnes de basse condition, la violation du sauf-conduit était rangée au nombre des crimes les plus odieux : ainsi, au treizième siècle, un concert de malédictions et de huées s'éleva contre un roi d'Aragon qui, au mépris de ce droit sacré, avait fait brûler un juif, pour ne pas payer une dette que ce mécréant s'était permis de lui réclamer.

On peut citer encore le droit de *couronne*, qui consistait dans un cercle d'or, ornementé de diverses façons, suivant les différents degrés de la monarchie féodale, que les vassaux devaient offrir à leur seigneur le jour de son investiture, et le droit de *sceau*, qu'ils devaient payer pour l'octroi des chartes que le seigneur leur faisait délivrer.

On appelait droit d'*aubaine* la redevance que les marchands étaient obligés de payer, soit en nature, soit en numéraire, quand ils passaient sous les tours des féodaux, quand ils débarquaient dans leurs ports ou mettaient des marchandises en vente sur leurs marchés.

Les nobles de second ordre comptaient parmi leurs priviléges particuliers le droit de porter les éperons d'or ou d'argent, selon leur rang dans la chevalerie; le droit de recevoir double ration quand ils étaient prisonniers de guerre; le droit d'obtenir un délai d'un an quand un créancier voulait saisir leur terre, et le droit de n'être jamais soumis à la torture en justice, sauf le cas où mort devait s'ensuivre pour le crime qui leur serait imputé. Si un grand baron confisquait, pour méfait grave, les meubles d'un noble son vassal, celui-ci avait le droit de conserver son palefroi, le roussin de son écuyer, diverses pièces de son *harnois* ou de son armure, son lit, sa robe de soie, le lit de sa femme, une des robes de celle-ci, sa bague, sa guimpe de toile, etc.

Les nobles possédaient seuls le droit d'avoir dans les églises ou chapelles des bancs ou places d'honneur (fig. 28), et d'y ériger des monuments funéraires, et nous savons qu'ils maintenaient ce droit avec tant de rigueur et même avec tant d'audace, que de sanglantes querelles survenaient à chaque instant, même dans les enceintes consacrées au culte, pour des questions de préséance ou de simple installation mobilière. Les épitaphes, l'emplacement des tombes, la disposition du monument, tout était matière à conflit et à procédure. Ils jouissaient encore du droit de *déshérence,* qui leur faisait s'attribuer les biens de tout individu mort sur leurs terres, à qui l'on ne trouvait point de lignée directe ; du droit de *lods,* taxe réclamée par eux quand un fief ou domaine changeait de mains; du droit de *banalité,* ou obligation pour les vassaux de se servir du moulin, du four, du pressoir *banal* ou seigneurial. A l'époque des vendanges, nul paysan ne pouvait vendre son vin avant que les nobles eussent vendu le leur. Tout était matière à privilége pour les nobles. Rois et conciles les avaient dispensés d'étudier pour être reçus bacheliers dans les universités. Si un noble était fait prisonnier de guerre, sa vie se trouvait naturellement sauvegardée par sa noblesse, et quant à la rançon qu'on exigeait de lui, une rançon pour lui rendre sa liberté, c'étaient les vilains de son domaine qu'il rançonnait en conséquence. Les nobles étaient, en outre, exemptés absolument des charges de gabelle (impôt sur le sel), du logement des gens de guerre, de la milice, de la taille, etc. Ils avaient mille prétextes pour établir des redevances sur leurs vassaux, qui furent généralement qualifiés « taillables et corvéables à merci ». Ainsi, dans la châtellenie de Montignac, le comte de Périgord recevait des uns ou des autres : pour blâme ou plainte, 10 deniers; pour querelle sanglante, 60 sols; si le sang n'avait pas coulé, 7 sols; pour *fournage* ou droit de four, le seizième pain de chaque fournée; pour la vente du blé dans la châtellenie, 43 setiers; on lui devait en outre : « du seigle, 6 setiers; de l'avoine, 161 setiers; des fèves, 3 setiers; de la cire, 1 livre ; des chapons, 8 ; des *gelines* (poules), 17 ; du vin, 37 *sommades* (ou charges de bêtes de somme). » Le comte châtelain percevait encore une foule de menus droits : la prévôté, l'écriture, le péage et les fournages de ville, le péage du sel, la *coutume* des cuirs, des blés, des noix consistant en prélèvements sur chacune de ces marchandises, vendues aux foires et marchés; la *coutume* des aulx, des poteries; le droit de rivière (ou de pêche); le droit de chasse, qui donnait au seigneur tel ou tel quartier des bêtes tuées; la *dîme* (ou dixième) de tous les blés et de tous les vins, etc., etc.

Ce digne seigneur recueillait de plus, au moyen de certains tributs en espèces sonnantes, exigés à l'occasion des bonnes fêtes de l'année, pour la seule châtellenie de Montignac, quantité de sommes qui s'élevaient parfois jusqu'à 20 mille livres. On peut juger, par ce simple aperçu, de ce que le comte tirait, bon an, mal an des autres châtellenies de *sa* riche comté de Périgord.

Qu'on ne croie pas que ce fût là une exception : sur chaque point du

Fig. 28. — Jean Jouvenel des Ursins, prévôt des marchands de Paris, et Michelle de Vitry, sa femme, sous le règne de Charles VI. Fragment d'un tableau du temps, qui était dans la chapelle des Ursins à Paris, et qui se trouve maintenant au Musée de Versailles.

territoire féodal, le même ordre de choses était établi, et chaque seigneur exploitait, comme une ferme, les terres et les personnes que le droit féodal avait placées sous sa dépendance.

Il faut ajouter à ces charges, déjà si écrasantes, les redevances dues aux seigneurs ecclésiastiques, lesquelles encore se multipliaient à l'infini, sous tous les noms, sous toutes les formes (fig. 29 et 30).

Et non-seulement la noblesse exerçait en toute liberté ces criantes exactions, mais encore, au besoin, elle trouvait dans le pouvoir royal l'appui le plus arbitraire pour revendiquer certaines immunités, qui, en dépit de tout

Fig. 29. — Droits sur les vins, privilége accordé au chapitre de Tournai par le roi Chilpéric; d'après les vitraux de la cathédrale de Tournai (quinzième siècle).

sentiment de justice, plaçaient les nobles au-dessus de cette grande loi d'égalité sans laquelle tout ordre social semble normalement impossible.

L'histoire de la ville de Toulouse nous fournit à ce sujet un exemple fort significatif.

C'était, en 1335, le beau jour de Pâques; des écoliers de l'Université, qui avaient passé à boire la nuit de la résurrection du Seigneur, quittèrent la table à moitié ivres, et se mirent à parcourir la ville, pendant l'heure des offices, en frappant à grand bruit des poêles, des chaudrons, comme dans un charivari, et menant un tel vacarme, que les prédicateurs, indignés, s'arrêtèrent au milieu de leurs sermons, et requirent l'intervention des capitouls, chefs élus de la municipalité toulousaine. L'un de ceux-ci, le seigneur de

Fig. 30. — Droit de l'évêque de Tournai, dû à la libéralité du roi Chilpéric, sur la cervoise, ou la bière ; d'après les vitraux de la cathédrale de Tournai (quinzième siècle).

Gaure, sortit de l'église avec cinq sergents, et voulut arrêter lui-même le plus turbulent de la bande joyeuse. Mais, comme il l'appréhendait au corps, un des camarades de ce dernier porta au capitoul un coup de poignard, qui lui enleva le nez, les lèvres et une partie du menton. Cet événement mit sur pied toute la ville. Toulouse, outragée dans la personne de son premier magistrat, réclama prompte vengeance. L'auteur de l'attentat, nommé

Aimeri de Bérenger, fut saisi, jugé, condamné, décapité, et son corps, attaché près de sa tête, aux fourches du château Narbonnais.

Mais Toulouse devait payer cher cette satisfaction donnée à sa dignité municipale. Les parents de l'étudiant présentèrent requête au roi (fig. 31) contre la cité qui avait osé faire exécuter à mort un noble et accrocher au gibet son cadavre, au mépris du droit inviolable, qu'avait ce noble, d'en appeler au jugement de ses pairs. Le parlement de Paris, prononçant en dernier ressort avec l'inflexible partialité que l'esprit de caste pouvait alors inspirer, suspendit toutes les libertés de la ville de Toulouse, la dépouilla du consulat, confisqua tous les biens meubles et immeubles de ses habitants, força les capitouls à venir s'agenouiller, en demandant grâce et pardon, devant le logis d'Aimeri de Bérenger, à dépendre eux-mêmes le corps du supplicié, et à le faire inhumer publiquement et honorablement dans le cimetière de la Daurade. Tel fut le châtiment, telle fut l'humiliation que la législation féodale fit subir à une des premières villes du midi, pour avoir usé de rigueur, ou plutôt de justice expéditive, contre un noble, tandis qu'elle n'eût certainement encouru aucune vindicte, aucun blâme, si le coupable, mis à mort en vertu de la loi commune, eût appartenu à la classe bourgeoise ou populaire.

Nous devons néanmoins constater que le réseau des redevances s'étendait aussi, dans une certaine mesure, sur les privilégiés eux-mêmes, lesquels, s'ils pressuraient sans merci leurs pauvres vassaux, avaient ensuite à compter avec leurs supérieurs dans la hiérarchie féodale.

L'*alberc*, ou droit d'hébergement, était la principale de ces charges imposées aux nobles. Lorsqu'un grand baron faisait ses chevauchées (voyages ou tournées dans les terres de sa suzeraineté), les tenanciers étaient obligés de lui fournir, ainsi qu'aux gens de sa suite, non-seulement le logis, mais encore des provisions, des aliments, dont la nature et la quantité étaient réglées d'avance avec une incroyable minutie. Les petits seigneurs profitaient quelquefois de la faculté qui leur était accordée de racheter pécuniairement cette obligation; mais les riches s'empressaient, au contraire, de saisir une occasion d'étaler orgueilleusement devant leur suzerain tout le faste dont ils étaient capables, au risque de grever leurs revenus pour plusieurs années, et de ruiner leurs vassaux. L'histoire est pleine de récits attestant les extravagantes prodigalités dont certains seigneurs faisaient montre en pareilles circonstances.

Les redevances en nature pesaient, d'ordinaire, sur les abbayes. Jusqu'en 1158, celle de Saint-Denis, qui était fort riche en terres, fut chargée du logement et de la table du roi. Cette redevance, de plus en plus onéreuse, retomba sur les Parisiens, qui ne parvinrent à s'en affranchir qu'en 1374, lorsque Charles V accorda la noblesse à tous les bourgeois de Paris. Au douzième siècle, tous les meubles de bois et de fer qui se trouvaient

Fig. 31. — Suppôts de l'Université de Paris haranguant l'empereur Charles IV en 1377, d'après une miniature d'un manuscrit des *Chroniques de Saint-Denis*, n° 8395 (Bibl. nation. de Paris).

dans la maison de l'évêque devenaient à sa mort la propriété du roi.

Mais au quatorzième siècle les abbés de Saint-Denis, de Saint-Germain-des-Prés, de Sainte-Geneviève (fig. 32), et quelques prieurs des environs de Paris, ne devaient plus au souverain que deux chevaux *sommiers* (de charge) tous les ans, comme pour maintenir en principe les anciennes redevances.

Au reste, ce principe des redevances faisait si bien le fond de l'organisation sociale au moyen âge, qu'il arrivait même que le bénéfice de ces prestations périodiques ou éventuelles, en argent ou en nature, revînt aux classes inférieures, ou à des personnes qui ne sembleraient nullement avoir droit d'y prétendre.

Ainsi, le lit de l'évêque de Paris appartenait, après sa mort, aux pauvres malades de l'Hôtel-Dieu. Les chanoines devaient également laisser le leur à cet hôpital, en expiation des péchés qu'ils avaient commis. Les évêques de Paris devaient à leur chapitre, aux fêtes de Saint-Éloi et de Saint-Paul, deux repas très-copieux. Les religieux de Saint-Martin étaient tenus d'offrir, le 10 novembre de chaque année, au premier président de la Cour du Parlement, deux bonnets carrés, et au premier huissier une écritoire, avec une paire de gants. Le bourreau lui-même recevait, de diverses communautés monastiques de la capitale, des pains, des bouteilles de vin, des têtes de porc. Il n'était pas jusqu'aux malheureux qu'on menait pendre à Montfaucon qui n'eussent le droit d'exiger du pain et du vin des religieuses de Sainte-Catherine et des Filles-Dieu, lorsqu'ils passaient devant ces couvents pour aller au gibet.

Redevances partout, redevances à toute heure, à tout propos. Sous le nom d'*épices*, les magistrats, juges, rapporteurs, procureurs, qui d'abord n'avaient reçu que des dragées et des confitures à titre de dons gracieux, exigèrent ensuite un tribut réel, en espèces sonnantes ayant cours. Les écoliers qui voulaient prendre des grades dans l'Université devaient la *pastillaire*, redevance de petits pâtés, du coût de dix sols, à chaque examinateur. Les étudiants en philosophie et en théologie payaient deux soupers aux présidents, huit aux autres maîtres, outre les gants, bonnets, dragées, etc., etc. Nous n'en finirions pas s'il fallait énumérer encore tout ce que les *apprentis* et les *compagnons* avaient à payer de redevances dans chaque corps de métier avant d'arriver à la maîtrise. Et pourtant nous n'avons encore rien dit de certaines redevances qui, par leur caractère étrange ou ridicule, prouvent à quelles aberrations se laisse entraîner l'esprit humain sous l'influence de la tyrannie, de la vanité ou du caprice.

Ainsi, par exemple, tandis que nous voyons ici des vassaux descendre à cette humiliante obligation de battre l'eau des fossés du château pour faire taire les grenouilles, alors que la dame du lieu est en couches, ailleurs nous trouvons que le seigneur exige d'eux, pour seule redevance, ou qu'ils viennent à cloche-pied baiser le loquet de la porte du manoir, ou qu'ils fassent une momerie de gens ivres en sa présence, ou bien encore qu'ils chantent quelque chanson gaillarde à la châtelaine.

Fig. 32. — Façade de l'ancienne église de l'abbaye de Sainte-Geneviève, à Paris, fondée par Clovis, et reconstruite du onzième au treizième siècle. État du monument avant sa destruction à la fin du dernier siècle.

A Tulle, tous les manants mariés dans l'année étaient tenus de se rendre, le dimanche de l'Épiphanie, sur le puy ou mont Saint-Clair. A midi précis, trois enfants sortaient de l'hôpital, l'un ayant un tambour, qu'il frappait à coups redoublés, les autres portant un pot rempli d'ordures. Un greffier faisait l'appel des nouveaux mariés, et ceux qui étaient absents, ou qui n'avaient pu contribuer à casser le pot à coups de pierres, payaient une amende.

A Périgueux, les jeunes mariés devaient aux consuls une pelote, losangée de drap ou de cuir de diverses couleurs; la femme mariée en secondes noces, un pot de terre avec treize bâtons de différentes sortes de bois; la femme mariée en troisièmes noces, un tonneau de cendres tamisées treize fois et treize cuillers de bois d'arbre fruitier; enfin, celle qui avait eu cinq maris n'en était pas quitte à moins d'un cuveau de fiente de poule blanche!...

« C'est garrotté dans tous ces liens, dit encore M. Mary-Lafon, que le « peuple vécut pendant le moyen âge et la renaissance. » Si quelques lueurs de liberté apparaissaient sur les alleux ou biens allodiaux, ce n'était guère qu'à l'état de lointaines et trompeuses espérances. La féodalité de casque et de froc pourrait, d'ailleurs, être symboliquement représentée par certain seigneur de Laguène dont parlent les vieilles chroniques du Midi. Tous les ans, ce rusé baron réunissait ses tenanciers sur la place du village. On plantait un grand mai, au haut duquel était attaché un roitelet. Le seigneur, montrant du doigt ce petit oiseau, déclarait solennellement que si l'un des vilains l'atteignait d'un coup de flèche, remise lui serait faite de la taille de l'année. Les vilains tiraient; mais, au grand divertissement du seigneur, ils ne touchaient jamais le but et payaient toujours la taille.

On comprend donc combien l'universalité et la brutale légalité d'un pareil système rendirent laborieux les efforts tentés par les classes opprimées pour s'assurer les franchises auxquelles l'instinct de dignité humaine leur conseillait de prétendre. La lutte fut longue, opiniâtre, très-souvent sanglante, très-souvent désespérée, toujours au moins passionnée, car des deux côtés il y avait conscience que la partie était engagée entre deux principes complétement irréconciliables, dont l'un finirait nécessairement par ruiner, annihiler l'autre. Le moyen terme entre le complet asservissement que rêvaient les privilégiés féodaux, et l'entière possession d'eux-mêmes, où tendaient les serfs de toute origine, ne pouvait être accepté que comme une halte dans la marche progressive ou rétrograde de la civilisation humaine, sinon comme un temps de répit que prenaient à tour de rôle les irréconciliables

LOUIS XII SORT LE 24 AVRIL 1507 D'ALEXANDRIE
pour aller châtier la ville de Gênes.

Miniature du *Voyage de Gênes*, de Jean Marot, n° 5091 de la Bibl. imp. de Paris.

adversaires, pour réparer leurs forces et pour retourner ensuite, plus ardents, plus intrépides, à ce duel acharné, dont l'issue devait rester si longtemps douteuse.

Ce fut particulièrement dans les villes que se manifesta le mouvement de revendication des libertés naturelles; mais, bien qu'il fût à peu près général dans tout l'Occident, il n'eut pas sur chaque point la même puissance, ni la même intensité, ni le même caractère. L'esprit féodal n'avait pas, d'ailleurs, élevé partout au même degré le niveau de ses conquêtes. Ainsi, pendant qu'au centre de l'ancienne Gaule il absorbe toute la vitalité sociale, nous

Fig. 33. — Remparts de la ville d'Aigues-Mortes, une des municipalités du Languedoc.

voyons que dans la Germanie, d'où il émane, les institutions teutoniques qui lui sont antérieures conservent même aux campagnards une indépendance relative; et si nous regardons dans les contrées du midi, nous constatons qu'il y est singulièrement atténué par l'influence de l'ancienne domination romaine.

Sur cette longue zone de territoire qui s'étend du penchant méridional des Cévennes aux Apennins, la main des barbares a pesé beaucoup moins que sur le reste de l'Europe. Là, dans ces provinces favorisées où l'organisation romaine survit au patronage de Rome, il semble que la splendeur antique n'ait jamais cessé de subsister : l'élégance des mœurs y refleurit parmi les ruines à demi réparées. Là, une sorte de patriciat urbain s'est toujours conservé vis-à-vis du baronnage, et les *bons hommes* ou *prud'hommes* électifs, les syndics, jurats ou *capitouls,* qui ont remplacé dans les villes les anciens *honorati* ou *curiales* romains, comptent encore pour quelque chose devant les princes et les rois. Le corps municipal, plus large, plus ouvert que la vieille curie, ne forme plus une corporation d'aristocrates malgré eux, enchaînés à un privilége qui les ruine. Les principales cités de la côte italienne ont déjà recouvré de grandes richesses par le commerce et déploient une ardeur, une activité, une puissance remarquables. La Ville Éternelle, que se disputent entre eux les empereurs, les papes et les barons de la campagne de Rome, s'agite par moments comme pour s'élancer vers le fantôme de l'antiquité républicaine, et ce fantôme ne tarde pas à redevenir une réalité pour une autre Rome, ou plutôt pour une Carthage nouvelle, pour cette Venise la Belle, qui est sortie libre des flots de l'Adriatique (fig. 34).

Dans la Lombardie, si fortement colonisée par les conquérants germains, la féodalité pèse, au contraire, durement; mais, là aussi, les villes sont populeuses, énergiques, et la lutte reste pendant des siècles engagée d'une manière irréconciliable entre le peuple et les seigneurs, entre les Guelfes et les Gibelins.

Au nord et à l'est du territoire gaulois, l'instinct de résistance, pour avoir peut-être un caractère plus intermittent, n'est pas moins vivace. Mais, au reste, dans ces régions on voit des seigneurs ambitieux, qui, prenant l'avance sur la future politique des rois, accordent, par un intérêt bien entendu, aux villes qu'ils veulent s'attacher la suppression des exactions les plus détestées, et en même temps un commencement de garanties légales. Ainsi faisaient traditionnellement les comtes de Flandres, et isolément le fameux Héribert de Vermandois, si *tricheur* envers les grands, si populaire chez les petits.

Le onzième siècle, qui marque en quelque sorte l'apogée de l'envahissement de toutes les libertés par le corps féodal, sonne aussi l'heure de la grande réaction des villes contre les châteaux. L'esprit de *cité* renaît sous la forme de l'esprit *bourgeois*, qui emprunte un nom teutonique (*burg*, habitation) pour réagir contre le régime issu de la conquête des Teutons. « Mais, « dit M. Henri Martin, ce qui renaît, ce n'est pas la municipalité romaine « de l'empire, abâtardie par la servitude au milieu de son faste et des arts

« resplendissants, c'est quelque chose de rude et souvent de quasi-barbare
« dans la forme, mais de fort et de généreux au fond, et qui, autant que le

Fig. 34. — Vue de la place Saint-Marc à Venise, au seizième siècle, d'après Cesare Vecellio.

« permet la différence des temps, rappellerait bien plutôt les petites répu-
« bliques antérieures à l'empire romain. »

Deux puissantes impulsions, qui viennent à la fois de deux centres d'action bien différents l'un de l'autre, entraînent irrésistiblement cette grande révolution sociale, aux aspects variés et infinis, qui remue toute l'Europe centrale et qui se fait plus ou moins sentir dans les régions extrêmes de l'ouest, du nord et du midi. C'est d'un côté l'esprit gréco-latin des municipes antiques, ranimé par un sentiment d'opposition native au génie des barbares et transformé par un souffle démocratique; de l'autre côté, l'esprit libre et égalitaire des vieilles tribus celtiques ressuscite tout à coup contre la hiérarchie militaire enfantée par la conquête. L'Europe est soulevée par le double courant d'idées qui la pousse à la fois vers la civilisation nouvelle, et plus particulièrement vers une nouvelle organisation de la vie urbaine.

L'Italie était naturellement la terre où devaient se produire les premières tentatives, les premiers essais de régénération sociale; mais elle présentait dans ses mœurs, ses lois, ses gouvernements, de très-grandes diversités, résultant des personnalités si diverses qui la dominaient : empereur, pape, évêques, princes féodaux. En Toscane, en Ligurie, c'est presque sans efforts que le progrès vers la liberté s'effectue; en Lombardie, au contraire, la résistance féodale est très-vive. Partout, néanmoins, les cités s'affranchissent, dans une mesure plus ou moins large, par un mouvement plus ou moins rapide. En Sicile, la féodalité garde sous sa main les campagnes; mais, dans la plus grande partie de la Péninsule, l'esprit démocratique des cités opère même l'affranchissement des classes rustiques. La caste féodale est dissoute en fait; les barons sont transformés en patriciens dans ces nobles villes qui donnent à leurs magistrats républicains le vieux titre de *consuls* (peu en rapport, du reste, avec leurs modestes fonctions). L'empereur tudesque s'efforce en vain de ressaisir pour son compte la souveraineté sur ces populations qui ont secoué le joug de ses vassaux : mais le signal des combats est donné aussitôt par les nouveaux affranchis; l'aigle impériale est forcée de fuir devant le char splendide (*carro rosso*) qui porte les bannières des villes liguées. Heureuses les cités d'Italie si leur prospérité même ne leur eût fait oublier l'union qui pouvait seule rendre cette prospérité durable, et si, au lieu de vouloir faire plus étroit leur lien fédératif, elles n'eussent tourné leurs armes les unes contre les autres, dans des luttes fatales à la liberté de chacune d'elles!

En deçà des Alpes se ressent immédiatement le contre-coup du mouvement italien. La Provence, la Septimanie, l'Aquitaine ont dès le onzième siècle des villes qui jouissent de libertés assez étendues. Sous les noms de *communautés*, d'*universités,* indiquant que tous les citoyens, comme parties d'un même tout, ne font qu'un, elles interviennent ensemble dans les affaires générales du royaume auquel elles appartiennent. Leurs magistrats traitent sur le pied d'égalité avec la noblesse féodale. Celle-ci ne veut les reconnaître tout d'abord qu'en qualité de *bons hommes* ou notables; mais les consuls savent se faire place eux-mêmes dans la hiérarchie. Si le consulat, haute et vigoureuse expression du régime indépendant le mieux accusé, n'arrive pas, comme en Italie, à supprimer en Provence la féodalité, au moins la

Fig. 35. — Guillaume, duc de Normandie, suivi de ses chevaliers en armes. Costumes militaires du onzième siècle; d'après la tapisserie de Bayeux, dite de la reine Mathilde.

transforme-t-il à ce point qu'il lui enlève ce qu'elle avait de plus injuste et de plus insupportable. A Toulouse, par exemple (où les consuls sont par exception nommés *capitouls,* c'est-à-dire chefs du chapitre ou conseil de la cité), le titulaire du comté semble moins, dans sa capitale, un prince féodal, qu'un magistrat honoraire de la bourgeoisie. Avignon ajoute à ses consuls deux *podestats* (du mot latin *potestas,* puissance). A Marseille, l'*université* de la cité haute se gouverne en république sous la suzeraineté du comte de Provence, tandis que la cité basse reste soumise à un vicomte. Périgueux, partagée en deux communautés, *la grande* et *la petite fraternité,* refuse par les armes toute obéissance aux comtes de Périgord. Arles, sous ses podestats, se régit, pendant quelque temps, en ville libre et impériale. Et parmi les constitutions que du onzième au seizième siècle ces villes se donnent elles-mêmes, on trouve de véritables chefs-d'œuvre, où toutes les combinaisons imaginables de gouvernement et d'administration sont mises à l'essai, proclamées, sanctionnées. On est saisi d'admiration en voyant quels efforts d'intelligence et de patriotisme furent dépensés souvent en pure perte sur de si étroits théâtres politiques.

L'institution consulaire, qui, nominalement au moins, trouvait ses origines dans l'antique grandeur des régions méridionales, ne se propagea pas au delà de Lyon. Dans le centre de la France, à Poitiers, à Tours, à Moulins, etc., le progrès urbain ne se manifeste que par des efforts timides ou habilement comprimés; mais au nord, en revanche, dans la région comprise entre la Seine et le Rhin, et même entre la Seine et la Loire, le principe d'affranchissement tend à s'affirmer et à se faire reconnaître. Sur quelques points la révolution s'effectue comme d'elle-même, tandis qu'ailleurs elle donne lieu aux luttes les plus vives. En Normandie, par exemple, sous le gouvernement actif et intelligent des ducs de la race de Roll ou Rollon, la bourgeoisie est riche et même guerrière. Elle a entrée aux conseils du duché; et quand il s'agit d'opérer la fameuse descente en Angleterre, le duc Guillaume (fig. 35) trouve chez cette bourgeoisie l'appui des fortunes et des personnes. Il en est de même en Flandre, où les villes de Gand (fig. 36), de Bruges, d'Ypres, prennent, à peine affranchies, un développement extraordinaire. Mais dans les autres contrées de la France septentrionale la plupart des villes sont encore durement opprimées par les comtes et les évêques. Si quelques-unes ont obtenu certaines franchises ou garanties, ç'a été pour les perdre aussitôt par la mauvaise foi des seigneurs. Une ville d'entre Loire et Seine donna le signal du mouvement qui devait régénérer le nord. Les habitants du Mans, formant une *communion* ou association, s'insurgèrent vers 1070, et forcèrent le comte et les seigneurs ses vassaux à leur accorder les libertés dont ils avaient juré, eux citadins, de réclamer et d'obtenir la possession; mais Guillaume de Normandie eut bientôt fait rentrer dans l'ordre la cité rebelle, et dissous leur présomptueuse *communion*. Toutefois l'exemple devait porter fruit : Cambrai se lève à son tour, en proclamant la *commune*, et si par trahison son évêque, aidé du comte de Hainaut, la ramène à l'obéissance, elle ne paraît succomber un instant que pour recommencer la lutte.

Nous venons de nommer la *commune* : il est bon de ne pas se méprendre sur l'acception véritable de ce terme, qui, sous des dehors latins (*communi-*

Fig. 36. — Garde bourgeoise de Gand (confrérie de Saint-Sébastien); d'après une peinture murale chapellede la Saint-Jean-et-Saint-Paul à Gand, près de la porte de Bruges.

tas), exprime une idée germanique dans son origine, et chrétienne dans sa forme nouvelle. Les sociétés de défense mutuelle, les *guildes*, les *conjurations*, n'avaient jamais disparu des pays germaniques et celtiques; la chevalerie elle-même n'était qu'une vaste confraternité des guerriers chrétiens. Les sociétés de la *Paix de Dieu*, de la *Trêve de Dieu*, provoquées par le clergé, pour arrêter les querelles sanglantes des seigneurs, n'étaient autres que de grandes *guildes* religieuses. Cette idée de *conjuration* (serment commun), dont la féodalité leur donnait le puissant exemple, ne pouvait manquer de frapper l'esprit des manants, des mainmortables; ils n'eurent plus qu'à être pris d'un désir naturel d'imitation pour que la commune naquît tout armée.

Ils prononcent donc, eux aussi, des serments; ils mettent en *commun* leurs bras et leurs âmes; ils s'emparent, par force ou par surprise, des remparts et des tours de leurs propres villes; ils élisent des *mayeurs* ou maires, des échevins, des pairs, des jurés, chargés de veiller au maintien de cette sainte association. Ils ont promis de n'épargner ni biens, ni travaux, ni veilles, ni sang, pour échapper au despotisme de leurs maîtres; et, non contents de se défendre chez eux à l'abri des barricades ou des chaînes qui ferment leurs rues, ils prennent hardiment l'offensive contre les fières résidences féodales, devant lesquelles avaient tremblé leurs pères, et ils obligent, de gré ou de force, le seigneur, qui se voit menacé ou milieu de ses gens d'armes, à reconnaître leur affranchissement par un pacte solennel.

Il va sans dire que la commune ne s'établit point partout ainsi, par voie d'insurrection. Il se produisit alors toutes sortes de luttes, de transactions, de combinaisons, de *franchises*, vendues à prix d'or ou octroyées par une libéralité plus ou moins volontaire; mais partout le but est identique, partout on combat ou on négocie pour substituer la mise en vigueur d'une *charte*, d'une constitution écrite, au régime de désordre et de violence ou d'arbitraire, sous lequel on avait gémi trop longtemps; pour remplacer, par une redevance annuelle et fixe, sous la protection d'une jurisprudence précise, les exactions illimitées et les rapines déguisées de la fiscalité seigneuriale ou royale. Quels moyens d'atteindre ce but et de s'y maintenir sans avoir d'abord des remparts et des portes, un trésor commun, une milice permanente, des magistrats, à la fois administrateurs, juges et capitaines? L'hôtel de ville devient dès lors une sorte de temple civique où se gardent la bannière de la commune, emblème de l'union, et le sceau dont l'apposition sanctionne les actes municipaux. Enfin s'élève le *beffroi,* où les *guetteurs* veillent sans cesse, le jour et la nuit, et du haut duquel est toujours prête à éclater la voix puissante du tocsin (*toque seing,* frappe signal), lorsqu'un danger menace la cité. Ces beffrois, donjons de la liberté, deviennent, pour les bourgeois, aussi nécessaires, aussi sacrés que les clochers de leurs cathédrales, où d'éclatantes sonneries, de joyeux carillons (fig. 37), donnaient l'élan aux fêtes populaires. Les hôtels de ville, construits dans les Flandres, du quatorzième au seizième siècle, sous l'inspiration municipale, sont des merveilles d'architecture.

Qui saurait, qui pourrait dire, avec toutes ses heureuses ou désastreuses vicissitudes, la turbulente histoire de l'établissement des communes ? C'est la commune de Cambrai, toujours en guerre avec les évêques, quatre fois relevée, quatre fois abattue; c'est la commune de Beauvais, soutenue, au contraire, par le prélat diocésain contre les deux seigneurs qui avaient droit féodal sur elle; c'est Laon, où la commune, achetée de l'évêque à prix d'or, confirmée par le roi, violée ensuite par la fraude et la trahison, s'abîme dans le sang de ses défenseurs. C'est aussi Saint-Quentin, où le comte de Vermandois et

Fig. 37. — Carillon de l'horloge de Saint-Lambert de Liége.

ses vassaux jurent presque de bonne grâce le maintien du droit des bourgeois, et respectent scrupuleusement leur serment. En beaucoup d'autres localités les dignitaires féodaux s'effrayent au nom seul de *commune*, et alors qu'ils sembleraient peu disposés à accepter le meilleur état de choses sous cette redoutable désignation, ils n'hésitent pas à le consacrer quand on l'intitule *loi de l'amitié, paix de Dieu, institution de paix*. A Lille, par exemple, les magistrats bourgeois prennent le nom d'*apaiseurs, surveillants de l'amitié*. A Aire, en Artois, des membres de l'*amitié* s'entr'aident, non pas seulement contre l'ennemi, mais surtout contre la pauvreté.

Amiens mérite d'être mise au premier rang parmi les cités qui conquirent chèrement leurs priviléges. Acharnée, sanglante, terrible fut la guerre que les bourgeois soutinrent contre leur comte et contre leur châtelain, secondés qu'ils étaient d'ailleurs par le roi Louis le Gros, qui venait de prendre parti pour les seigneurs de Laon dans des circonstances identiques.

D'Amiens, qui triomphe, qui devient une véritable république municipale, l'exemple se propage dans le reste de la Picardie, dans l'Ile de France, en Normandie, en Bretagne, en Bourgogne, et peu à peu s'en va rejoindre, sans secousse et sans effort, la région lyonnaise, où finit le consulat, institution caractéristique des communes méridionales.

De la Flandre le mouvement part aussi pour gagner les domaines des empereurs germains; et là aussi la lutte est multiple, animée, et là aussi les défaites succèdent aux victoires; mais enfin le grand principe d'affranchissement prévaut, et pendant que les cités de l'occident et du midi de l'Allemagne se confédèrent contre les seigneurs, au nord se fonde cette fameuse *hanse* teutonique, si célèbre par son vaste commerce maritime.

Pour être quelque peu arriéré dans le mouvement, le centre de la France ne laisse pas enfin de le suivre; mais sa marche est particulièrement ralentie, son action modifiée, par le fait d'attaches plus directes à la royauté, qui tantôt concède les plus larges franchises, et tantôt comprime les moindres velléités d'indépendance. En principe, cependant, les rois qui favorisent volontiers les communes chez les autres *sires*, et qui en viennent à ce point de revendiquer toute *ville de commune* comme *leur*, c'est-à-dire comme relevant immédiatement de la couronne, n'aiment guère à voir se former des communes chez eux; à moins que la position exceptionnelle de celles-ci ne leur conseille la tolérance. Ainsi Orléans, placée au cœur des États royaux, voit son premier mouvement brutalement étouffé, tandis que Mantes, qui fait frontière du duché de Normandie appartenant encore au roi d'Angle-

Fig. 38. — Les députés des bourgeois de Gand, en révolte contre leur suzerain, Louis II, comte de Flandre, viennent le supplier de leur pardonner et de rentrer dans leur ville (1379). Miniature du *Froissart*, n° 2644. Bibl. nation. de Paris.

terre, n'a qu'à demander des franchises au roi de France pour les obtenir.

C'est dans le ressort particulier du domaine royal, que se trouvent principalement les villes dites *de bourgeoisie,* qui possèdent, non point le type d'indépendance complète des communes, mais une certaine somme de libertés et de garanties civiles. Elles n'ont ni le droit de guerre, ni le beffroi, ni la juridiction exclusive de leurs magistrats élus; car des baillis (fig. 39), des prévôts royaux y représentent le souverain; mais elles durent toutefois, au cas échéant, étendre et faire respecter leurs droits, et prendre une attitude fière et digne en face du pouvoir dont elles relevaient.

Paris, où moins qu'ailleurs les rois pouvaient consentir à ce que s'organisât en face d'eux un régime politique indépendant, Paris arrive à se créer aussi une existence municipale. L'influence bourgeoise y prend son origine dans une corporation gallo-romaine. La compagnie des *Nautes*, ou *Hanse de la marchandise de l'eau*, forme un centre auquel se rattachent successivement les divers corps de métiers; et un vaste ensemble de forces civiques en résulte, qui parvient à élire un véritable conseil communal, composé d'un prévôt des marchands, de quatre échevins et de vingt-six conseillers de ville; conseil qui dans les temps difficiles ne laisse pas de l'emporter, comme influence, sur la magistrature royale, et de jouer un rôle significatif dans l'histoire.

Au-dessous des cités bourgeoises proprement dites, qui relèvent plus spécialement de la couronne, apparaît une dernière classe plus humble de villes et de bourgs qui, n'ayant pas une force suffisante pour revendiquer une grande somme de libertés, doivent se contenter de quelques priviléges, que dans un but politique le plus souvent les seigneurs leur ont concédés. Ce sont ces *villes franches* ou *villes neuves*, dont nous avons parlé.

Quoi qu'il en soit, si vers le dixième siècle la puissance féodale est à peu près dominante en Europe, dès le douzième le régime municipal s'est fait une large place, et de jour en jour il va progressant, jusqu'au moment où, la politique royale établissant sur des bases de plus en plus étendues l'unité nationale, il quitte forcément son caractère primitif, pour participer au grand mouvement de solidarité qui donne aux cités dans l'État un rôle analogue à celui qu'avaient jadis les bourgeois dans la cité. Des liens fraternels se forment entre les provinces; les intérêts distincts et rivaux s'effacent devant une aspiration générale vers l'intérêt commun. Les villes sont admises aux États généraux, où les bourgeois des diverses régions se confondent comme représentants du *tiers état*. Le peuple est fait, dans les rangs duquel le roturier campagnard coudoie le notable roturier urbain. Trois ordres sont désormais en présence, qui vont se disputer la prépondérance dans l'avenir.

Fig. 39. — Bailliage ou tribunal d'un bailli du roi; fac-similé d'une gravure en bois de l'ouvrage de Josse Damhoudere, *Praxis rerum civilium*. (Anvers, 1557, in-4°.)

Nous ferons remarquer, avec M. Henri Martin, que, par une apparente contradiction, la décadence des communes s'accuse en raison inverse du progrès du tiers état. A mesure que le gouvernement se régularise, que les grands fiefs sont absorbés par la couronne, que les parlements et autres cours souveraines sorties de la bourgeoisie étendent leurs hautes attributions judiciaires et administratives, la force unitaire, organisée sous la forme monarchique, doit être en effet moins disposée à tolérer l'indépendance locale des communes. L'État se substitue à la commune pour tout ce qui concerne la justice, la guerre, l'administration. A vrai dire, de précieuses libertés périssent; mais ce n'est encore là qu'une situation transitoire. Une grande commotion se produit, qui emporte du même coup tous les débris du vieil âge; et enfin, quand le travail de reconstruction s'achève, un hommage solennel est rendu au nom vénérable de *commune,* qui se trouve uniformément appliqué à toute ville, bourg ou village, que l'esprit nouveau enveloppe dans un même régime municipal.

Fig. 40. — Armes diverses du quinzième siècle.

VIE PRIVÉE

DANS LES CHATEAUX, LES VILLES ET LES CAMPAGNES.

Le château mérovingien. — Emploi du temps par les nobles : chasse, guerre. — Disposition des appartements. — Vie privée de Charlemagne. — Mœurs domestiques sous les Carlovingiens. — Influence de la chevalerie. — Simplicité de la cour de Philippe-Auguste, non imitée par ses successeurs. — Vie princière au quinzième siècle. — Les enseignements de Latour Landry, seigneur angevin. — Varlets pages, écuyers, damoiselles d'honneur. — Avénement des bourgeoisies. — Le *Menagier de Paris*. — La manse ancienne. — État des vilains aux diverses époques. — Les *Propos rustiques* de Noël du Fail.

UGUSTIN THIERRY, prenant pour guide Grégoire de Tours, l'Hérodote mérovingien, décrit ainsi un domaine royal, sous la première race :

« Cette habitation n'avait rien de l'as-
« pect militaire des châteaux du moyen
« âge : c'était un vaste bâtiment, en-
« touré de portiques d'architecture ro-
« mane, quelquefois construit en bois,
« poli avec soin et orné de sculpture,
« qui ne manquait pas d'élégance. Autour du principal corps de logis se trou-
« vaient disposés par ordre les logements des officiers du palais, soit barbares,
« soit Romains d'origine, et ceux des chefs de bande, qui, selon la coutume
« germanique, s'étaient mis avec leurs guerriers dans la *truste* du roi, c'est-à-
« dire sous un engagement spécial de vasselage, de fidélité. D'autres maisons,
« de moindre apparence, étaient occupées par un grand nombre de familles

« qui exerçaient, hommes et femmes, toutes sortes de métiers, depuis l'orfé-
« vrerie et la fabrique des armes jusqu'à l'état de tisserand et de corroyeur,
« depuis la broderie en soie et en or jusqu'à la plus grossière préparation de
« la soie et du lin.

« Des bâtiments d'exploitation agricole, des haras, des étables, des berge-
« ries, des granges, les masures des cultivateurs et les cabanes des serfs, com-
« plètent le village royal, qui ressemblait parfaitement, quoique sur une plus
« grande échelle, aux villages de l'ancienne Germanie. Dans le site même
« de ces résidences il y avait quelque chose qui rappelait le souvenir des
« paysages d'outre-Rhin; la plupart d'entre elles se trouvaient sur la lisière,
« et quelques-unes au centre des grandes forêts, mutilées depuis par la civi-
« lisation, et dont nous admirons les restes. »

On voit que si les documents historiques ne nous faisaient point à peu près défaut à ces époques lointaines, il suffirait de faire porter l'observation sur un espace territorial fort restreint pour avoir une idée juste des mœurs et des usages de la société franque; car dans le seul périmètre d'un domaine royal se trouvait renfermée simultanément, et en quelque sorte face à face, l'existence intime du souverain aussi bien que celle du plus vil esclave. Mais quant à ce qui concerne la vie privée des diverses classes qui composaient cette société naissante, nous ne possédons que des notions approximatives et très-incomplètes (fig. 42).

Il est évident pourtant que dès les premiers temps de la race mérovingienne il y avait chez les grands plus de luxe et de bien-être qu'on ne le suppose. Tous les meubles d'or et d'argent, tous les joyaux, toutes les riches étoffes que les Gallo-Romains entassaient dans leurs somptueuses demeures, n'avaient pas été anéantis par les Barbares. Les rois francs en avaient accaparé la meilleure partie; le reste était tombé aux mains des chefs de bande, dans le partage du butin. Un fait bien connu, celui du vase de Soissons, que le roi Clovis voulut se réserver (fig. 41), et qu'un soldat brisa d'un coup de hache, prouve, il est vrai, que bien des chefs-d'œuvre de l'art antique avaient dû disparaître, par suite de l'ignorance et de la brutalité des conquérants; mais ceux-ci eurent bientôt adopté les goûts et les habitudes de la population indigène. Ils s'approprièrent d'abord tout ce qui flattait leur orgueil et leur sensualité. Voilà comment les débris matériels de la civilisation des Gaules furent conservés dans les résidences royales et seigneuriales, ainsi que dans les églises et les monastères. Grégoire de Tours nous apprend que lorsque Frédégonde, femme de Chilpéric, accorda la main de sa fille Rigonthe au fils du roi des Goths, il fallut cinquante chariots pour emporter

Fig. 41. — Saint Remy, évêque de Reims, vient demander à Clovis la restitution d'un vase sacré pris par les Francs dans le pillage de Soissons. Costumes de la cour de Bourgogne au quinzième siècle. (Fac-similé d'une miniature du manuscrit de l'*Histoire des Empereurs*. Bibliothèque de l'Arsenal.)

tous les objets précieux qui formaient la dot de la princesse. Une étrange scène de famille, que rapporte le même historien, peut nous donner une idée exacte de l'état des mœurs privées à la cour de cette terrible reine des Francs. « La mère et la fille avaient souvent des querelles, et il leur arrivait de se « porter l'une envers l'autre aux voies de fait les plus violentes. Frédégonde

« dit, un jour, à Rigonthe : « Pourquoi me tourmenter ? Voilà les biens de ton
« père, prends-les, et fais-en ce que tu voudras. » Puis, l'emmenant dans la
« chambre où elle renfermait ses trésors,
« elle ouvrit un coffre rempli d'objets pré-
« cieux. Après en avoir tiré un grand
« nombre de bijoux, qu'elle donnait à sa
« fille : « Je suis fatiguée, dit-elle ; mets
« toi-même les mains dans le coffre et
« prends-y ce que tu trouveras. » Ri-
« gonthe se pencha pour atteindre les ob-
« jets placés au fond du coffre ; aussitôt
« Frédégonde baissa le couvercle sur la
« tête de sa fille, et pesa dessus avec
« tant de force que bientôt celle-ci eut
« le cou pressé au point que les yeux
« lui sortaient presque de la tête. Une
« des servantes se mit à crier : « Au se-
« cours ! ma maîtresse est étranglée par
« sa mère ! » On accourut, et Rigonthe
« fut délivrée. » Au reste, ce n'est là
qu'un des moindres méfaits que l'histoire
prête à la terrible Frédégonde, qui avait
toujours à la main le poignard ou le poison (fig. 43).

Fig. 42. — Costumes de femmes de la cour du sixième au dixième siècle, d'après les documents recueillis par H. de Vielcastel dans les grandes bibliothèques de l'Europe.

Chez les Francs, comme chez tous les peuples barbares, la chasse était le délassement qu'ils préféraient, lorsqu'ils n'étaient pas occupés à combattre. Les
seigneurs mérovingiens furent donc des chasseurs déterminés, et il leur arrivait
de faire durer pendant des semaines en-
tières les grandes chasses qui les entraî-
naient loin de leurs métairies et de leur famille. Mais quand la saison ou
d'autres circonstances les empêchaient de guerroyer contre les hommes ou

contre les animaux, les plaisirs de la table et du jeu étaient les seuls qu'ils connussent. Ils s'y livraient d'ailleurs avec une ardeur et une fougue bien dignes de cette époque demi-sauvage. Or, comme l'usage voulait que les convives se rendissent en armes aux festins, qui se renouvelaient sans cesse

Fig. 43. — La reine Frédégonde, assise sur son trône, donne à deux jeunes gens de Térouanne l'ordre d'assassiner Sigebert, roi d'Austrasie. Vitrail de la cathédrale de Tournai. (Quinzième siècle.)

entre eux, car un banquet étant l'accompagnement obligé de toutes les cérémonies religieuses, et même des moindres stipulations civiles, il n'était pas rare que ces longs repas, suivis de jeux de hasard, fussent ensanglantés par des rixes et des meurtres particuliers, sinon par des batailles générales. On s'imagine aisément le tumulte qui devait résulter d'une réunion quelque peu nombreuse, quand le vin cuit et les boissons fermentées, telles que la *cervoise* et l'hydromel, avaient échauffé les têtes et haussé le diapason des voix.

Certains rois mérovingiens, écoutant les conseils des ministres de la religion catholique, se prêtèrent à réformer ces bruyants excès et en abandonnèrent les premiers la honteuse tradition. Ils recevaient donc à leur table des évêques qui bénissaient l'assistance au commencement du repas, et qui étaient chargés, en outre, soit de réciter des chapitres de la Sainte-Écriture, soit de chanter des hymnes de l'office divin, pour édifier et distraire les convives.

Grégoire de Tours atteste les heureux effets de la présence des évêques à la table des rois et des seigneurs francs ; il nous raconte aussi que Chilpéric, se piquant d'être versé dans les lettres sacrées et profanes, aimait à discuter à table, ou plutôt à prononcer souverainement sur les plus hautes questions de grammaire, devant ses *leudes* ou compagnons de guerre, qui la plupart ne savaient ni lire ni écrire ; il alla même jusqu'à ordonner l'introduction de trois anciennes lettres grecques dans l'alphabet latin.

Les domaines particuliers des rois francs étaient immenses et produisaient d'énormes revenus. Ces monarques, en outre, avaient des palais dans presque toutes les grandes villes : à Bourges, Châlon-sur-Saône, Châlons-sur-Marne, Dijon, Étampes, Metz, Langres, Mayence, Reims, Soissons, Tours, Toulouse, Trèves, Valenciennes, Vienne, Worms, etc. A *Lutèce*, ou Paris, ils occupaient la vaste résidence connue aujourd'hui sous le nom de *Thermes de Julien* (hôtel de Cluny), qui s'étendait alors de la montagne Sainte-Geneviève à la Seine ; mais ils la quittaient souvent pour les nombreuses *villas* qu'ils possédaient aux environs de la ville, et dans chacune desquelles ils transportaient tour à tour leur atelier monétaire.

Toutes ces résidences étaient bâties sur le même plan. De hautes murailles entouraient le palais proprement dit ; l'*atrium* romain, conservé sous le nom de *proaulium* (préau, avant-cour), précédait le *salutatorium* (salle de réception), où l'on recevait les visiteurs. Le *consistorium*, ou grande salle circulaire garnie de siéges, servait aux plaids, conciles, assemblées publiques, et autres solennités où les rois déployaient un faste imposant.

Le *trichorum*, ou salle à manger, était ordinairement la pièce la plus vaste du palais ; deux rangs de colonnes la divisaient en trois parties : l'une pour la famille royale, l'autre pour les officiers de la maison, et la troisième, enfin, pour les hôtes, qui étaient toujours fort nombreux. Tout personnage notable qui rendait visite au roi ne pouvait s'éloigner sans s'asseoir à sa table, ou tout au moins sans vider une coupe à sa santé. L'hospitalité du roi était, d'ailleurs, splendide, surtout aux jours de grandes fêtes religieuses, comme Noël et Pâques.

Les appartements royaux se partageaient en chambres d'été et chambres d'hiver. Pour y rafraîchir ou y réchauffer la température, on employait, selon la saison, de l'eau froide ou de l'eau bouillante, qui circulait dans les tuyaux de l'*hypocauste* (fourneau souterrain qui servait à chauffer les bains). Les chambres à cheminée s'appelaient *epicaustoria* (étuves), et l'on s'y ren-

Fig. 44. — Costumes des seigneurs et des nobles du septième au neuvième siècle, d'après les documents recueillis par H. de Vielcastel dans les grandes bibliothèques de l'Europe.

fermait hermétiquement, quand on voulait se mettre nu devant le feu, et se faire oindre d'onguents et d'essences aromatiques. A l'instar des maisons gallo-romaines, les palais des rois francs et ceux des principaux seigneurs (*principes*) de l'ordre ecclésiastique ou militaire avaient des *thermes* ou des salles de bain; aux thermes attenaient un *colymbum* ou lavoir, un *gymnase* pour les exercices du corps, et un *hypodrome*, galerie couverte pour la promenade, qu'il ne faut pas confondre avec l'*hippodrome,* cirque où l'on faisait courir les chevaux.

Quelquefois, à la fin des repas, entre deux parties de dés, les seigneurs francs écoutaient un barde qui chantait dans leur langue nationale les actions d'éclat de leurs ancêtres.

Sous le gouvernement de Charlemagne la vie privée de ses sujets paraît avoir été moins rude, moins grossière, bien qu'ils ne renonçassent pas encore à leurs turbulents plaisirs. Les sciences et les lettres, depuis longtemps reléguées au fond des monastères, reparurent à la cour impériale, comme de belles exilées, et rendirent à la vie sociale un peu de charme et d'aménité. Charlemagne avait créé, dans l'intérieur même de sa maison, sous la direction d'Alcuin, une sorte d'académie dite *école du Palais*, qui le suivait partout. Les exercices intellectuels de cette école ambulatoire réunissaient ordinairement tous les membres de la famille de l'empereur et toutes les personnes de son entourage. Charlemagne, d'ailleurs, était lui-même un des auditeurs les plus assidus des leçons que donnait Alcuin, ou plutôt le principal interlocuteur des conversations alternativement religieuses, littéraires ou philosophiques, que l'illustre chef de l'école du Palais soutenait contre tous, avec les seules ressources de son savoir et de sa dialectique.

Charlemagne ne prenait pas moins de soins de l'administration intérieure de son palais que de celle de ses États. Dans ses Capitulaires, qui forment son œuvre de législateur, on le voit descendre à cet égard jusqu'aux plus infimes détails. Par exemple, il s'occupe non-seulement de ses équipages de guerre ou de chasse, mais encore de ses jardins potagers ou d'agrément. Il veut savoir chaque année le nombre de ses bœufs, chevaux, chèvres; il calcule le produit de la vente des fruits cueillis dans ses vergers, et en dehors des besoins journaliers de sa maison; il se fait rendre compte de la quantité de poisson pêchée dans ses viviers; il indique minutieusement les plantes les plus convenables à l'ornement de ses parterres, et les légumes destinés à sa table, etc.

L'empereur affectait d'ordinaire dans ses vêtements la plus grande simplicité. Son costume habituel consistait en une chemise et un caleçon de toile, et en une tunique de laine serrée par une ceinture de soie. Par-dessus cette tunique il jetait un long manteau d'étoffe bleue, très-long devant et derrière, mais très-court de chaque coté, qui lui laissait les bras libres pour faire usage de son épée, qu'il ne quittait jamais. Sa chaussure se composait de bandes d'étoffes de diverses couleurs, croisées les unes par-dessus les autres autour du pied et de la jambe, qu'elles enveloppaient. L'hiver, quand il voyageait ou chassait à cheval, il enveloppait ses épaules d'un surtout de peau de loutre ou de mouton. Les changements que la mode imposait au costume de son temps, changements auxquels, du reste, il ne voulut jamais se soumettre, lui dictèrent plusieurs ordonnances somptuaires, assez rigoureuses, qui, à la vérité, restèrent à peu près sans effet.

Il était d'une sobriété remarquable en fait de nourriture et de boisson, et

Fig. 45. — Costumes des dames nobles au neuvième siècle, d'après une miniature de la Bible de Charles le Chauve. (Bibliothèque nationale de Paris.)

il avait contracté l'habitude de se faire lire, pendant le repas, des ouvrages de piété ou d'histoire. La matinée, qui commençait pour lui avec le lever du soleil en été, et plus tôt en hiver, était consacrée à l'administration politique de son empire. Il dînait à midi avec sa famille; les ducs et chefs de diverses nations le servaient d'abord, et prenaient place ensuite à la table, servis à leur tour par les comtes, préfets et officiers supérieurs de la cour, qui dînaient après eux; ceux-là étaient remplacés par les différents chefs de service, auxquels succédaient enfin les serviteurs de bas étage, qui ne mangeaient souvent qu'à minuit et qui devaient se contenter des restes de tout le monde. En quelques occasions, cependant, le puissant empereur savait étaler le faste qui convenait à son rang ; mais aussitôt qu'il avait satisfait à cette exigence en vue de quelque solennité il revenait en toute hâte, et comme d'instinct, à sa chère et native simplicité.

Il faut bien constater que les goûts austères de Charlemagne ne furent pas toujours partagés par les princes et princesses de sa famille, non plus que par les grands de sa cour (fig. 45). Les poëtes et historiens nous ont conservé des descriptions de chasses, de fêtes et de cérémonies, dans lesquelles le luxe déployait des splendeurs vraiment asiatiques. Eginhard assure, néanmoins, que les fils et les filles du roi furent élevés sous les yeux de leur père, dans les études libérales ; que, pour les préserver, en outre, du vice de l'oisiveté, Charlemagne exigeait que ses fils s'adonnassent à tous les exercices du corps, à l'équitation, au maniement des armes ; ses filles, au travail manuel de l'aiguille et du fuseau ; mais ce que nous savons des habitudes frivoles et des mœurs irrégulières de ces princesses nous prouve qu'elles n'avaient que très-imparfaitement répondu au but de leur éducation.

Les sciences et les lettres, un instant remises en honneur par Charlemagne et par son fils Louis, qui était même considéré comme très-habile dans l'interprétation des textes sacrés, furent replongées, pour longtemps encore, dans l'ombre des cloîtres, quand les tristes rivalités des successeurs de Louis le Débonnaire favorisèrent les irruptions des pirates normands. Tout ce qui restait encore de beaux souvenirs et de monuments matériels de la civilisation gallo-romaine, tout ce que le grand empereur avait pu recueillir, disparut à la fois dans les guerres civiles, ou bien fut anéanti pièce à pièce par les dévastations des hommes du Nord.

Ce vaste empire de Charlemagne se morcelant de jour en jour davantage, ce fut alors que, sous la menace de tant de causes de destruction sociale, l'Europe et la France en particulier commencèrent à se hérisser de tours et de forteresses inexpugnables, destinées à protéger les églises et les monastères, aussi bien que les châteaux et les chaumières, contre l'ennemi du dedans et l'ennemi du dehors.

Dans la première période de la féodalité, c'est-à-dire du milieu du neuvième siècle jusqu'au milieu du douzième, les habitants des châteaux n'eurent guère le loisir de se livrer aux douceurs de la vie privée. Ils ne se bornaient pas à s'armer pour les querelles interminables du roi et des grands feudataires : ils avaient encore à résister, d'une part, aux Normands; de l'autre part, aux Sarrasins, qui, devenus maîtres de la Péninsule ibérique, se répandaient à flots, comme une marée montante, dans les contrées méridionales du Languedoc et de la Provence. La récompense des guerriers carlovingiens, il est vrai, a été belle et fructueuse après de longs et sanglants efforts, car ils se sont enfin emparés des provinces, des cantons, primitive-

Fig. 46. — Tours du château de Semur et du château de Nogent-le-Rotrou, état actuel. Spécimens des tours du treizième siècle.

ment confiés à leur garde, et l'origine de leur possession féodale fut bientôt oubliée, si bien que leurs descendants ont ensuite prétendu ne tenir que de Dieu et de leur épée les terres qu'ils avaient souvent usurpées au mépris de leur serment. Il va sans dire que la vie privée des châteaux devait être alors du caractère le plus triste et de la plus aride uniformité. Cependant, selon M. Guizot, l'isolement qui était le résultat forcé de cette rude et laborieuse existence devint peu à peu une cause naturelle de civilisation :

« Quand le possesseur de fief sortait de son château, sa femme y restait, et dans une situation toute différente de celle que jusque-là les femmes avaient presque toujours eue. Elle y restait maîtresse, châtelaine représentant son mari, et chargée, en son absence, de la défense et de l'honneur du fief. Cette situation élevée et presque souveraine, au sein même de la vie domestique, a souvent donné aux femmes de l'époque féodale une dignité, un courage, des vertus, un éclat qu'elles n'avaient point déployés ailleurs, et elle a sans nul doute puissamment contribué à leur développement moral et au progrès général de leur condition.

« L'importance des enfants, du fils aîné entre autres, fut plus grande

Fig. 47. — La femme sous la sauvegarde de la chevalerie, scène allégorique. — Costume de la fin du quinzième siècle. D'après une miniature d'un psautier latin, manuscrit n° 175. (Bibl. nation. de Paris.)

dans la maison féodale, que partout ailleurs... Le fils aîné du seigneur était, aux yeux de son père et de tous les siens, un prince, un héritier présomptif, le dépositaire de la gloire d'une dynastie; en sorte que les faiblesses, comme les bons sentiments, l'orgueil domestique, comme l'affection, se réunissaient pour donner à l'esprit de famille beaucoup d'énergie et de puissance... Ajoutez à cela l'empire des idées chrétiennes, et vous comprendrez comment cette vie de château, cette situation solitaire, sombre, dure, a pourtant été favorable au développement de la vie domestique, et à cette élévation de la condition des femmes qui tient tant de place dans l'histoire de notre civilisation. »

Quel que soit le jugement que l'on veuille porter sur la chevalerie, il est impossible de nier l'influence que cette institution a exercée sur la vie privée au moyen âge. Elle en a profondément modifié les habitudes, en ramenant le sexe le plus fort au respect, à la défense du sexe le plus faible. Ces guerriers à la foi naïve, mais à l'écorce rude et grossière, avaient besoin, pour être adoucis, du commerce et de la conversation des femmes (fig. 47). En prenant sous leur sauvegarde la jeune fille, la veuve sans appui, ils durent s'en rapprocher de plus en plus. Un profond sentiment de vénération pour la femme, sentiment inspiré par le christianisme, par le culte de la sainte

Fig. 48. — Cour d'amour provençale au quatorzième siècle. (Manuscrit de la Bibliothèque nationale de Paris.)

Vierge surtout, se mêla chez les troubadours (ou poëtes du gai savoir) à la dialectique raffinée des écoles, et produisit une sorte de métaphysique sentimentale, qui triompha dans les *cours d'amour* (fig. 48), où les femmes étaient reines.

Nous voici parvenus au règne de Philippe Auguste, c'est-à-dire à la fin du douzième siècle. Cette époque est remarquable, non-seulement dans notre histoire politique, mais encore dans l'histoire de notre civilisation. Le christianisme avait alors complétement régénéré le monde. Les arts, les sciences et les lettres, animés de son esprit, commencent à renaître et vont peu à peu répandre leurs œuvres, en charmant de nouveau les loisirs de la vie privée. Les châteaux devaient être et ont été effectivement les premiers asiles de cette renaissance poétique et intellectuelle : on a trop exagéré l'ignorance de ceux qui les habitaient. On se représente généralement les guerriers du moyen âge, depuis les rois jusqu'aux plus pauvres chevaliers, comme dénués de toutes les connaissances de l'esprit et sachant à peine signer leur nom. A l'égard des rois et princes, c'est là une erreur grossière; quant aux simples chevaliers, beaucoup d'entre eux ont composé des poëmes qui témoignent d'une véritable culture littéraire.

C'est, d'ailleurs, l'époque des *trouvères* ou inventeurs de romans, poëtes et *acteurs* de profession, qui s'en allaient de province en province, de château en château, conter les histoires du bon roi Artus de Bretagne et des chevaliers de la Table-Ronde, dire les *chansons de geste* (poëmes historiques) du grand empereur Charlemagne et de ses paladins. Ces *diseurs* de vers étaient toujours accompagnés de *jongleurs* et de joueurs d'instruments (fig. 49), qui composaient une troupe ambulante, pratiquant la *gaie science* et n'ayant pas d'autre mission que d'instruire, en les divertissant, leurs hôtes des demeures féodales. Après le chant rhythmé de quelques fragments d'épopée chevaleresque, ou même après le joyeux récit de quelque vieux fabliau, des jongleurs étalaient leur habileté ou leur force dans des exercices gymnastiques et dans des tours d'adresse, d'autant mieux appréciés par les spectateurs que ceux-ci étaient, jusqu'à un certain point, plus ou moins aptes à les exécuter eux-mêmes. Ces troupes nomades représentaient aussi de petites scènes de comédie, empruntées à des événements contemporains. Quelquefois encore les joueurs d'instruments étaient constitués en orchestre, et un bal commençait. Notons que la danse à cette époque ne consistait guère qu'à former de grandes rondes qui tournoyaient et s'agitaient en cadence, en observant la mesure de la musique ou le rhythme du chant. C'est ainsi, du moins, que les danses nobles sont représentées dans les miniatures des manuscrits du moyen âge. A ces divertissements s'ajoutaient les divers jeux de calcul et de hasard qui s'étaient beaucoup multipliés, et notamment les jeux de *table*, c'est-à-dire le trictrac, les dames et les échecs, auxquels certains chevaliers consacraient tous leurs loisirs.

A partir du règne de Philippe Auguste un changement remarquable semble s'être opéré dans la vie privée des rois, princes et seigneurs. Bien que ses domaines et ses revenus aient été toujours en s'augmentant, ce roi ne déploya jamais, au moins dans les circonstances ordinaires, beaucoup de magnificence. Les comptes de sa dépense particulière pour les années 1202 et 1203 ont été conservés. On y trouve de curieux détails qui attestent

Fig. 49. — Le roi David, jouant de la lyre, entouré de quatre musiciens ou jongleurs. Costumes du treizième siècle. (D'après une miniature d'un psautier manuscrit de la Bibl. nat. de Paris.)

l'excessive simplicité de la cour à cette époque. Les serviteurs attachés à la personne du roi ou à la famille royale ne sont encore qu'en petit nombre : un chancelier, un chapelain, un écuyer, un bouteiller, quelques chevaliers du Temple, quelques sergents d'armes, voilà les seuls officiers domestiques du palais. Le roi et les princes de sa maison ne changeaient de vêtements que trois fois par an : à la Saint-André, à la Noël et à l'Assomption. Tous ces habits étaient fort simples. Les enfants du roi couchaient dans des draps de serge (étoffe de laine croisée), et leurs nourrices étaient vêtues de robes de couleur foncée en tissu de laine appelé *brunette*. Le manteau royal, qui était d'écarlate, portait seul des pierres précieuses, mais le roi ne s'en revêtait qu'aux grandes cérémonies. En revanche, d'énormes dépenses étaient faites pour les machines de guerre, les flèches, les heaumes (casques à visière), les chariots, ou bien pour les hommes d'armes que le roi prenait à sa solde.

Louis IX se tint personnellement dans des habitudes à peu près analogues. Le sire de Joinville nous apprend, en effet, dans sa Chronique, que le saint roi, au retour de sa première croisade, afin de réparer le dommage que le mauvais succès de cette expédition avait causé à ses finances, ne voulut plus porter ni fourrures de prix ni robes d'écarlate, et se contenta d'une robe d'étoffe commune, garnie en peau de lièvre. Toutefois il ne diminua pas le nombre des officiers de sa maison, qui était dès lors considérable; et, convaincu sans doute que la royauté avait besoin de magnificence, il s'entoura d'une représentation aussi fastueuse que l'époque pouvait le permettre.

Sous les deux Philippe, ses successeurs, cette magnificence ne fit que s'accroître, et du chef suzerain elle passa chez les grands vassaux, qui furent bientôt imités par les chevaliers *bannerets* (ayant droit de lever bannière) de leur suite. Le luxe sembla même vouloir devenir si exagéré et si général dans toutes les classes de la société féodale, qu'en 1294 une ordonnance du roi dut régler avec de minutieux détails la dépense de chacun, d'après le rang qu'il occupait dans l'État ou la fortune dont il pouvait justifier. Mais cette loi eut le sort de toutes les lois somptuaires, qu'on élude facilement, ou qui ne sont que très-difficilement applicables. Elle fut remise en vigueur, sans plus d'autorité, vers 1306, et le faste des habits, des équipages et de la table ne fit que prendre des proportions plus larges et plus ruineuses, en descendant de jour en jour dans les classes bourgeoises et marchandes.

Il faut dire à l'honneur de Philippe le Bel (fig. 50), malgré l'inutilité de ses tentatives pour combattre les progrès du luxe, qu'il ne se borna pas à faire des lois contre les folles dépenses de ses sujets, car nous voyons qu'il s'était en même temps attaché à organiser sa propre maison sur un pied d'économie

Fig. 50. — Le roi Philippe le Bel en costume de guerre, lors de son entrée dans Paris en 1304, après avoir vaincu les communes de Flandre. Statue équestre placée dans le chœur de Notre-Dame de Paris et détruite en 1772. (Fac-similé d'une gravure sur bois de la *Cosmographie universelle* de Thevet, 1575.

relative, qui rappelle le temps austère de Philippe Auguste. Ainsi, dans la curieuse ordonnance consacrée à cette organisation intérieure de tous les services du palais, il n'est accordé à la reine Jeanne de Navarre, pour sa suite et sa compagnie ordinaires, que deux dames et trois damoiselles; et il ne lui est attribué que deux *chars* à quatre chevaux, l'un pour elle, l'autre pour ses dames. Ailleurs, l'ordonnance enjoint à un maître d'hôtel, spécialement désigné, « d'acheter tous les draps et fourrures pour le roi, de garder la clef des armoires où ces draps seront renfermés, de savoir combien on en donnera aux tailleurs pour faire les habits, et de vérifier les comptes quand les tailleurs viendront toucher le prix de leurs ouvrages ».

Après la mort de la pieuse Jeanne de Navarre, à qui il faut peut-être rapporter les sages mesures qu'elle aurait inspirées à son mari Philippe le Bel, les dépenses de la maison royale grossirent singulièrement, surtout à l'occasion des mariages des trois jeunes fils du roi, de 1305 à 1307. L'or, les diamants, les perles, les pierreries, furent employés à profusion, soit pour les vêtements du roi, soit pour ceux des divers membres de sa famille. Les comptes de 1307 mentionnent des sommes considérables, payées pour des tapis, des courtes-pointes, des robes, du linge ouvré, etc. Il est même question d'un char de *parement* ou de parade, ornementé, couvert de peintures et doré comme un retable d'autel, ce qui était une fastueuse innovation dans le système des lourds véhicules qui servaient encore à voyager.

Jusqu'au règne de saint Louis l'ameublement des châteaux avait gardé un caractère de primitive simplicité qui n'était pas dépourvu de grandeur. La pierre vive restait presque à nu dans la plupart des salles, ou bien elle était blanchie à la chaux et ornée de rosaces et de fleurons de couleur en détrempe. Contre la muraille, ou bien aux piliers qui en soutenaient les arceaux, on voyait appendues des armes et des armures de toutes sortes, disposées en panoplies, auxquelles s'entremêlaient des bannières et des *pennons* ou étendards armoriés. Dans la grande salle du milieu, nommée le *tinnel*, ou salle à manger, était posée à demeure une longue table massive en bois de chêne, avec des bancs ou tréteaux de la même espèce. Au bout de cette table, une grande chaise à bras, surmontée d'un dais en étoffe d'or ou de soie, avait été réservée au maître du château, qui ne la cédait qu'à son suzerain, quand celui-ci venait le visiter. Souvent les parois de la salle d'honneur étaient tendues de tapisserie de haute lisse « en verdure », c'est-à-dire figurant des bocages avec des animaux, ou bien représentant les héros de l'histoire ancienne et ceux des romans de chevalerie. Le sol était ordinairement pavé de pierre dure, sinon revêtu d'un carrelage émaillé. On avait soin de le joncher d'herbes fraîches et odoriférantes en été, et de paille en hiver. Philippe Auguste ordonna que l'Hôtel-Dieu de Paris aurait droit désormais aux *jonchées*

Fig. 51. — Le chevalier et sa dame, costumes de la cour de Bourgogne au quatorzième siècle; intérieur d'une chambre *parée*. D'après une miniature d'*Othéa*, poëme par Christine de Pisan. (Bibl. de Bruxelles.)

et à la paille qu'on retirait chaque jour des salles de son palais. Ce n'est que beaucoup plus tard que cette espèce de litière, qu'il fallait renouveler sans cesse, fut remplacée par des nattes et des tapis de pied.

Les chambres à coucher se trouvaient d'habitude au sommet des tours et n'avaient guère d'autre ameublement qu'un lit très-large avec ou sans coussins, un coffre dans lequel on enfermait les vêtements et qui servait en même temps de siége, et un prie-Dieu, dans l'intérieur duquel se trouvaient parfois quelques livres de prières et de dévotion. Une petite fenêtre ou meurtrière, fermée par un carreau de papier huilé ou de corne amincie, donnait à peine un peu de jour à ces chambres hautes, que d'épaisses murailles garantissaient alternativement des froids de l'hiver et des chaleurs de l'été.

Nous trouverons un grand changement dans la demeure des seigneurs si nous jetons maintenant les yeux sur la description de l'intérieur de quelque château du quatorzième au quinzième siècle (fig. 51). Il faut voir dans Sauval (*Histoire et recherches des antiquités de la ville de Paris*), par exemple, ce qu'était alors devenue l'habitation des rois de la première race, transformée en palais de justice par Philippe le Bel; ou bien entrer, avec ce savant guide, dans le château du Louvre et dans l'hôtel Saint-Paul, que les rois avaient adoptés pour séjour, lorsqu'ils tenaient leur cour dans la capitale. Mais, sans visiter même les demeures royales, il nous suffirait de parcourir l'hôtel de Bohême, qui, après avoir été la demeure des sires de Nesles, de la reine Blanche de Castille et de quelques autres grands personnages, fut donné, par Charles VI, en 1388, à son frère le fameux duc Louis d'Orléans.

« Je ne m'amuserai point à parler, dit Sauval, ni des celliers, ni de l'é-
« chançonnerie, de la panneterie, fruiterie, salserie, pelleterie, conciergerie,
« épicerie, ni même de la maréchaussée, de la fourrière, bouteillerie; du
« charbonnier, cuisinier, rôtisseur; des lieux où l'on faisoit l'hypocras, la
« tapisserie, le linge, la lexive; enfin, de toutes les autres commodités qui se
« trouvoient alors dans les basses-cours de cet hôtel, ainsi que chez les
« princes et autres grands seigneurs.

« Je dirai qu'entre plusieurs grans appartements et commodes que l'on y
« comptoit, deux occupoient les deux premiers estages du principal corps de
« logis. Le premier estoit relevé de quelques marches de plus que le rez-de-
« chaussée de la cour; Valentine de Milan y demeuroit; Louis d'Orléans, son
« mari, occupoit ordinairement le second, qui régnoit au-dessus. Chacun de ces
« appartemens consistoit en une grande salle, une chambre de parade, une
« grande chambre, une garde-robe, des cabinets et une chapelle. Les salles
« recevoient le jour par des croisées hautes de treize pieds et demi et larges de
« quatre et demi. Les chambres de parade portoient huit toises (la toise est
« de deux mètres environ) deux pieds et demi de longueur. Les chambres

« tant du duc que de la duchesse avoient six toises de long et trois de large;
« les autres, sept et demie en carre : le tout éclairé de croisées longues,
« étroites et fermées en fil d'archal, avec un treillis de fer percé; des lambris,
« des plafonds de bois d'Irlande, de la même façon qu'au Louvre. »

On voyait dans cet hôtel une chambre à l'usage du duc, toute tendue de drap d'or à roses, bordé de velours vermeil (rouge vif); celle de la duchesse

Fig. 52. — Chandeliers en bronze du quatorzième siècle. (Collection de M. Ach. Jubinal.)

était en satin vermeil, brodé d'arbalètes qui figuraient dans sa devise; celle du duc de Bourgogne était de drap d'or, brodé de moulins. Il y avait encore dix tapis de haute lisse à fleurs d'or : l'un représentant les sept Vertus et les sept Vices, un autre l'histoire de Charlemagne, un autre celle de saint Louis; des coussins de drap d'or, vingt-quatre carreaux de cuir d'Aragon vermeil, et quatre tapis aussi en cuir d'Aragon, *à mettre en chambre, par terre en esté*. Le fauteuil ordinaire de la princesse est ainsi décrit dans un inventaire : « Une
« chaise de chambre, de quatre membrures peintes fin vermeil, dont le siége

« et *accoutoueres* (accoudoir) sont garnis de *cordouan* (cuir de Cordoue ou
« maroquin) vermeil, ouvré et cherché (broché) à soleil, oiseaux et autres
« devises, garnis de franges de soie et *cloez* (cloués) de *clos* (clous) de letton. »

Parmi les meubles ou objets d'ornement, on remarque : « un grand vase
« d'argent massif, en forme de table carrée, posé et assis sur quatre satyres,
« aussi d'argent, pour mettre dragées et confitures; un bel escrinct de boys,
« couvert de cordouan vermeil, ferré de clous, et bandé de fin laiton doré,
« fermant à clé, etc. »

Et, dans le train de vie que menaient Louis d'Orléans et sa femme, tout correspondait au luxe de leur habitation. Ainsi, pour l'amusement de ses enfants encore très-jeunes, Valentine fait confectionner deux petits livres d'images, enluminés d'or, d'azur et de vermillon, couverts de cuir de cordouan vermeil, lesquels coûtent soixante sols parisis, c'est-à-dire quatre cents francs de notre monnaie. Mais c'était à l'occasion des étrennes, qui à cette époque se donnaient comme aujourd'hui au 1er janvier, que le duc et sa femme étalaient une munificence toute royale; car, dans leurs comptes de dépenses, il est question d'achats ou de dons considérables faits à l'occasion des étrennes. Par exemple, en 1388, quatre cents francs d'or sont payés pour draps de soie que le duc fit donner à ceux qui apportèrent « présents pour étrennes » de la part du roi et de la reine. En 1402, cent livres tournois sont comptées à Jehan Taienne, orfévre, pour six tasses d'argent, données en étrennes à Jacques du Poschin, écuyer du duc. Au sire de la Trémouille, Valentine donne un hanap et une aiguière d'or; à la reine Isabeau, « un tableau d'or à
« image de saint Jehan, garni de neuf *balais* (rubis), un saphir, et vingt et
« une perles »; à mademoiselle de Luxembourg, « un autre petit tableau
« d'or, à un Dieu de Pitié, garni de perles autour »; enfin, dans un compte de 1394 intitulé : « Partie de joyaulx d'or et d'argent, pris et achetés par ma-
« dame la duchesse d'Orléans, à ses estraines du premier janvier, » on trouve : « un *fermeillet* (agrafe) d'or, garni d'un gros rubis et de six grosses
« perles, donné au Roy; trois paires de *patenôtres* (chapelets), pour les filles
« du Roy, et deux gros diamants, pour les ducs de Bourgogne et de Berry. »

Telles étaient les habitudes de la vie privée des princes du sang sous Charles VI; et il serait aisé de démontrer que l'exemple donné par la famille royale n'était pas resté sans imitateurs, non-seulement à la cour, mais dans

LE CORTÈGE DE LA JEUNE MÈRE

Costumes des Parisiens de la fin du quatorzième siècle
Fac-simile d'une miniature du *Térence* latin du roi Charles VI.
Manuscrit de la Bibliothèque de l'Arsenal.

les provinces les plus éloignées. Les grands tenanciers ou vassaux de la couronne possédaient chacun dans leurs fiefs plusieurs habitations magnifiques : les ducs de Bourgogne, à Souvigny, à Moulins, à Bourbon-l'Archambault; les comtes de Champagne, à Troyes; les ducs de Bourgogne, à Dijon; et tous les petits seigneurs s'évertuaient à imiter leur suzerain. Du quinzième au seizième siècle, les provinces qui composent aujourd'hui la France se couvrirent de châteaux aussi remarquables par leur architecture intérieure que par la richesse des ameublements; et il va sans dire que le luxe qui brillait dans les demeures de la noblesse peut être considéré comme l'indice, sinon comme le résultat d'une révolution profonde dans les usages de la vie privée.

A la fin du quatorzième siècle vivait un respectable seigneur angevin, nommé Geoffroy de Latour-Landry, qui, ayant trois filles à établir, et réfléchissant, dans sa vieillesse, aux dangers que pouvaient leur faire courir leur inexpérience et leur beauté, résolut de composer, pour leur usage, un recueil d'enseignements propres à les diriger dans les diverses circonstances de la vie.

Ce livre de morale domestique acquiert surtout un caractère distinct, vraiment curieux et instructif par les détails qu'il renferme sur les mœurs, les usages, les façons d'agir, les modes de cette époque, détails qui en font un vrai manuel de conduite pour la classe noble (fig. 54); et l'auteur a soin d'appuyer chacun de ses préceptes par des exemples empruntés le plus souvent à la vie privée des personnages contemporains.

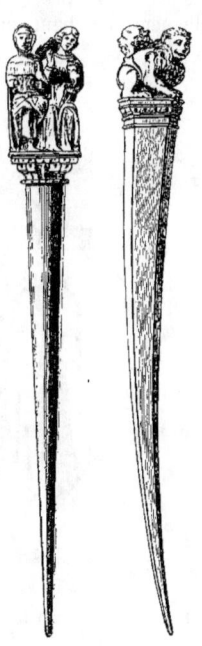

Fig. 53. — Styles à écrire du quatorzième siècle.

Le premier conseil que le chevalier donne à ses filles est de commencer la journée par la prière, et pour les y exhorter avec plus d'autorité : « Un seigneur, leur dit-il, avait deux filles : l'une était pieuse, disait avec ferveur ses prières et suivait régulièrement les offices. Elle épousa un honnête homme et eut le sort le plus heureux. La seconde au contraire, se contentait d'entendre une messe basse, de dépêcher un ou deux *Pater noster,* puis courait se gorger de gourmandises. Elle se plaignait de mal de tête et se faisait servir de bons morceaux. Elle épousa un chevalier plein de sagesse, mais, un soir, profitant du sommeil de son mari, elle s'enferma dans une chambre de l'hôtel, et, en compagnie des gens de sa maison, elle se mit à manger, à rire tellement et si haut qu'on n'eût pas « ouï Dieu tonner ». Le chevalier se réveilla; surpris de ne plus voir sa femme auprès de lui, il se leva, et, armé

Fig. 54. — Costumes de dames nobles et d'enfants au quatorzième siècle; d'après une miniature des *Merveilles du monde,* manuscrit de la Bibliothèque nationale de Paris.

d'un bâton, se rendit dans la salle du festin. Il frappa l'un des valets avec une telle force, qu'il brisa son bâton en éclats. Un des morceaux sauta dans l'œil de la dame et le lui creva, ce qui fut cause que le mari se dégoûta de sa femme, *mist son cœur autre part;* et le ménage alla de mal en pis. »

« Mes belles filles, poursuit le paternel moraliste, soyez courtoises et humbles, car rien n'est plus beau, rien n'attire plus à soi la grâce de Dieu et l'amour de chacun. Montrez-vous donc courtoises à l'égard des grands et des petits; parlez doucement avec eux... J'ai vu une grande dame ôter son chaperon et saluer un simple taillandier. Quelqu'un de sa compagnie s'en étonna : « Je préfère, dit-elle, avoir été trop courtoise à l'égard de cet homme, que d'avoir commis la moindre impolitesse envers un chevalier. »

Latour-Landry conseille encore à ses filles d'éviter les modes et les accoutrements singuliers. « Ne soyez pas promptes à prendre les habits des femmes étrangères. Je vous raconterai, à ce sujet, l'histoire d'une bourgeoise de Guyenne et du sire de Beaumanoir. La dame lui disait : « Beau cousin, je viens de Bretagne, où j'ai vu belle cousine, votre femme, qui n'est pas si bien *atournée* (habillée) comme les dames de Guyenne, ni de plusieurs autres

Fig. 55. — Dame noble avec sa demoiselle d'honneur et deux bourgeois coiffés du chaperon (quatorzième siècle); d'après une miniature des *Merveilles du monde*, manuscrit de la Bibl. nat. de Paris.

lieux. Les bordures de sa robe et de son chaperon ne sont pas à la mode qui court. » Le sire lui répondit : « Puisque vous blâmez la robe et le chaperon de ma femme, et qu'ils ne sont pas à votre guise, j'aurai soin, à l'avenir, de les changer. Mais je me garderai bien de les choisir semblables aux vôtres... Sachez-le bien, madame, je veux qu'elle soit habillée suivant la mode des bonnes dames de France et de ce pays, mais non pas suivant celle des femmes d'Angleterre. Ce furent elles qui, les premières, introduisirent en Bretagne les grandes bordures, ces corsets fendus sur la hanche, et les manches pendantes. Je suis de ce temps et je l'ai vu. Je fais peu de cas de ces femmes qui adoptent les accoutrements nouveaux. »

A propos de hautes coiffures « qui font que les femmes ressemblent aux cerfs branchus qui baissent la tête pour entrer au boiz », le chevalier rapporte ce qui eut lieu, en 1392, à une fête de Sainte-Marguerite. « Il s'y trouvait une femme jeune et jolie, tout différemment habillée que les autres; chacun la regardait comme si elle eût été une bête sauvage. Une dame respectable s'approche d'elle. « Ma mie, comment appelez-vous cette mode? » Elle répond : « On la nomme l'*atour au gibet*. — Ah! mon Dieu, le nom n'est pas beau! » s'écrie la vieille dame. Bientôt le nom d'*atour au gibet* se répand par toute la salle, et chacun de rire de la pauvre sotte qui s'était ainsi affublée. » Cette coiffure extravagante devait, en effet, son nom étrange à son couronnement qui était fait en forme de potence.

Ces extraits du livre de cet honnête chevalier peuvent suffire à démontrer que les mœurs de la société française avaient, dès la fin du quatorzième siècle, atteint ce degré de formation particulière qui ne devait plus être modifiée en principe, mais qui pouvait seulement subir les inévitables variations qu'amènent les diverses phases d'une même période historique.

Au nombre des usages qui contribuèrent le plus à propager l'urbanité et l'élégance dans les classes féodales, il faut citer celui qui consistait à envoyer, pour quelques années, les adolescents des deux sexes au service personnel du suzerain, sous les noms de *varlets, pages, écuyers, damoiselles* ou *filles d'honneur*. Nul seigneur, quelles que fussent ses richesses ou sa puissance, ne songeait à soustraire les siens à cet apprentissage de la vie des châteaux, complément obligé de toute éducation chevaleresque.

Jusqu'à la fin du douzième siècle le nombre des officiers domestiques attachés au service d'un château fut très-restreint; nous avons vu, par exemple, que Philippe Auguste se contentait de quelques serviteurs, et la reine sa femme de deux ou trois damoiselles. Déjà, sous Louis IX ce personnel avait été fort augmenté, et sous Philippe le Bel et ses fils la *maison* royale était devenue assez importante pour composer une cour bien garnie de jeunes hommes et de jeunes femmes. Sous Charles VI, le seul *ménage* de la reine Isabeau de Bavière ne comptait pas moins de quarante-cinq personnes, sans y comprendre l'aumônier, les chapelains et clercs de chapelle, qui devaient être nombreux, puisque l'ensemble de leurs gages s'élevait à la somme considérable de quatre cent soixante francs d'or par année.

Fig. 56. — Louis de Mallet, seigneur de Graville, amiral de France (1487), en costume de guerre et de tournoi ; d'après une gravure du seizième siècle. (Bibl. nation. de Paris, cabinet des estampes.)

Sous Charles VIII, Louis XII et François Ier, la domesticité noble, qu'on appelait l'*apprentissage d'honneur et de vertu,* avait pris une extension de plus en plus grande ; car les premières familles de la noblesse de France s'empressaient de faire admettre leurs enfants dans les maisons du roi, de la reine, ou tout au moins dans celles des princes et princesses du sang royal. Anne de Bretagne, notamment, donna une attention toute spéciale à l'organisation de son entourage féminin (fig. 57). « Ce fut, dit Brantôme dans son livre des *Dames illustres,* la première qui commença à dresser la grande court des dames que nous avons veue depuis elle jusques à ceste heure, car elle avoit une tres grande suitte et de dames et de filles; et n'en refusa jamais aucune, tant s'en faut qu'elle s'enquerroit, des gentilz hommes, leurs pères, qui estoient à la cour, s'ilz avoient des filles et quelles elles estoient, et les leur demandoit. » C'est ainsi que l'amiral de Graville (fig. 56) avait confié à la bonne reine l'éducation de sa fille Anne, qui devint à l'école de la *Cour des dames* une des femmes les plus distinguées de son temps. La même reine, en sa qualité de duchesse de Bretagne, avait créé une compagnie de cent gentilshommes bretons qui l'accompagnaient partout : « Jamais ne failloient (ne manquaient), dit encore l'auteur des *Dames illustres,* quand elle sortoit de sa chambre, fust pour aller à la messe ou s'aller promener, de l'attendre sur cette petite terrasse de Blois, qu'on appelle encore la *Perche aux Bretons,* elle mesme l'ayant ainsi nommée; quand elle les y voyoit : « Voilà mes Bretons, disoit-elle, qui sont sur la perche et qui m'attendent. »

N'oublions pas que cette reine, qui devint successivement l'épouse de Charles VIII et de Louis XII, avait eu soin d'établir, entre tous ces jeunes hommes et ces jeunes femmes qui composaient sa cour, une discipline très-sévère. Elle se considérait, avec raison, comme la gardienne de l'honneur des uns et de la vertu des autres : aussi, tant qu'elle vécut, sa cour fut-elle une école renommée de décence et de politesse où la galanterie honnête et raffinée était ouvertement admise, mais sans jamais dégénérer en légèretés imprudentes, en intrigues licencieuses et coupables.

Malheureusement l'influence morale de cette digne princesse s'éteignit avec elle. La cour de France continua sans doute à rassembler dans son sein toute les élégances : elle fut pendant tout le seizième siècle, malgré de grandes guerres au dehors, malgré de longues guerres civiles au dedans, la plus polie des cours de l'Europe, mais elle donna aussi le déplorable exemple d'un extrême relâchement dans ses mœurs, ce qui devait être du plus funeste effet pour les mœurs publiques, en faisant descendre peu à peu le vice et

VIE PRIVÉE.

Fig. 57. — Cour des dames de la reine Anne de Bretagne, d'après une miniature représentant cette reine pleurant l'absence de son époux pendant la guerre d'Italie; manuscrit des *Épistres envoyées au Roi* (seizième siècle), provenant du fonds Coislin à la Bibliothèque de Saint-Germain-des-Prés à Paris, aujourd'hui à la Bibliothèque de Saint-Pétersbourg.

la corruption, de classe en classe, jusqu'aux derniers rangs de la société. Si nous voulons rechercher ce que devait être, dans ces temps-là, la vie privée des gens de condition inférieure, il ne nous est pas possible de remonter pour ceux-ci aussi loin dans le passé que nous l'avons fait pour les grands personnages; car, à l'origine, les monuments historiques nous font presque défaut, pour apprécier l'obscure et triste existence du peuple.

Bourgeois et paysans furent, comme nous l'avons précédemment exposé, longtemps confondus dans la misérable classe des serfs, troupeau d'êtres humains sans individualité, sans physionomie propre, qui, de leur naissance à leur mort, demeuraient, isolément et collectivement, la *chose* de leurs maîtres. Ce qu'était la vie privée au sein de cette vile multitude, courbée sous la plus tyrannique, la plus abrutissante dépendance, on l'imagine aisément : existence purement matérielle en quelque sorte, qui, d'ailleurs, n'a laissé dans l'histoire que de pâles et insignifiantes empreintes.

Bien des siècles doivent s'écouler avant que le souffle de la liberté ait à peu près également pénétré les diverses couches de cette plèbe si complétement frappée d'inertie et dénuée de toute initiative. Le réveil est lent, pénible, douloureux, cher acheté, mais enfin il a lieu : d'abord, les villes se fondent, et avec elles, par elles, pour mieux dire, leurs habitants naissent à la vie sociale : les campagnes n'entreront dans l'histoire que plus tard.

Le grand mouvement de création des communes, des bourgeoisies, ne date, comme nous l'avons vu, que de la période agitée qui s'écoule entre le onzième et le treizième siècle, et presque aussitôt nous voyons les bourgeois apparaître, déjà riches et fastueux, faisant à tout propos parade de leur opulente personnalité. Leur vie privée ne pouvait être qu'un reflet plus ou moins fidèle de la vie des châteaux : à mesure que la fortune assure et agrandit les conditions de leur bien-être et de leur indépendance, on les voit tendre à se procurer des conditions d'existence égales ou analogues à celles dont jouissaient les classes supérieures, et qui représentaient naturellement pour chacun l'idéal du bonheur matériel. De tout temps les petits ont imité les grands. C'est en vain que des édits bursaux, des lois somptuaires, des réglements coercitifs et des ordonnances pénales s'efforcent de réprimer cette tendance égalitaire dont s'alarment les grands, menacés dans leur intraitable vanité encore plus que dans leurs prérogatives; par la seule force des choses disparaissent successivement ces restrictions arbitraires que la noblesse invente contre la roture, et que le pouvoir de la richesse frappe d'impuissance.

D'ailleurs, la bourgeoisie sait en mainte occasion faire ses preuves contre l'indignité dont on veut l'entacher. Introduite dans les conseils des rois, ou employée dans l'administration des provinces, elle s'y distingue par sa fer-

Fig. 58. — Bourgeois et bourgeoise de Gand en costume de cérémonie, agenouillés à l'église; d'après un vitrail peint, provenant d'une chapelle de cette ville. Quinzième siècle.

meté et sa sagesse; appelée à concourir à la défense nationale, elle donne son or et son sang avec la plus admirable abnégation; enfin, elle ne laisse pas de se montrer accessible à tous les sentiments élevés et délicats, dont la noblesse croyait avoir seule le privilége héréditaire. « Les bourgeois, » dit Arnaud

de Marveil, un des plus fameux troubadours du treizième siècle, « les bour-
« geois ont diverses sortes de mérite : les uns sont de parage et se distinguent
« par des actions d'honneur ; les autres sont nobles par naturel, et se com-
« portent de même. Il y en a d'autres, vraiment preux, courtois, francs et
« joyeux, qui, si l'avoir leur manque, savent plaire par dits gracieux, fré-
« quentent les cours et s'y rendent agréables ; qui, bien appris à aimer et
« servir les dames, paraissent en noble attirail et figurent avantageusement
« aux joutes et aux jeux guerriers, se montrent à tous bons juges et de belle
« compagnie. »

Jusqu'au treizième siècle, par exemple, les bourgeoises, quelque grande que fût la fortune de leur père ou de leur mari, n'avaient pu, sous peine d'amende, faire usage des parures et des étoffes réservées exclusivement à la noblesse ; mais viennent les règnes de Philippe Auguste et de Louis IX, qui, sans abolir en fait ces lois somptuaires, les frappent en quelque sorte de réprobation et de déchéance, par toutes marques de confiance, d'estime, d'honneur qu'ils se plaisent à donner à la classe bourgeoise. Quand le premier de ces deux rois va partir pour la croisade, il choisit, à Paris, entre les membres du Parloir aux bourgeois (on nommait ainsi le premier hôtel de ville, situé au coin de la place de Grève), six des principaux, qu'il adjoint au conseil de régence, et auxquels il confie spécialement la garde du trésor royal et de son testament. Le petit-fils eut à cœur de suivre les errements de l'aïeul, et Louis IX témoigna les mêmes sympathies pour l'élément nouveau que la bourgeoisie parisienne allait fournir à la vie politique, quand il fit du bourgeois Étienne Boileau un de ses plus intelligents officiers de police, et du bourgeois Jean Sarrazin son chambellan.

La bourgeoisie tout entière se glorifie des distinctions accordées à ses représentants, et voici que, sous le règne suivant, plusieurs bourgeoises, fières de leurs immenses revenus, fières surtout du pouvoir municipal qu'exerçait leur famille, affichent dans leur costume un luxe inusité, et se couvrent de fourrures précieuses, de riches étoffes, dont l'usage leur était encore légalement interdit.

Alors la noblesse proteste et crie au scandale ; nous lisons dans une ordonnance de Philippe le Bel, qui s'appuyait moins sur les bourgeois que sur les nobles, et qui ne ménageait pas les premiers en matière d'impôts : « Nulle bourgeoise n'aura char ; elles ne pourront porter ni or, ni pierres précieuses, ni couronnes d'or ou d'argent. Les bourgeois, qui ne sont ni prélats ni personnages en dignité, n'auront *torche* (flambeau) de cire. Un bourgeois qui possédera la valeur de deux mille livres tournois et au dessus pourra se faire faire une robe de douze sous six deniers, et sa femme une robe de seize sous au plus. » Le sou, qui n'était qu'une monnaie de compte, peut être

Fig. 59. — L'Enfant nouveau-né, d'après une miniature de l'*Histoire de la Belle Hélaine*, manuscrit du quinzième siècle à la Bibliothèque nationale de Paris.

évalué à 20 francs, et le denier à 1 franc, mais il faut toujours avoir égard à la différence énorme de la valeur de l'argent ; d'où il résulte que 20 francs au treizième siècle équivalaient à plus de 200 francs au taux actuel.

Mais ces prescriptions somptuaires étaient si peu et si mal observées, que tous les successeurs de Philippe le Bel se crurent obligés de les renouveler, ce qui n'empêche pas qu'un siècle après la mort de ce roi fiscal, Charles VII passait condamnation sur les excès du luxe des habits, dans le préambule d'une ordonnace qui ne fut pas mieux exécutée que les autres : « Il fut remontré audit seigneur (le roi Charles VII) que de toutes les nations de la terre habitable il n'y en avoit point de si difformée, variable, outrageuse, excessive, n'inconstante en vestements et habits, que la nation françoise, et que, par le moyen de l'habit, *on ne cognoist l'estat et vacation des gens, soient princes, nobles hommes, bourgeois ou gens de métier*, parce que l'on toléroit à un chascun de se vestir et s'habiller à son plaisir, fust homme ou femme, soit de drap d'or ou d'argent, de soye ou de laine, sans avoir égard à son état. »

A la fin du treizième siècle, un riche marchand de Valenciennes se présente à la cour du roi de France, couvert d'un manteau de fourrures chamarré d'or et de perles : il s'asseoit fièrement sur ce manteau à défaut d'un coussin qu'on ne lui offre pas ; et comme il s'éloignait, les valets lui faisant remarquer qu'il oublie sa pelisse : « Ce n'est point la coutume des gens de mon pays, réplique-t-il, d'emporter leur carreau avec eux. »

A propos d'un voyage que Philippe le Bel fit, accompagné de sa femme, Jeanne de Navarre, dans les villes de Bruges et de Gand, le chroniqueur Jean Meyer raconte que Jeanne, en voyant le luxe étalé par les bourgeoises de ces deux villes opulentes, s'écria : « Je croyois être seule reine ici, et j'en vois là plus de six cents ! »

En dépit des lois somptuaires, les bourgeoises de Paris ne le cédèrent bientôt en rien aux bourgeoises flamandes, sous le rapport de l'éclat de la toilette. Ainsi, dans la seconde moitié du quatorzième siècle, la fameuse Christine de Pisan raconte qu'étant allée visiter la femme d'un marchand, pendant ses couches, elle ne vit pas, sans une sorte de stupeur, le pompeux apparat de la chambre où cette femme se trouvait encore alitée (fig. 59). Les murs disparaissaient, couverts de tapisserie précieuse en or de Chypre, où brillaient les chiffres et les devises de la dame, brodés dans des cartouches ; les draps, en toile fine de Reims, avaient coûté plus de trois cents livres ; le couvre-pied, invention nouvelle, était d'une étoffe de soie et d'argent ; le tapis sur lequel on marchait était *pareil à or*. La dame portait, sur son lit, une robe élégante de soie cramoisie, et appuyait sa tête et ses bras sur de *gentils oreillers à gros boutons de perles orientales*. Notons que cette *mignote* (coquette) n'était pas la femme d'un gros marchand, comme ceux de Venise ou de Gênes, mais bien la femme d'un simple marchand en détail, vendant pour quatre sous, au besoin, dans sa boutique, et ne soyons point étonnés que Christine ait jugé « cest oultraige digne d'estre mis en livre ».

Que si pourtant on voulait croire que toutes les visées de la bourgeoisie fussent exclusivement tournées vers la sotte et jalouse ambition d'étaler un faste insolent, nous évoquerions contre cette opinion le témoignage du *Menagier de Paris,* curieux ouvrage anonyme dont l'auteur doit avoir été un bourgeois instruit et éclairé.

Le *Menagier,* que M. le baron Jérôme Pichon a publié pour la première

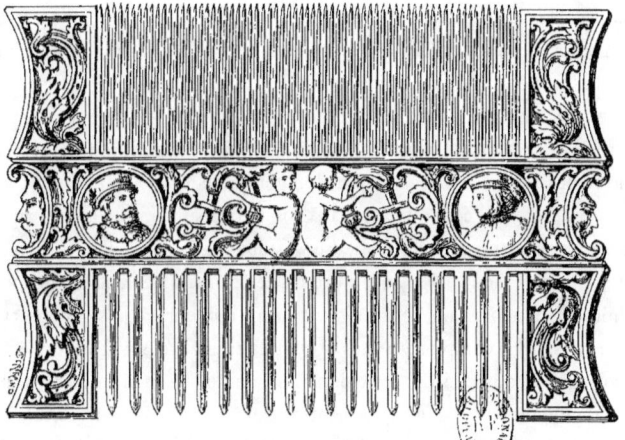

Fig. 60. — Peigne en ivoire sculpté du seizième siècle. (Collection Sauvageot.)

fois, est un recueil de conseils adressés par un mari à sa femme, toute jeune encore, sur la conduite qu'elle doit tenir dans le monde, et pour la direction de son ménage. La première partie est consacrée à développer le moral de la jeune ménagère ; la seconde est destinée à lui faire connaître les soins matériels qu'elle doit prendre de sa maison. Remarquons qu'à l'époque où ce livre fut écrit, les petites industries qui intéressent le bien-être et le confortable de la vie privée n'étaient pas aussi multipliées qu'elles le sont de nos jours, et que, par conséquent, ces soins matériels exigeaient de la part d'une bonne ménagère une somme de connaissances pratiques dont elle peut être dispensée maintenant. Sous ce rapport, le *Menagier* ne laisse rien à désirer.

Après avoir parlé des prières qu'une femme chrétienne doit dire matin et soir, l'auteur traite cette grande question de la toilette, qui de tout temps fut capitale aux yeux du sexe féminin : « Sachez, chère sœur, — c'est le nom amical qu'il donne à sa jeune femme, — que dans le choix de vos vêtements vous devez toujours considérer la condition de vos parents et la mienne, ainsi que l'état de ma fortune. Soyez honnêtement vêtue, sans trop de recherche, sans donner dans les modes nouvelles. Avant de quitter votre chambre, veillez à ce que le col de votre chemise et celui de votre surcot soient bien ajustés ensemble et ne s'en aillent pas de travers. »

Puis il parle du caractère des femmes, qui trop généralement se montrent volontaires ou indociles, et à ce propos, car il n'est pas moins prodigue d'exemples et d'histoires que le chevalier de Latour-Landry, il raconte une piquante anecdote qui vaut bien qu'on la redise et qu'on s'en souvienne.

« J'ai ouï conter au bailly de Tournay, qu'il s'étoit trouvé plusieurs fois à dîner avec des hommes mariés depuis longtemps, et qu'il avoit fait avec eux la gageure de payer l'écot du dîner, aux conditions suivantes : la compagnie devoit se transporter dans la demeure de tous les maris qui se trouvoient présents, et celui d'entre eux qui auroit une femme assez obéissante pour que, immédiatement, sans contradiction, sans moqueries ou sans observation, elle consentît à compter jusques à quatre, seroit exempt de payer l'écot ; mais, au contraire, celui ou ceux dont les femmes se montreroient impatientes, répliqueroient, se moqueroient ou refuseroient d'obéir, payeroient leur part de la dépense. Les conditions ainsi fixées, la compagnie s'en vint tout gaiement chez Robin, dont la femme, qui se nommoit Marie, faisoit fort la glorieuse. Le mari lui dit, devant tous : Marie, dites après moi ce que je dirai. — Volontiers, sire. — Marie, dites : En preu (et d'un)! — En preu. — Et deux ! — Et deux. — Et trois ! » A cette fois, Marie impatientée, reprit : « Et sept, et douze, et quatorze. Allons donc, vous moquez-vous de moi ! » Ainsi le *mari marié* perdit la gageure.

« La compagnie se rendit ensuite chez maître Jean, dont la femme nommée Agnescat, savoit très-bien faire la dame. Jean lui disoit « Répétez avec moi : En preu ! »; mais Agnescat, par dédain, répondoit : « Et deux ! » Jean perdoit la gageure. Tassin disoit à dame Tassine : « En preu ! » Tassine répondoit : « En haut ! » ou elle disoit : « Je ne suis pas un enfant, pour apprendre à compter. » Une autre disoit : « Or çà, de par Dieu, êtes-vous devenu ménétrier? » ou bien quelques propos semblables, qui faisoient perdre à leur mari la gageure. Ceux, au contraire, qui avoient épousé des femmes bien apprises gagnoient leur écot et s'en alloient joyeux. »

Cette plaisante citation suffit à démontrer que l'auteur du *Ménagier de Paris*, avait voulu prendre, pour atteindre un but très-sérieux, des moyens oratoires qui sauvaient la trop austère gravité de son sujet.

Fig. 61. — Costumes des chambrières au treizième siècle; d'après une miniature d'un manuscrit de la Bibliothèque nationale de Paris.

La partie de l'ouvrage dans laquelle il traite de l'administration matérielle de la maison n'est pas moins digne d'attention. Un des chapitres les plus curieux du livre est celui qui indique la manière dont la jeune bourgeoise doit se conduire avec les gens attachés à son service. Les personnes riches, à cette époque, quels que fussent d'ailleurs leur naissance ou leur rang, se trouvaient dans l'obligation d'entretenir un domestique nombreux. On est étonné d'apprendre que déjà il existait à Paris des espèces de bureaux de placement, où l'on trouvait de bons répondants pour les chambrières venues de la province. Or, le bourgeois abandonne à sa femme le gouvernement de tous ces gens de service; mais, à cause de la grande jeunesse de celle-ci, il lui conseille de n'admettre que les servantes qui auront été choisies par dame Agnès, la béguine (religieuse non cloîtrée), qu'il avait placée près d'elle en qualité de gouvernante.

« Avant de les prendre à votre service, sachez d'où elles viennent ; dans quelles maisons elles ont été ; si elles ont des connaissances dans la ville, ou si elles ont une chambre à loyer. Informez-vous de ce qu'elles savent faire ; si elles ne sont pas gourmandes, portées à la boisson. Si elles viennent d'un autre pays, tâchez de savoir pourquoi elles en sont parties ; car, habituellement, ce n'est pas sans motifs sérieux qu'une femme se décide à changer de demeure. Quand vous aurez arrêté une chambrière, ne lui laissez prendre à votre égard aucune liberté, ni ne souffrez qu'elle vous parle sans respect. Si, au contraire, elle est silencieuse, honnête, rougit facilement, se montre sensible aux réprimandes, traitez-la comme votre fille.

« Suivez les besognes que vous avez à faire ; il faut choisir parmi vos serviteurs ceux qui s'y montrent le plus propres. Si vous commandez qu'une chose soit faite sur-le-champ, ne vous contentez pas de cette réponse : « *Ce sera fait un peu plus tard,* ou *demain de grand matin ;* » autrement, soyez sûre qu'il faudra recommencer. »

A ces prescriptions sévères sur la conduite matérielle des domestiques, le bourgeois ajoute quelques avis sur leur moralité. Il ne veut pas qu'on laisse tenir aux chambrières un langage grossier, sans pudeur, et qu'on leur permette de s'insulter entre elles (fig. 61). Bien qu'il soit d'avis qu'on accorde à tous les gens de service le temps nécessaire pour prendre leur repas, il n'entend pas qu'on les autorise à boire ou à causer trop longuement à table ; et là-dessus il cite un proverbe qui avait cours à cette époque : « *Quand varlet presche à table, et cheval paist en gué, il est temps qu'on l'en oste : assez y a esté.* »

La façon dont l'auteur termine ses instructions prouve l'élévation de son âme aussi bien que son indulgente bonté : « Si l'un de vos serviteurs tombe malade, dit-il, il est juste que vous-même, toutes autres besognes mises arrière, vous preniez soin de le guérir. »

Ainsi pensait et s'exprimait un bourgeois du quinzième siècle ; et comme il est évident que ce moraliste ne put s'inspirer, pour dicter ses enseignements théoriques, que d'un certain ensemble de faits réels qu'il avait sous les yeux et dont la plupart lui étaient offerts par la classe moyenne à laquelle il appartenait, nous devons en conclure que dès cette époque la bourgeoisie ne

Fig. 62. — L'Hôtel des Ursins, élevé dans la Cité à Paris, au quatorzième siècle, restauré au seizième et aujourd'hui détruit. État de la façade du nord à la fin du siècle dernier.

laissait pas d'avoir pour son usage une entente suffisante de la dignité morale et des convenances sociales.

Ajoutons qu'à côté de la bourgeoisie marchande ou industrielle, qui devait surtout son illustration à l'exercice des fonctions électives de la municipalité, s'était élevée et avait grandi, la bourgeoisie parlementaire, qui, à partir du

MŒURS (A). 13

quatorzième siècle, joua un rôle considérable dans l'État, et dont les membres, répartis entre les différentes cours souveraines, y occupèrent à plusieurs reprises, et comme héréditairement, les plus hautes positions de la magistrature. Le caractère même de ces grandes charges de présidents ou de conseillers au parlement, à la cour des aides, à la chambre des comptes, etc., impliquait une culture intellectuelle qui fit naître naturellement au sein de

Fig. 63. — Nicolas Flamel et Pernelle, sa femme, d'après la peinture que ce célèbre *écrivain* avait fait exécuter à la fin du quinzième siècle sous les charniers du cimetière des Innocents, à Paris.

cette classe d'élite le goût des beaux-arts et des belles-lettres, que la protection des rois, des princes et des seigneurs avait seule encouragés jusque-là. On vit alors les Groslier à Lyon, les de Thou et les Séguier à Paris, malgré leur origine bourgeoise, se montrer les protecteurs aussi zélés que judicieux des poëtes, des savants et des artistes.

Une description de Paris au milieu du quinzième siècle cite, parmi les plus splendides demeures de cette capitale, les hôtels bourgeois de Juvénal des Ursins (fig. 62), de Bureau de Dampmartin, de Guillaume Séguin, de Mille

Baillet, de Martin Double, et notamment celui de Jacques Duchié, qui, dans son merveilleux logis, sis en la rue des Prouvaires, avait réuni, à grands frais, des collections de tous genres : collections d'armes, d'instruments de musique, de meubles anciens, d'oiseaux rares, de tapisseries et d'objets d'art. Dans chaque église de Paris, et Paris comptait plus de cent églises, les principales chapelles avaient pour fondatrice telle ou telle famille célèbre de

Fig. 64. — La Vie des champs, fac-simile d'une gravure en bois de l'édition de Virgile, in-folio, publiée à Lyon en 1517.

l'ancienne bourgeoisie, qui y faisait célébrer journellement une ou plusieurs messes ou *obits* en l'honneur de ses membres décédés. Dans les cimetières, dans celui des Saints-Innocents principalement, les monuments funèbres de ces familles de la bourgeoisie parisienne constituaient de somptueuses concessions, avec des monuments chargés d'épitaphes où les vivants faisaient assaut de vanité au nom des morts. Tout le monde connaissait la tombe *historiée* de Nicolas Flamel et de Pernelle sa femme (fig. 63), la Croix de Bureau, l'épitaphe d'Yolande Bailly, trépassée en 1514, à l'âge de 88 ans, « laquelle a vu ou pu voir 295 enfants issus d'elle, » etc.

Les fondations pieuses de la ville de Paris offrent, du reste, plus d'un détail curieux et caractéristique pour l'histoire de la bourgeoisie. Par exemple, Jean Alais, qui, ayant affermé l'impôt d'un denier sur chaque panier de poisson arrivant aux halles, avait amassé à l'aide de cette redevance une fortune immense, la légua tout entière pour édifier après sa mort une chapelle dite de Sainte-Agnès (qui devint bientôt l'église de Saint-Eustache), et ordonna, par un désir d'expiation peut-être un peu tardif, que son corps fût jeté dans un égout couvert d'une large pierre, où venaient se perdre les

Fig. 65. — Travaux sédentaires des paysans. Fac-similé d'une gravure sur bois attribuée à Holbein, dans la *Cosmographie* de Munster. (Bâle, 1552, in-folio.)

immondices des Halles, et cet égout, dit le *pont Alais*, subsista jusqu'au dernier siècle, avec le nom de son fondateur.

Très-souvent, quand ils faisaient, de leur vivant, des donations aux églises, aux paroisses, les donateurs se réservaient tel ou tel privilége, bien propre à faire suspecter la sincérité du sentiment qui les avait inspirés. Ainsi, en 1304, les filles de Nicolas Arrode, ancien prévôt des marchands, abandonnent à l'église Saint-Jacques la Boucherie la maison et le jardin qu'elles habitent, mais une d'elles se réserve le droit d'avoir une clef de l'église pour y entrer quand bon lui plairait. En 1405, Guillaume Haussecuel achète, moyennant dix-huit sols parisis de rente (équivalente à 25 francs), un droit pareil; et Alain et sa femme, dont la maison était contiguë à deux chapelles de l'église, s'engagent à ne pas faire de constructions qui interceptent le jour dans l'une des deux chapelles, à condition qu'il leur sera permis d'ouvrir dans les vitraux une petite fenêtre, par laquelle ils auront la faculté d'entendre les offices sans sortir de leur chambre, etc.

Fig. 66. — Les vilains se rendant à leurs travaux et recevant les instructions de leur seigneur; d'après une miniature du *Propriétaire des choses,* manuscrit du quinzième siècle. (Bibl. de l'Arsenal, à Paris.)

On voit que la bourgeoisie, surtout celle de Paris, allait marquant de plus en plus dans l'histoire cette envahissante personnalité, qui devait enfin, mais à une époque dont nous n'avons pas à nous occuper ici, prétendre à toutes les distinctions, à toutes les sommités sociales. Ce qui était une exception au seizième siècle devint la généralité deux siècles plus tard.

Nous allons maintenant jeter un coup d'œil sur la vie privée des campagnards (fig. 64), qui, nous l'avons constaté plus haut, n'arrivèrent que vers la fin du dix-huitième siècle à l'émancipation.

Mais, quelle que pût être antérieurement la condition civile des populations rurales, tout nous porte à croire qu'il n'y eut pas de notables variations dans leur mode d'existence particulière et locale depuis des temps relativement reculés jusqu'aux jours les plus rapprochés de nous.

Un fabliau du treizième siècle, par exemple, intitulé : *de l'Oustillement au vilain,* nous fait de l'état matériel des choses parmi les paysans un tableau naïf et brutal, dont, à quelques différences près, résultant du progrès forcé des âges, il ne serait pas impossible de retrouver même aujourd'hui le type exactement conservé dans nos campagnes les plus éloignées de la capitale et des grandes villes, et qui, en tous cas, était encore généralement d'une fidélité rigoureuse à l'époque de la révolution de 1789.

D'après ce fabliau en vers, qu'il faut considérer comme un document authentique très-intéressant au point de vue comparatif, la *manse,* ou demeure du vilain, contenait trois bâtiments distincts : le premier, pour les grains; le second, pour les foins; le troisième, pour l'habitation personnelle de la famille. Dans cette habitation rustique, un feu de sarments et de fagots pétillait dans une vaste cheminée garnie d'une crémaillère en fer, d'un trépied, d'une pelle et de gros chenets; une marmite, un croc pour en tirer la viande sans se brûler; à côté du foyer, un four; et tout auprès, un lit très-vaste où le vilain, sa femme, ses enfants, et même l'étranger qui demandait l'hospitalité, pouvaient aisément trouver place à la fois; une huche, une table, un banc, un casier à fromages, une cruche, quelques paniers, complétaient cet ameublement. Le vilain possédait encore beaucoup d'autres grossiers ustensiles : une échelle, un mortier, un petit moulin à bras (car alors chacun devait moudre son grain), une coignée, des clous, des vrilles, des engins de pêche : lignes, hameçons, paniers, etc.

Comme instruments de travail, il possédait une charrue, une serpe ou faucille, une bêche, une herse, des *forces* (grandes cisailles) bien tranchantes, un couteau, avec le *fusil* pour le repasser; et, en outre, une charrette avec les harnais pour plusieurs chevaux, afin de satisfaire surtout aux différentes corvées de charrois que lui imposaient les droits féodaux, tant de la part de son seigneur particulier que du suzerain de celui-ci; car le vilain était

VIE PRIVÉE. 103

corvéable à merci, c'est-à-dire sujet à toute espèce de corvée et de servitude.

Pour costume, il portait une cotte de drap ou de peau, serrée à la taille par une ceinture de cuir, une surcotte, ou manteau de gros bureau, qui tombait

Fig. 67. — Le vilain égoïste et envieux. D'après une miniature des *Proverbes et adages*, etc. (Manuscrit du fonds La Vallière, à la Bibl. nation. de Paris.) Avec cette légende :
Attrapez y sont les plus fins : Qui trop embrasse mal estraint.

de ses épaules jusqu'à mi-jambes; des souliers ou des *houseaux* (grosses bottes), des *chausses* (caleçons ou pantalons courts) de laine; à sa ceinture pendaient une bourse et une gaîne pour le couteau (fig. 66 et 71). Il avait ordinairement la tête nue, mais il la couvrait, dans la saison froide ou pluvieuse, d'un chaperon d'étoffe tenant à la surcotte, ou bien d'un chapeau de feutre à larges bords. On lui voyait rarement aux mains ses *moufles*, gros gants rembourrés, qu'il devait mettre en diverses circonstances d'apparat, notamment lorsque la corvée féodale l'obligeait à entourer d'une haie d'épines le *séjour* ou le domaine de son seigneur.

Un petit potager, que le vilain cultivait pour son usage, attenait à son habitation, dont la garde était confiée à un gros chien; sur le toit de chaume des chats sauvages poursuivaient les mulots, les rats et les souris; dans l'étable, des vaches laitières contribuaient à la nourriture de la famille, qui ne restait jamais oisive, même durant la mauvaise saison, et qui apprenait aux enfants, dès leur bas âge, à travailler aussi sous les yeux du père et de la mère (fig. 65).

Si donc la physionomie du logement d'un vilain au treizième siècle était telle, que nous serions tentés d'y retrouver l'image à peu près complète des chaumières actuelles dans les plus pauvres communes de France, nous devons en déduire naturellement que la vie privée des habitants ne laissait pas d'offrir avec celle qu'ils mènent encore aujourd'hui une véritable analogie; car, aussi bien dans les châteaux que dans les villes, nous avons vu la condition matérielle des habitations se modifier en raison de la condition morale des individus.

Une autre petite pièce de vers, composée vers la même époque que le fabliau que nous venons de citer (*Des vingt-trois manieres de vilains*), nous donne quelques notions assez pittoresques sur les variétés du caractère générique des paysans féodaux. Tel de ceux-là, par exemple, ne veut pas enseigner le chemin aux passants, mais répond à quiconque le lui demande : « Vous le savez mieux que je ne sais (fig. 67); » un autre, assis devant sa porte le dimanche, se moque de ceux qu'il voit venir, et dit, à part soi, à la vue d'un gentilhomme qui part pour la chasse au vol, l'oiseau sur le poing : « Ah! ce milan mangera une poule aujourd'hui, et nos enfants s'en régaleraient bien tous! » Un autre est une sorte de frénétique qui professe la même haine pour Dieu, pour les saints, pour l'Église et pour toute noblesse, tandis que son voisin est un honnête badaud, qui, étant à Paris, s'arrête ébahi devant le portail de Notre-Dame pour contempler les statues de Pepin, de Charlemagne et des rois leurs successeurs, pendant qu'un filou lui coupe sa bourse par derrière. Il y a le vilain qui fait métier de plaider pour les autres devant messire le bailli; il excelle à démontrer, dans son plaidoyer, que du temps des ancêtres les vaches avaient droit de libre pâture dans ce pré, et les brebis sur ces coteaux; il y a l'avare, le spéculateur, qui convertit tout son avoir en deniers comptants, pour en acheter des grains qu'il entasse, en prévision d'une mauvaise récolte; mais la moisson est excellente, il ne retirera pas du

Fig. 68. — Le vilain convoiteux et avare. D'après une miniature des *Proverbes et adages, etc.* (Manuscrit du fonds La Vallière, à la Bibl. nation. de Paris.) Avec cette légende :

Je suis icy levant les yeulx
En ce haut lieu des attendans,
En convoitant pour avoir mieulx
Prendre la lune avec les dens.

denier une obole, et il prend la fuite pour cacher sa ruine et son désespoir (fig. 68). Il y a le vilain qui néglige sa charrue, pour passer son temps à braconner dans les garennes de son seigneur. Il y a encore bien d'autres types rusés et narquois, dont l'ensemble nous indique clairement que depuis le siècle où ils furent tracés d'après nature le moral de la classe villageoise, qui en a fourni les traits, n'a pas subi de notables changements.

Malgré les misères dont elle était généralement accablée, la population des campagnes avait ses jours de repos et de plaisir, beaucoup plus nombreux même qu'ils ne le sont à présent; alors les fêtes de l'Église étaient fréquentes et rigoureusement observées, et chacune d'elles donnant lieu à un chômage forcé dans tous les travaux manuels, le paysan ne songeait qu'à se divertir, au sortir des offices : on buvait, on parlait, on chantait, on dansait, et surtout on riait, on riait à gorge déployée, car le rire de nos pères, le rire gaulois, qui ne le cédait pas au rire homérique, éclatait partout avec une bruyante unanimité (fig. 69).

Les *veillées* ou réunions du soir, qui sont encore de coutume dans la plupart de nos provinces, et qui ont une origine fort ancienne, tenaient, en outre, une place capitale dans la vie privée des paysans. C'est là que se sont particulièrement créées et propagées toutes les étranges légendes, toutes les grossières superstitions, dont l'esprit des classes ignorantes fut pendant si longtemps nourri, pour ne pas dire obsédé. C'était là que se racontaient les histoires prodigieuses et terribles des fées, des enchanteurs, des loups garous, des lutins, des follets; c'était là que les matrones, dont le grand âge justifiait l'expérience, s'efforçaient de prouver, par les récits les plus absurdes, qu'elles n'ignoraient rien des merveilleux secrets propres à donner le bonheur ou à conjurer les maux. Or, en ce temps-là, parmi les habitants des campagnes, le plus éclairé ne doutait pas qu'on ne pût lui jeter un sort.

A peine même l'imprimerie fut-elle découverte, qu'une de ses premières applications fut de reproduire à grand nombre, sous le titre d'*Évangile des conuilles* ou *quenouilles*, un vieux recueil qui courait auparavant manuscrit, et dont les plus ridicules assertions jouissaient d'un crédit absolu. L'auteur de cette extravagante compilation suppose que les matrones de son voisinage l'avaient chargé de recueillir par écrit les propos qu'elles tiendraient, dans les veillées, sur diverses circonstances de la vie champêtre. Et Dieu sait les énormités ou les puérilités qu'il se permet d'enregistrer sous leur dictée!

L'*Évangile des quenouilles*, auquel on avait foi comme aux saints Évangiles, nous apprend, entre autres secrets qui y sont déposés pour le plus grand avantage des lecteurs, que fille qui veut savoir le nom de baptême de son mari futur n'a qu'à tendre devant sa porte le premier fil qu'elle aura filé ce jour-là ; et le premier homme qui passera en touchant ce fil devra nécessairement porter le nom de celui que cette fille est destinée à épouser un jour.

Si une femme, quand vient le samedi, cesse de filer et laisse sa quenouille chargée de lin, elle peut être assurée que le fil qu'elle en obtiendra la semaine suivante ne donnera qu'une toile de mauvaise qualité, qu'on ne saurait jamais blanchir; le fait est prouvé, d'ailleurs, par les chemises de toile bise que portent les hommes qui viennent d'Allemagne, pays où les femmes ont coutume de laisser du lin à leur quenouille, du samedi soir au lundi.

Fig. 69. — Fête de village. Fac-similé d'une gravure en bois du *Sandrin ou verd galant*, ouvrage facétieux de la fin du seizième siècle (édit. de 1609).

Quand une femme entre, le matin, dans son étable pour traire ses vaches, si elle n'a soin de dire : « Vous sauve Dieu et sainte Brigitte! » elle s'expose à ce que les vaches regimbent et cassent son pot en répandant le lait qu'il contient.

Ces sottes billevesées, recueillies comme des oracles, s'imprimaient encore en 1493. — Quatre-vingts ans plus tard, un gentilhomme breton, nommé Noel du Fail, seigneur de la Herissaye, conseiller au parlement de Rennes, publiait, sous le titre de *Propos rustiques et facétieux,* comme pour mettre à l'index le fameux *Évangile de quenouilles*, une sorte de tableau simple et vrai des mœurs campagnardes, où l'élégance exquise du langage et l'art naïf du conteur enveloppent une grande vérité d'observation. Voici comment il entre en matière : « Quelquefois, m'étant retiré aux champs pour illec (là) plus commodément et à l'aise parachever certain négoce (affaire), je me promenois, et ce à jour de fête, par les villages prochains, comme cherchant compagnie, où trouvai, comme est leur coutume, la plupart des vieux et jeunes gens, toutefois séparés, pource que, jouxte (selon) l'ancien proverbe : *chacun cherche son semblable,* estoient les jeunes, faisant exercice d'arcs, de luytes (luttes), de barres, de sauts, courses et autres jeux : spectacles aux vieux, étant les uns sous un large chêne, couchés les jambes croisées et leurs chapeaux un peu abaissés sur la vue; les autres, appuyés sur leurs coudes, jugeant des coups, rafraîchissant la mémoire de leur adolescence, prenant un singulier plaisir à voir folastrer cette inconstante jeunesse. »

L'auteur, ayant interrogé un des paysans, pour savoir quels étaient les plus capables de la compagnie, en reçoit la réponse suivante : « Celui que voyez accoudé, tenant en sa main un petit bâton de coudre (coudrier), duquel il frappe ses bottes, liées avec courroies blanches, s'appelle Anselme, l'un des riches de ce village, bon laboureur et assez bon petit notaire pour le plat pays. Et celui que voyez à côté, ayant le pouce passé à sa ceinture, à laquelle pend ceste grande gibecière où sont des lunettes et une paire de vieilles Heures (c'est-à-dire un livre d'heures ou de prières), s'appelle Pasquier, l'un des grands gaudisseurs (plaisants) qui soit d'ici à la journée d'un cheval, et quand je dirois de deux, je crois que je ne mentirois pas. Toutefois, c'est bien celui de toute la bande qui plutôt a la main à la bourse pour donner du vin aux bons compagnons. — Et celui, dis-je, qui, avec ce grand bonnet de Milan, enfoncé en la tête, tient ce vieux livre? — Celui, répond-il, qui se gratte le bout du nez d'une main et la barbe de l'autre? — Celui proprement, dis-je alors, et qui s'est tourné vers nous? — Ma foi, dit-il, c'est un Roger Bontemps, lequel passé a cinquante ans qu'il tenoit l'école de cette paroisse; mais, changeant son premier métier, est devenu vigneron; toutefois qu'il ne se peut passer encore, aux fêtes, de nous apporter de ses vieux livres, et nous en lire tant que bon nous semble, comme un *Calendrier des Bergers,* les *Fables d'Ésope,* le *Roman de la Rose, Matheolus, Alain Chartier,* les *Vigiles du feu roy Charles,* les deux *Grebans* et autres. Aussi, ne se peut tenir qu'au dimanche ne chante au lutrin, avec cette mode antique de gringoter, et s'appelle maître Huguet. L'autre, assis auprès de lui, qui regarde sur son épaule en son livre, ayant cette ceinture de loup marin, de peur de la colique, à tout (avec) une boucle jaune, est un autre gros riche pitault

Fig. 70. — Les bergers célébrant la naissance du Messie, par des chants et par des danses. Quinzième siècle. Fac-simile d'une gravure en bois d'un *Livre d'heures*, imprimé par Anthoine Verard.

(paysan) de ce village, assez bon vilain, et qui fait autant grand'chère chez lui que petit vieillard du quartier, qui se nomme Lubin. »

Après ce croquis fait de main de maître, l'auteur reproduit quelques propos du bonhomme Anselme, « ce prud'homme susmentionné, homme de médiocre savoir comme bon grammairien, un peu musicien, passablement sophiste et bon rueur de pierres (c'est-à-dire proverbialement : qui sait jeter des pierres dans le jardin d'autrui). »

Anselme commence, « par une merveilleuse admiration, à déchiffrer le temps passé, que lui et ses coëvaux (hommes du même âge) là présents, avoient vu, » bien différent de celui d'alors; disant : — « Je ne puis bonnement, ô mes bons compères et anciens amis, que je ne regrette nos jeunes ans; au moins la façon de faire d'adoncques beaucoup différente, et rien ne semblant à celle du présent... O temps heureux! ô siècles fortunés où nous avons vu nos prédécesseurs pères de famille, que Dieu absolve! ce disant, en haussant l'orée (le bord de son chapeau), se contentant, quant à l'accoutrement, d'une bonne robe de bureau, calfeutrée à la mode d'alors ; celle pour les fêtes, et une autre pour les jours ouvriers, de bonne toile, doublée de quelque vieux hoqueton. »

« Comme on le voit, fait remarquer M. Le Roux de Lincy, à la fin du quinzième siècle déjà, les vieux paysans se plaignaient de la dissolution des mœurs villageoises et du luxe que tout le monde voulait étaler dans ses meubles ou dans ses vêtements. A cet égard, il semble en avoir toujours été ainsi ; et l'on sait que depuis Homère jusqu'au bonhomme des *Propos rustiques,* et de même après celui-ci, les vieillards ont censuré les mœurs du temps présent, pour vanter celles de leurs pères, qu'eux-mêmes avaient critiquées dans leur jeunesse. »

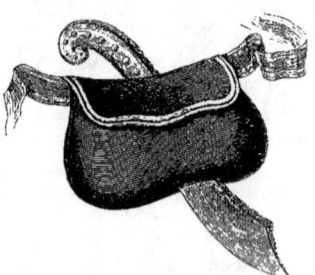

Fig. 71. — Bourse ou escarcelle de cuir, avec le coutelas ou poignard. Quinzième siècle.

NOURRITURE ET CUISINE

Histoire du pain. — Légumes et plantes potagères. — Fruits. — Viandes de boucherie. — Volaille, gibier. — Lait, beurre, œufs, fromage. — Poissons et coquillages. — Boissons : bière, cidre, vin, hypocras, breuvages rafraîchissants, eau-de-vie. — Cuisine. — Soupes, bouillies, pâtés, ragoûts, salades, rôtis, grillades. — Assaisonnements, truffes, sucre, verjus. — Entremets, dorures, desserts, pâtisserie. — Repas et festins. — Ordonnance du service de table du quinzième au seizième siècle.

'HISTOIRE de la vie privée d'un peuple, a dit Legrand d'Aussy, qui avait étudié la vie privée des Français au point de vue seulement de leur nourriture, depuis l'origine de la monarchie jusqu'au dix-huitième siècle, doit, comme celle de l'homme, commencer par le premier et le plus pressant de ses besoins. Non content de trouver dans ce qu'il mange le soutien de sa vie, l'homme a voulu y trouver encore des saveurs qui flattassent son goût. Il n'a plus attendu la faim : il l'a prévenue, l'a provoquée par des préparations et des assaisonnements. En un mot, sa gourmandise s'est composé sur ces objets une science très-compliquée, très-étendue, qui chez les nations qu'on appelle *policées* est devenue la plus importante de toutes, et qui forme l'art de la cuisine. »

De tous temps les indigènes de chaque contrée ont combattu la nature du sol qu'ils habitaient, en le forçant, pour ainsi dire, à leur donner des aliments qu'il semblait devoir leur refuser toujours. Quant aux aliments que l'industrie humaine était impuissante à obtenir de tel ou tel sol, et sous tel ou tel climat, le commerce se chargeait de les emprunter aux pays qui les produisaient, pour les répandre par tout le globe. C'est ce qui a fait dire à Rabelais que messire Gaster (l'estomac) fut le père et le maître des arts (industrie).

Nous allons passer rapidement en revue les substances alimentaires que nos ancêtres tiraient du règne végétal et du règne animal ; nous jetterons ensuite un coup d'œil sur les progrès de l'art culinaire, et nous examinerons enfin l'ordonnance des festins et tout ce qui se rattache aux mœurs épulaires du moyen âge.

ALIMENTS.

Pain. — Les Gaulois, qui habitaient principalement des forêts épaisses et profondes, se nourrissaient d'herbes et de fruits, et surtout de glands. On est même porté à croire que le respect religieux que ce peuple avait pour le chêne n'eut pas d'autre origine. Cette nourriture primitive resta en usage, du moins dans les temps de disette, puisqu'au huitième siècle nous trouvons, dans la règle de saint Chrodegand, que si, par suite d'une année défavorable, le gland ou la faîne (fruit du hêtre) vient à manquer, c'est à l'évêque à y pourvoir. Huit siècles plus tard, quand René du Bellay, évêque du Mans, vint en 1546 exposer à François Ier la pénurie affreuse de son diocèse, il apprit au roi que les habitants en beaucoup d'endroits étaient réduits à vivre de *pain de glands*.

Dans les temps primitifs, le pain se cuisait sous la cendre. L'usage des fours fut introduit en Europe par les Romains, qui les avaient trouvés en Égypte. Mais, malgré cette importation, on ne laissa pas de s'en tenir longtemps encore à l'ancien mode de cuisson, puisqu'au dixième siècle Raimbold, abbé du monastère de Saint-Thierry, près de Reims, ordonna, dans son testament, qu'on servît à ses moines, le jour de sa mort, du pain cuit sous la cendre : *panes subcinericios*. Le droit féodal réservait au seigneur la cuisson du pain de ses vassaux, moyennant redevance, et ceux-ci préféraient cuire chez eux leur farine sur la cendre de leur foyer plutôt que de le porter au four banal.

Il faut remarquer que la coutume de faire *lever* la pâte par l'adjonction d'un acide fermenté ne fut pas universellement adoptée chez les anciens. Or, comme la pâte sans levain ne peut produire qu'un pain mat et indigeste, on avait soin, pour que la cuisson en fût plus complète, de ne donner aux pains que fort peu d'épaisseur. Ces pains servaient en guise d'assiettes pour poser et couper les viandes ; humectés par les sauces et par le jus des rôtis, on les mangeait ensuite comme des gâteaux. L'usage de ces tourteaux, qui reçurent d'abord le nom de *tranchoirs* et plus tard celui de *tailloirs,* resta longtemps admis, même dans les plus somptueux festins. Ainsi, en 1336, le dauphin de Viennois, Humbert II, veut qu'il y ait sur sa table, outre les

Fig. 72 et 73. — Battage du blé et fabrication du pain. Miniatures tirées du calendrier d'un livre d'Heures manuscrit du seizième siècle.

pains blancs de bouche, quatre petits pains pour servir de *tranchoirs*. Le *Ménagier de Paris* mentionne « des pains de tranchouers de demi-pied d'ample et quatre dois (doigts) de haut », et le chroniqueur Froissart parle encore des *tailloirs.*

Il serait assez difficile d'indiquer l'époque précise où l'on commença d'adopter en Europe l'usage de faire lever le pain, mais on peut affirmer que dans tout le moyen âge cet usage n'était encore rien moins que général. La levure de bière, qui, selon Pline, était déjà connue des Gaulois, avait été réservée pour les pâtisseries, et ce ne fut que vers la fin du seizième siècle que les boulangers de Paris l'employèrent pour faire le pain.

A l'origine, les professions de meunier et de boulanger (fig. 74 et 75) se confondaient. L'artisan qui se chargeait de la mouture du grain avait près de son moulin des fours, qu'il affermait au seigneur, pour cuire le pain, quand il ne se bornait pas à livrer la pâte toute pétrie aux particuliers qui lui avaient donné du pain à moudre.

Plus tard s'établirent des *fourniers*, qui, comme cela se voyait encore naguère dans quelques provinces, cuisaient les pains qu'on apportait chez eux tout pétris, et fabriquaient dans leur fournil d'autres pains qu'ils vendaient au poids.

Charlemagne avait fixé, dans ses Capitulaires, le nombre des boulangers,

Fig. 74. — Le meunier, dessiné et gravé au seizième siècle, par J. Amman.

pour chaque cité, en proportion du nombre des habitants, et saint Louis les exempta du guet, ainsi que les meuniers, pour leur ôter tout prétexte de suspendre ou de négliger leurs travaux, qu'il considérait comme d'utilité publique. Cependant les corporations de la boulangerie ne furent jamais ni riches ni puissantes (fig. 76 et 77). On croit assez généralement que le nom de *boulanger* vient de ce que, à une certaine époque, les pains d'usage ordinaire avaient la forme sphérique d'une boule. Mais les pains varièrent tellement de forme, de qualité et, par conséquent, de dénomination, que, dans son *Glossaire de la basse latinité*, le savant Du Cange peut en citer au moins vingt espèces qui se fabriquaient aux douzième et treizième siècles : *pain de cour*, *pain de pape*, *pain de chevalier*, *d'écuyer*, *pain de pairs*, *pain de valets*, etc., etc.

Parmi les pains célèbres, la première place appartient au *pain blanc de Chailly* ou *Chilly*, qui venait du village de ce nom, situé à quatre lieues au sud de Paris, et qui, au quatorzième siècle, devait figurer sur les tables délicatement servies. Le *pain mollet*, ou pain au beurre et au lait, bien

Fig. 75. — Le boulanger, dessiné et gravé au seizième siècle, par J. Amman.

que fort anciennement connu, acquit la vogue qu'il a conservée depuis, à l'arrivée de Marie de Médicis en France (1600), cette princesse de Toscane l'ayant trouvé si excellent qu'elle n'en voulut plus manger d'autre.

La vente ordinaire du pain à Paris comprenait notamment le *pain rousset*, fait de méteil et employé pour le potage, le pain *bourgeois*, enfin le *pain chaland*, désignation générique de tous les pains que les villes et villages des environs envoyaient tous les jours dans la capitale. Parmi les plus connus alors, nous citerons seulement le *pain de Corbeil*, le *pain de chiens*, le *pain de deux couleurs*, composé alternativement d'une couche de froment et d'une couche de seigle, lequel était à l'usage des *gens de moyenne estoffe;* puis le *pain de Gonesse,* dont la réputation s'est conservée jusqu'à nos jours.

Les *pains de table,* qu'on servait en province à la table des riches, étaient ordinairement de proportions convenables, pour qu'un seul de ces pains pût suffire pendant tout le repas à un homme de bon appétit, même en ôtant la croûte, qu'il était de bon ton d'offrir aux dames, qui la trempaient dans le bouillon. Pour les domestiques on cuisait un pain inférieur, appelé *pain de commun.*

Dans plusieurs contrées on saupoudrait d'anis pulvérisé le pain, avant

Fig. 76. — Bannière de la corporation des boulangers de Paris.

Fig. 77. — Bannière de la corporation des boulangers d'Arras.

de le mettre au four; cet usage existe encore. On salait assez généralement la farine en la pétrissant, excepté pourtant dans certaines localités, et spécialement à Paris où, vu la cherté du sel, on ne salait que le pain des riches.

Les blés qu'on a longtemps estimés comme les meilleurs pour la boulangerie étaient ceux de Brie, de Champagne et du Bassigny; mais on tenait particulièrement en mépris les blés du Dauphiné, tellement remplis, disait-on, d'ivraie et de graines misérables, que le pain qu'on fabriquait avec leur farine donnait des vertiges et causait des maladies.

Une ancienne chronique de Charlemagne fait mention de pain cuit deux fois ou *bis-cuit.* Ce pain extrêmement dur, plus facile à garder qu'aucun autre, outre qu'il était employé, comme aujourd'hui, à l'approvisionnement des navires ou des villes menacées d'un siége, se consommait aussi dans beaucoup de maisons religieuses. Par la suite on fit des biscuits délicats, espèce de pâtisserie sèche et friable qui retint le nom primitif. Dès le seizième siècle Reims avait acquis une grande renommée pour ses *biscuits*.

Le pain d'orge, le pain d'avoine et le pain de millet ou de *panil*, furent toujours classés parmi ces aliments grossiers auxquels les malheureux eux-mêmes n'avaient recours que dans les années de disette (fig. 78). Le pain

Fig. 78. — Culture des céréales à l'usage des paysans, et fabrication du pain d'orge et d'avoine; fac-simile d'une gravure sur bois du *Virgile*, in-fol., publié à Lyon en 1517.

d'orge était, en outre, si l'on peut ainsi s'exprimer, un pain de pénitence, au régime duquel étaient astreints les moines qui avaient commis quelques fautes graves contre la discipline.

Quant au pain de seigle, il se trouva tout à fait dédaigné, bien que dans certaines provinces, comme le Lyonnais, le Forez, l'Auvergne, il fût d'un usage presque général chez les gens de la campagne, et contribuât, dit Bruyérin Champier dans son traité *De re cibaria*, à maintenir « les femmes plus belles et plus fraîches ». Par la suite, les médecins de Paris ordonnaient assez fréquemment à leurs clients de qualité l'usage du pain mi-parti seigle, mi-parti froment, pour « entretenir les entrailles en bon état ». Le blé noir, ou *sarrazin*, introduit en Europe par les Mores ou Sarrasins quand ils conquirent l'Espagne, se naturalisa bien vite dans les provinces du Nord, surtout dans les Flandres, où, par sa culture facile et son rendement en quelque sorte certain, il épargna beaucoup de souffrances à des populations qui étaient presque toujours menacées de la famine.

Ce ne fut que plus tard qu'on cultiva le *maïs* ou blé de Turquie dans le midi, et que le *riz* entra dans la consommation; mais ces deux espèces de céréales, également impropres à la boulangerie, restèrent plus spécialement affectées, l'une à l'engraissement de la volaille, et l'autre à la fabrication de quelques gâteaux, peu recherchés néanmoins.

LÉGUMES ET PLANTES POTAGÈRES. — Les plus anciens documents de notre histoire prouvent que dès les premiers temps de la monarchie franque les légumes frais ou secs étaient l'aliment ordinaire des populations. Pline et Columelle attribuent une origine gauloise à certaines espèces de raves, d'oignons, de panais, dont les Romains avaient adopté la culture dans leurs jardins et l'usage sur leurs tables.

Toutefois, il est évident que les légumes ne furent jamais regardés comme pouvant former la base d'une alimentation succulente, puisqu'ils composaient presque exclusivement la nourriture ordinaire des communautés monastiques qui faisaient vœu d'extrême tempérance.

Un capitulaire de Charlemagne, dans lequel sont énumérées les plantes utiles que l'empereur voulait voir cultiver dans ses domaines, nous apprend que dès cette époque la plupart de nos végétaux potagers entraient déjà dans la consommation, car nous y voyons figurer, entre autres, le fenouil, le cerfeuil, l'ail, le persil, les échalotes, les oignons, le cresson alénois, l'endive et la laitue; la betterave, les choux, poireaux, carottes, cardons; enfin les haricots, les grosses fèves, les pois chiches d'Italie et les lentilles.

Au treizième siècle on désignait, sous le nom générique d'*aigrun*, les plantes potagères, parmi lesquelles on comprit plus tard les oranges, citrons et autres fruits acides. Saint Louis ajouta même à cette catégorie les fruits à écorce dure, comme les noix, les noisettes et les châtaignes. Et quand la communauté des fruitiers de Paris reçut des statuts, en 1608, ils étaient encore désignés sous le nom de *marchands de fruits et d'aigrun*.

NOURRITURE ET CUISINE.

Les légumes et plantes potagères signalés dans le *Ménagier de Paris,* qui date du quatorzième siècle, et dans le traité *De obsoniis* de Platina, pseudonyme de l'Italien Barthélemi Sacchi, qui date du quinzième, ne nous indiquent pas que l'horticulture alimentaire eût fait de grandes conquêtes depuis le temps de Charlemagne. Cependant on peut s'étonner de voir le

Fig. 79. — Blason des mesureurs de grains de Gand, sur leur bannière de cérémonie, datée de 1568.

chardon mis au nombre des mets recherchés, mais il ne saurait être question du chardon rustique, et l'on doit reconnaître sous cette désignation, d'ailleurs assez vague, soit la *carde,* ou le *cardon,* qui figure encore sur les tables les plus opulentes, soit l'artichaut, qui, on le sait, n'est autre qu'un chardon développé par la culture, et qui à cette époque était d'importation nouvelle.

Alors aussi commencent à paraître dans les repas les *pompons* ou melons;

mais la culture de ce fruit légumineux n'était pas encore très-répandue, et on la pratiquait si imparfaitement dans les provinces du nord, qu'au milieu du seizième siècle Bruyérin Champier citait les Languedociens comme sachant seuls produire les excellents *sucrins*, « ainsi nommés, disent Charles Estienne et Liébault dans leur *Maison rustique,* parce que les jardiniers les arrosaient avec de l'eau sucrée ou miellée ». Les pastèques et les melons d'eau en effet n'ont jamais été cultivés que dans le midi.

Les choux, dont la réputation alimentaire remonte aux temps antiques, s'étaient dès lors multipliés en différentes espèces, qui pour la plupart sont venues jusqu'à nous : choux pommés, romains, blancs, cabus, pasquerès (ou du temps de Pâques), etc.; mais le premier rang parmi ceux-ci appartenait au fameux chou de Senlis, dont les feuilles, quand on les déployait, exhalaient une odeur *plus agréable que le musc et l'ambre,* dit un vieil auteur, et dont l'espèce s'est évidemment perdue lorsque les herbes aromatiques, qui étaient en grand honneur dans la cuisine de nos aïeux, tombèrent en discrédit et furent tout à fait mises à l'écart.

Particularité étrange : l'époque où les marjolaine, carvi, basilic, coriandre, lavande, romarin, jouissaient du privilége de communiquer aux sauces et aux rôtis leur excitant fumet, était aussi l'époque où l'on admettait sur les meilleures tables des herbes essentiellement froides et insipides, comme la mauve et la bryone ou couleuvrée des haies.

Le concombre, quoique assez recherché, passait pour un aliment malsain, parce que, disait-on, les habitants du Forèz, qui en mangeaient beaucoup, étaient sujets à des fièvres périodiques, fièvres qui, en réalité, devaient ou pouvaient être causées par les émanations paludéennes de cette province, couverte alors de nombreux étangs. Les lentilles, aujourd'hui réputées si salubres, furent longtemps aussi tenues en défiance : selon Liébault, elles étaient de difficile digestion, nuisibles à l'estomac; elles enflaient les boyaux, offusquaient la vue, occasionnaient des songes hideux, etc. Par contre, les petites fèves fraîches, notamment celles qui se vendaient à la célèbre foire du *Landit,* entraient dans les repas les plus délicats, ainsi que les *pois,* qui au seizième siècle passaient, en quelque sorte, pour un mets royal; l'usage général étant de manger ces derniers avec du porc salé, on ne les appelait que *pois au lard.*

Le navet était aussi un des légumes de prédilection des Parisiens. « Cette denrée est pour eux, dit Charles Estienne, ce que sont les grosses raves pour les Limousins. » On estimait surtout ceux de Maisons, de Vaugirard et

Fig. 80. — Culture des fruits, d'après une miniature du *Propriétaire des choses*. (Manuscrit du quinzième siècle, à la Bibl. de l'Arsenal de Paris.)

d'Aubervilliers. Enfin on cultivait en France, en 1574, au dire de Liébault, quatre sortes de laitues : la petite, la commune, la frisée et la romaine, dont maître François Rabelais avait envoyé la graine à ses amis de France, lorsqu'il était à Rome avec le cardinal du Bellay, en 1537 ; cette salade reçut, en conséquence, le nom qu'elle a gardé depuis. Au reste, nos ancêtres étaient grands amateurs de salades; on ne servait pas un dîner qui n'en offrît au moins trois ou quatre, d'espèces différentes.

Fruits. — L'Europe occidentale était originairement très-pauvre en fruits; elle ne s'est enrichie en ce genre que par des acquisitions et des adoptions, qui pour la plupart furent des emprunts faits à l'Asie par les Romains. On doit l'abricot à l'Arménie, la pistache et la prune à la Syrie, la pêche et la noix à la Perse, la cerise à Cérasonte, le citron à la Médie, l'aveline au Pont, la châtaigne à Castane, ville de Magnésie; c'est encore l'Asie qui nous a donné l'amande, mais le grenadier viendrait, selon les uns, d'Afrique, selon les autres, de Chypre; le cognassier, de Cydon, ville de Crète; enfin l'olivier, le figuier, le poirier et le pommier, de la Grèce.

Les Capitulaires de Charlemagne nous apprennent que ces fruits étaient presque tous cultivés dans les jardins de ce monarque, et que plusieurs d'entre eux comptaient déjà plusieurs espèces ou variétés produites par la culture. On était, toutefois, encore bien loin du temps où l'art impose, pour ainsi dire, à la nature les plus magnifiques et les plus savoureuses productions (fig. 80). Ainsi, au seizième siècle, nous entendons Rabelais, Charles Estienne et La Framboisière, médecin d'Henri IV, vanter la pêche de Corbeil, qui n'était autre qu'une pauvre pêche de vigne, ou de *plein vent*, « à la chair *sèche* et *solide*, tenant aucunement au noyau ». Ainsi, l'abricot dont la culture avait été récemment introduite en France, et qui s'y vendait encore un denier la pièce, vu son extrême rareté, ne dépassait guère en grosseur, au dire de Champier, une prune de Damas. Il faut se rappeler que le médecin de Louis XI, Jacques Coythier, pour faire la cour au roi son maître, qui se montrait fort curieux de nouveaux fruits, avait pris pour devise, en rébus de Picardie, un abricotier (*à l'abri Coythier*).

A la vérité, la culture du prunier, du poirier et du pommier avait fait beaucoup de progrès. Champier dit que les meilleures prunes étaient la *royale*, le *perdrigon* et le *damas de Tours;* Olivier de Serres en nomme dix-huit espèces, au nombre desquelles cependant ne figure pas la célèbre *reine Claude*, qui doit son nom à la fille de Louis XII, première femme de François Ier.

Parmi les poires, on estimait surtout au treizième siècle le *hastiveau* (petite et précoce, sans doute la poire dorée dite Saint-Jean), le *caillou* ou *chaillou,* qui venait de Cailloux en Bourgogne, et l'*angoisse,* ainsi nommée à cause de son âcreté qui disparaissait entièrement à la cuisson; au seizième siècle, la place d'honneur est pour la *cuisse-dame* ou *madame,* le *bon chrétien,* apporté, dit-on, par saint François de Paule à Louis XI, la *bergamote,* originaire de Bergame, la *tant-bonne,* ainsi nommée à cause de son parfum, et le *caillou-rosat.*

Dans la classe des pommes, le *blandureau* d'Auvergne (calville blanc), le

Fig. 81 et 82. — Culture de la vigne et foulage du raisin. Miniatures tirées du calendrier d'un livre d'Heures, manuscrit du seizième siècle.

rouveau (calville rouge), et le *paradis* de Provence, ont la plus ancienne réputation. Écoutons le poëte des *Crieries de Paris* (treizième siècle) :

> Primes (en premier lieu) ai pommes de rouviau
> Et d'Auvergne le blanc duriau.

Le coing, dont la culture fut si générale au moyen âge, passait pour le plus utile de tous les fruits. Non-seulement il faisait la base des fameuses confitures sèches d'Orléans, dites *cotignac,* mais encore il servait à l'assaisonnement des viandes. Les coings de Portugal étaient les plus estimés; toutefois le cotignac d'Orléans avait une telle renommée, qu'aux entrées des rois, reines et princes dans les bonnes villes de France, on ne manquait jamais de leur en présenter des boîtes. Ce fut la première offrande des Orléanais à Jeanne Darc, lorsqu'elle amena des troupes de renfort dans Orléans assiégé par les Anglais.

On connaissait déjà plusieurs espèces de cerises, qui cependant ne faisaient pas dédaigner les *merises* ou cerises des bois, lesquelles étaient bien reçues sur les tables des citadins, tandis que les *cornouilles,* fruit du cormier sauvage, ne se mangeaient guère que chez les paysans; de là cette expression proverbiale, usitée surtout à Orléans, quand quelqu'un laissait échapper une sottise : *il a mangé des cormes,* c'est-à-dire il parle comme un rustre.

Au treizième siècle on criait dans Paris les châtaignes de Lombardie, mais au seizième la renommée des *marrons* du Lyonnais et de l'Auvergne, qui se montraient jusque sur la table royale, était déjà bien établie. On tirait de Marseille, de Nîmes, de Saint-Andéol, du Pont-Saint-Esprit quatre espèces de figues également recherchées, et la côte de Provence était alors couverte d'aveliniers, qui suffisaient à fournir de *noix de coudre* toutes les tables du royaume.

Les Portugais revendiquent l'honneur d'avoir importé l'orange de la Chine; cependant un compte de la maison d'Humbert, dauphin de Viennois, fait mention, en l'année 1333, c'est-à-dire bien longtemps avant les voyages des Portugais dans les Indes, d'une somme payée pour transplanter des orangers.

Du temps de Bruyérin Champier, médecin d'Henri II, les framboises étaient encore un fruit essentiellement sauvage; le même auteur constate que les fraises des bois venaient d'être tout récemment cultivées dans les jardins, « ce à quoi, dit-il, on a gagné de les avoir plus grosses, mais elles ont perdu en qualité. »

La vigne, acclimatée et propagée dans les Gaules depuis que les compagnons de Brennus l'avaient rapportée d'Italie, 500 ans avant l'ère chrétienne, ne cessa jamais de donner d'excellents produits et de constituer même une des richesses naturelles du pays (fig. 81 et 82). Au seizième siècle, Liébault comptait dix-neuf espèces de raisin, Olivier de Serres vingt-quatre, parmi lesquelles, malgré l'étrangeté des anciennes dénominations, on croit reconnaître la plupart des plants qui sont encore cultivés en France. On sait, par exemple, que les admirables treilles de Thomery, près de Fontainebleau, lesquelles donnent en abondance le plus beau raisin de table qu'on ait jamais pu obtenir à force d'art et de soin, étaient déjà aussi productives sous le règne d'Henri IV (fig. 83).

Dès le temps des Gaulois on savait dessécher le raisin en l'exposant aux rayons du soleil ou à une certaine chaleur artificielle; et l'on ne tarda pas à employer le même procédé pour la conservation des pruneaux, industrie dans laquelle ceux de Tours et de Reims méritèrent de bonne heure la renommée qu'ils ont conservée depuis. On séchait de même, au four, les pommes, et c'était là une friandise qu'on réservait pour les « bancquets d'hyver et de printemps ». Il venait aussi des fruits secs de l'étranger,

Fig. 83. — Le vigneron, dessiné et gravé au seizième siècle, par J. Amman.

notamment des figues et des raisins, ainsi que le témoigne le *Dit des Crieries de Paris* :

> Figues de Mélités (Malte) sans fin,
> J'ai roisin d'outre mer, roisin.

Viandes de Boucherie. — Selon Strabon, les Gaulois étaient de grands mangeurs de viande et principalement de viande de porc, fraîche ou salée. « La Gaule, dit-il, nourrit tant de troupeaux et surtout tant de porcs, qu'elle fournit de graisse et de salaisons non-seulement Rome, mais toute l'Italie. » Le second chapitre de la loi Salique, composé de dix-neuf articles, roule tout entier sur les vols de porcs, et dans la loi des Visigoths on trouve aussi quatre articles sur le même sujet.

En ces temps reculés, où le sol était encore couvert d'immenses forêts de chênes, l'élevage de l'espèce porcine, qui a, comme on le sait, une prédilection marquée pour le gland, offrait de grandes facilités et de grands avantages. Aussi les évêques, les princes, les seigneurs faisaient-ils nourrir de nombreux troupeaux de porcs sur leurs domaines, tant pour garnir leur table que pour approvisionner les foires et marchés. Plus tard la coutume s'établit, coutume encore conservée dans bien des provinces, que chaque ménage

Fig. 84. — Le porcher.   Fig. 85. — Le bourgeois à table.
Miniatures tirées du calendrier d'un livre d'Heures, manuscrit du seizième siècle.

de la ville, aussi bien que de la campagne, élevât ou engraissât au moins un porc qui était tué et salé à un moment de l'année. A Paris notamment il n'était guère de bourgeois qui n'eût deux ou trois pourceaux. Pendant le jour on laissait vaguer cet immonde bétail dans les rues, qu'il était d'ailleurs très-apte à nettoyer. Un des fils de Louis le Gros, passant, le 2 octobre 1131, dans la rue du Martroi, entre l'Hôtel de Ville et l'église Saint-Gervais, se brisa la tête en tombant de son cheval, dans les jambes duquel un porc était venu se jeter. Cet accident motiva une première ordonnance rendue par la prévôté, qui défendit d'élever des cochons dans l'intérieur de la ville; mais l'usage, invétéré depuis des siècles, résista à cette défense et à bien d'autres, car nous voyons sous François Ier une autorisation accordée au bourreau de se saisir de tous les porcs qu'il trouverait errants dans Paris et de les conduire à l'hôtel-Dieu, où on lui donnera soit cinq sous en argent, soit la tête de l'animal.

On raconte que les religieux de Saint-Antoine, en vertu du privilége attaché à la légende populaire de leur saint patron, qu'on représentait ordinairement avec son pourceau, réclamèrent contre cette ordonnance et gardèrent longtemps encore, par exception, le droit de laisser leurs porcs errer dans les rues de la capitale.

Fig. 86. — Stalle en bois sculpté (quinzième siècle) représentant le proverbe : *Margaritas ante porcos*, c'est-à-dire jeter des perles aux pourceaux (cathédrale de Rouen).

L'obstination que chacun mettait alors à éluder les prescriptions administratives sur ce sujet s'explique, d'ailleurs, par le goût général de la nation française pour la chair de porc, bien que ce goût traditionnel puisse sembler étrange et peu raisonnable dans un temps où ce genre d'alimentation malsaine passait pour engendrer la lèpre, et lorsque la France était encore couverte de léproseries.

La viande de cochon défrayait ordinairement la plupart des festins domestiques. Il n'était pas de bonne fête en l'honneur de laquelle jambons, saucisses et boudins ne fussent servis à profusion sur toutes les tables. Et comme le jour de Pâques, qui mettait fin aux abstinences prolongées du carême, était une des grandes fêtes où cette victuaille jouait le plus largement son rôle gastronomique, on peut attribuer aux besoins de fournir à la consommation de ce jour-là l'origine de la célèbre foire aux jambons, encore en vigueur aujourd'hui, qui se tenait tous les ans, le jeudi de la semaine sainte, au parvis Notre-Dame, et où se rendaient, avec leurs cochonailles indigènes, des marchands de tous les points de la France, notamment de la Normandie et de la Basse-Bretagne.

De sages mesures de police étaient prises à Paris et dans les villes pour que la consommation énorme de viande de porc, qui se faisait dans toutes les classes de la population, fût préservée de son caractère nuisible : des officiers publics, nommés *languayeurs,* étaient chargés de visiter les animaux, pour s'assurer qu'ils ne portaient pas sous la langue les pustules blanches, indices de la maladie lépreuse, que leur chair eût communiquée aux consommateurs.

Pendant longtemps la vente du cochon en détail avait été réservée aux bouchers, ainsi que celle des autres grosses viandes. Fraîche ou salée, la viande de porc se vendait crue. Plus tard, certains débitants, dont la profession était de donner à manger au bas peuple, s'avisèrent de vendre du cochon cuit et des saucisses toutes préparées. On les appela *chaircuitiers* ou *saucissiers.* Cette industrie nouvelle, qui ne pouvait être que très-lucrative, fut embrassée par un si grand nombre de gens, que le Parlement se vit obligé de limiter le nombre des charcutiers, lesquels furent enfin réunis en corporation et reçurent des statuts confirmés par le roi en 1475. Parmi les priviléges attachés à leur profession se trouvait celui de vendre du hareng salé et du poisson de mer pendant le carême, époque où la vente de la chair du porc était rigoureusement prohibée; mais, bien qu'ayant obtenu l'attribution exclusive de vendre du porc cuit, il leur fut tout d'abord interdit d'acheter leurs viandes ailleurs que chez les bouchers, qui seuls avaient le droit de tuer les bêtes sur pied; ce ne fut qu'en 1513 que les charcutiers furent autorisés à s'approvisionner directement aux marchés et à vendre chez eux la chair de cochon crue, concurremment avec les bouchers, qui peu à peu renoncèrent d'eux-mêmes à l'abattage (fig. 87) et à la vente du porc.

Quoique la consommation de la viande de boucherie ne fût point au moyen âge aussi considérable qu'elle l'est devenue depuis, la profession de boucher, à laquelle d'ailleurs étaient attachés des priviléges excessifs, n'était pas moins une des professions *méchaniques*, c'est-à-dire industrielles, qui réalisaient les plus gros bénéfices.

On sait le rôle important que les bouchers jouèrent dans l'histoire municipale en France de même qu'en Belgique; on sait aussi combien leur influence politique fut grande, notamment au quinzième siècle.

L'existence de la Grande-Boucherie de Paris remontait aux temps les

Fig. 87. — Le charcutier. Fac-simile d'une miniature d'un *Cartulaire de l'abbaye de Solignac*. (Quatorzième siècle.)

plus reculés de la monarchie. L'église de Saint-Pierre aux Bœufs dans la Cité, église dont la façade offrait deux bœufs sculptés, exista avant le dixième siècle; c'était la paroisse de la corporation des bouchers. On a découvert sur le sol de l'ancien Paris un monument celtique avec un bas-relief représentant un taureau sauvage, sur lequel sont posées trois grues parmi des branches de chêne. L'archéologie a voulu reconnaître dans cette sculpture une allégorie consacrée chez les Druides et qui s'est transmise jusqu'à nous dans la promenade ou le triomphe du bœuf gras (fig. 88). Cependant les bouchers, qui pendant des siècles ne tuèrent que des porcs et des moutons, du moins en France, se montrèrent fort jaloux de leurs priviléges et n'admettaient pas d'étrangers dans leur corporation. La propriété des étaux de la boucherie, aux Halles, et le droit d'être reçu boucher (à l'âge de sept ans et un jour), appartenaient exclusivement aux rejetons mâles d'un petit nombre de familles riches et puissantes. Les rois de France, à leur joyeux avénement seulement, pouvaient faire un nouveau maître boucher. Depuis

Fig. 88. — Le bœuf sacré, monument celtique découvert à Paris sous le chœur de Notre-Dame, en 1711, et conservé aujourd'hui au musée de Cluny et des Thermes.

le milieu du quatorzième siècle, la Grande-Boucherie était le siége d'une importante juridiction composée d'un *maire*, d'un *maître*, d'un *procureur* et d'un *tabellion*, juridiction consulaire devant laquelle les bouchers pouvaient évoquer toutes leurs causes, et dont les appels se jugeaient devant le Parlement. Outre cette juridiction, qui avait à prononcer sur les violences des garçons bouchers et sur les réclamations diverses introduites contre les maîtres, la boucherie avait un *conseil de Parlement* et un *conseil de Châtelet* (c'est-à-dire deux conseillers appartenant à chacun de ces corps judiciaires), chargés spécialement des intérêts de la communauté et rétribués par elle.

Bien que tenus à exercer, *au moins de leurs deniers*, la profession de leurs pères, nous voyons beaucoup de descendants des anciennes familles de la boucherie de Paris, qui aux quatorzième et quinzième siècles abandonnèrent leurs étaux pour remplir des positions élevées dans l'État et même à la cour. Il n'en faudrait pas conclure que les riches bouchers, à cette époque de règle et de devoirs sociaux, s'occupassent eux-mêmes des menus détails du

Fig. 89. — Le boucher et son valet, dessiné et gravé, au seizième siècle, par J. Amman.

métier : la plupart avaient à leur service des valets qui taillaient et débitaient les viandes, et ils se bornaient à surveiller leurs intérêts, en exerçant un contrôle sur les recettes quotidiennes, et en traitant, par l'entremise des facteurs, de l'achat des têtes de bétail qui étaient abattues dans leurs boucheries et vendues en détail sur leurs étaux des Halles (fig. 89). On aura une idée de la richesse de quelques-uns de ces industriels en lisant l'énumération qu'une vieille chronique fait des biens et revenus de Guillaume de Saint-Yon, un des principaux maîtres bouchers en 1370. Guillaume de Saint-Yon était propriétaire de trois étaux, où chaque semaine il faisait débiter des viandes pour 200 livres parisis (la livre parisis valait toujours 24 sous, mais le sou représentait plus d'un franc de notre monnaie), avec bénéfices de 10 à 15 pour 100; il touchait une rente annuelle de 600 livres parisis; il possédait, outre son hôtel patrimonial de Paris, quatre maisons de campagne, bien fournies de meubles et d'instruments aratoires; des hanaps, des aiguières, des tasses en argent, des coupes de *madre* (onyx, pierre précieuse) avec des pieds d'argent, d'une valeur de 100 francs la pièce et plus; sa femme avait pour plus de 1,000 francs d'or (le franc d'or valait alors 24 livres) en joyaux, ceintures, bourses, épingliers; des robes longues et courtes, bien fourrées; trois manteaux fourrés de *gris* (ou petit-gris). Guillaume de Saint-Yon avait ordinairement dans ses greniers 300 cuirs de bœuf, valant bien 24 sols la pièce; 800 mesures de graisse, valant 3 sols et demi chacune; dans ses étables 800 moutons, de 100 sols chacun; dans ses coffres 5 ou 600 florins d'argent comptant (le florin valait 12 francs, qu'il faut quintupler, au taux de la monnaie actuelle). On évaluait ses biens meubles à 12,000 florins. Il avait donné 2,000 florins de dot à ses deux nièces et dépensé 3,000 florins à rebâtir sa maison de Paris. Enfin, comme s'il eût été noble, il se servait d'un sceau d'argent.

Nous trouvons d'ailleurs dans le *Ménagier de Paris* une curieuse statistique des diverses boucheries de la capitale et de la vente hebdomadaire de chacune d'elles à la même époque. Cette vente, « sans le fait du roy, de la reyne et des autres seigneurs de France (famille royale) », dont les maisons étaient spécialement approvisionnées, s'élevait à 512 bœufs, 3,130 moutons, 528 porcs et 306 veaux; soit 26,624 bœufs, 162,760 moutons, 27,456 porcs et 15,912 veaux par an; énumération à laquelle il convient d'ajouter non-seulement la chair fumée et préparée de deux ou trois mille porcs, qui se débitaient à la foire aux jambons de la semaine sainte, mais encore 6,420 moutons, 832 bœufs, 832 veaux et 624 porcs, constituant, selon le *Ménagier*, la consommation moyenne des hôtels royaux et princiers.

Quelquefois les viandes arrivaient toutes dépecées sur le marché, mais l'abattage des bestiaux se faisait le plus souvent dans l'intérieur des boucheries, au milieu de la ville; car on tuait au fur et à mesure, selon les besoins de la vente, et il y avait, comme aujourd'hui, outre les boucheries, des *tripperies* où se vendaient les *yssues* des animaux, boudins, fressures, rates, pieds, rognons, etc.

Au dire de Bruyérin-Champier, les moutons de France les plus renommés au seizième siècle étaient ceux du Berri et du Limousin; et de toutes les viandes de boucherie celle de veau était réputée la meilleure. A la vérité, on élevait d'une manière toute particulière les veaux destinés aux tables des grandes maisons : on les laissait pour toute nourriture au lait de leur mère, pendant six mois et même un an, ce qui rendait leur chair très-fine et très-délicate. Contrairement à ce qui a lieu aujourd'hui, la viande du chevreau fut longtemps plus recherchée que celle de l'agneau, en sorte que les rôtis-

Fig. 90 et 91. — Sceau et contre-sceau de la corporation des bouchers de Bruges (1356); d'après une empreinte en cire verte conservée aux archives de cette ville.

seurs entaient souvent une queue de chevreau sur un corps d'agneau, pour tromper l'acheteur et lui vendre plus cher une viande au lieu de l'autre, d'où vient le proverbe, pour désigner un trompeur : « C'est un donneur de chèvre à moitié. »

La boucherie était loin d'avoir partout, il est vrai, l'importance qu'elle avait prise en France et en Belgique (fig. 90 et 91), où l'on mangeait beaucoup plus de chair qu'en Espagne, en Italie et même en Allemagne. Dans presque tous les pays, d'ailleurs, il y eut des règlements quelquefois bizarres, mais au moins généralement sévères, qui avaient pour objet de faire en sorte que la viande destinée à l'alimentation se trouvât toujours dans les meilleures conditions pour la santé ou le goût des consommateurs. En Angleterre, par exemple, il n'était permis au boucher de tuer un taureau qu'après l'avoir fait battre contre des chiens, sans doute pour que la chair en fût plus mortifiée. Au Mans, il était établi en principe, par les ordonnances qui régissaient les métiers, que « nul boucher ne soit si hardy de vendre chair, se elle n'a esté vue estre vive de (par) deux ou trois hommes qui le tesmoigneront par serment, et non pourtant (toutefois) ne la pourront-ils vendre tant (avant) que les jurés l'aient vue et instite à bonne (déclarée saine), » etc.

Il faut ajouter aux nombreuses mesures prises dans l'intérêt public à l'égard des bouchers celles qui avaient trait à l'interdiction de vente dans les boucheries, aux temps et jours où la loi religieuse ordonnait l'abstinence de la chair. Ces dernières prescriptions s'appliquaient moins encore aux vendeurs qu'à la généralité des consommateurs, lesquels ne pouvaient les enfreindre sans s'exposer à des peines corporelles ou pécuniaires quelquefois très-graves, comme l'amende, le fouet, le pilori, la prison. On sait que Clément Marot fut emprisonné et faillit être brûlé vif pour avoir mangé du lard en carême. En 1534, Guillaume des Moulins, comte de Brie, demanda pour sa mère, âgée de quatre-vingts ans, la permission de faire gras; l'évêque de Paris n'accorda cette dispense qu'à la condition que cette vieille dame prendrait ses repas en secret, hors de la vue de tout le monde, et continuerait d'ailleurs à faire maigre les vendredis. « Dans certaine ville, raconte Brantôme, on avait fait une procession en carême. Une femme qui venait d'y assister nu-pieds alla ensuite dîner, chez elle, d'un quartier d'agneau et d'un jambon. Le fumet en vint jusqu'à la rue; on monta. On reconnut le fait. La femme fut prise et condamnée à se promener par la ville avec son quartier d'agneau à la broche, sur l'épaule, et le jambon pendu au cou. » Cette sévérité ne fit même que s'accroître à l'époque des troubles religieux. « On traîne au supplice, presque comme un parricide, celui qui, au lieu de poisson, a mangé du porc! » s'écriait Érasme. Un édit d'Henri II (1549) défendit de vendre de la viande, en carême, aux personnes qui ne seraient pas munies d'un certificat de médecin. Charles IX défendit d'en livrer même aux huguenots, et il arriva que le privilége exclusif de la vente de la viande pendant cette période d'abstinence fut exclusivement réservé aux hôpitaux, avec ordre à ceux qui débiteraient de la viande de prendre l'adresse de l'acheteur, afin qu'on pût vérifier si cet acheteur, bien qu'il eût présenté une ordonnance de médecin, avait réellement besoin de faire gras par raison de santé. L'attestation du médecin dut enfin être accompagnée d'une permission du curé, avec spécification de la qualité de la viande; encore n'accordait-on jamais que l'usage de la viande de boucherie, le porc, la volaille et le gibier étant rigoureusement prohibés.

Volaille. — Un moine de l'abbaye de Cluny était allé visiter sa famille. En arrivant il demanda à manger; c'était un jour maigre. On lui dit qu'il n'y a au logis que du poisson. Mais apercevant quelques poules dans la

Fig. 92. — Le poulailler, dessiné et gravé, au seizième siècle, par J. Amman.

cour, il prend un bâton, en assomme une et l'apporte à ses parents, en disant : « Voilà le poisson que je mangerai aujourd'hui. — Eh quoi ! mon fils, lui dit-on, avez-vous donc la permission de faire gras le vendredi ? — Non, répond-il, mais une volaille n'est point de la chair; les poissons et les oiseaux ayant été créés en même temps, ils ont une commune origine, comme l'enseigne l'hymne que je chante à l'office. »

Cette légende naïve appartient au dixième siècle; et bien que l'opinion de ce moine bénédictin puisse aujourd'hui paraître au moins singulière, on est forcé de convenir qu'il ne faisait que se conformer aux décisions de quelques théologiens. En 817, un concile d'Aix-la-Chapelle reconnut qu'une nourriture si délicate ne répondait qu'imparfaitement à l'idée de mortification qui se rattache à la prescription de l'Église ordonnant de faire maigre et défendant aux moines de manger de la volaille, excepté pendant quatre jours à Pâques et quatre jours à Noël. Mais cette interdiction ne changea rien à un usage établi dans certaines parties de la chrétienté, et les fidèles, persistant à croire que la volaille et le poisson étaient homogènes aux yeux de l'Église, continuèrent à s'en nourrir indistinctement. Nous voyons encore, en plein treizième siècle, saint Thomas d'Aquin, dont les décisions faisaient

Fig. 93. — Origine des macreuses. Fac-simile d'une gravure sur bois de la *Cosmographie universelle* de Munster, in-fol.; Bâle, 1552.

autorité dans les questions de dogme et de foi, ranger les volatiles parmi les êtres d'origine aquatique.

On revint enfin de cette erreur manifeste, et toutefois, quand l'Église interdit aux chrétiens l'usage de la volaille aux jours d'abstinence, elle excepta, par une sorte de condescendance envers l'ancien préjugé, les macreuses, sarcelles, poules d'eau, ainsi que le pilet, le vernage, le blairie, etc., et deux ou trois espèces de petits quadrupèdes amphibies. De là sans doute ces croyances absurdes généralement répandues sur l'origine des macreuses que les uns faisaient naître du bois pourri des vieux navires, les autres des fruits d'un arbre (fig. 93), ceux-ci de la gomme des sapins, ceux-là d'une coquille fluviale analogue aux huîtres et aux moules.

Quoi qu'il en fût, et si loin qu'on remonte dans l'histoire moderne, on voit pratiquer l'engraissement artificiel de la volaille par des procédés, encore usités maintenant, que les Gaulois avaient dû apprendre des Romains. Parmi les officiers de l'ancienne cour des rois de France, on en trouve un qui

Fig. 94. — L'oyer ou rôtisseur. Fac-similé d'une gravure sur bois, d'après Cesare Vecellio.

est chargé de la *poulaillerie,* et auquel une ordonnance, rendue par saint Louis, en 1261, donne le titre de *poulaillier*. Plus tard on appela *poulaillers* les éleveurs et vendeurs de volailles (fig. 92).

Le *Ménagier de Paris*, dont le témoignage nous apprend que c'était, comme aujourd'hui, en les privant de lumière et de mouvement, et en les gorgeant d'une nourriture féculente, qu'on engraissait les jeunes poulets, cite, parmi les *cages* ou basses-cours célèbres du quatorzième siècle, la *cage de Hesdin* en Artois, propriété des ducs de Bourgogne ; la *cage du roi*, à l'hôtel Saint-Pol, rue Saint-Antoine, à Paris ; la *cage messire Hugues Aubriot*, prévôt de Paris, et la *cage Charlot*, appartenant sans doute à un bourgeois de ce nom, qui a laissé son nom à une ancienne rue du quartier du Marais.

Il est fait souvent mention de chapons dans nos poëmes des douzième et treizième siècles; mais le nom de la poularde ne se rencontre pas avant le seizième siècle.

On sait que sous la domination romaine les Gaulois faisaient avec Rome un commerce considérable d'oies grasses. Ce commerce cessa quand la Gaule eut passé sous de nouveaux maîtres, mais l'oie continua à être en faveur dans le pays qui l'avait multipliée avec un soin particulier. Ce fut même pendant bien des siècles la volaille la plus estimée sur les tables des grands. Charlemagne avait ordonné que ses domaines fussent abondamment pourvus de nombreux troupeaux d'oies qu'on menait paître aux champs, comme des troupeaux de moutons; témoin encore ce vieux proverbe : *Qui mange l'oye du roy, cent ans après il en rend la plume*. C'était également le régal par excellence de l'artisan et du bourgeois. Les rôtisseurs (fig. 94), dans leurs boutiques, n'avaient presque que des oies; aussi lorsqu'ils furent réunis en communauté, reçurent-ils le nom d'*oyers* ou *oyeurs*. La rue de Paris où ils s'établirent, avec leurs broches qui tournaient sans cesse chargées de rôtis succulents, fut appelée rue aux *Oues* (oies), et cette rue, lorsqu'elle cessa d'être exclusivement occupée par les *oyers*, devint, par corruption, la *rue aux Ours*.

Il y a tout lieu de croire que la domestication des canards sauvages est relativement récente. Cette tentative ayant réussi, on essaya, mais sans succès, de naturaliser dans les basses-cours deux espèces d'oiseaux de rivière : le *tadorne* et le *fouque*. Quelques-uns attribuent au fameux Jacques Cœur, trésorier de Charles VII, qui entretenait d'immenses relations commerciales avec le Levant, l'introduction des dindons en France et en Europe; d'autres prétendent qu'on doit ce présent au roi René, comte de Provence; mais, selon l'opinion la plus accréditée, ces oiseaux exotiques n'auraient été introduits en France que sous François Ier par l'amiral Philippe de Chabot, et même Bruyérin-Champier affirme qu'on ne les connut que plus tard. C'est à peu près vers le même temps que les pintades furent apportées des côtes de Guinée, par des marchands portugais ; et le voyageur naturaliste Pierre

Fig. 95. — Festin d'apparat avec service du paon sur la table. Fac-similé d'une gravure sur bois du *Virgile*, in-fol., publié à Lyon, en 1517.

Belon, qui écrivait vers 1555, affirme que dans son temps « elles étaient jà si multipliées es maisons des grands seigneurs qu'elles en sont communes. »

Le paon joue un rôle très-important dans les solennités chevaleresques du moyen âge (fig. 95). Selon les vieux romanciers, la chair de ce *noble oiseau* est là *viande des preux*. Un poëte du treizième siècle dit que les fripons ont autant de goût pour le mensonge qu'un affamé en a pour la chair du paon. Au quatorzième siècle les basses-cours étaient encore pleines de ces oiseaux d'apparat qui faisaient à la fois l'honneur et les délices des tables seigneuriales; mais peu à peu le dindon et le faisan détrônèrent entièrement ce magnifique volatile, dont la chair fut reconnue dure et coriace, car nous voyons qu'en 1581 la *Nouvelle Coutume du Bourbonnois* n'estime plus un paon que deux sous et demi (environ trois francs de la monnaie actuelle).

GIBIER. — Aux oiseaux qui constituent actuellement le gibier à plumes nos pères ajoutaient le héron, la grue, la corneille, le cygne, la cigogne, le cormoran et le butor, qui défrayaient les meilleures tables et qui étaient regardés, surtout les trois premiers, comme *viandes royales, exquises, vraies délices françoises*. On avait alors des *héronières*, comme on eut plus tard des faisanderies. On mangeait aussi des oiseaux de proie, et la cuisine ne rejetait que ceux qui vivent de chair morte et corrompue.

Les cygnes, dont on faisait grand cas, étaient d'ailleurs fort communs sur les bords des principales rivières de France, surtout vers le Nord; une petite île au-dessous de Paris en avait pris le nom, qu'elle a conservé jusqu'à nos jours. On disait proverbialement que la Charente était bordée de cygnes, et Valenciennes fut appelée pour cette même raison le *Val des Cygnes*.

Quelques auteurs qui prétendent qu'on s'abstint longtemps de manger le gibier jeune, sous prétexte que la chair en était peu nutritive et très-indigeste, disent que cette prévention persista jusqu'à ce que des ambassadeurs français eussent appris des Vénitiens que les perdreaux et les levrauts étaient exquis et pouvaient dignement figurer sur les tables les plus somptueuses. Et, toutefois, le *Ménagier de Paris* donne non-seulement diverses recettes pour accommoder les uns et les autres, mais encore pour faire *perdriaulx de poucins* (jeunes poulets), dans la saison où les oiseaux de chasse viennent à manquer.

Il fut un temps où l'on engraissait les faisans, comme on fait les chapons : c'était, au dire de Liébaut, un secret connu seulement des rôtisseurs et des marchands de volaille; mais, quoique estimés, on leur préférait les gélinottes, qui se vendaient jusqu'à deux écus la pièce. (Il ne s'agit pas de l'écu d'or, mais de la monnaie de compte qui valait trois livres.) Les pluviers, qui arrivaient quelquefois de Beauce par grandes charretées, étaient aussi fort appréciés : on les rôtissait sans *effondrer* (vider), ainsi que les *turtres*

Fig. 96. — « Comment on doit escorchier le cerf et le desfaire. » Fac-simile d'une miniature de *Phebus, Des deduiz de la chasse des bestes sauvaiges.* (Manuscrit du quinzième siècle. Biblioth. nation. de Paris.)

(tourterelles) et *aloès* (alouettes), « pource que leurs bouyaulx sont gras et sans ordure ; car aloès ne manguent (mangent) fors pierrettes et sablons ; turtres, graines de genèvre et herbes souef flairans (odorantes), et plouviers, vent. » On fit plus tard le même honneur aux *vide-coqs* ou bécasses.

Les grives, les étourneaux, les merles, les cailles, les perdrix, étaient, selon la saison, également recherchés. Le bec-figue était si estimé en Provence, qu'on y faisait des festins où l'on ne servait que cet oiseau accommodé de diverses façons ; mais de tous les volatiles qui avaient droit de paraître sur la table il n'en était aucun qui pût être comparé, pour la délicatesse de la chair, au coucou, pris au moment où il commence à voler.

Autant qu'on peut le savoir, les Gaulois avaient horreur de la chair des lapins, et ne leur faisaient pas même la chasse, car, selon Strabon, la Gaule méridionale en était infestée à ce point que ces animaux rongeurs dévoraient les semences, les récoltes et jusqu'aux racines des arbres. On était bien revenu de cette aversion quelques siècles plus tard, car, outre que tout le monde, à la ville aussi bien qu'à la campagne, élevait des lapins domestiques, le *Ménagier de Paris* nous apprend qu'au quatorzième siècle les lapins de garenne constituaient un aliment fort apprécié. La manière de reconnaître si les lapins sont jeunes, manière indiquée par le rédacteur de ce même livre (il suffit de palper la première articulation des jambes de devant, pour y chercher un petit osselet libre et mobile), est restée de tradition dans toutes les cuisines. Le lièvre avait pourtant la préférence sur le lapin, mais à la condition qu'il fût jeune, car un ancien proverbe français disait qu'*un vieux lièvre et une vieille oye sont la nourriture du diable.*

On mangeait encore le hérisson et l'écureuil. Quant aux chevreuils et aux cerfs, c'étaient, selon Bruyérin-Champier, morceaux de rois ou de gens riches (fig. 96). Ce docteur cite comme régal suprême les tranches de jeune bois de cerf apprêtées en friture, et le *Ménagier de Paris* enseignait déjà au quatorzième siècle à faire *beuf comme venaison d'ours*, à l'usage de la cuisine des pays où *ceste beste noire* n'existe pas, ce qui prouve que la viande d'ours passait alors pour un très-bon manger.

Lait, Beurre, OEufs et Fromage. — Ces aliments, les premiers que la nature ait offerts à l'homme, n'ont pas été toujours et partout également permis ou prohibés par l'Église aux jours d'abstinence. Les fidèles n'eurent à cet égard, pendant plusieurs siècles, d'autres règles de conduite que celles qu'ils se prescrivaient eux-mêmes. D'ailleurs, il n'est pas surprenant qu'on ait mangé des œufs sans scrupule, même en carême, lorsqu'il était admis, d'après l'opinion de certains théologiens, que la volaille qui pondait les œufs était d'origine aquatique, et par conséquent représentait un aliment maigre.

Il paraît, au reste, que le beurre, soit préjugé, soit usage établi, ne figurait sur les tables aux jours maigres qu'en nature, et qu'il n'était point encore employé en assaisonnement de cuisine. Tout d'abord, chez les moines surtout, les mets s'apprêtaient avec de l'huile; mais comme dans certaines contrées l'huile pouvait souvent renchérir beaucoup ou même manquer complétement, on dut permettre l'emploi de la graisse animale (lard fondu).

Fig. 97. — Le fabricant d'huile, dessiné et gravé, au seizième siècle, par J. Amman.

Plus tard l'Église autorisa l'usage du beurre et du lait; mais sur ce point la règle disciplinaire varia tellement qu'au quatorzième siècle Charles V, roi de France, ayant demandé au pape Grégoire XI une dispense pour user de laitage les jours maigres, par suite du mauvais état dans lequel se trouvait sa santé depuis qu'il avait failli être victime d'une tentative d'empoisonnement, le souverain pontife exigea un certificat du médecin et du confesseur de ce prince, et n'accorda la dispense qu'en imposant au roi très-chrétien un certain nombre de prières et d'œuvres pies. En dépit de ces rigueurs de l'autorité ecclésiastique, on lit dans le *Journal d'un bourgeois de Paris* que sous le malheureux règne de Charles VI (1420), « pour la deffaute (manque) d'huile, on mangeoit du beurre en icelui quaresme, comme en *charnage* (jours gras). »

En 1491, la reine Anne, duchesse de Bretagne, pour obtenir du pape la permission de manger du beurre en carême, ne manqua pas de lui faire représenter que la Bretagne ne produisait point d'huile et n'en recevait pas des contrées méridionales. Plusieurs provinces du nord se prévalurent ensuite de la même raison de force majeure, et ce fut ainsi que la France septentrionale put consommer son beurre en tous temps : de là ces fameuses rôties au beurre, ces tartines beurrées, qui jouent un rôle si important dans l'alimentation flamande. Mais ces dispenses papales n'étant concédées qu'à la condition de les racheter par des prières et des aumônes, telle fut l'origine des *troncs pour le beurre,* qu'on voit encore se perpétuer dans la plupart des églises flamandes.

On ignore à quelle époque remonte l'usage de saler le beurre pour le conserver et le transporter au loin, mais ce procédé, si simple et si naturel, mis plus particulièrement en pratique par les Normands et les Bretons, qui enfermaient le beurre dans de grands pots de grès, date sans doute d'un temps assez reculé, car dans les statuts qui furent donnés aux fruitiers de Paris en 1412 il est question de *beurre salé en pot de terre.* La Lorraine n'expédiait que du beurre fondu. Le beurre frais, le plus recherché pour la table, à Paris, était celui de Vanvres, que pendant le mois de mai les gens du peuple mangeaient chaque matin, en le mélangeant avec de l'ail, *pour dissiper le mauvais air et tuer les vers qu'ils pouvaient avoir dans les entrailles.*

La population qui consommait le plus de beurre était celle de Flandre : « Je suis surpris, dit Bruyérin-Champier, qu'elle n'ait pas encore essayé de le mettre en boisson; aussi, en France, l'appelle-t-on, par dérision, *beurrière;* et quand quelqu'un doit voyager dans ce pays, on lui recommande d'emporter avec lui un couteau, s'il veut tâter aux bonnes mottes de beurre. »

Il va sans dire que le lait et le fromage suivirent dans le monde catholique les destinées du beurre, de même que les œufs suivirent celles de la volaille. Mais le beurre ayant été déclaré maigre par l'Église, on réclama le même privilége pour les œufs (fig. 98). Le pape Jules III accorda cette dispense générale à toute la chrétienté. Certaines églises particulières ne voulurent pas de suite user de cette faveur. Les Grecs avaient toujours été sur ces points de discipline plus rigoristes que les Occidentaux. C'est à la

Fig. 98. — Marchande d'œufs, fac-simile d'une gravure sur bois, d'après Cesare Vecellio. (Seizième siècle.)

prohibition des œufs comme aliment pendant le carême qu'il faut faire remonter l'origine des *œufs de Pâques,* qu'on faisait durcir en les cuisant dans un bain de garance, et qui étaient présentés à la bénédiction du prêtre le vendredi saint, pour être mangés le dimanche suivant, au festin pascal, en signe de réjouissance.

L'ancienne Gaule était déjà célèbre pour quelques-uns de ses fromages indigènes. Pline vante ceux de Nîmes et du mont Lozère en Gévaudan; Martial mentionne ceux de Toulouse, etc. Une naïve anecdote que rapporte le moine de Saint-Gall (qui écrivait au neuvième siècle) nous montre que les bonnes traditions en matière de fromage ne s'étaient pas perdues, au temps de Charlemagne : « L'empereur, dans un de ses voyages, descendit à l'improviste, et sans être attendu, chez un évêque. C'était un vendredi. Le prélat n'avait point de poisson, et n'osait faire servir de la viande au prince. Il lui présenta donc ce qu'il avait chez lui : de la graine et du fromage *persillé*. Charles mangea du fromage; mais, prenant les taches du persillé pour de la moisissure, il avait soin de les enlever avec son couteau, avant de porter les morceaux à sa bouche. L'évêque, voyant cela, prit la liberté de représenter à son hôte que ce qu'il ôtait ainsi du fromage en était la meilleure partie. L'empereur goûta donc au persillé, et trouva que l'évêque avait raison; en conséquence, il le chargea de lui envoyer tous les ans, à Aix-la-Chapelle, deux caisses de fromages semblables. L'évêque répondit qu'il était bien en son pouvoir d'envoyer des fromages, mais qu'il ne serait jamais sûr de les envoyer persillés, parce que ce n'est qu'en les ouvrant qu'on peut s'assurer si le marchand n'a pas trompé sur la qualité de la marchandise. — Eh bien! répliqua l'empereur, avant de les faire partir, coupez-les par le milieu, afin de savoir s'ils sont tels que je les désire. Vous n'aurez plus ensuite qu'à rapprocher les deux moitiés, en les assujettissant au moyen d'une cheville de bois; puis vous mettrez le tout dans une caisse. »

Sous les rois de la troisième race, le village de Chaillot, près Paris, fabriquait un fromage qui était fort apprécié dans la capitale. Aux douzième et treizième siècles, on estimait également à Paris les fromages de Champagne et le fromage de Brie, qui depuis n'a pas déchu : on criait dans les rues, suivant le *Dit des Crieries de Paris* :

> J'ai bon fromage de Champaigne;
> Or i a fromage de Brie!

Eustache Deschamps prétendait même, au temps de Charles VI, que le fromage était la seule bonne chose qui pût venir de la Brie.

Le *Ménagier de Paris*, que nous ne saurions consulter et citer trop souvent, nomme avec éloges plusieurs fromages qu'il serait assez difficile de

SERVICE DE TABLE CHEZ UNE CHATELAINE.

Fac-simile d'une miniature du *Roman de Renaud de Montauban*, ms. du quinzième siècle. (Bibl. de l'Arsenal.)

Costumes du quinzième siècle.

reconnaître aujourd'hui, à cause des changements de noms qu'ils ont subis depuis plus de quatre cents ans; mais, selon l'auteur gaulois de cette curieuse compilation, un fromage, pour se présenter dans de bonnes conditions sur une table, devait avoir certaines qualités requises (en latin proverbial : *Non Argus, nec Helena, nec Maria-Magdalena, etc.*), exprimées ainsi en rimes françaises :

> Non mie (pas) blanc comme Hélaine,
> Non mie (pas) plourant comme Magdelaine,
> Non Argus (à cent yeux), mais du tout avugle (aveugle)
> Et aussi pesant comme un bugle (bœuf),
> Contre le pouce soit rebelle,
> Et qu'il ait tigneuse cotelle (épaisse croûte),
> Sans yeux, sans plourer, non pas blanc,
> Tigneulx, rebelle, bien pesant.

En 1509, Platina, quoique Italien, cite parmi les bons fromages ceux de Chauny en Picardie, et de Brehemont en Touraine; Charles Estienne vante ceux de Craponne en Auvergne, les *angelots* de Normandie, et les *fromages de crème frais*, que les paysannes de Montreuil et de Vincennes apportaient à Paris dans de petits paniers de jonc, et qui se mangeaient saupoudrés de sucre. Le même auteur signale encore les *rougerets* de Lyon (toujours fort estimés), mais il place au-dessus de tous les fromages d'Europe les *auvergnats* ronds ou cylindriques, à la fabrication desquels on n'employait, au dire de Liébaut, que des enfants de quatorze ans *bien nets et bien sains*. Enfin, Olivier de Serres conseille, à ceux qui voudront obtenir de bons fromages, de faire bouillir le lait avant de le cailler : procédé en usage à Lodi et à Parme, où se fabriquent, dit-il, « ces fromages cogneus (connus) par tout le monde pour leur bonté ».

Le *parmesan*, que le célèbre agronome cite comme exemple, ne devint, d'ailleurs, à la mode en France qu'au retour de Charles VIII, après son expédition de Naples. On faisait grand cas à cette époque du fromage de Turquie, qui arrivait dans des vessies, et de différents fromages de la Suisse (fig. 99), de la Hollande et de la Zélande. Quelques-uns de ces produits exotiques se mangeaient en ragoûts et en pâtisseries; les autres, en grillades saupoudrées de sucre et de cannelle pulvérisée.

Le *Roman de Claris*, encore inédit, qui appartient au commencement du quatorzième siècle, dit que dans une ville prise d'assaut on trouva

> Maint bon tonnel de vin,
> Maint bon bacon (cochon), maint fromage à rostir.

Outre le fromage et le beurre, les Normands, qui avaient beaucoup de vaches dans leurs riches pâturages, fabriquaient avec l'excédant de leur lait une sorte de liqueur aigre et fermentée, qu'ils appelaient *serat*, et qui s'ob-

Fig. 99. — Fabrication des fromages en Suisse. Fac-similé d'une gravure sur bois de la *Cosmographie universelle* de Munster, in-fol.; Bâle, 1549.

tenait très-promptement, en faisant bouillir le lait avec de l'ail et de l'oignon, et en le laissant ensuite refroidir dans des vases clos.

S'il faut en croire l'auteur du *Ménagier de Paris*, les femmes qui opéraient la vente du lait au détail dans les villes connaissaient déjà la manière d'augmenter leurs bénéfices en *augmentant* la quantité de leur marchandise aux dépens de la qualité; car, lorsqu'il indique la recette de la *froumentée* (espèce de bouillie), et qu'il envoie la *ménagère* faire son emplette à la *Pierre-au-Lait* (marché qui se tenait aux environs des rues de la Savonnerie, des Écrivains, de la Vieille-Monnaie) : « Prenez lait de vache bien frais, écrit-il, et dictes à celle qui le vous vendra qu'elle ne vous le baille point si elle y a mis eaue, car s'il n'est bien frais, ou qu'il y ait eaue, il tournera. »

Poissons et Coquillages. — Le poisson d'eau douce, beaucoup plus abondant autrefois qu'aujourd'hui, devait naturellement avoir de tous temps un rôle considérable dans la nourriture des populations qui se trouvaient établies sur les rives des lacs, des étangs et des cours d'eau, ou qui n'en étaient point trop éloignées pour le recevoir encore frais : mais il y eut nécessairement, selon les époques ou selon les contrées, bien des variations dans le goût des consommateurs et par conséquent dans l'estime qu'on attribuait à telle ou telle espèce de poisson. Ainsi Ausone, qui était originaire de Bor-

Fig. 100. — Le pêcheur d'étang. Fac-similé d'une gravure sur bois de la *Cosmographie universelle* de Munster, in-fol.; Bâle, 1549.

deaux, vantait outre mesure la chair délicate de la perche, et affirmait que l'alose, la tanche et le brochet devaient être abandonnés au bas peuple, opinion qui ne laissa pas d'être contredite singulièrement dans la suite, sinon par les compatriotes de ce poëte latin, au moins par les habitants des autres provinces de la Gaule. Grégoire de Tours fait le plus grand éloge des truites de Genève, et toutefois un temps vint où à la cour de France on leur préféra les truites d'Orchies en Flandres, et même celles du Lyonnais. Ainsi nous voyons au treizième siècle les barbeaux de Saint-Florentin tenus en grand honneur, tandis que deux siècles plus tard, pour désigner un homme inutile ou indifférent on disait de lui proverbialement : *Il ressemble au barbeau, qui n'est bon ni à rôtir ni à bouillir.*

Un recueil des *Proverbes* vulgaires, qui date de la fin du douzième siècle, mentionne parmi les poissons les plus recherchés, outre les barbeaux de Saint-Florentin que nous venons de citer, les anguilles du Maine, les brochets de Châlons, les lamproies de Nantes, les loches de Bar-sur-Seine, les pimperneaux d'Eure, les saumons de Loire, les truites d'Andeli, les vandoises d'Aise. Le *Ménagier* ajoute à cette nomenclature plusieurs autres poissons, savoir : ables, aloses, gardons, goujons, mais notamment la carpe, que l'on croit originaire de l'Europe méridionale, et qui n'aurait été naturalisée qu'assez tard dans les eaux douces du Nord (fig. 100, 102 et 103).

Les plus anciens documents témoignent que les riverains de l'Océan et de la Méditerranée se nourrissaient des mêmes poissons qu'aujourd'hui ; il faut pourtant adjoindre à ces poissons de mer quelques autres, qui ont disparu depuis, Dieu soit loué ! du nombre des aliments. Nos ancêtres n'étaient pas difficiles en fait de nourriture, ils avaient de bonnes dents, et leurs palais, accoutumés à ne trouver rien de trop coriace dans la chair du cormoran, de la grue et du héron, pouvaient bien aussi savourer avec délices la chair nauséabonde du chien de mer, du marsouin, et même de la baleine, qui fournissait alors d'immenses approvisionnements de salaison à tous les marchés de l'Europe.

Le commerce du poisson de mer salé ne commença guère pour Paris qu'au douzième siècle, lorsqu'on eut institué, ou plutôt rétabli, dans cette ville une compagnie de *marchands par eaue,* sur les bases de l'antique association des *nautes* parisiens qui avaient existé dès le berceau de Lutèce, la cité du commerce fluvial sous les Gaulois (fig. 101). Une des premières denrées que cette compagnie amena dans ses bateaux fut le hareng salé, qu'elle tirait des côtes de la Normandie. Il en est parlé dans les lettres patentes de Louis VII (1170). Ces harengs devinrent pour le carême un aliment essentiel.

<blockquote>Sor et blanc harenc frès pouldré (couvert de sel)!</blockquote>

allaient criant les revendeurs dans les rues de Paris, et il se faisait de cette marchandise une consommation permanente, dont on pourra, d'ailleurs, apprécier l'importance quand on saura que saint Louis donnait annuellement aux hôpitaux, aux léproseries et à divers monastères, près de soixante-dix mille harengs.

Les profits que les marchands de poissons tiraient de la vente du hareng salé étaient alors si considérables, que ce genre de commerce devint bientôt une profession spéciale; c'était, au reste, le système économique du moyen âge de spécialiser et de grouper en une seule communauté chaque sorte d'industrie. D'autres spéculateurs imaginèrent de faire venir à Paris la marée fraîche au moyen de relais de poste placés sur la route du charriage, et ils s'intitulèrent *forains*. On fit des règlements pour distinguer les droits

Fig. 101. — Autel votif des *Nautes* parisiens, hanse ou compagnie de la marchandise de l'eau, c'est-à-dire de la navigation commerciale de la Seine, élevé dans l'île de Lutèce, ou de la Cité, pendant le règne de Tibère. Les fragments de cet autel, découverts en 1711 sous le chœur de l'église de Notre-Dame, sont conservés au musée de Cluny et du palais des Thermes.

de chacune de ces deux catégories de marchands et pour prévenir les querelles de la concurrence. Dans ces règlements tout le poisson de mer était compris sous trois noms différents, le frais, le salé, et le *sor* (fumé). Quant aux espèces de poissons qui arrivaient alors aux halles de Paris, on les connaît par l'ordonnance même de Louis IX, qui divisa les marchands de poissons en deux classes : les *poissonniers* (débitants de poissons frais), et les *harengers* (débitants de poisson salé ou sor). On apportait des côtes de l'Océan, outre les harengs salés ou frais, une énorme quantité de maquereaux salés (dont la consommation égalait presque celle du hareng), des flets, des gourneaux, des raies, des merlans frais ou salés, et de la morue également fraîche ou salée.

Une pièce manuscrite du treizième siècle porte à cinquante environ le nombre des poissons qui avaient cours sur les marchés du royaume, et, un siècle plus tard, l'auteur du *Ménagier* donne des recettes de cuisine pour accommoder une quarantaine de ces poissons, parmi lesquels figure, sous le nom de *craspois*, la chair salée de la baleine, qu'on appelait aussi *le lard de quaresme;* cependant cette grosse salaison, envoyée des mers du Nord par tranches gigantesques, ne se consommait que dans le bas peuple, car, au dire d'un auteur du seizième siècle, fût-elle cuite et bouillie pendant vingt-quatre heures, elle restait toujours *fort dure et indigestible.*

Fig. 102. — Le pêcheur de rivière, dessiné et gravé au seizième siècle, par J. Amman.

Fig. 103. — Transport du poisson par eau et par terre. Fac-simile d'une gravure des *Ordonnances royaulx de la prévosté des marchands*, 1528.

Les *Proverbes* du treizième siècle, qui font connaître les poissons d'eau douce les plus estimés à cette époque, énumèrent aussi les poissons de mer qu'on préférait, avec leurs principales provenances : aloses de Bordeaux, congres de la Rochelle, esturgeons de Blaye, harengs de Fécamp, sèches de Coutances. Plus tard on rejeta le congre, qu'on accusait de donner la lèpre. Le turbot, la dorade, la raie, la sole, qui coûtaient fort cher, étaient réservés pour la table des riches. Les artisans faisaient leur régal de la vive. On apportait déjà beaucoup la petite écrevisse de mer, ou *salicoque*, à ce point qu'en certains pays on l'avait surnommée *santé*, parce que les médecins en conseillaient l'usage aux convalescents et aux phthisiques ; mais, en revanche, l'écrevisse d'eau douce n'était guère recherchée, même aux quinzième et seizième siècles, que pour ses œufs, qu'on apprêtait avec force épices. On sait que la grenouille des étangs fut l'aliment favori des Gaulois et des Francs ; on ne cessa jamais d'en manger dans les campagnes, mais elle se montrait parfois soigneusement accommodée à la sauce *verde,* sur les meilleures tables, où l'on voyait paraître aussi, surtout en carême, des pyramides d'escargots, et l'on était si friand de ces escargots de vigne dans certaines contrées, que les grands seigneurs et les bourgeois avaient des *escargotières* ou parcs aux escargots, comme on fit des parcs aux huîtres.

Les habitants des rivages maritimes mangèrent de tous temps diverses espèces de coquillages, qu'on nomme en Italie *frutti di mare* (fruits de la mer) ; mais ce n'est que vers le douzième siècle qu'on eut l'idée de faire venir des huîtres à Paris ; les moules n'y furent connues que bien plus tard. On sait qu'Henri IV était grand mangeur d'huîtres. Sully raconte que quand il fut nommé duc et pair, le roi vint, sans être attendu, prendre place à son repas de réception, mais comme on tardait trop à se mettre à table, il commença par manger des *huîtres de chasse,* qu'il trouva très-fraîches. »

Par *huîtres de chasse* il faut entendre celles qui venaient par les *chasse-marées,* voituriers qui transportaient à grande vitesse la marée fraîche, des bords de l'Océan à Paris.

Boissons. — La bière est non-seulement une des plus anciennes boissons fermentées qui furent en usage parmi les hommes, mais encore celle peut-être qui eut le plus de vogue en Europe au moyen âge. Si l'on s'en réfère aux relations des géographes grecs, les Gaulois, comme déjà les Égyptiens, qui attribuaient la découverte de cette boisson rafraîchissante à leur dieu Osiris, avaient deux sortes de bières : l'une appelée *zythus,* faite avec du miel et réservée aux riches ; l'autre, dans laquelle il n'entrait point de miel, nommée *corma* et destinée au peuple. Mais Pline avance que la bière, en langue gauloise, se nommait *cerevisia,* et le grain qu'on employait pour la fabriquer *brasce.* Ce dernier témoignage est d'autant plus digne de foi, que de *brasse* on a fait *brasseur,* et de *cerevisia, cervoise,* nom générique sous lequel la bière fut connue pendant des siècles, et qu'elle portait encore il n'y a pas bien longtemps.

Quand, à la suite d'une grande disette, pour rendre les terres à la culture du blé, Domitien ordonna d'arracher toutes les vignes dans les Gaules, cette mesure rigoureuse dut y rendre plus générale la fabrication de la bière, et, bien que deux siècles plus tard Probus permît de replanter les vignes, l'usage des boissons de grains se maintint d'abord par habitude; mais il arriva que par la suite, pendant que le bon peuple ne buvait encore que de la cervoise, les gens qui avaient le moyen d'acheter du vin se remirent à en boire alternativement avec de la bière.

Toutefois, à mesure que les vignes se multipliaient dans les provinces où la culture en était possible, l'usage de la bière, qui persista par la force des choses dans les régions du nord (fig. 104), où la vigne n'est pas cultivée, diminua peu à peu et finit même par disparaître presque entièrement dans celles du midi et dans la Gaule centrale, le vin étant devenu assez commun pour que tout le monde pût en boire.

Au temps de Charlemagne, par exemple, on voit encore le prévoyant empereur ordonner qu'à chacune de ses métairies soient attachés des artisans qui sachent fabriquer de la bière; partout les *manses* (demeures) monastiques possédaient des appareils pour la fabrication de cette boisson, d'un usage presque général; mais déjà sous le règne de saint Louis Paris ne compte plus que quelques brasseurs, qui, en dépit des priviléges accordés régulièrement à leur corporation, sont bientôt obligés de quitter la capitale, où les produits de leur industrie ne trouvaient plus d'encouragement. On ne les vit reparaître qu'en 1428, probablement par suite des relations politiques et commerciales qui s'étaient établies entre Paris et les riches cités de la bourgeoisie flamande, et alors, soit cherté du vin, soit caprice de la mode, la consommation de la bière redevint si générale en France que, selon le *Journal d'un bourgeois de Paris,* elle produisit en droits perçus pour le roi deux tiers de plus que le vin. Notons cependant qu'en temps de disette on n'hésitait pas à en restreindre la fabrication, et même à l'interdire tout à fait (comme dans les années 1415 et 1482), à cause de la fâcheuse dilapidation des grains qu'elle enlevait à la nourriture du peuple (fig. 105).

Sous les Romains la véritable cervoise se faisait avec de l'orge; mais dans la suite on y employa indifféremment toute espèce de grains, et ce ne fut guère que vers la fin du seizième siècle qu'on eut l'idée d'ajouter à l'orge, à l'avoine ou au froment, qui formaient le principe de cette boisson, la fleur ou la semence de houblon.

Le *Livre des métiers* d'Estienne Boileau, rédigé au treizième siècle, nous apprend qu'on connaissait alors, outre la cervoise, une autre bière, appelée *godale :* ce nom, autant qu'on peut le supposer, dériverait des deux mots allemands *god ael,* qui signifient *bonne bière* et indiquent qu'il s'agit d'une bière plus forte que la cervoise ordinaire; interprétation qui, du reste, semble justifiée par cela que les Picards et les Flamands donnèrent à cette même boisson le nom de *bière double.* En tous cas, c'est du mot *godale* que s'est formée sans doute la locution familière *godailler.*

Fig. 104. — Les grands buveurs du Nord. Fac-similé d'une gravure sur bois des *Histoires des pays septentrionaux,* par Olaus Magnus, in-16 ; Anvers, 1560.

D'ailleurs, il n'est guère de mixtions et d'ingrédients hétérogènes que la bière ne supportât dans sa fabrication, selon les époques ou les pays. Quand, au retour des croisades, l'emploi des épices fut devenu de mode, on ne manqua pas d'en saturer les boissons aussi bien que les mets. On jeta donc dans la bière du piment, du genièvre, de la poix-résine, des pommes, des miettes de pain, de la sauge, de la lavande, de la gentiane, de la cannelle, du laurier. Les Anglais la sucrèrent; en Allemagne on trouva préférable de la saler. On alla jusqu'à y faire infuser de l'ivraie, au risque de la rendre insalubre.

Ces divers mélanges avaient pour but, on le comprend, d'obtenir des bières de haut goût, lesquelles vinrent tellement en faveur, que, pour caractériser le peu de mérite des personnes et le peu de valeur des choses, on ne trouvait rien de mieux que de les comparer dédaigneusement à la *petite bière.* Et pourtant il ne laissait pas de se trouver encore quelques palais plus délicats, ou moins blasés, pour apprécier les bières édulcorées avec du miel, ou simplement parfumées avec de l'ambre ou la framboise. Peut-être aussi ne faut-il voir dans ces compositions liquoreuses que des espèces de mixtures où la bière, boisson due à la fermentation du grain, se confondait avec l'hydromel, boisson due à la fermentation du miel, l'une et l'autre de ces deux boissons primitives pouvant invoquer une égale origine, qui se perd dans la nuit des temps, et n'ayant jamais cessé d'être en usage simultanément chez tous les peuples du monde, puisqu'on les trouve mentionnées dans les plus anciens

Fig. 105. — Le brasseur, dessiné et gravé au seizième siècle, par J. Ammon.

textes historiques, dans la Bible, dans l'*Edda* et dans les livres sacrés de l'Inde. Au treizième siècle, l'hydromel, qui portait le nom de *borgérafre*, *bogéraste* ou *bochet*, était composé d'une partie de miel sur douze parties d'eau, qu'on aromatisait avec quelques herbes odorantes, et qu'on faisait fermenter pendant un mois ou six semaines. Cette boisson, que les coutumes et statuts de l'ordre de Cluny qualifient de *potus dulcissimus* (breuvage très-doux), et qui devait flatter à la fois les sens du goût et de l'odorat, constituait particulièrement le régal des moines, qui en faisaient leurs délices aux grandes fêtes de l'église.

On fabriquait, en outre, une piquette de *bochet*, à l'usage des *mesgnies* (gens du peuple) et des paysans, avec les gâteaux de cire extraits des ruches, et dont on avait exprimé le miel, ou avec l'écume du véritable bochet, qu'on faisait bouillir dans un certain volume d'eau.

Le cidre, en latin *sicera,* et le poiré, peuvent aussi se targuer tous deux d'une grande ancienneté, puisqu'il en est question dans Pline. Il ne paraît pas, cependant, que les Gaulois les aient connus : la première trace historique qu'on en trouve est dans un repas que Thierry II, roi de Bourgogne

Fig. 106. — Les vendangeurs, d'après une miniature des *Dialogues de saint Grégoire* (treizième siècle). Manuscrit de la bibl. royale de Bruxelles.

et d'Orléans (596-613), fils de Childebert et petit-fils de la reine Brunehaut, fit servir à saint Colomban, repas où le cidre et le vin figurèrent ensemble. Dès le treizième siècle, un poëte latin (Guillaume le Breton) dit que les habitants du pays d'Auge en Normandie faisaient du cidre leur breuvage ordinaire, mais il faut croire que l'usage de cette boisson était resté en quelque sorte particulier aux régions qui la produisaient ; car, outre que le *Ménagier de Paris* cite très-brièvement le *breuvage de pommes,* nous savons qu'au quinzième siècle les Parisiens se bornaient encore à verser de l'eau sur les pommes qu'on faisait ainsi macérer pour en extraire une boisson aigre-douce, dite *dépense.* Et, d'ailleurs, Paulmier de Grandmesnil, Normand de naissance et célèbre médecin, auteur d'un traité latin sur le vin et le cidre (1588), assure qu'un demi-siècle avant lui le cidre était encore assez rare à Rouen, et que dans tout le pays de Caux le peuple ne buvait que de la bière. Duperron ajoute que les Normands tiraient même du cidre de la Biscaye, quand leur récolte de pommes était mauvaise.

On a longtemps discuté, à l'aide des anciens textes, sur ce point de savoir par qui et à quelle époque la vigne fut naturalisée dans les Gaules, et, en dépit des plus judicieux commentaires, force a été de considérer cette question comme à peu près insoluble. L'opinion la plus plausible est celle qui veut que la culture de la vigne ait été d'abord pratiquée sur le sol gaulois par la colonie phocéenne, fondatrice de Marseille, et se soit répandue de proche en proche sur toute l'étendue du territoire, jusqu'aux régions où le climat ne convient plus à cette culture.

Toujours est-il que Pline signale comme fort estimés plusieurs vins des Gaules. Il reproche cependant aux vignerons de Marseille, de Béziers, de Narbonne, de travailler leurs vins, de les *fumer* et d'y faire infuser diverses drogues, qui les rendaient désagréables et même nuisibles (fig. 106). Mais Dioscoride approuve néanmoins le procédé employé par les Allobroges, qui mêlaient de la résine à leurs vins pour les conserver et les empêcher de s'aigrir, la température de leur contrée n'étant pas assez chaude pour mûrir convenablement le raisin qu'ils y récoltaient.

Arrachées par ordre de Domitien en l'an 92, comme nous l'avons déjà dit plus haut, les vignes ne reparurent en Gaule que sous Probus, qui révoqua l'édit impérial de son prédécesseur, en 282; les vins gaulois eurent bientôt recouvré leur ancienne célébrité. Sous la domination des Francs, qui tenaient le vin en grande estime, la propriété vignoble fut une de celles que les lois barbares protégèrent avec le plus de sollicitude. On trouve dans le Code des Saliens et dans celui des Visigoths des peines très-sévères édictées contre celui qui se permettrait seulement d'arracher un cep ou de voler une grappe de raisin. La culture de la vigne devint générale, et les rois eux-mêmes en plantèrent jusque dans l'enclos de leurs palais de la Cité. En 1160 il y avait encore dans Paris, auprès du Louvre, un vignoble assez étendu pour que Louis VII pût assigner, sur la vendange annuelle de ce clos, six muids de vin au curé de Saint-Nicolas. Philippe-Auguste possédait une vingtaine de grands vignobles d'excellent cru sur les divers points de son royaume.

La culture de la vigne ayant pris un semblable développement, le commerce des vins acquit en France une importance énorme. La Gascogne, l'Aunis et la Saintonge envoyèrent leurs vins dans les Flandres; la Guyenne transportait les siens en Angleterre. Froissart rapporte qu'en 1372 on vit arriver de Londres à Bordeaux « toutes d'une flotte, bien deux cents voiles, et nefs de marchands qui allaient aux vins ». Peu s'en fallut cependant que

Fig. 107. — Intérieur d'une hôtellerie. Fac-simile d'une gravure sur bois du *Virgile* publié à Lyon, en 1517.

ce commerce florissant ne reçût la plus grave atteinte au seizième siècle, car une affreuse disette ayant désolé la France en 1566, Charles IX ne craignit pas de rappeler le triste souvenir de Domitien, et ordonna d'arracher presque toutes les vignes pour les remplacer par la culture des céréales; mais Henri III ne tarda pas à modifier cette sauvage prescription en recommandant seulement aux gouverneurs de provinces de veiller à ce que « sur leurs territoires les labours ne fussent délaissés pour faire plants excessifs de vignes ».

Bien que la profession de marchand de vin soit une des plus anciennes établies à Paris, il ne s'ensuit pas que la vente du vin en détail ait été tout d'abord exclusivement exercée par des marchands spéciaux. Pendant très-longtemps, au contraire, tout propriétaire de vignoble débitait son vin *à pot,* lorsqu'il n'avait pu le vendre en tonne. Un balai, une couronne de lierre ou quelque autre enseigne du même genre, suspendue au-dessus d'une porte, indiquait à tout venant qu'il y avait là du vin à vendre, ou à boire. Quand les vignerons ne faisaient pas annoncer dans la ville ou le village, par un crieur public, le produit de leur vendange, la qualité et le prix de ce vin, il leur arrivait de placer devant l'*huis* du cellier un homme qui engageait les passants à entrer, pour goûter le vin nouveau. D'autres propriétaires, au lieu de *vendre à pot,* établissaient dans quelque salle de leur maison une taverne, où ils donnaient à boire (fig. 107). Les monastères, qui récoltaient beaucoup de vin, et qui n'en consommaient qu'une partie, ne manquèrent pas d'ouvrir des tavernes de cette espèce, et ce moyen de débiter sur place le vin récolté dans un vignoble fut mis en pratique non-seulement par les plus grands seigneurs, mais par le roi lui-même, avec cet avantage, pour celui-ci ou pour ceux-là, que pendant qu'ils tenaient ainsi taverne ouverte tous les autres taverniers du pays devaient s'abstenir de vendre concurremment avec eux. Ce privilège exorbitant, qui s'appela *droit de ban vin,* était encore en vigueur au dix-septième siècle.

Saint Louis donna des statuts aux marchands de vin, en 1264; mais ce ne fut que trois siècles plus tard que ceux-ci formèrent une communauté, divisée en quatre classes: hôteliers, cabaretiers, taverniers et marchands de vin à pot. Les hôteliers, nommés également aubergistes, hébergeaient les voyageurs et logeaient chevaux et voitures. Les marchands à pot vendaient du vin, sans qu'on pût le boire chez eux. Il y avait ordinairement à leur porte une sorte de guichet, par lequel le client passait vide le pot qu'on lui rendait plein: d'où l'expression, encore usitée au dix-huitième siècle, *vente à huis coupé.* Les cabaretiers donnaient à boire chez eux avec *nappe* et *assiette,* c'est-à-dire qu'on pouvait en même temps y manger. Enfin, les taverniers vendaient du vin (fig. 108 et 109) à consommer dans leur maison, mais sans qu'ils eussent le droit de fournir ni pain ni chair aux buveurs dans les cabarets.

Les vins de France les plus recherchés, du neuvième au treizième siècle, étaient ceux de Mâcon, de Cahors, de Reims, de Choisy, de Montargis, de la rivière de Marne, de Meulan et de l'Orléanais. Parmi ces derniers il en était un que le roi Henri Ier appréciait, au point d'en avoir toujours une provision, *pour animer son courage*, quand il allait à l'armée. Le fabliau de la *Bataille des vins*, composé au treizième siècle par Henri d'Andelys, énumère une quantité de vins, dont la plupart ont gardé jusqu'à nos jours leur vieille renommée : tels que ceux de Beaune, en Bourgogne; de Saint-Émilion, en Guyenne; de Châblis, d'Épernay, de Sézanne, en Champagne, etc. Mais il place au premier rang, avec juste raison, selon le

Fig. 108. — Bannière de la corporation des cabaretiers de Montmédy.

Fig. 109. — Bannière de la corporation des cabaretiers de Tonnerre.

goût du temps, le saint-pourçain d'Auvergne, qui était alors un vin aussi cher qu'estimé. Un autre ancien poëte français, pour donner l'idée du luxe d'un parvenu, dit que cet homme ne buvait que du saint-pourçain, et dans un poëme composé en 1332 par Jean Bruyant, notaire au Châtelet de Paris, il est question

> du saint-pourçain
> Que l'en met en son sein pour sain.

Vers 1400 les vignes d'Aï devinrent pour la Champagne ce que les vignes de Beaune étaient pour la Bourgogne; aussi, suivant le témoignage du docte Paulmier de Grandmesnil, voyons-nous bientôt les rois et les reines faire du *champenois* leur boisson favorite; et les traditions veulent que François Ier, Charles-Quint, Henri VIII et le pape Léon X aient possédé en même temps des vignobles en Champagne. Le vin de Bourgogne n'était pas méprisé, ce vin franc et généreux, en l'honneur ou plutôt en reconnaissance duquel Érasme s'écriait : « Heureuse province ! elle peut bien à juste titre s'appeler la mère des hommes, puisqu'elle porte un pareil lait. » Et pourtant le médecin Paulmier, que nous venons de citer tout à l'heure, préfère au vin de Bourgogne, sinon peut-être sous le rapport de la saveur, mais du moins en raison de leurs qualités salutaires, les vins de l'*Ile-de-France*, ou *vins français*, qui conviennent, dit-il, aux savants, aux convalescents, aux bourgeois et à toutes autres personnes qui ne se livrent point au travail manuel ; car ils n'ont pas l'inconvénient de dessécher le sang comme ceux de Gascogne, de porter à la tête comme ceux d'Orléans et de Château-Thierry, ni de causer des obstructions comme ceux de Bordeaux. C'est, d'ailleurs, l'opinion de Baccius, qui dans son traité latin sur l'histoire naturelle des vins (1596), affirme que les vins des environs de Paris « ne le cèdent à ceux d'aucun canton du royaume ». Ces vins clairs et aigrelets, si estimés dans les premiers siècles de la monarchie et si déchus depuis longtemps, avaient commencé à perdre faveur dès le règne de François Ier, qui aimait et mit en vogue à la cour les crus forts et vigoureux du midi.

Le grand nombre d'excellents vins que possédait la France n'empêcha pas les Français de rechercher, en outre, les vins étrangers. Au treizième siècle le fabliau de la *Bataille des vins* vante ceux d'Aquila, d'Espagne et surtout le vin de Chypre. Un siècle plus tard, Eustache Deschamps fait l'éloge des vins du Rhin, du vin grec, du malvoisie et du grenache. Une ordonnance de Charles VI mentionne, en outre, le muscadet, la rosette et le vin de Lieppe. En général, le malvoisie qu'on buvait en France était une préparation artificielle, qui n'avait pas même la couleur et le goût du vin de Chypre. Olivier de Serres assure qu'on la faisait de son temps avec de l'eau, du miel, du jus d'orvale, de la lie de bière et de l'eau-de-vie. On appela, en principe, du même nom le vin naturel, cuit et épicé, que produisaient dans l'île de Madère les plants de vignes que les Portugais y avaient apportés, en 1420, de l'île de Chypre.

La réputation que ce vin avait acquise par toute l'Europe inspira au roi François Ier l'idée de faire venir des plants de vignes de la Grèce, et il en couvrit cinquante arpents, près de Fontainebleau. On prétend que cette culture réussit d'abord assez bien pour faire espérer, dit Olivier de Serres, que la France « pourrait désormais se fournir à elle-même la malvoisie et les vins grecs, qu'auparavant elle était obligée de tirer à grands frais d'outre-mer ». Mais il faut croire qu'on ne tarda pas à revenir de cette séduisante chimère, et qu'à défaut de vins muscats de provenance authentique, on retourna aux breuvages artificiels et notamment au *vin cuit,* qu'on avait de tous temps préparé très-habilement, en faisant réduire au feu le *moût* de vin dans lequel on jetait diverses plantes aromatiques.

On fabriquait beaucoup de vins dits *herbés*, qui n'étaient que des infu-

Fig. 110. — Bannière des tonneliers de Bayonne.

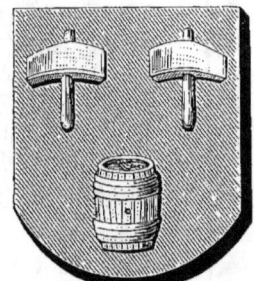

Fig. 111. — Bannière des tonneliers de la Rochelle.

sions d'absinthe, de myrte, d'anis, d'hysope, de romarin, etc., coupées de vin sucré ou assaisonnées de miel. Le plus célèbre entre ces breuvages portait le nom, quelque peu emphatique, de *nectar;* et ceux où il entrait force épiceries et aromates d'Asie, avec du miel, prenaient le nom général de *piments,* qui s'appliquait indifféremment au *clairet,* lequel avait pour principe quelque vin peu coloré, et à l'*hypocras,* souvent fabriqué avec des vins de liqueur étrangers : cet *hypocras,* qui joue un si grand rôle dans les romans de chevalerie, était devenu une véritable boisson d'honneur qu'on offrait aux rois, aux princes, aux grands seigneurs, à leur entrée solennelle dans une ville.

Le nom de *vin* fut encore donné à des liqueurs composées du suc de certains fruits, et dans lesquelles le raisin n'entrait en aucune façon. Telles étaient les vins de cerises, de groseilles, de framboises, de grenades, et le *moré,* fait avec des mûres, si vanté par nos poëtes du treizième siècle. Il convient de mentionner aussi les *dépenses* ou piquettes, qui se faisaient en versant de l'eau sur le marc de vendange, ou sur des prunelles ; les *buvrages* d'avelines, de lait d'amandes, les sirops d'abricots, de fraises, les eaux de merises, de framboises, boissons rafraîchissantes, qui se buvaient principalement en été ; enfin, la *tisane* que vendaient les confiseurs de Paris et qu'ils composaient à froid ou à chaud avec de l'orge mondé, des raisins secs, des pruneaux, des dattes, des jujubes et de la racine douce (réglisse). Cette tisane peut être considérée comme l'origine de celle que les marchands de

Fig. 112. — Le sommelier en fonctions. Fac-simile d'une gravure sur bois de la *Cosmographie universelle* de Munster, in-fol. ; Bâle, 1549.

coco vendent encore au peuple, à un sou le verre, et qui ne s'est pas, à coup sûr, améliorée depuis le bon vieux temps.

C'est vers le treizième siècle que l'eau-de-vie fut connue en France, mais il ne paraît pas qu'on l'ait admise comme liqueur avant le seizième. Le célèbre médecin Arnauld de Villeneuve, qui écrivait à la fin du treizième siècle (et à qui l'on a faussement attribué l'invention de l'eau-de-vie, qu'un médecin de Florence employait antérieurement dans ses remèdes), s'exprime ainsi : « Qui le croirait, que du vin l'on pût tirer une liqueur qui n'a ni sa nature, ni sa couleur, ni ses effets ?... Cette *eau-de-vin* est appelée par quelques-uns *eau-de-vie ;* et ce nom lui convient, puisqu'elle fait vivre plus longtemps... Elle prolonge la santé, dissipe les humeurs superflues, ranime le cœur et *conserve la jeunesse*. Seule ou réunie avec quelque autre remède convenable, elle guérit la colique, l'hydropisie, la paralysie, la fièvre quarte, la pierre, etc. »

A une époque où tant de médecins et d'alchimistes, savants sans critique ou esprits ambitieux, faisaient leur principale préoccupation de trouver ce merveilleux *or potable*, qui devait affranchir le genre humain de toutes ses infirmités originelles, la découverte d'un pareil élixir ne pouvait manquer d'attirer l'attention des fabricateurs de panacées. Aussi l'eau-de-vie se produisit-elle dans le monde en premier lieu sous le nom d'*eau d'or* (*aqua auri*), qui la faisait participer d'un principe minéral, auquel, en réalité, elle restait absolument étrangère, puisque c'était tout simplement en y infusant des épices qu'on lui donnait sa belle couleur d'or. Plus tard, et sans doute lorsque son crédit médicinal commençait à baisser, on *pailleta* l'eau-de-vie avec des parcelles d'or véritable en feuilles; mais en même temps qu'elle cessait d'être exclusivement considérée comme un remède, l'usage s'en généralisait comme boisson de dessert, et on l'employait dans la distillerie, notamment comme base de diverses liqueurs excitantes et fortifiantes, qui pour la plupart sont venues jusqu'à nous, les unes sortant des couvents, les autres des châteaux et des bonnes maisons où elles avaient été d'abord fabriquées.

CUISINE.

Soupes, Potages, Bouillies, Pates, etc. — Le mot *potage* a dû primitivement signifier une soupe composée de légumes et d'herbes potagères; mais dès les temps les plus reculés il fut appliqué aux soupes en général.

Comme les Gaulois, au rapport d'Athénée, mangeaient ordinairement leurs viandes bouillies, on doit présumer qu'ils faisaient des soupes avec le bouillon de ces viandes. Un jour où Grégoire de Tours s'asseyait à la table du roi Chilpéric, celui-ci lui offrit un potage succulent, fait, à son intention, avec de la volaille. Les poésies des douzième et treizième siècles mentionnent des potages à la purée, au lard, aux légumes et au gruau. Dans nos provinces méridionales, on avait des potages aux amandes et à l'huile d'olive. Quand du Guesclin alla combattre, en combat singulier, le chevalier anglais Guillaume de Blancbourg, il mangea auparavant trois soupes au vin, *en l'honneur des trois personnes de la sainte Trinité.*

Si nous ouvrons le *Ménagier,* nous trouvons dans la longue liste de potages *communs* dont il donne la recette : « le potage de pois vielx (vieux) à l'eaue de lart, » ou, en carême, « à l'eaue de craspois (baleine salée); » le potage de cresson; le potage « aux choulx, *férus* (touchés) de la gelée; » la soupe au fromage, et la *gramose,* qui était préparée avec la desserte des viandes qu'on faisait bouillir longtemps dans l'eau grasse où la viande avait été déjà cuite, c'est-à-dire dans le premier bouillon, et à laquelle on ajoutait

Fig. 113. — Intérieur d'une cuisine au seizième siècle. Fac-simile d'une gravure sur bois du *Calendarium romanum,* de Jean Stæfller, in-fol.; Tubingue, 1518.

des œufs battus et du verjus; enfin, la *souppe despourvue,* qui était celle que dans les hôtelleries on faisait *en haste,* pour les voyageurs inattendus; sorte d'olla podrida, dont la composition devait être subordonnée au plus ou moins de ressources que renfermait le garde-manger de la maison. Il faut en conclure que dès ce temps-là le peuple regardait la soupe chaude comme la base indispensable de son alimentation, et que chacun mangeait au moins deux soupes par jour, comme le disait ce vieux proverbe :

> Soupe le soir, soupe le matin,
> C'est l'ordinaire du bon chrétien.

Aussi la batterie de cuisine à cette époque se composait-elle de toute une armée étincelante de chaudrons (fig. 114), de casseroles, de marmites et de vaisseaux en cuivre rouge ou jaune, qui suffisaient à peine à cette multitude de soupes succulentes que la France était fière d'avoir inventées. De là le vieux proverbe : « En France sont les grands soupiers. »

NOURRITURE ET CUISINE. 167

Mais à côté, ou plutôt bien au-dessus de ces soupes, d'ailleurs qualifiées *communes et sans espices,* apparaissent, sous le nom générique de *potages,* une foule de mets, qui formaient le luxe principal des grandes tables du quatorzième siècle, et qui ne justifient en aucune façon la dénomination sous laquelle nous les voyons rangées. Ce sont, par exemple : « Hericat de mouton, brouet de chapon, veel (veau) aux herbes, bouly (bouilli) lardé de veau, de

Fig. 114. — Le chaudronnier, dessiné et gravé, au seizième siècle, par J. Amman.

chevrel ou de cerf, sanglier frais, fressure de pourcel (porc), civé (civet) de lièvre ou de connins (lapins), cretonnée de pois nouveaux, » etc.

Non-seulement la plupart de ces potages étaient des mets très-compliqués, très-coûteux, très-recherchés, mais encore on en servait plusieurs à la fois, qui, pour le plaisir des yeux aussi bien que du goût, étaient ordinairement variés en couleurs, assaisonnés au sucre, parsemés de graines de grenade, ou d'herbes aromatiques, telles que marjolaine, sauge, thym, basilic, sarriette, etc.

Ces « soupes saupoudrées » étaient de véritables friandises et tenaient lieu d'entremets. Nous n'en voulons pour preuve que la fameuse *soupe dorée,* dont Taillevent, maître queux, ou cuisinier, du roi Charles VII, donne ainsi la recette : « Griller des tranches de pain, les jeter dans un coulis fait avec du sucre, du vin blanc, des jaunes d'œufs et de l'eau-rose; quand elles sont bien imbibées, les frire, les jeter de nouveau dans l'eau-rose et les saupoudrer de sucre et de safran. »

Il est probable que l'on ferait encore aujourd'hui quelque cas de ce prétendu potage; mais nous doutons qu'on en puisse dire autant des soupes à la moutarde, au chènevis, au millet, au verjus, et d'une foule d'autres en grand honneur à la même époque; car on voit dans le livre de Rabelais que les Français étaient les plus grands mangeurs de soupes qui fussent au monde, et se vantaient d'en avoir inventé plus de soixante-dix espèces.

Nous avons déjà remarqué que les bouillons furent probablement en usage de toute ancienneté, car du jour où l'on fit bouillir les viandes ensemble on put reconnaître que l'eau dans laquelle la cuisson s'opérait lentement à l'aide d'un feu doux et continu était devenue, par ce seul fait, à la fois savoureuse et nutritive. « Au temps du grand roy François Ier, dit Noël du Fail, dans ses *Contes d'Eutrapel,* on mettoit encore en beaucoup de lieux le pot sur la table, sur laquelle y avoit seulement un grand plat garny de bœuf, mouton, veau et lard, et une grande brasse d'herbes cuites et composées ensemble, dont se faisoit un brouet, vray restaurant et elixir de vie, dont est venu le proverbe : *La soupe du grand pot et des friands le pot pourry.* »

A une certaine époque on imagina de composer, pour les personnes débilitées, des bouillons *restaurants,* dont les vertus devaient être quelque peu illusoires, puisqu'après avoir fait digérer par la coction, en vase clos et à un feu lent, tout ce qui pouvait constituer le plus excellent consommé, on se bornait à en recueillir l'*eau de distillation,* qu'on administrait comme devant produire un effet souverain. Un homme à qui la puissance du bon sens fit presque du génie, Bernard Palissy, ne manqua pas de s'élever contre cet usage ridicule : « Prends, dit-il, un chapon, une perdrix ou tout autre, et fais-le bien cuire, et tu trouveras en la décoction ou bouillon une grande odeur si tu l'odores, et une grande saveur si tu le goustes; tellement que tu jugeras que cela est bastant (suffisant) pour restaurer. Fais-le distiller au contraire, puis prends de l'eau et en gouste; et tu la trouveras insipide, sans goust ni odeur que du bruslé. Lors tu jugeras que ton restaurant n'est bon,

NOURRITURE ET CUISINE.

Fig. 115. — Ustensiles de cuisine et de table : 1. Tranchoir (seizième siècle). — 2. Calice ou coupe à couvercle (quatorzième siècle). — 3. Pot à deux anses, en cuivre (neuvième siècle). — 4. Coquemar en métal, ou pot d'étain, tiré de l'*Histoire de la Belle Hélaine* (quinzième siècle). — 5. Couteau (seizième siècle). — 6. Marmite à anses (quatorzième siècle). — 7. Bouilloire en cuivre, tirée de l'*Histoire de la Belle Hélaine* (quinzième siècle). — 8. Aiguière avec son support, à la mode orientale (neuvième siècle). — 9. Cruche sculptée dans la décoration de l'église Saint-Benoît à Paris (quinzième siècle). — 10. Chandelier à deux branches (seizième siècle). — 11. Chaudron (quinzième siècle).

et ne peut rendre bon suc, au corps débile à qui tu l'ordonnes, pour faire bon sang, pour restaurer ni fortifier les esprits de nature. »

Le goût pour les bouillies de farine a été autrefois très-répandu en France et en Europe ; il en est question à tout propos dans les chroniques ou annales des monastères, et l'on sait que les Normands, qui en faisaient leur principale alimentation, avaient été surnommés *bouilleux;* comme, dans l'antiquité, les Romains, qui jusqu'à l'époque de leurs guerres avec les nations orientales ignoraient l'art de faire le pain et consommaient leurs grains bouillis dans l'eau.

Au quatorzième siècle on faisait des bouillies et des potages avec de la farine de millet et de froment mélangés. La farine de froment pur était délayée avec du lait, assaisonnée avec du sucre, du safran, du miel, du vin

Fig. 116. — Intérieur de cuisine. Fac-simile d'une gravure en bois du *Calendarium romanum* de J. Stæffler, in-fol.; Tubingue, 1518.

doux ou des aromates, et l'on y ajoutait parfois du beurre, de la graisse, des jaunes d'œufs : ce fut même ainsi que naquit (car le pain des anciens ressemblait fort à des gâteaux) ou plutôt que se perfectionna l'art du pâtissier.

Le froment, réduit en gruau, joua longtemps, du reste, un rôle très-important dans la cuisine, en devenant le principe d'une préparation fameuse sous le nom de *fromentée*, laquelle n'était autre qu'une sorte de bouillie au lait, rendue *crémeuse* par une adjonction de jaunes d'œufs, et qui se servait comme *dessous* ou litière des viandes rôties ou des poissons, selon que les repas étaient gras ou maigres. Il y avait d'ailleurs plusieurs sortes de fromentées, toutes également estimées, et Taillevent recommandait cette recette, qui diffère de la précédente : « Premierement, feras cuire en eaue tondit froment; après le mettras dedans le just ou brouet de chair grasse, ou, si aymes mieulx, en lait d'amandes, et en ceste facon est potaige convenient en temps de jeusne, pour ce qu'il se resolvist tardement, c'est-à-dire est de tarde digestion et nourrist beaucoup. Semblablement se peut faire l'ordiat ou le potaige d'orge, et est plus louable, selon aulcuns, que n'est ladicte fromentée. »

Quant au vermicel, à la semoule, aux macaronis, etc., ces pâtes dites *d'Italie,* parce qu'elles en viennent originairement, sont plus anciennes en France qu'on ne le croit généralement, car elles y furent introduites à la suite de l'expédition de Charles VIII en Italie et de la conquête du royaume de Naples, c'est-à-dire sous le règne de Louis XII, dans les premières années du seizième siècle.

Fig. 117. — Bannière de la corporation des pâtissiers de Caen.

Fig. 118. — Bannière de la corporation des pâtissiers de Bordeaux.

Patés, Ragouts, Rôtis, Salades, etc. — La pâtisserie *grasse,* qui pourrait bien être une invention de notre cuisine indigène, fut en grand honneur chez nos ancêtres. Pendant que la confection des *pâtes* douces et friandes restait exclusivement confiée aux soins des bonnes et habiles ménagères de tout rang et de toute condition, la corporation des pâtissiers (ils n'eurent de statuts qu'au milieu du seizième siècle), à Paris et dans les provinces (fig. 117, 118 et 131), multipliait les différentes sortes de tartes et de pâtés de viande, chauds ou froids, qui étaient les ingénieux produits d'un art spécial, digne de rivaliser avec celui de la cuisine.

Une des premières recettes connues pour faire un pâté est due à Gaces de la Bigne, premier chapelain des rois Jean, Charles V et Charles VI. Elle se trouve dans son poëme sur la chasse, et mérite d'être citée textuellement à titre de document de la cuisine royale au quatorzième siècle; car on y verra que dès lors rien n'était épargné en pâtisserie comme en cuisine, et l'on ne regardait pas à la dépense pour satisfaire aux besoins de la gourmandise.

> Trois perdriaulx gros et reffais (gras)
> Ou (au) milieu du pasté me mets ;
> Mais gardes bien que tu ne failles
> A moy prendre six grosses cailles,
> De quoy tu les apuyeras.
> Et puis après tu me prendras
> Une douzaine d'alouètes
> Qu'environ les cailles me mettes,
> Et puis prendras de ces machés (mauvis ou grives)
> Et de ces petits oiselés :
> Selon ce que tu en auras,
> Le pasté m'en billeteras (garniras).
> Or te fault faire pourvéance (provision)
> D'un pou (peu) de lart, sans point de rance,
> Que tu tailleras comme dé :
> S'en sera le pasté pouldré.
> Si tu le veux de bonne guise,
> Du vertjus la grappe y soit mise,
> D'un bien poy (peu) de sel soit pouldré...
> ...Fay mettre des œufs en la paste
> Les croutes, un peu rudement
> Faictes de flour (fleurs) de pur froment...
> ...N'y mets espices ni fromaige...
> Ou (au) four bien à point chaud le met,
> Qui de cendre ait l'atre bien net ;
> Et quand sera bien à point cuit,
> Il n'est si bon mangier, ce cuit.

A dater de cette époque les traités de cuisine sont pleins de recettes du même genre pour faire « pastés de poucins (jeunes poulets), de venoison fresche, de veel (veau), d'anguilles, de bresmes et saumons, de lappereaux, de pigeons, d'oiselets, d'oies, de poules et de *narrois* (mélange de foie de morue et de poisson hachés), » sans oublier les *petits pâtés,* qui étaient faits avec du bœuf haché et des raisins secs, et que l'on colporta et cria dans les rues de Paris jusqu'au jour où le chancelier de l'Hospital en défendit la vente, sous prétexte qu'un pareil commerce favorisait d'un côté la gourmandise et de l'autre la paresse.

Les anciennes pâtisseries avaient reçu à cause de leur forme ronde le nom de *tourte* ou *tarte*, du latin *torta,* qui s'entendait d'une grosse miche de pain. Ce nom fut par la suite appliqué exclusivement aux pâtés chauds, qu'ils continssent des légumes, de la viande ou du poisson. Mais vers la fin

Fig. 119. — Intérieur de cuisine italienne. Fac-similé d'une gravure sur bois du livre de cuisine de Christ. di Messisburgo, *Banchetti compositioni di vivende*, in-4; Ferrare, 1549.

du quatorzième siècle on appela *tourte* ou *tarte* la pâtisserie renfermant du laitage, des herbes, des fruits ou des confitures, et *pâté* celle qui enveloppait une chair quelconque, viande de boucherie, porc, gibier ou poisson.

Ce fut dans le courant du seizième siècle seulement que le nom de *potage* cessa d'être attribué aux *ragoûts*, dont le nombre égalait encore la variété, puisque sur l'*écriteau* (la carte) d'un banquet de cette époque nous voyons plus de cinquante espèces de potages différents. La plupart de ces mets ont disparu de nos livres de cuisine, qui ont eu aussi leurs modes et leurs révolutions; mais il est deux ragoûts qui furent populaires pendant plusieurs siècles et dont les noms sont restés célèbres, quoiqu'ils ne représentent plus exactement ce qu'ils signifiaient autrefois : le *pot-pourri*, qui était un composé de veau, de bœuf, de mouton, de lard et de légumes, et la *galimafrée*, fricassée de volaille, arrosée de verjus, relevée par des épices, et liée par une sauce *cameline*, composée de vinaigre, de mie de pain, de cannelle, de gingembre, etc. (fig. 119).

La plus grande préoccupation des cuisiniers de l'école de Taillevent, c'était de faire en sorte que les plats qu'ils servaient sur les tables ne plussent pas moins à la vue qu'au goût. On pourrait dire que ces *maîtres queux* étaient de véritables imagiers, sculpteurs et peintres à la fois, tant ils s'efforçaient de décorer leurs œuvres, et le plus souvent se proposaient pour but de surprendre ou de divertir leurs convives, en leur dissimulant la nature réelle des ragoûts. Froissart, parlant d'un repas donné de son temps, dit qu'il y avait grande abondance de « metz si estranges et si deguisez, qu'on ne les pouvoit deviser (décrire) ». Par exemple, la carte ou le menu de festin, que nous citions tout à l'heure, mentionne *un lion* et *un soleil* de *blanc chapon*, une *gelée déchiquetée*, une autre *en pointes de diamants*, et comme si le but de la cuisine dût être de déguiser les aliments et de tromper les gourmands, Taillevent nous donne des recettes pour faire du *beurre frit* ou *rôti* et des *œufs à la broche*.

Les rôtis n'étaient pas moins abondants que les ragoûts. Un traité du quatorzième siècle en indique une trentaine, parfaitement distincts, à commencer par l'*allouyau de bœuf*, qui devait être un des plus ordinaires, pour finir par le *cigne revestu en sa pel à toute plume*, qui constituait, si l'on peut ainsi dire, un véritable trophée épulaire, puisqu'il ne s'agissait de rien moins que d'arriver à présenter aux yeux des convives émerveillés, après cuisson convenable, le volumineux volatile, posé comme s'il était vivant et nageant, le bec doré, le corps argenté, sur une *terrasse de paste bise*, peinte en vert pour imiter un *pré herbu*, avec huit bannières de soie *armoyées*, plantées autour, et un manteau de même étoffe, pareillement armoyée, servant de tapis à la terrasse qui dominait tout le service de la table.

Le paon, aussi estimé alors qu'il l'est peu aujourd'hui, donnait lieu à un appareil analogue, et il n'était apporté sur la nappe qu'aux sons des fanfares et aux applaudissements des assistants. La préparation des autres rôtis à la broche se rapprochait, par sa simplicité, des méthodes actuelles, avec cette différence que s'il s'agissait de viandes *fortes*, on les faisait préalablement bouillir pour les attendrir, et qu'aucun rôti n'était livré aux mains habiles de

Fig. 120. — Repas de chasse. Fac-similé d'une miniature du manuscrit du *Livre du roy Modus*. (Bibliothèque nationale de Paris.)

l'écuyer tranchant avant d'avoir été abondamment imbibé de jus d'orange, d'eau rose, et couvert de sucre et d'épices en poudre.

N'oublions pas les *grillades* ou *carbonées*, rôtis élémentaires dont on attribue l'invention aux chasseurs, et que Rabelais introduit sans cesse, comme *aiguillons du vin* ou irrésistibles excitants pour la soif, dans les festins pantagruéliques de ses voraces héros (fig. 120).

La tradition qui veut que les salades succèdent aux rôtis était déjà établie au quinzième siècle; toutefois une salade, quelle qu'elle fût, ne se présentait jamais dans son état naturel et sans accessoire étranger, car, outre les herbes crues, assaisonnées selon la formule encore usitée de nos jours, elle comprenait divers mélanges composés, soit de légumes cuits, soit de pattes, crêtes, foies ou cervelles de volaille. Après les salades on servait les poissons, tantôt frits, tantôt hachés avec des œufs et réduits en espèce de farce nommée *carpée* ou *charpie*, et très-souvent bouillis dans l'eau ou dans le vin, avec un fort assaisonnement. A côté des salades figuraient d'ordinaire quelques plats d'œufs, lesquels s'accommodaient de bien des manières, qui sont la plupart encore en usage ou du moins connues : œufs brouillés, œufs pochés, œufs coupés (tranches d'œufs durs dans une sauce bizarre), etc.

Fig. 121. — Boutique d'un épicier-droguiste, d'après une estampe de Vriese.
(Dix-septième siècle.)

Assaisonnements. — Le goût des épices se répandit en Europe, nous l'avons déjà dit, à la suite des croisades, et on a pu voir, dans maint passage de cette rapide esquisse historique consacrée à la nourriture des Français au moyen âge, jusqu'à quel point ce goût s'était généralisé en France (fig. 121). Ce fut là l'origine des nombreuses sauces toutes ou presque toutes piquantes qui accompagnaient d'ordinaire les viandes bouillies, rôties ou grillées. Quelques-unes de ces sauces, notamment la *jaune*, la *verte* et la *caméline*, devinrent même tellement indispensables en cuisine, que de nombreux industriels se mirent à les confectionner d'une manière spéciale dans leurs officines et à les *crier* dans les rues de Paris.

Ces crieurs de sauces s'appelèrent d'abord *saulciers*, puis *vinaigriers-moustardiers*, et quand Louis XII les réunit en corps de métier, comme leurs attributions s'étaient considérablement étendues, ils furent qualifiés *sauciers-moutardiers-vinaigriers, distillateurs en eau-de-vie et esprit-de-vin, et buffetiers*.

Mais bientôt la corporation se démembra, sans doute par la force des choses, et d'une part alors se touvèrent les distillateurs, et de l'autre les

Fig. 122. — Le cuisinier, dessiné et gravé, au seizième siècle, par J. Amman.

maîtres queux, cuisiniers ou *porte-chapes;* ce dernier nom leur étant donné parce que, quand ils portaient en ville les mets préparés dans leurs boutiques, ils les couvraient, pour les tenir chauds, d'une *chape* ou cloche en fer-blanc (fig. 122).

La liste des sauces usitées au quatorzième siècle, liste que donne le *Ménagier de Paris*, est fort compliquée; mais il ressort de l'examen des recettes que la diversité de ces préparations acides, destinées à aiguiser l'appétit et la soif, résultait principalement de la nature des épices qu'on y faisait entrer, et il n'est peut-être pas indifférent de noter à ce propos que le poivre, exclusivement fourni aujourd'hui par l'Amérique, était connu et généralement employé bien antérieurement aux voyages de Colomb, puisqu'il est déjà mentionné dans un écrit du temps de Clotaire III (660). C'était donc de l'Orient que le poivre et les épices venaient en Europe, avant la découverte du Nouveau-Monde.

La moutarde, que nous avons vue figurer déjà dans beaucoup de mets, était dès le treizième siècle l'objet d'une culture et d'une fabrication spéciales dans les environs de Dijon et d'Angers.

Un adage populaire faisait de l'ail la *thériaque des paysans;* aussi les citadins, voulant participer à de pareils avantages, eurent-ils longtemps en estime particulière l'*aillée*, ou sauce à l'ail, qui se vendait, toute préparée, dans les rues de Paris.

Il faut aussi faire remonter à une époque très-lointaine l'usage des *anchois* comme assaisonnement ; de la *botargue* et du *cavial*, espèces de hors-d'œuvre qui ne sont que des œufs de poissons (mulet et esturgeons) convenablement salés, ou desséchés, avec des olives fraîches ou marinées, que la Provence et le Languedoc fournissaient aux classes moyennes, tandis que pour les grandes tables on les tirait d'Espagne et même de Syrie. C'était également au midi de la France que le reste du royaume demandait, comme de nos jours, les huiles d'olive, qui ont toujours eu la même renommée ; mais dès le douzième et treizième siècles il arrivait des provinces du centre à Paris beaucoup d'huile de noix, dont l'emploi, relativement économique, fut abandonné quand on s'avisa d'extraire l'huile du pavot ou *œillette*.

La *truffe*, connue et célébrée des anciens, avait disparu du répertoire gastronomique de nos pères. Ce fut seulement vers le quatorzième siècle qu'on la rechercha de nouveau, mais évidemment sans avoir encore l'intelligence des ressources culinaires qu'elle pouvait offrir, puisque, après l'avoir conservée dans le vinaigre, on la faisait dégorger dans l'eau chaude, pour la servir ensuite cuite dans du beurre. Mentionnons encore, en passant, les *morilles*, les *mousserons* et les *champignons* proprement dits, qui avaient déjà droit de cité dans la cuisine du moyen âge.

En vertu du vieux proverbe : « *Sucre n'a jamais gâté sauce* », on mettait du sucre dans toutes les sauces qui n'étaient pas piquantes, et le plus souvent on y ajoutait quelque eau parfumée, comme l'*eau rose*, laquelle se fabriquait à profusion, en exposant au soleil un bassin plein d'eau recouvert d'un autre bassin de verre, sous lequel se trouvait un petit vase disposé pour maintenir hors de l'eau une certaine quantité de pétales de rose. Cette *eau rose* se

Fig. 123. — *L'issue de table.* Fac-simile d'une gravure sur bois du traité de Christoforo di Messisbugo, *Banchetti, compositioni di vivende*, in-4; Ferrare, 1549.

mêlait à tous les ragoûts, à toutes les pâtisseries, à toutes les boissons. On n'a que des données fort équivoques sur l'époque où la cristallisation du sucre fut connue en Occident : toujours est-il qu'un compte de 1333, pour la maison du dauphin de Viennois, mentionne du *sucre blanc,* et que l'auteur du *Ménagier de Paris,* en cent endroits de son livre, parle aussi de ce *sucre blanc,* qui avant la découverte ou plutôt la colonisation de l'Amérique arrivait tout raffiné des îles de la Grèce, et surtout de Candie.

Le *vert-jus* ou *jus-vert* (l'expression est restée proverbiale), qui avec le vinaigre formait le principe essentiel des sauces piquantes, et qu'on extrait aujourd'hui d'une espèce de raisin vert, qui ne mûrit jamais, ne fut pas d'abord autre chose que du suc d'oseille; on en tirait un autre de la feuille du blé vert pilée. Quant au vinaigre, qui n'était dans l'origine, comme son nom l'indique, que du *vin aigri,* le procédé est fort ancien, qui consiste à le fabriquer par des moyens artificiels pour en rendre le goût plus franc, la qualité meilleure. Il va sans dire qu'on l'aromatisait en y infusant des herbes ou des fleurs, roses, sureau, giroflée, etc., mais ce ne fut guère qu'au seizième siècle qu'on commença de l'employer à confire des légumes, herbes ou fruits: cornichons, oignons, concombre, pourpier, etc.

Le sel, qui depuis les temps les plus reculés fut le condiment par excellence, et dont le commerce avait été libre jusqu'au quatorzième siècle, devint à partir de cette époque l'objet d'impôts accrus successivement: la perception de ces impôts causa plus d'une fois des désordres très-graves parmi le peuple, qui ne voyait pas sans un vif déplaisir les exigences de la *gabelle* élever de plus en plus le taux d'une denrée de première nécessité. Nous avons pu constater en effet qu'il fut des temps où le prix du sel était si exagéré, que les riches seuls pouvaient se permettre d'en mettre dans leur pain. Ainsi, à la fin du règne de François Ier, le sel coûtait aussi cher que les épices de l'Inde.

ENTREMETS, DORURES, DESSERTS, ETC. — Au quatorzième siècle les premiers services d'un repas s'appelaient *mets* ou *assiettes;* les derniers « entremès, doreures, desserte, issue de table et boute-hors ».

La *desserte,* que nous nommons *dessert,* consistait ordinairement en poires cuites, nèfles, noix pelées, figues, dattes, pêches, raisins, avelines, dragées blanches, dragées vermeilles.

L'*issue de table* comprenait des *gaufres* ou quelque autre pâtisserie légère, qu'on mangeait en buvant de l'hypocras. Le *boute-hors,* que l'on servait lorsque les convives, après s'être lavé les mains et avoir dit les *grâces,* passaient dans la *chambre de parement,* ou salon, se composait d'*espices* différentes de celles qui avaient paru au dessert, et destinées essentiellement à favoriser la digestion, car Dieu sait ce qu'on avait bu et mangé dans un repas qui durait plusieurs heures! En croquant ces espices dites *de chambre,* on buvait encore du Grenache, du Malvoisie, ou des vins aromatisés (fig. 123).

Ce n'était, il est vrai, que dans les banquets ou grands repas qu'on voyait paraître les *dorures* et les *entremets,* qui donnaient la mesure de l'imaginative du maître-queux et de son talent d'exécution.

Les *dorures* consistaient en gelées de toutes sortes, de toutes formes, de

Fig. 124. — Ordonnance de table chez un baron, au treizième siècle. Miniature de l'*Histoire de Saint-Graal*, manuscrit de la Bibliothèque nationale de Paris.

toutes couleurs ; en cygnes, paons, butors et hérons, qui, dans les festins d'apparat, étaient servis « à toutes plumes » sur une estrade élevée, au milieu de la table ; de là leur nom d'*entremés eslevés*. Quant aux *entremés* proprement dits, la longue liste qu'en a recueillie le *Ménagier de Paris* nous démontre qu'ils appartenaient indifféremment à toutes les classes de préparations culinaires, car les poussins farcis y succèdent au *marsouin à la sauce,* les pâtés d'alouettes aux andouilles de fressure d'agneau et de chevreau, et les beignets d'œufs de brochet aux « pommes d'orange ».

Plus tard le luxe de l'*entremets* consista dans la multiplicité et la diversité des *tourtes ;* Rabelais en fait paraître de seize espèces dans un seul repas ; Taillevent mentionne les tartes *couverte, jacopine, bourbonnaise, à deux visages,* aux poires, aux pommes ; Platina, les tartes *blanches* aux raves, au coing, aux fleurs de sureau, au riz, aux roses, aux châtaignes, etc. La vogue des tartes datait de loin d'ailleurs, car dans le livre des *Proverbes* du treizième siècle on voit que les *tartes de Dourlens* et les *flans de Chartres* jouissaient alors d'une grande célébrité.

Il est question de *gasteau en feuilles* ou *feuilleté* dans une charte de Robert de Bouillon, évêque d'Amiens, en 1311 ; ces gâteaux sont cependant moins anciens que les galettes de pâte ferme, dites *gâteaux à la fève*, ou *gâteaux des Rois*, qui depuis les premiers temps de la monarchie paraissaient sur toutes les tables, non-seulement le jour de l'Épiphanie, mais encore chaque fois qu'on se proposait de mettre en liesse les convives.

Parmi les pâtisseries *sèches* et sucrées, dites de petit four, qui figuraient dans l'*issue de table*, il faut citer au premier rang les *massepains*, gâteaux d'amandes, de noisettes, etc., morceaux de choix qui se payaient plus cher que le reste ; puis les *darioles* ou dariolettes, sortes de tartelettes au fromage ou à la crème ; les *petits choux*, où entraient du beurre et des œufs ; les *échaudés*, dont le peuple était très-friand, puisque saint Louis permit aux boulangers de les cuire, même dimanches et fêtes, pour les pauvres ; les gaufres, qui remontent aussi au-delà du treizième siècle ; enfin, les *oublies*, qui, sous les noms de *nieules*, d'*esterets* et de *supplications*, donnaient lieu à une fabrication si importante, qu'il put s'établir à Paris une corporation des *oublayeurs*, *oublayers*, *oublieux*, dont les statuts portaient que nul ne serait admis à exercer le métier s'il n'était capable de faire dans un jour cinq cents grandes oublies, trois cents supplications et deux cents esterets.

REPAS ET FESTINS.

Nous avons eu à traiter ailleurs de la tenue et de l'ordonnance des repas sous les rois mérovingiens et carlovingiens[1]. Nous avons dit aussi quelque chose du service de la table au treizième siècle. (Voyez plus haut le chapitre *Vie privée*.) Le premier auteur qui nous ait laissé quelques documents sur ce curieux sujet, à une époque plus rapprochée de nous, est encore ce bon bourgeois à qui nous devons le *Ménagier de Paris*. Il décrit, par exemple,

---

[1] Voir *les Arts au moyen âge*, chapitre Ameublement.

dans tous ses détails un repas qui fut donné (au quatorzième siècle) par l'abbé de Lagny, à l'évêque de Paris, au président du Parlement, au procureur et à l'avocat du roi et autres membres de son conseil (en tout seize convives). Nous voyons dans cette relation que monseigneur de Paris, occupant la place d'honneur, fut, à raison de son rang, servi par trois de ses écuyers, et dans des plats *couverts,* comme c'était l'usage pour le roi, les

Fig. 125. — Les officiers de bouche et de chambre de la cour impériale : échanson, cuisinier, barbier et tailleur ; d'après une des planches du *Triomphe de l'empereur Maximilien Ier,* gravé par J. Resch Burgmayer et autres (1512), d'après les dessins d'Albert Durer.

princes du sang, les ducs et pairs; que monsieur le président, placé immédiatement à côté de l'évêque, fut également servi par un de ses gens, mais *à découvert,* et que les autres convives étaient assis à table, selon l'ordre indiqué par leur rang de titre ou de charge.

Le menu de ce festin, qui se donna un jour maigre, est d'autant plus digne d'attention, qu'il nous montre de quelles nombreuses ressources la cuisine disposait déjà en pareilles circonstances, notamment en fait de poisson, bien que les transports de la marée fraîche offrissent les plus grandes difficultés, à cause des relais de poste et du mauvais état des chemins.

Revenons à notre menu. Il est tout d'abord assigné à chaque convive, en se mettant à table, une demi-chopine de grenache, puis « eschaudés chaulx, pommes rosties et dragées blanches dessus, figues grasses rosties, soret et cresson, et romarin ».

« *Potages* : Salemine (saupiquet?) de six becquets (truictes) et six tanches, poirée vert et harent blanc, anguilles d'eau douce, salées d'un jour d'avant, et trois mellus (merlans) trempés d'une nuit d'avant; amandes, gingembre, saffran, poudre de canelle, dragées.

« *Poisson de mer* : Soles, gourneaux, congres, turbot, saumon.

« *Poisson d'eau douce* : Lux faudis (brochets œuvés), carpes de Marne, bresmes.

« *Entremés* : Plays (plies), lamproie à la bœe, pommes d'orenge (une pour chaque convive), marsouin à la saulce, maquereaux, soles, bresmes, aloses à la cameline et au vert-jus, ris et amandes frictes dessus, sucre pour ris et pour pommes.

« Pour desserte : Composte et dragée blanche et vermeille mise par dessus; figues, dates, roisins, avelaines (noisettes).

« Ypocras, pour issue, avec oublies et supplications.

« Vins et espices font le boute-hors... »

A ce festin maigre, nous pouvons opposer comme contraste « l'ordonnance des nopces de maître Helye » auxquelles assistèrent quarante convives en mai, un mardi « jour de chair ».

« *Potages* : Chapons au blanc mangier, grenade et dragée vermeille par dessus. — *Rost* : Quartier de chevreuil, oison, poussins et sausses à orenge, cameline et verjus. — *Entremets* : Gelées d'escrevisses, de loches, lapereaux et cochon. — *Desserte* : Froumentée et venoison. — *Issue* : Ypocras... — *Boute-hors* : Vin et espices... »

Le savant et judicieux éditeur du *Ménagier de Paris*, M. le baron Jérôme Pichon, résume ainsi, d'après ce curieux manuel de la vie bourgeoise, l'ensemble du service de table au quatorzième siècle :

« ... Les différentes provisions, nécessaires à l'alimentation, confiées habituellement à la surveillance des écuyers de cuisine, étaient choisies, marchandées et payées par un ou plusieurs de ces officiers, assistés des queux ou cuisiniers. Les mets, préparés par les queux, étaient, en attendant le moment du service, posés, par les aides des écuyers, sur un dressoir placé dans la cuisine. C'est de là qu'ils étaient portés sur les tables. Représentons-nous une vaste salle, tendue de tapisseries et d'autres étoffes brillantes. Les tables sont recouvertes de nappes à franges, jonchées d'herbes (odoriférantes?) : une d'entre elles, dite *grande table,* est réservée aux personnes notables. Les convives sont conduits à leurs places par deux maîtres d'hôtel, qui leur apportent à laver. La *grande table* est garnie, par un maître d'hôtel, de salières d'argent (fig. 126 et 127), de gobelets couverts dorés, pour les grands

Fig. 126 et 127. — Côtés d'une salière émaillée, à six pans, représentant les travaux d'Hercule exécutée à Limoges par Pierre Raymond, pour François Ier.

personnages; de cuillers et de *quartes* (vases contenant une quarte, ou deux pintes) d'argent. Les convives mangent (au moins certains mets) sur des *tranchoirs* ou grandes tartines de gros pain, jetées ensuite dans des vases dits *couloueres* (passoires). Pour les autres tables, le sel est placé dans des morceaux de pain, creusés à cet effet par des officiers dits *porte-chappes*. Dans la salle est un dressoir, garni de vaisselle et de différentes espèces de vins. Deux écuyers, placés auprès de ce dressoir, donnent aux convives des cuillers propres, leur versent le vin qu'ils demandent, et retirent de la table la vaisselle sale; deux autres écuyers font porter le vin au dressoir de la salle; un valet, placé sous leurs ordres, est uniquement occupé à tirer le vin des tonneaux, car à cette époque le vin n'était pas mis en bouteilles : on prenait directement au tonneau le vin nécessaire à la consommation journalière. Les plats, formant trois, quatre, cinq ou même six services, dits *mets* ou *assiettes*, sont apportés par des valets et deux écuyers *des plus honnêtes* (dans certains repas de noces, le marié marchait devant avec eux). Les plats sont posés sur la table, par un *asséeur* (placeur), assisté de deux serviteurs. Ces derniers enlèvent les restes et les remettent aux écuyers de cuisine, qui doivent les conserver. Après les *mets* ou *assiettes*, les tables sont couvertes de nouvelles nappes, et l'*entremets* est alors apporté. Ce service, le plus brillant du repas (l'*entremets* désigne ordinairement, dans les récits de festins princiers, une espèce de représentation théâtrale), se compose de plats sucrés, de gelées de couleur avec armoiries, etc. ; puis d'un cygne, de paons ou de faisans, revêtus de leurs plumes, ayant le bec et les pattes dorés, et placés au milieu de la table, sur une sorte d'estrade. A l'entremets, qui ne figure pas dans tous les menus, et, à son défaut, au dernier mets ou service, succède la *desserte* (compotes, fruits, dessert); l'*issue* ou sortie de table est composée le plus souvent d'hypocras et d'une sorte d'oublie, dite *mestier*, ou bien, en été, l'hypocras étant hors de saison, à cause de sa force, de pommes, de fromages, et quelquefois encore d'autres pâtisseries et sucreries. Le *boute-hors* (vin et épices) termine le repas. On se lave les mains, on dit les grâces, puis on passe dans la *chambre de parement*, ou salon. Les domestiques succèdent alors aux maîtres et dînent après eux. On apporte ensuite aux convives du vin et les *épices de chambre*, et chacun se retire chez soi. »

Quelque compliqué et fastueux que fût déjà un tel ordre de service, il aurait pu paraître insuffisant et même mesquin un siècle plus tard, alors que les festins princiers étaient ordonnés par le célèbre Taillevent, maître-queux du roi Charles VII. Le savant historien de la cuisine française, Legrand d'Aussy, a résumé ainsi la description d'un grand repas qui fut donné, en 1455, par le comte d'Anjou, troisième fils de Louis II, roi de Sicile :

« La table était garnie d'un dormant, qui représentait une pelouse verte, et qui, sur les bords de son pourtour, offrait de grandes plumes de paon et des rameaux verts, auxquels on avait attaché des violettes et d'autres fleurs odorantes. Au milieu de la pelouse s'élevait une tour argentée, avec ses créneaux. Elle était creuse et formait une espèce de volière où l'on avait renfermé différents oiseaux vivants, dont la huppe et les pieds étaient dorés. Son donjon, doré aussi, portait trois bannières, l'une aux armes du comte,

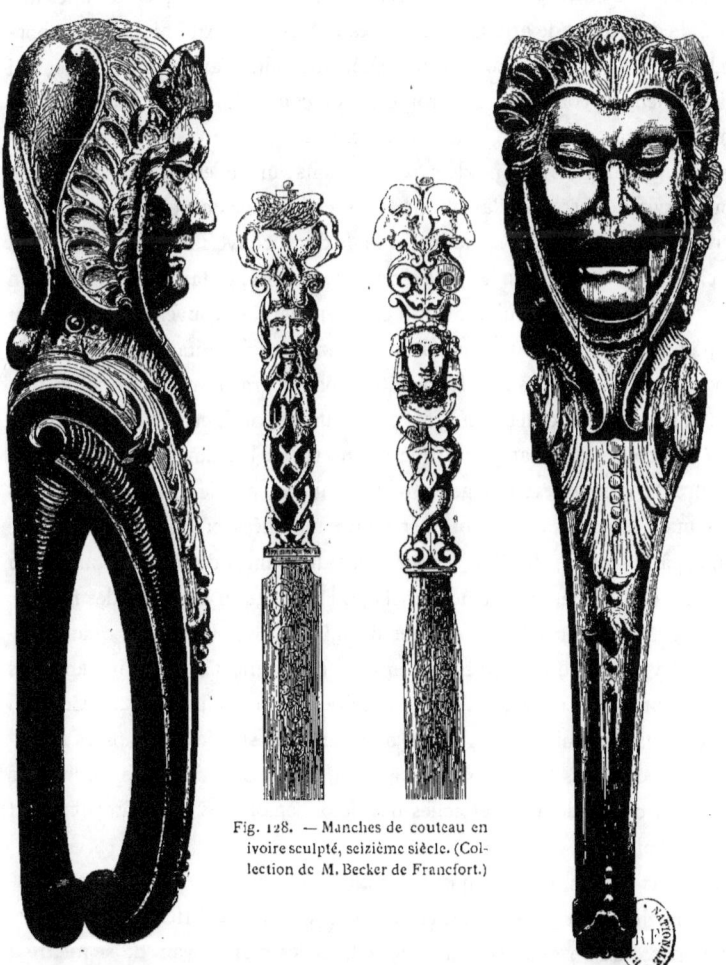

Fig. 128. — Manches de couteau en ivoire sculpté, seizième siècle. (Collection de M. Becker de Francfort.)

Fig. 129. — Casse-noisettes en buis sculpté. Seizième siècle. (Collection de M. Achille Jubinal.)

les deux autres aux armes de mesdemoiselles de Châteaubrun et de Villequier, pour lesquelles se donnait la fête.

« Le premier service consistait en un civet de lièvre, un quartier de cerf qui avait passé une nuit dans le sel, un poulet farci et une longe de veau. Ces deux derniers objets étaient couverts d'un brouet d'Allemagne, de rôties dorées, de dragées et de grains de grenades... A chaque extrémité, et en dehors de la pelouse, il y avait un énorme pâté, surmonté d'autres plus petits, qui lui servaient de couronne. La croûte des deux grands était argentée tout autour et dorée en dessus : chacun d'eux contenait un chevreuil entier, un oison, trois chapons, six poulets, dix pigeons, un lapereau et (sans doute pour servir de farce ou d'assaisonnement) une longe de veau hachée, deux livres de graisse et vingt-six jaunes d'œufs durs, couverts de safran et lardés de clous de girofle. Pour les trois services suivants, c'était un chevreuil, un cochon, un esturgeon cuit au persil et au vinaigre, et couvert de gingembre en poudre ; un chevreau, deux oisons, douze poulets, autant de pigeons, six lapereaux, deux hérons, un levreau, un chapon gras farci, un hérisson avec une sauce, quatre poulets dorés avec des jaunes d'œufs et couverts de poudre du *Duc* (épices), un sanglier artificiel fait avec de la crème frite, des darioles (gaufres), des étoiles ; une gelée moitié blanche, moitié rouge, laquelle représentait les armes des trois personnes nommées ci-dessus ; une crème brûlée, à la poudre du Duc, et sursemée de graines de fenouil confites au sucre ; du lait lardé, une crème blanche, du fromage en jonchées, des fraises ; enfin, des prunes confites et étuvées dans l'eau rose. Outre ces quatre services, il y en eut un cinquième, composé uniquement de ces vins apprêtés qui étaient alors d'usage, et de ces confitures qu'on nommait *épices*. Celles-ci consistaient en fruits confits ou en diverses pâtes sucrées. Les pâtes représentaient des cerfs et des cygnes, au col desquels étaient suspendues les armes du comte d'Anjou et celles des deux demoiselles de Châteaubrun et de Villequier. »

Chez les grands, le son du cor annonçait le repas ; c'est là ce que Froissard appelle *corner l'assiette*, et ce qu'on appelait antérieurement *corner l'eau*, parce qu'on avait coutume de se laver les mains avant de se mettre à table, comme aussi lorsqu'on sortait de la salle à manger. On employait pour ces ablutions quelque eau aromatisée et surtout l'*eau rose*, que des pages ou des écuyers, portant des aiguières en métal précieux, délicatement travaillé, offraient aux dames dans des bassins d'argent. Ce fut vers la même

Fig. 130. — *Grand festin d'apparat*, avec les *entremets*, à la cour de France (quatorzième siècle); restitution archéologique, d'après les miniatures et les relations du temps. Extrait du *Dictionnaire du mobilier français*, de M. Viollet-Leduc.

époque, c'est-à-dire au temps de la chevalerie, qu'on imagina de placer les convives par couple, ordinairement homme et femme, chaque couple n'ayant alors à table qu'une seule coupe et une seule assiette; de là l'expression : *manger à la mesme escuelle.*

Les historiens nous racontent qu'aux douzième et treizième siècles on voyait dans certains festins d'apparat les plats apportés par des servants armés de toutes pièces et montés sur des chevaux caparaçonnés; mais c'est là un fait qui se rattache exceptionnellement à la chevalerie, tandis que dès ce temps-là s'était établi l'usage de puissantes ou ingénieuses machines qui faisaient descendre de l'étage supérieur ou monter de l'étage inférieur les tables toutes servies, et qui les faisaient ensuite disparaître comme par enchantement.

A cette époque le service d'un festin chez les grands exigeait un nombre considérable d'officiers et de valets; ce nombre fut encore par la suite bien augmenté. Ainsi, par exemple, lorsque Louis d'Orléans reçut de son frère le roi Charles VI une mission politique en Allemagne, ce prince, afin de représenter dignement la France à l'étranger, porta le personnel de sa maison à plus de deux cent cinquante personnes, dont cent environ étaient *officiers ou valets de bouche.* Olivier de la Marche, qui, dans ses Mémoires, a réuni les détails les plus minutieux sur le cérémonial à la cour de Charles le Téméraire, duc de Bourgogne, nous montre que le service de bouche y était aussi compliqué que dans les autres grandes maisons princières [1].

Ce faste exagéré et ruineux tomba ensuite en désuétude, pendant les règnes de Louis XI, de Charles VIII et de Louis XII, pour reparaître sous celui de François Ier, qui à la suite de ses premières guerres en Italie importa en France la cuisine italienne et le luxe gastronomique de ce pays, où l'art de la bonne chère, surtout à Venise, à Florence et à Rome, avait atteint le plus haut degré de raffinement et de magnificence. Henri II et François II ne laissèrent pas trop déchoir leur table royale; mais après eux, malgré la mollesse efféminée des mœurs de la cour, les guerres continuelles que Henri III eut à soutenir dans ses propres États, ainsi que son frère et prédécesseur Charles IX, contre les protestants et les ligueurs, forcèrent ces deux rois à faire beaucoup d'économies sur leurs maisons et sur leur table.

[1] Voy. sur l'ameublement et la décoration des salles à manger, et sur les objets de service de table, *les Arts au Moyen âge*, chapitre Ameublement.

« C'estoit par boutade que l'on y faisoit bonne chère, dit Brantôme, car le plus souvent *la marmite se renversoit;* chose que hait beaucoup le courtisan, qui aime beaucoup avoir bouche (c'est-à-dire table ouverte) à la cour et à l'armée, parce qu'alors il ne luy couste rien. » Henri IV n'était ni fastueux ni gourmand; aussi faut-il descendre jusqu'au règne de Louis XIII pour retrouver quelques vestiges de la splendeur des banquets de François Ier.

Depuis l'établissement des Francs dans les Gaules jusqu'au quinzième siècle inclusivement, on ne faisait que deux repas par jour; on dînait à dix heures du matin et l'on soupait à quatre heures de l'après-midi. Au seizième siècle, dans les villes, on retarda d'une heure le dîner et de trois le souper, ce dont bien des gens se plaignirent en vertu du vieux proverbe :

> Lever à six, dîner à dix,
> Souper à six, coucher à dix,
> Fait vivre l'homme dix fois dix.

Fig. 131. — Bannière de la corporation des pâtissiers de Tonnerre.

CHASSE

Vénerie et fauconnerie. — Origine d'Aix-la-Chapelle. — Gaston Phœbus et son livre. — Les protecteurs célestes des chasseurs. — Confréries et associations cynégétiques. — Rois chasseurs : Charlemagne, Louis IX, Louis XI, Charles VIII, Louis XII, François Ier, etc. — Traités de vénerie. — Papes chasseurs. — Origines de la fauconnerie. — Éducation des oiseaux. — Équipages de chasse à l'oiseau. — Livre du roi Modus. — Langue de la fauconnerie. — Personnages qui ont excellé dans ce genre de chasse. — L'oisellerie.

ous la dénomination générale de *Chasse* on comprend ordinairement trois branches distinctes d'un même art ou d'une même science qui fut en si grand honneur au moyen âge, surtout aux brillantes époques de la chevalerie, et dont les origines remontent évidemment aux premiers âges de l'humanité. C'est tout d'abord la *vénerie,* que M. Elzéar Blaze définit « la science de forcer, de prendre ou de tuer un animal désigné parmi un certain nombre d'animaux de la même espèce; » c'est ensuite la *fauconnerie,* qui était non-seulement l'art de chasser avec le faucon, mais encore l'art de dresser les oiseaux de proie pour la chasse du gibier à plume; enfin l'*oisellerie,* qui, selon l'auteur de tant de savants ouvrages sur le sujet qui nous occupe, n'eut en principe d'autre but que de protéger les moissons et les fruits de la terre, en écartant ou en détruisant les ennemis naturels de la culture des champs.

Parlons d'abord de la vénerie. Les chasseurs s'honoreront toujours de compter en tête des écrivains cynégétiques Xénophon, général, philosophe, historien, bien que son *Traité de la Chasse* (traduit du grec en latin, sous le titre *De Venatione*), à part les excellents conseils qui y sont contenus sur l'éducation des chiens, ne parle que de piéges, de filets pour prendre les animaux sauvages. Arrien et Oppien, chez les Grecs ; Gratius Faliscus, Nemesianus, chez les Romains, écrivirent aussi sur le même sujet ; mais leurs ouvrages, sinon dans quelques rares passages, ne contiennent rien qui ait réellement trait à l'art de vénerie proprement dit, dont les premières traces historiques apparaissent chez nous vers la fin du septième siècle.

Longtemps après cette époque, cependant, on chassait encore, pour ainsi dire, au hasard, en attaquant la première bête qu'on rencontrait. Les chasses de Charlemagne notamment étaient presque toujours d'énormes et aveugles boucheries, où l'on tuait par milliers des bêtes de toutes espèces qui avaient été traquées à la fois et poussées dans une enceinte formée de toiles ou de rets.

L'infatigable empereur, quoique toujours en guerre sur tous les points de l'Europe, ne manquait jamais une occasion de chasser : on eût dit qu'il se reposait à courir les forêts. Il était alors non-seulement suivi d'une multitude de veneurs et d'officiers de sa maison, mais encore accompagné de sa femme et de ses filles, qui, montées sur de superbes coursiers, entourées d'une cour élégante et nombreuse, rivalisaient d'adresse et de courage pour combattre et forcer les plus féroces animaux.

On raconte même que la ville d'Aix-la-Chapelle doit son origine à une aventure de chasse de Charlemagne. L'empereur, courant après un cerf, veut traverser un ruisseau, et remarque que son cheval, aussitôt après avoir mis le pied dans l'eau, le retire avec défiance. S'apercevant que l'animal boite, il descend et lui tâte la sole, qu'il trouve chaude. Il met sa main dans l'eau, qui est brûlante. En cet endroit même il fit élever une chapelle ayant la configuration d'un pied de cheval. On construisit ensuite la ville, et aujourd'hui encore la source (d'eau minérale chaude) est renfermée sous une rotonde qui rappelle par sa forme cette ancienne légende.

Les fils de Charlemagne tinrent aussi la chasse en grande estime, et peu à peu l'art de vénerie se créa, se perfectionna ; mais ce fut seulement à la fin du treizième siècle qu'un auteur anonyme eut l'idée d'en consigner les principaux préceptes dans un poëme didactique, intitulé *Le Dict de la chace du cerf*. En 1328, un écrivain, resté également anonyme, composa le *Livre du*

Fig. 132. — Gaston Phœbus enseignant l'art de la vénerie. Fac-simile d'une miniature de *Phebus, Des deduiz de la chasse des bestes sauvaiges et des oyseaux de proie*. (Manuscrit du quinzième siècle, à la Bibliothèque nationale de Paris.)

roy Modus, qui renferme les règles de cet art pour chasser toutes les bêtes à poil, depuis le cerf jusqu'au lièvre; puis vinrent d'autres poëtes et prosateurs français, Gace de la Vigne (1359), Gaston Phœbus (1387) et Hardouin, seigneur de Fontaine-Guérin (1394), qui ne traitèrent pas exclusivement de la vénerie, mais décrivirent les différentes manières de chasser connues de leur temps. Vers 1340, Alphonse XI, roi de Castille, avait fait rédiger, pour son propre usage, un livre de chasse en espagnol *(Libro de Monteria)*; mais ce traité n'eut jamais l'autorité ni la vogue du *Livre du roi Modus*, ni même de celui que Gaston Phœbus III, comte de Foix, dicta lui-même à ses compagnons de guerre et de chasse (fig. 132). Si dans tous les pays la grande

Fig. 133. — « Comment on puet porter la toile pour traire aux bestes ». Fac-similé d'une miniature du manuscrit de *Phebus*. (Quinzième siècle.)

chasse à courre porte le nom de *chasse française,* c'est que réellement l'honneur de l'avoir réglementée et organisée, sinon inventée, est dû aux auteurs cynégétiques français, qui en surent formuler magistralement les meilleures lois. En effet presque tous les termes techniques en usage aujourd'hui dans la vénerie ne sont autres que ceux que ces vieux auteurs ont créés et que leurs ouvrages ont, pour ainsi dire, immuablement consacrés.

Les curieuses miniatures qui dans le manuscrit original de Gaston Phœbus accompagnent le texte descriptif, et qui ont été reproduites dans la plupart des anciennes copies de ce manuscrit célèbre, nous donnent sur les procédés de chasse employés au quatorzième siècle des notions pleines d'intérêt : nous y voyons, par exemple (fig. 133), que la vache artificielle dont on se sert encore pour approcher les canards sauvages était dès lors connue (avec cette seule différence qu'on imitait un cheval); nous y voyons les chasseurs tirant contre les ours, les sangliers, les cerfs, des flèches à fers aigus qui entraient profondément dans la chair, malgré l'épaisseur de la fourrure, malgré la dureté de la peau de l'animal, tandis que s'il s'agissait de la chasse au lièvre le trait se terminait par une sorte de masse (fig. 134), probablement en plomb, qui devait assommer la bête et non lui traverser le corps. Ailleurs, un chasseur est représenté, l'arbalète tendue, sur une charrette qui, toute

Fig. 134. — « Comment on puet traire aux lievres ». Fac-similé d'une miniature du manuscrit de *Phebus*. (Quinzième siècle.)

couverte, ainsi que le cheval, de branches d'arbre, s'avance comme un buisson ambulant sans que le gibier s'en méfie, etc. (fig. 135).

Gaston Phœbus était, comme on sait, un des plus braves chevaliers de son époque; la chasse fut, après la guerre, sa plus grande passion, et il avoue naïvement lui-même qu'il doute y avoir eu « nul maître ». D'ailleurs, comme tous les auteurs contemporains, il fait soigneusement ressortir dans son livre le côté moral de la chasse. « En chassant, dit-il, on évite le péché d'oisiveté, car, qui fuyt les sept péchés mortels, selon nostre foy, il devroit estre sauvé : donc bon veneur sera sauvé. »

Dès les premiers âges du monde les chasseurs se mirent sous la protection d'une divinité spéciale. Chez les Grecs et les Romains c'était Diane ou Phœbé. Les Gaulois, qui avaient adopté la plupart des dieux et déesses de

Rome, invoquaient aussi la Lune quand ils partaient pour la guerre ou pour la chasse ; mais aussitôt qu'ils pénétraient dans l'obscurité sacrée des forêts ils se recommandaient plus particulièrement à la déesse *Ardhuina*, dont le nom, d'origine inconnue, fut appliqué depuis probablement à l'immense et giboyeuse forêt d'*Ardenne* ou des Ardennes. Ils élevaient en l'honneur de cette déesse, au fond des bois, de monstrueuses statues ayant une tête de

Fig. 135. — « Comment on puet mener la charrette pour traire aux bestes ». Fac-similé d'une miniature du manuscrit de *Phebus*. (Quinzième siècle.)

cerf sur un corps d'homme ou de femme, et pour se la rendre favorable dans leurs chasses ils suspendaient autour de l'idole les pieds, les peaux, les cornes des bêtes qu'ils avaient tuées. Cernunnos, qu'on représentait aussi avec une figure humaine, mais portant toujours des cornes de cerf[1], avait un autel même à Lutèce, sans doute à cause des grands bois qui couvraient alors les deux rives de la Seine.

Le *Cernunnos* gaulois (qui se retrouve chez les Romains, puisque Ovide

---

[1] Voir *les Arts au moyen âge*, chapitre Sculpture.

mentionne des cornes de cerf *votives*) conserva une espèce de culte après l'établissement de la religion chrétienne. Au cinquième siècle, Germain, chasseur intrépide (qui devint plus tard évêque d'Auxerre), avait non loin de sa demeure un chêne au tronc gigantesque, véritable *Cernunnos*, qu'il chargeait des dépouilles des animaux tués de sa main. Dans quelques pays

Fig. 136. — « Comment on doit huer et corner ». Fac-similé d'une miniature du manuscrit de *Phebus*. (Quinzième siècle.)

où le *Cernunnos* était resté en vénération, il recevait les offrandes de tout le monde. On choisissait ainsi le plus bel arbre et le plus vieux du canton pour y suspendre à la fois les trophées des guerriers et des chasseurs, et plus tard, quand les chasseurs clouèrent à l'entrée extérieure de leur habitation les têtes de cerf, les pieds de sanglier, les bêtes puantes, les oiseaux de proie, ce fut là évidemment un souvenir de l'ancienne tradition.

Quoi qu'il en soit, l'idolâtrie païenne étant tout à fait abandonnée, les chasseurs ne voulurent pas demeurer sans protecteur, et ils le cherchèrent parmi les saints en renom. Tout d'abord ils s'adressèrent, les uns à saint Germain d'Auxerre, qui avait été chasseur lui-même, les autres à saint Martin, qui était un soldat avant d'être évêque de Tours ; enfin ils s'accordèrent pour se placer sous le patronage de saint Hubert, évêque de Liége et chasseur illustre du huitième siècle, qui s'était voué à la vie religieuse à la suite de la rencontre qu'il fit, en chassant dans les bois, d'un cerf miraculeux portant entre ses deux cornes l'image lumineuse du Christ[1]. A l'origine, la fête de saint Hubert revenait quatre fois chaque année aux différentes dates qui rappelaient la conversion du saint, sa mort et les deux translations de ses reliques ; et à chacune de ces fêtes, pour la célébration desquelles les chasseurs accouraient de très-loin, en grand nombre et « en bel arroi », avec leurs chevaux et leurs chiens, il n'était sorte de magnifique et pompeux appareil qui ne fût déployé, de la part des rois et des seigneurs, en l'honneur du saint patron de la chasse (fig. 136).

Les chasseurs formaient autrefois des espèces de confréries qui avaient leur rang marqué dans les cérémonies publiques, et surtout dans les processions. En 1455, Gérard, duc de Clèves et burgrave de Ravensberg, créa l'ordre des chevaliers de Saint-Hubert, dans lequel les gentilshommes seuls pouvaient être reçus, et dont les insignes se composaient d'une chaîne d'or ou d'argent, composée de cors de chasse, supportant une image du saint, représenté en adoration devant le crucifix qui brillait sur la tête d'un cerf. La croyance populaire voulait que les chevaliers de Saint-Hubert eussent le privilége de guérir la rage qui, par un fait inexplicable, n'éclatait presque jamais dans une meute de chasse. Ce n'était pas, d'ailleurs, la seule croyance superstitieuse qui se rattachât au noble et aventureux exercice des compagnons de Saint-Hubert. Dans une quantité de vieilles légendes, qui appartiennent la plupart à l'Allemagne (fig. 137), il est question de chasseurs maudits ayant vendu leur âme au démon en échange de quelque flèche ou de quelque balle enchantée, qui ne manquait jamais son coup, et qui atteignait le gibier à des distances extraordinaires. Il est question aussi dans ces légendes de divers animaux qui, poursuivis par les veneurs ou les meutes, se trouvent tout à coup sauvés miraculeusement en se jetant dans les bras d'un saint homme,

---

[1] *Les Arts au moyen âge*. Fac-simile d'une gravure d'Albert Durer, chapitre Gravure.

LA CHASSE DES DAIMES

d'après une miniature du manuscrit des *Épîtres d'Ovide*, nº 789 bis, de la Bibliothèque Nationale de Paris
(costumes du quinzième siècle).

ou bien se réfugiant dans quelque pieux asile. Puis viennent les chevaliers fantastiques qui, ayant chassé toute leur vie, chassent encore après leur mort ; l'histoire a même signalé l'apparition du fantôme de feu que Charles IX aperçut en chassant dans la forêt de Lions, et la singulière rencontre d'Henri IV avec le redoutable *grand-veneur* de la forêt de Fontainebleau est aussi célèbre. Il est vrai de dire, pour expliquer ou comprendre ces faits étranges, que la chasse constituait jadis une sorte de franc-maçonnerie, avec

Fig. 137. — Veñeur allemand, dessiné et gravé, au seizième siècle, par J. Amman.

ses rites mystérieux et sa langue secrète. Les initiés usaient entre eux de signes particuliers de reconnaissance. Ils avaient aussi des nombres heureux et malheureux, des couleurs symboliques, etc.

Les chasses les plus dangereuses furent celles que chercha et préféra l'intrépidité des hommes de guerre. La chronique du moine de Saint-Gall raconte, avec de grands éloges, une aventure de Charlemagne allant lui-même, avec ses veneurs et ses meutes, chasser un ours monstrueux qui était la terreur des Vosges : l'ours, après avoir mis à mal nombre de chiens et de chasseurs, se trouve en face de l'empereur, qui ose seul lui tenir tête. Un véritable combat singulier s'engage entre eux, ils se prennent corps à corps, au sommet d'un rocher. La lutte finit par la mort du terrible animal, que Charles frappa d'un coup de poignard en le précipitant au fond du ravin, et les échos des montagnes retentissent de ce cri mille fois répété : « Vive Charles le Grand! » Ce fut, *dit-on,* la première fois que les compagnons de l'intrépide monarque lui décernèrent le titre de *grand* (*magnus*), et dès lors le roi Charles devint *Charlemagne.*

Ce prince était même très-jaloux de son droit de chasse, au point de ne vouloir le partager avec personne. Il refusa longtemps aux religieux de l'abbaye de Saint-Denis, qu'il tenait cependant en particulière affection, la

Fig. 138. — « Ci devise la nature et la propriété des deins et comment l'on les prent à forche de chiens. » Fac-similé d'une miniature du *Livre du roy Modus.* (Manuscrit du quatorzième siècle, à la Bibliothèque nationale de Paris.)

permission de faire tuer quelques cerfs qui dévastaient leurs forêts (fig. 138), et ne la leur accorda même qu'en considérant que la chair de ces animaux servirait à l'alimentation des frères infirmes, et les peaux à la reliure des missels [1].

Si du neuvième siècle nous passons au treizième, nous y trouvons un roi de France qui ne fut pas moins ardent chasseur que brave guerrier, en même temps qu'homme juste et pieux, car Louis IX aimait la chasse à l'égal de la guerre. Sa première croisade lui donna l'occasion de chasser le lion : « Aussitôt qu'il eut la connoissance du pays de Césarée, dit Joinville, le roi se mit, luy et ses gens, à chasser aux lions, en sorte qu'ils en prindrent (prirent) plu-

---

[1] Voir *les Arts au moyen âge,* chapitre Reliure.

sieurs; mais ils se mettoient en grand danger et peril de leurs corps; et la façon de les prendre estoit telle : ils alloient à la chasse montés sur chevaux qui estoient autant bien courants comme il est possible. Quand ils avoient trouvé le lion, ils le frappoient d'un coup de traict d'arbaleste ou d'arc, et le lion, se sentant blessé, couroit sus au premier qu'il voyoit, et celuy-ci se mettoit à fuyr tant qu'il pouvoit; et, en fuiant, il laissoit choir quelque couverture ou pièce de vieux drap, et le lion qui la rencontroit la prenoit et deschiroit, pensant que ce fust celui qui l'avoit frappé; et ainsi que le lion

Fig. 139. — « Comment l'en prent les escureus à terre en dru bois. » Fac-simile d'une miniature du manuscrit du *Livre du roy Modus*. (Quatorzième siècle.)

s'amusoit à desrompre la pièce de drap, les autres s'approchoient et lui tiroient coups de traits, et le lion alloit de rechef après celuy qui l'avoit frappé, lequel laissoit choir une autre pièce de drap pour amuser le lion; et ainsi faisoient-ils plusieurs fois, jusqu'à force de coups ils avoient tué le lion. »

Bien que le saint roi eût au plus haut point la passion de la chasse, passion jalouse entre toutes, il n'en accorda pas moins aux bourgeois les premières permissions de chasse que ceux-ci eussent encore obtenues, à la condition de donner un *cuissot* de la bête au seigneur sur la terre duquel elle aurait été prise ou tuée. C'est même là qu'il faut voir l'origine de la coutume, encore scrupuleusement observée aujourd'hui, de présenter le pied de la bête à la personne qui dirige la chasse ou qui en doit avoir les honneurs.

Fig. 140. — « La manière de prendre les perdris au tumberela un queuilles ». Fac-simile d'une miniature du manuscrit du *Livre du roy Modus*.

Il n'en fut plus de même sous Louis XI, qui, bien que ses guerres incessantes et ses innombrables intrigues politiques semblassent devoir lui interdire toute distraction de ce genre, ne laissa pas d'être le chasseur le plus déterminé et le plus infatigable de son temps. Le sombre tyran du château de Plessis-les-Tours, avare en toute occasion, si ce n'est quand il s'agissait de ses équipages de vénerie, défendait la chasse, même aux gentilshommes, sous peine de la corde. Pour assurer l'exécution de ces ordres sévères, il faisait sans cesse visiter les châteaux, comme les chaumières, et tout ce qui ressemblait à un filet, à un engin, à une arme de chasse, était détruit sur-le-champ. Son fils unique, l'héritier du trône, n'était point exempt de la rigoureuse interdiction de chasser qui pesait sur les plus grands feudataires. Confiné dans l'enceinte du château d'Amboise, il n'avait pas la permission d'en sortir, car la volonté du roi était que le jeune prince restât étranger aux nobles exercices de la chevalerie. Un jour, le dauphin pria avec tant d'instances son gouverneur, M. du Bouchage, de lui donner une idée de la chasse à courre que ce seigneur consentit à faire avec lui une excursion dans les bois voisins. Le roi le sut, et du Bouchage eut grand'peine à conserver sa tête sur ses épaules.

Il n'était pas de plus sûr moyen de plaire à Louis XI que de lui offrir quelque pré-

Fig. 141. — Chasse au léopard, d'après une estampe de Jean Stradan. (Seizième siècle.)

sent en rapport avec sa passion favorite, soit des chiens d'arrêt ou des chiens courants, soit des oiseaux de chasse, soit des valets experts dans l'art de la vénerie ou de la fauconnerie (fig. 139 et 140); et quand le cauteleux monarque devint vieux et infirme, il avait imaginé, pour faire croire à ses ennemis qu'il était toujours aussi jeune que vigoureux, d'envoyer partout, même dans les pays éloignés, des messagers, avec mission de lui acheter des chiens, des chevaux, des faucons, etc. Comines dit que Louis XI dépensa pour ces achats des sommes considérables (fig. 142).

A sa mort, le jeune prince qui lui succédait se dédommagea tout naturellement des privations que son père lui avait fait subir, car il avait un goût prononcé pour la chasse. Charles VIII chassa donc tous les jours et permit généreusement aux nobles d'en faire autant. Il va sans dire que ceux-ci mirent largement à profit cette permission, car la mesure de prohibition absolue, que Louis XI s'était fait un malin plaisir de prendre contre les droits de chasse, avait malencontreusement privé les nobles d'un divertissement auquel les avaient habitués leurs plus antiques priviléges, et qui, en ces temps de maigre culture intellectuelle, devait être d'un grand secours contre le désœuvrement et la monotonie fastidieuse de la vie de château.

On se reprit alors de belle ardeur, dans la jeune noblesse, pour tout ce qui pouvait accroître l'intérêt du passe-temps de la chasse, qui redevint la principale occupation des grands seigneurs. On continua, comme par le passé, à s'ingénier pour trouver des inventions, des méthodes, des ruses nouvelles, dans l'art cynégétique. On empruntait, par exemple, aux pays étrangers, des piéges, des engins, des armes; on introduisait même en France des animaux exotiques, qu'on s'efforçait de naturaliser, à grands frais pour en faire un gibier de chasse, ou bien pour s'en servir en guise d'auxiliaires de vénerie. Après avoir importé le renne de Laponie, qui réussit mal dans notre climat tempéré, et le faisan de Tartarie, dont on avait peuplé les halliers, on importa avec plus de succès l'once, ou le léopard d'Afrique, à qui l'on fit jouer, pour la chasse du gibier à poil, un rôle analogue à celui du faucon pour la chasse du gibier à plume. Les veneurs, précédés de chiens qui faisaient lever le gibier, s'en allaient à cheval, par la campagne, avec le léopard en croupe. Dès que les chiens avaient fait partir la bête, le léopard, dressé à cet exercice, fondait sur elle. Aussitôt qu'elle était prise, les veneurs, qui avaient mis pied à terre, présentaient un morceau de chair fraîche au léopard, qui leur abandonnait sa proie et se remettait à l'affût derrière son maître (fig. 141).

Louis XI, Charles VIII, Louis XII chassèrent souvent ainsi. Les léopards, qui faisaient partie de la vénerie royale, étaient renfermés dans

Fig. 142. — « Du chenil où les chiens doivent demourer, et comment il doit estre tenu » Fac-simile d'une miniature du manuscrit de *Phebus*. (Quinzième siècle.)

un fossé du château d'Amboise, lequel existe encore près de la porte dite *des Lions*, ainsi nommée sans doute à cause de ces animaux chasseurs et carnassiers, que les gens du peuple confondaient avec des lions véritables.

208 MŒURS ET USAGES.

Au reste, il y avait toujours des lions en cage dans la ménagerie des rois de France.

François Ier ne le céda en rien à ses prédécesseurs sous le rapport de son amour pour la chasse. Ses voyages en Italie, où il s'était trouvé en relation

Fig. 143. — « Comment on puet prendre les loups aux piéges. » Fac-similé d'une miniature du manuscrit de *Phebus*. (Quinzième siècle.)

avec des princes et des seigneurs qui étalaient un grand faste dans leurs équipages de vénerie, n'avaient pu qu'augmenter un goût naturellement très-développé chez lui. Il mérita même le surnom de *père des veneurs*. Son seul « équipage de *toiles* » (filets de chasse) était composé d'un commandant, d'un lieutenant, de douze veneurs à cheval, de six valets de limiers, de six valets de chiens, chargés de soigner soixante chiens courants, et de cent archers à pied, portant de grandes *rouges* (espèce d'épieux), uniquement employés à dresser les toiles. Cinquante chariots à six chevaux portaient ces toiles, ainsi que les tentes.... Il était bien aise que les dames de sa cour suivissent les chasses, et parmi celles qui se prêtaient le plus volontiers à partager avec lui ce plaisir accompagné de fatigues et même de périls, il faut signaler Catherine de Médicis, alors dauphine, qui montait à cheval avec une agilité et une grâce remarquables, et qui était devenue une chasseresse intrépide.

Fig. 144. — « Comment on puet prendre ours et autres bestes aux dardières. » Fac-simile d'une miniature du manuscrit de *Phebus*. (Quinzième siècle.)

Le goût de la chasse étant généralement répandu, et cet exercice corporel, qui se rattachait à un art véritable, étant tenu pour un des plus nobles auxquels un gentilhomme pût s'adonner, il n'est pas étonnant de voir les meilleurs ouvrages de vénerie composés alors par les écrivains les plus renommés ou des personnages du plus haut rang. Le docte Guillaume Budé, qu'Érasme appelait *le prodige de la France*, dédia aux enfants de François Ier le second livre de sa *Philologie*, qui contient un traité de la chasse du cerf; ce traité, écrit primitivement en latin, tut plus tard traduit en français par ordre de Charles IX, qui était lui-même reconnu pour un des plus habiles et des plus hardis chasseurs de son temps, car on cite de lui un fait extraordinaire, qui n'a jamais été imité par personne : seul à cheval, sans chiens, il força un cerf. La *Chasse royale,* dont la composition lui est attribuée, est un livre plein de sagacité et de science. La *Chasse au loup*

Fig. 145. — Olifant, ou huchet, ou cornet de chasse en ivoire (quatorzième siècle), d'après l'original existant en Angleterre.

du célèbre Clamorgan, et la *Vénerie* de du Fouilloux, furent dédiées à Charles IX, et un grand nombre d'autres traités techniques sur le même sujet virent le jour sous son règne.

Son frère et successeur, l'efféminé Henri III, n'aimait pas la chasse, qu'il considérait comme un exercice trop fatigant ou trop dangereux.

En revanche, Henri IV, le Béarnais, qui apprit dès l'enfance à chasser dans les Pyrénées, affectionnait, dit Sully, « toutes sortes de chasses, et surtout les plus pénibles et hasardeuses, comme ours, loups, sangliers ». Il ne manquait aucune occasion de chasser : tout en battant les ennemis, s'il savait un cerf dans les environs, il prenait son temps pour courre l'un, après avoir défait les autres. On lit dans les *Mémoires* du Sully que le roi chassa même le lendemain de la fameuse bataille d'Ivry.

Fig. 146. — Détails du cornet de chasse du quatorzième siècle. — D'après l'original existant en Angleterre.

Un jour, alors qu'il n'était que roi de Navarre, il engagea les dames de la cour de Pau à venir voir chasser l'ours. Bien leur en prit de s'y refuser, car leur sensibilité eût risqué d'être mise ce jour-là à rude épreuve : deux ours tuèrent deux chevaux et étranglèrent plusieurs arquebusiers; un autre ours, percé de balles, et emportant six ou sept tronçons de piques brisées dans son corps, se jeta sur huit hommes qu'il trouva postés au sommet d'un rocher et les précipita avec lui dans un abîme, où tous furent mis en pièces.

L'amour de la chasse fut le seul point de ressemblance que Louis XIII eut avec son père; car la chasse resta toujours, en France comme ailleurs, le plaisir favori des rois.

Nous avons vu que saint Germain d'Auxerre, qui fut pendant un certain temps le patron des chasseurs, faisait de la chasse son délassement habituel, et se livrait même avec passion à cet exercice dans sa jeunesse, lorsqu'il était non pas évêque mais duc d'Auxerre, c'est-à-dire général des troupes de la province. Plus tard, quand il eut été, malgré lui, élevé à la dignité épiscopale, non-seulement il ne se permit plus aucune récréation, mais il se voua aux rigueurs d'une vie austère. Malheureusement, à cette époque reculée tous les hommes d'église ne comprirent pas comme lui que les devoirs de leur saint ministère ne pouvaient point se concilier avec ce genre de divertissement, car dès l'année 507 nous voyons des conciles, des synodes, interdire la chasse aux prêtres. Cependant les anciens chroniqueurs racontent que plusieurs nobles prélats, cédant aux préjugés du temps, se crurent encore permis de monter à cheval pour courre le cerf ou lancer le faucon.

L'histoire nous apprend que plusieurs papes et des plus illustres furent aussi de grands amateurs de la chasse, notamment Jules II, Léon X, et, avant eux, Pie II, lequel, dans sa vie mondaine, entre autres ouvrages de littérature et de science, avait écrit en latin un traité de vénerie sous ses prénoms d'*Æneas Silvius*. Il est facile, d'ailleurs, de s'expliquer l'attrait que les divertissements cynégétiques eurent généralement autrefois pour les seigneurs ecclésiastiques : ils avaient puisé ce goût dans leur éducation première et dans les habitudes des gens de leur rang; aussi se montraient-ils toujours extrêmement jaloux du droit de chasse dans leurs domaines. Bien que le pape Clément V, dans ses célèbres *Institutions*, dites *Clémentines*, eût formellement défendu aux moines de chasser, il n'était guère de couvent dont les religieux n'éludassent la défense canonique, en faisant la guerre au gibier à poil, et cela sans croire violer la loi de l'Église, car l'ordonnance papale avait réservé certains cas où la chasse serait permise aux prêtres et aux moines, et surtout dans le cas (*quo casu*) où lapins et bêtes fauves se multiplieraient trop, pour ne pas nuire aux biens de la terre. Or on comprend que ce cas pouvait exister d'une manière permanente, à une époque où il était si sévèrement défendu au peuple des campagnes de détruire le gibier; aussi chassait-on en toute saison dans les plaines et dans les bois de chaque abbaye.

Fig. 147. — Noble Provençal (quinzième siècle). Bonnart, *Costumes du dixième au seizième siècle*.

Les paysans envieux, qui n'avaient pas la permission de chasser et qui voyaient passer sans cesse la chasse de messire l'abbé, disaient avec malice que les moines, afin que le gibier fût toujours trop abondant, ne manquaient pas de prier pour la réussite des portées et des nichées (*pro pullis et nidis*).

Si la vénerie, en tant que science régulière, date d'une époque relativement rapprochée de nous, il n'en est pas de même de la fauconnerie, dont les premières traces se perdent dans le lointain des âges mythologiques. Ce genre de chasse, dont on avait formé un art très-savant et très-compliqué, fit les délices des grands seigneurs du moyen âge et de la renaissance; il était même en tel honneur à certaine époque qu'un gentilhomme et même une châtelaine ne se montraient jamais en public sans avoir le faucon sur le poing, comme un emblème vivant de leur suzeraineté (fig. 147). Il n'était

Fig. 148. — Le roi Modus enseignant l'art de la fauconnerie. Fac-simile d'une miniature du manuscrit du *Livre du roy Modus*. (Quatorzième siècle.)

pas jusqu'aux prélats, évêques ou abbés, qui n'entrassent dans les églises avec leurs oiseaux de chasse, qu'ils déposaient pendant l'office sur les marches mêmes de l'autel.

L'oiseau était, comme l'épée, une marque distinctive inséparable des gentilshommes, qui souvent allaient à la guerre leur faucon au poing. Durant la bataille ils faisaient tenir leurs oiseaux par des écuyers, et ils les reprenaient ensuite sur leur main gantée, lorsqu'ils avaient cessé de combattre. D'ailleurs il leur était interdit, par les lois de la chevalerie, de s'en dessaisir, fût-ce même pour prix de leur rançon, s'ils étaient faits prisonniers : ils devaient dans ce cas mettre en liberté le noble oiseau, afin qu'il ne partageât pas leur captivité.

Le faucon participait en quelque sorte à la noblesse de son maître; il avait même une noblesse propre, que les usages de la fauconnerie lui attribuaient, ainsi qu'à tous les oiseaux de proie qui pouvaient être dressés pour la chasse au vol, tandis que les autres oiseaux étaient indistinctement déclarés *ignobles*. Il n'y avait pas même d'exception à l'égard des plus forts et des plus courageux, tels que l'aigle et le vautour, que les naturalistes du moyen âge, dans leurs capricieuses classifications, reléguaient sans scrupule au-dessous du *hobereau*, qui est le plus petit des oiseaux de chasse, et dont le nom fut appliqué aux gentilshommes campagnards, lesquels, n'ayant pas les moyens

Fig. 149. — Fauconniers dressant des oiseaux. Fac-simile d'une miniature du manuscrit du *Livre du roy Modus*. (Quatorzième siècle.)

d'élever et de posséder des faucons, se servaient du hobereau pour chasser les perdrix et les cailles.

Il était de rigueur que tous les gentilshommes, riches ou pauvres, ceux-là même pour qui la chasse n'était point un plaisir, eussent des *oiseaux*, comme on disait alors, pour *entretenir noblesse* : mais il n'appartenait qu'aux seigneurs les plus opulents d'avoir une véritable fauconnerie, c'est-à-dire capable de fournir *tous les vols*, car le *vol du lièvre*, le *vol du milan*, le *vol du héron* et les autres *vols* ou genres de chasse au vol, nécessitaient autant d'équipages spéciaux et distinctifs.

Outre l'achat des faucons, qui coûtaient parfois des sommes très-considérables (car on les faisait venir des pays les plus éloignés, et notamment de Suède, d'Islande, de Turquie, de Maroc), l'élevage et le dressage des oiseaux occasionnaient des dépenses, dont on aura à peine une idée quand nous aurons résumé les principaux détails de cette longue et difficile éducation (fig. 148 à 155).

Faire que le faucon obéît au sifflet, à la voix, au geste du fauconnier, c'était là le but suprême de l'art, et Dieu sait au prix de quels efforts et de quels soins on arrivait à ce résultat vraiment prodigieux. Tous les oiseaux de proie qui servaient à la chasse recevaient, quand ils étaient dressés, le nom générique de *faucons;* mais on distinguait, parmi eux, le gerfaut, le sacre, le

Fig. 150. — Varlets de fauconnerie. Fac-similé d'une miniature du manuscrit du *Livre du roy Modus*. (Quatorzième siècle.)

lanier, l'émerillon, le hobereau, etc. Le mâle chez ces oiseaux, étant d'un tiers plus petit que la femelle, s'appelait *tiercelet :* ce nom s'appliquait plus particulièrement, cependant, au mâle de l'autour, tandis que les mâles du lanier, du sacre, de l'épervier étaient désignés sous la qualification de *laneret, sacret, émouchet*. D'ordinaire les oiseaux mâles chassaient la perdrix et la caille, tandis que les femelles étaient employées à chasser le lièvre, le héron, le milan ou la grue. On nommait *oiseaux de poing* l'autour, l'épervier, le gerfaut et l'émerillon, qui revenaient sur le poing du chasseur quand celui-ci les rappelait après les avoir lancés contre la proie, et *oiseaux de leurre* le lanier, le hobereau et le sacre, auxquels il fallait montrer le leurre pour les faire revenir.

Le leurre était un simulacre d'oiseau, en drap rouge, pour qu'il fût visible de loin; rembourré, pour que le faucon pût s'y poser facilement, et garni d'ailes de perdrix, de canard ou de héron, suivant la circonstance. Le fauconnier faisait tourner comme une fronde, en sifflant, ce simulacre attaché à une laisse, et le faucon, habitué à trouver de la chair de volaille sur le leurre, se hâtait d'accourir du haut des airs pour recevoir sa récompense.

On distinguait deux espèces d'élèves parmi les faucons : le *niais,* qu'on avait pris plus ou moins jeune au nid, et le *hagard,* qui avait été capturé adulte par un moyen quelconque. L'éducation du premier était beaucoup plus facile que celle du second; mais on parvenait à dompter, à apprivoiser

Fig. 151. — « Comment l'on doit liemer faucon nouvel. » Fac-similé d'une miniature du *Livre du roy Modus.* (Quatorzième siècle.)

les plus rebelles en privant l'animal de sommeil, en lui cachant le jour à l'aide d'un capuchon de cuir, en le flattant de la voix, en le caressant de la main, en lui donnant une nourriture choisie, etc.

Quoi qu'il en fût de l'origine de l'oiseau, on l'accoutumait d'abord à vivre sans s'effaroucher avec les hommes, les chevaux et les chiens. On le mettait ensuite à la *filière,* c'est-à-dire qu'on l'attachait par la patte à une ficelle, qui lui permettait de voler à petite distance, et on le rappelait sur le leurre, où il trouvait toujours une bonne pitance, accompagnée de caresses. Après l'avoir soumis pendant plusieurs mois à cet exercice, on lâchait devant lui une perdrix blessée, pour qu'il pût la saisir près du fauconnier, qui la lui enlevait aussitôt, avant qu'il eût le temps de la mettre en pièces. Quand il paraissait assez familier, on lui donnait à poursuivre en l'air des cailles ou des perdrix, auxquelles on avait préalablement arraché quelques plumes des ailes pour ralentir leur vol. S'il s'agissait de le disposer à la chasse du lièvre, on se servait d'abord d'un lièvre empaillé, qu'on traînait devant lui avec une ficelle, et dans l'intérieur duquel il trouvait un poulet vivant, dont on lui abandonnait la tête et le foie quand il l'avait tué. Puis, on le lançait sur un lièvre auquel on avait cassé une des pattes de devant, pour que l'oiseau pût l'atteindre sûrement après quelques instants de poursuite. Voulait-on préparer les faucons à la chasse du milan, on en mettait deux ensemble sur le même perchoir, pour les accoutumer à vivre et à chasser en bonne intelligence, car si dans les airs ils s'étaient cherché querelle en attaquant le milan, la chasse aurait manqué. On leur livrait donc en pre-

Fig. 152. — Fauconniers. Fac-simile d'une miniature d'un manuscrit du treizième siècle, traitant de la *Cour de Jaime, roi de Majorque*.

mier lieu une poule de la couleur du milan. Plus tard on leur présentait à combattre un véritable milan, retenu par une ficelle, mais ayant les ongles et le bec rognés, pour qu'il ne pût blesser les apprentis faucons qui se précipitaient sur lui à la fois et l'attaquaient d'un commun accord. Du moment que ceux-ci avaient *lié* leur proie, on leur donnait à manger, sur le leurre, la chair d'un poulet. On s'y prenait de même quand il s'agissait d'habituer le faucon à la chasse du héron ou de la grue (fig. 159).

On voit que le seul dressage des oiseaux exigeait qu'on se procurât et qu'on entretînt en grande quantité (les expériences devant être sans cesse renouvelées) tous les animaux divers à la chasse desquels on destinait ces oiseaux, car, en fauconnerie comme en vénerie, on avait soin d'éviter le *change*, c'est-à-dire qu'il fallait surtout empêcher qu'un oiseau se prît tout à coup à chasser un gibier autre que celui contre lequel on l'avait lancé.

La création d'une fauconnerie supposait ainsi non-seulement une immense et populeuse basse-cour, mais encore un personnel nombreux de maîtres, de fauconniers et de valets, personnel très-coûteux d'ailleurs, auquel devait s'adjoindre, pour l'exercice effectif de la chasse, tout un monde de chevaux et de chiens, ces derniers appartenant à différentes races, et servant à faire lever le gibier, que les faucons se chargeaient d'atteindre au vol, ou à saisir à la course celui que la poursuite des faucons dans les airs avait forcé de descendre à terre.

Fig. 153. — « Comment en doit son faucon nouvel baynier. » Fac-simile d'une miniature du manuscrit du *Livre du roy Modus*. (Quatorzième siècle.)

Un faucon bien dressé était toujours un oiseau de grand prix, et constituait alors le plus beau présent qu'on pût faire soit à une dame, soit au roi lui-même, soit à quelque seigneur dont on espérait une faveur quelconque ou à qui l'on voulait être agréable. Tous les ans, par exemple, le roi de France en recevait six de l'abbé de Saint-Hubert, comme hommage de reconnaissance pour la protection qu'il accordait à l'abbaye. Le roi de Danemark lui en envoyait plusieurs, à titre de don gracieux, au mois d'avril; le grand-maître de Malte, au mois de mai. C'était alors, à la cour, une grande affaire que la réception de ces faucons en audience publique et solennelle, et l'essai qu'on en faisait plus tard à la chasse défrayait pendant six mois l'entretien des courtisans.

Grand émoi aussi à la cour lorsque l'arrivée de quelque marchand de faucons, venant de loin, était annoncée. On raconte que Louis XI fit dresser des embuscades et veiller nuit et jour sur les routes pour enlever des faucons que le duc de Bretagne devait recevoir de Turquie. La manœuvre réussit, et les oiseaux, arrêtés au passage, furent apportés au roi : « Par Notre-Dame de Cléry! s'écria-t-il, comment vont faire le duc François et ses Bretons? ils seront bien marrys (chagrins) du bon tour que je leur joue. »

Les princes européens déployaient à l'envi un grand luxe de fauconnerie;

Fig. 154. — « La manière de faire son espervier nouvel voler. » Fac-simile d'une miniature du manuscrit du *Livre du roy Modus*. (Quatorzième siècle.)

mais ce n'était rien auprès des magnificences de la fauconnerie orientale. Le comte de Nevers, fils du duc de Bourgogne Philippe le Hardi, ayant été fait prisonnier à la bataille de Nicopolis, fut présenté au sultan Bajazet, qui lui montra ses équipages de chasse, où l'on comptait sept mille fauconniers et autant de veneurs. Le duc de Bourgogne, apprenant cela, fit rassembler douze faucons blancs, oiseaux excessivement rares, et les envoya en présent à Bajazet, qui lui rendit son fils en échange.

Le *livre du roy Modus* donne les plus minutieux détails et les plus singuliers sur la noble science de fauconnerie. Il nous apprend, par exemple, que la *noblesse* des faucons était en tel respect, qu'on n'employait jamais pour un de ces oiseaux les ustensiles, harnais et vaisselle qui avaient été employés pour un autre faucon. Le gant même, ce gant souvent magnifiquement orné d'orfévrerie, sur lequel le faucon avait l'habitude de se reposer, servait à lui seul et non à deux oiseaux. Dans la maison des princes, le chaperon de cuir qu'on mettait sur la tête du faucon pour l'empêcher de voir quand il ne chassait pas, était brodé d'or, garni de perles, de plumes d'oiseau de paradis. Chaque faucon portait aux jambes deux petites sonnettes ou grelots aux armes de son maître, qui rendaient un son clair et argentin quand il s'élevait dans l'air à une si grande hauteur

Fig. 155. — Départ d'une dame pour la chasse. Fac-similé d'une miniature du manuscrit du *Livre du roy Modus*. (Quatorzième siècle.)

qu'on ne le voyait plus : ces sonnettes, qui ne devaient pas sonner à l'unisson, afin que la vibration en fût plus saccadée, venaient ordinairement d'Italie, et surtout de la ville de Milan, qui avait alors une grande renommée pour ce genre de travail. Les jambes du faucon étaient, en outre, garnies de *jets* ou courroies au moyen desquelles on l'attachait sur le perchoir; à l'extrémité du jet pendait un petit anneau de cuivre ou d'or, appelé *vervelle*, où l'on gravait le nom du maître de l'oiseau. Dans la fauconnerie royale, chaque vervelle offrait, d'un côté, cette inscription : « Je suis au roi; » de l'autre, le nom du grand-fauconnier. Cette précaution n'était pas inutile, car il arrivait souvent que des faucons s'égarassent à la chasse, et quiconque les avait trouvés savait ainsi à qui les rendre. La propriété d'un faucon était considérée comme sacrée et inviolable. Une ancienne loi barbare prononçait une bien étrange pénalité contre le voleur d'un faucon : le malheureux devait souffrir que le faucon lui mangeât six onces de chair sur la poitrine, s'il ne pouvait payer dix sols, ou deniers d'argent, représentant le quart d'un sou d'or et environ 125 francs de notre temps, à titre d'indemnité au propriétaire de l'oiseau, et 2 sols d'amende pour le roi.

Un homme habile dans l'art de dresser les faucons jouissait partout d'une grande estime : s'il était de condition libre, les seigneurs recherchaient ses services, et en surenchérissaient le prix; s'il était serf, son maître le gardait comme un rare trésor, ou le donnait comme le présent le plus magnifique qu'il pût offrir, ou bien le vendait moyennant une somme considérable. De même que le veneur émérite ou l'expert en l'art de vénerie, un fauconnier (fig. 156), pour arriver à la perfection de son art, devait savoir bien des choses, qui composaient une véritable science, embrassant à la fois l'histoire naturelle, la médecine vétérinaire (fig. 157) et la cynégétique; mais cette profession se perpétuait d'ordinaire dans certaines familles, et le fils ajoutait aux leçons du père les fruits de sa propre expérience. Il y avait, au reste, des écoles spéciales de vénerie et de fauconnerie, et tout naturellement la plus renommée, sinon la meilleure, était dans la maison royale.

Fig. 156. — Costume d'un fauconnier. (Treizième siècle.) Sculpture de la cathédrale de Rouen.

La charge de grand-fauconnier de France, dont l'origine remonte à l'année 1250, était une des plus hautes charges du royaume. Le maréchal de Fleuranges dit dans ses curieux Mémoires : « Le grand-fauconnier, dont l'état (traitement) est de 4,000 florins (le florin d'or valant 12 à 15 francs, cette somme représente plus de 80,000 francs au taux actuel), a sous lui cinquante gentilshommes qui ont d'état 5 ou 600 livres, et cinquante fauconniers-aides à 200 livres d'état; c'est lui qui nomme à ces divers emplois. Enfin, son équipage monte à trois cents oiseaux; il est maître d'aller chasser où bon lui semble dans toute l'étendue du royaume; il lève un tribut sur tous les oiseliers, qui ne peuvent sans sa permission vendre un seul oiseau dans aucune ville ni à la cour, et cela sous peine de voir leurs marchandises confisquées. » Le grand-fauconnier commandait à tous les *vols,* c'est-à-dire à toutes les chasses au vol ; dans les cérémonies publiques il paraissait avec un oiseau sur le poing, comme emblème de sa charge ; et le roi, quand

Fig. 157. — « Des maladies des chiens et de leurs curations. » Fac-simile d'une miniature du manuscrit de *Phebus.* (Quinzième siècle.)

il chassait au faucon, ne donnait l'essor à son oiseau qu'après que le grand-fauconnier avait lancé le sien sur le gibier.

La fauconnerie, comme la vénerie, avait sa langue à part, langue technique et professionnelle, qu'il fallait connaître dès qu'on se mêlait de chasse à l'oiseau, sous peine de passer pour un roturier ignorant. « C'est un plaisir de roi que la volerie, dit le jésuite Claude Binet, et c'est un parler royal que de savoir parler du vol des oiseaux. Tout le monde en parle, mais peu de gens en parlent bien et font pitié à ceux qui les escoutent. Tantôt cestuy-ci dit *la main* de l'oyseau au lieu de dire *la serre,* tantôt *la serre* au lieu de *la griffe,* tantôt *la griffe* au lieu de *l'ongle* et du *crochet,* etc. »

Le quatorzième siècle fut la grande époque de la fauconnerie : il y avait alors tant de nobles chassant au faucon, que dans les salles des hôtelleries on trouvait des perchoirs établis à demeure sous le vaste manteau de la cheminée, pour y mettre les oiseaux pendant le dîner des chasseurs. Les chroniques sont pleines de faits caractéristiques qui témoignent de l'enthousiasme que la chasse au vol inspirait à tous ceux qui s'y livraient.

Les empereurs et les rois n'étaient pas les moins passionnés pour cette espèce de chasse. Dès le dixième siècle l'empereur Henri Ier avait été surnommé *l'Oiseleur,* parce qu'il s'occupait de ses faucons cent fois plus que de ses sujets. Son exemple fut suivi par un de ses successeurs, l'empereur Henri VI, qui passait pour le premier fauconnier de son temps. Lorsque son père, l'empereur Frédéric Barberousse, mourut en Terre-Sainte (1189), les archiducs, électeurs de l'Empire, allèrent chercher ce prince, pour le proclamer empereur d'Allemagne. Ils le trouvèrent entouré de chiens, de chevaux, d'oiseaux, prêt à partir pour la chasse : « La journée est belle, leur répondit-il ; permettez que nous renvoyions à demain les affaires sérieuses ! »

Deux siècles plus tard, à la cour de France, même ardeur pour la chasse au vol, même admiration pour les hauts faits des faucons. Le connétable Bertrand du Guesclin avait donné deux faucons au roi Charles VI ; le comte de Tancarville, témoin du combat que ces deux vaillants oiseaux n'avaient pas craint d'engager contre une grue, dont ils se rendirent maîtres bien qu'elle fût assez forte pour tenir tête à deux lévriers : « En nom Dieu ! s'écria-t-il, ne donnerois mie (pas) le plaisir que j'ay pour mille petits florins ! »

Un poëte historiographe du roi, Guillaume Cretin, qui, bien que chanoine de la Sainte-Chapelle de Vincennes, n'était pas moins passionné pour la chasse à l'oiseau que son bon maître Louis XII, composa un poëme dans lequel exprime ainsi le plaisir qu'il éprouvait à voir un héron précipité du haut des nues par la vigoureuse attaque des faucons :

> Qui auroit la mort aux dents,
> Il revivroit d'avoir un tel passe-temps!

Dans une partie de chasse que Louis XII offrit à l'archiduc Maximilien, Marie de Bourgogne, épouse de ce prince, tomba de cheval et mourut des suites de cet accident. Le roi fit présent de ses meilleurs faucons à l'archiduc

Fig. 158. — Fauconnier allemand, dessiné et gravé au seizième siècle par J. Amman.

pour le distraire de la mort de sa femme, et un historien nous apprend que le pauvre mari fut bientôt consolé : « Perdrix et hérons, canards et cailles pris tout en chevauchant vers ses États, lui tollirent (ôtèrent) son chagrin. »

La fauconnerie, après avoir été en honneur pendant des siècles, subit enfin une loi qui fut celle de toutes les grandes institutions; elle n'atteignit l'apogée de sa gloire que pour se trouver le lendemain en pleine décadence. Destinée à disparaître complétement sous le règne de Louis le Grand, qui n'aimait que la chasse au cerf, et qui, d'ailleurs, en attirant toute la noblesse à la cour, appauvrit et désorganisa la vie de château, elle n'eut jamais de plus fervent adepte que le roi Louis XIII, qui, comme on sait, eut pour premier favori son maître fauconnier, Albert de Luynes, dont il fit un premier ministre et un connétable. Même dans le jardin des Tuileries, lorsqu'il allait entendre la messe au couvent des Feuillants, ce prince s'amusait à faire prendre des fauvettes et des roitelets par des pies-grièches dressées à *voler* les petits oiseaux.

Ce fut sous le règne de ce roi chasseur qu'un bel esprit se rencontra, qui découvrit que les mots Louis treizième, roy de France et de Navarre, donnaient exactement cette anagramme : Roy très-rare, estimé dieu de la fauconnerie; et que Charles d'Arcussia, le dernier écrivain qui ait écrit sur la fauconnerie un livre technique, après avoir loué Sa Majesté de se livrer sans réserve à cette divine passion, s'avisa de transformer « en anges domestiques les oiseaux du roy qui mettent à bas les oiseaux charogniers, hiéroglyphes de démons, comme l'ange Gabriel lia le diable Asmodée ». Aussi ajoutait-il dans sa dédidace au roi : « De même que la qualité d'ange est par-dessus celle de l'homme, de même la qualité des oiseaux est-elle relevée par-dessus tous les autres animaux. »

A cette époque on employa certaines cérémonies religieuses ou plutôt superstitieuses, pour bénir l'eau avec laquelle on aspergeait les faucons partant pour la chasse, et l'on adressa des conjurations aux aigles, pour qu'ils respectassent les faucons dans l'exercice de leurs nobles travaux : « Je vous adjure, ô aigles, par le vrai Dieu, par le Dieu saint, par la bienheureuse Vierge Marie, par les neuf ordres des anges, par les saints prophètes, par les douze apôtres, etc..., que vous laissiez le champ libre à nos oiseaux et que vous ne leur nuisiez point : au nom du Père, du Fils et du Saint-Esprit. » Ce fut alors que, pour retrouver les faucons perdus, un sieur de la Brizardière, sorcier en titre, imagina de battre de verges le maître de l'oiseau, jusqu'à le mettre en sang, et de composer avec ce sang un charme réputé infaillible.

Elzéar Blaze s'étonne que les dames n'aient pas réclamé en faveur de la chasse à l'oiseau, qui tomba bientôt en désuétude, car cette chasse leur donnait un rôle actif dans un drame animé et intéressant, dont toutes les péripéties n'exigeaient de leur part que des mouvements faciles, gracieux, sans danger : « Sachant, dit-il, lancer l'oiseau, le rappelant ou l'encourageant par leurs cris, familières avec lui pour l'avoir constamment porté sur le poing et souvent pour l'avoir dressé elles-mêmes, le succès de la chasse leur revenait de droit. Elles y faisaient, d'ailleurs, briller leurs grâces et leur adresse; galopant dans la plaine au milieu des chevaliers, suivies de leurs pages et de leurs valets, avec une troupe de chevaux et de chiens. »

De tous temps, il est vrai, la question de préséance et de supériorité avait

Fig. 159. — Chasse au héron. Fac-similé d'une miniature du manuscrit du *Livre du roy Modus*. (Quatorzième siècle.)

été posée entre la vénerie et la fauconnerie, qui de tous temps se trouvèrent en rivalité. Ainsi, dans le *Livre du roy Modus*, deux dames plaident (en vers, car le sujet semblait trop élevé pour qu'on le traitât en simple prose), l'une pour les oiseaux, l'autre pour les chiens, lorsque intervient un célèbre veneur et fauconnier, qui donne la palme à la vénerie, par cette singulière raison que les veneurs ont à la fois le plaisir des yeux et des oreilles. Dans le vieil ouvrage de Gace de la Vigne, où la même plaidoirie ne contient pas moins de dix mille vers, le roi (on ne le nomme pas) met fin à la contestation, en ordonnant qu'à l'avenir on dira *déduits* (plaisirs) *de chiens* (fig. 160) et *déduits d'oiseaux*, sans qu'il y ait supériorité d'une part ni d'autre. Un poëte de cour, dont nous avons parlé plus haut, et qui fut en grande renommée sous Louis XII et François Ier, Guillaume Crétin, après avoir fait *débattre* encore deux dames sur le même sujet et toujours en vers, n'hésite pas, au contraire, à mettre la fauconnerie au-dessus de la vénerie.

Vénerie et fauconnerie ont eu même honneur dans l'histoire. Il suffira de citer quelques faits empruntés aux annales de la chasse.

Le roi de Navarre Charles le Mauvais avait juré d'être fidèle à l'alliance du même roi, Édouard III; mais les troupes anglaises ayant été battues par du Guesclin, Charles comprit qu'il y aurait pour lui avantage à se tourner du côté du roi de France, Charles V; il imagina donc, pour n'avoir pas l'air de violer sa foi, de se faire enlever dans une partie de chasse, et sauvegarda de la sorte ses intérêts, sinon son honneur. Ce fut également à la faveur d'une partie de chasse que Henri III, un autre roi de Navarre, qui fut depuis Henri IV, s'échappa de Paris (3 février 1576), où il était gardé à vue, et se rendit à Senlis, où ses amis de la religion réformée vinrent le joindre.

La chasse fut appelée à concourir à l'éclat et à l'originalité des fêtes publiques, dans lesquelles elle se montrait avec toutes ses magnificences, aux yeux des badauds étonnés. Nous nous bornerons à signaler en premier lieu l'entrée d'Isabeau de Bavière à Paris, où une sorte de chasse au cerf, exécutée par un aigle et par un lion à la fois, fut simulée dans les rues, qui étaient, dit la relation du temps, pleines « à grand foison de lièvres, *connils* (lapins) et oisillons »; puis l'entrée solennelle de Louis XI, à qui l'on donna aussi le spectacle d'une chasse à la biche, près de la fontaine Saint-Innocent, « à la suite de quoi la reine reçut en présent un beau cerf, fait de confitures, qui avoit les armes d'icelle noble dame pendues au col »; enfin le mémorable festin donné à Lille, en 1453, par le duc de Bourgogne, festin où l'on représenta un bien singulier intermède.

« A l'un des bouts de table, dit le chroniqueur Mathieu de Coucy, partit un héron, lequel, quand il fut aperceu, fut rescrié de plusieurs voix, à guise de fauconniers et de gens de déduit, disant: *A l'aguet! à l'aguet!* et tantost partit d'un autre coin un faucon, qui vint *toupier* (tourner) et prendre son vent pour *monter* (dominer) le héron. D'un autre coin, partit un autre faucon, lequel venoit de si grande roideur, qu'il férit le héron si rudement, qu'il l'abattit au milieu de la salle, et après la criée faite fut apporté le héron audit duc et présenté à sa table. »

Nous avons naturellement gardé pour la fin de ce chapitre le peu que nous avons à dire de l'oisellerie, ce genre de chasse presque dédaigné autrefois, que l'auteur anonyme du *Livre du roy Modus* appelait, au quatorzième siècle, le *desduit des pauvres,* « parce que les pauvres, qui ne peuvent avoir ni chiens ni faucons pour *chasser* ou *voler,* n'y prennent pas moins *grant plaisance,* en même temps qu'ils y trouvent des moyens d'existence. »

Et puisque nous avons cité ce livre, qui fit longtemps autorité dans la

Fig. 160. — Deduits de chiens. « Comment l'on prent la truie à forche de chiens. » Fac-similé d'une miniature du manuscrit du *Livre du roy Modus.* (Quatorzième siècle.)

science cynégétique en général, constatons qu'il résulte des assertions de son auteur que la plupart des procédés, des engins, actuellement employés en oisellerie, étaient déjà connus et employés au moyen âge, sans préjudice même de certains autres qui depuis ont été négligés et oubliés. Nous trouvons en effet dans le *Roy Modus* la description des filets à nappe, celle de la chasse au miroir et à la chouette; celle de la pipée (fig. 161), des piéges, des trébuchets, etc. A cette époque, où l'on faisait partout grand usage de faucons, il fallait que des gens s'occupassent de les prendre jeunes et vivants. Notre vieil auteur indique pour cette chasse le lacet et les filets de plusieurs sortes, et les *brais* ou ciseaux de bois, au milieu desquels on plaçait une chouette ou d'autres oiseaux, pour *affiner* (attirer) les faucons (fig. 162).

On se servait alors pour prendre le faisan et la bécasse de deux méthodes qui méritent d'être décrites, sinon peut-être expérimentées de nos jours. « Les faisans, dit le *Roy Modus,* sont de telle nature que le mâle ne peut souffrir en sa compagnie nul autre faisan mâle. » C'est pourquoi, d'après cette disposition naturelle à ces oiseaux, on avait imaginé de les prendre en plaçant un miroir qui maintenait en équilibre une grande cage d'osier, dite *mue*, soulevée en l'air. Le faisan venait, croyait voir son semblable, l'attaquait, heurtait le miroir (fig. 163), la mue tombait, et le jaloux se trouvait pris.

Quant aux bécasses, ou *videcops,* qui sont bien, selon l'auteur, « les plus sots oiseaux du monde », on les chassait à la *foletouere,* et voici comment

Fig. 161. — Chasse à la pipée. « La manière de prendre oyseaux à piper à lose. » Fac-similé d'une miniature du manuscrit du *Livre du roy Modus*. (Quatorzième siècle.)

on agissait. L'oiseleur, couvert de la tête aux pieds d'une enveloppe couleur feuille morte, dans laquelle étaient seulement ménagées deux petites ouvertures pour les yeux, se mettait en quête de la bécasse; quand il en apercevait une, il s'agenouillait sans bruit, en appuyant ses bras sur deux bâtons pour conserver une immobilité parfaite. Saisissant le moment où la bécasse ne le regardait pas, il s'en approchait lentement en marchant sur les genoux. Il tenait en outre dans les mains deux petites baguettes de bois sec, garnies de drap rouge, qu'il frappait légèrement l'une contre l'autre, pour que le bruit amusât l'oiseau ou lui causât des distractions... Et à l'aide de ce manège il s'approchait peu à peu de la bécasse jusqu'à ce qu'il pût lui passer au cou un lacet, qu'il avait préparé au bout d'un bâton (fig. 164).

Quelque ingénieuses que puissent nous paraître ces ruses de chasse, nous ne croyons pas que ce soit en méconnaître le mérite que d'en rapprocher celle que nous trouvons indiquée deux siècles plus tard dans l'*Ixeuticon*, très-élégant poëme latin d'Angelis de Barga. Pour prendre un grand nombre d'étourneaux, assure cet auteur, il suffit d'en avoir deux ou trois en cages. Lorsqu'on voit passer une volée de ces oiseaux (qui d'ailleurs ne voyagent pas autrement qu'en troupe, comme les grues), on lâche les étourneaux prisonniers, aux pattes desquels on a eu le soin d'attacher une longue ficelle

Fig. 162. — Chasse aux brais. Fac-simile d'une miniature du manuscrit du *Livre du roy Modus*. (Quatorzième siècle.)

enduite de glu. Ceux-ci vont aussitôt se mêler avec joie aux voyageurs, et tous ceux qu'ils approchent s'engluent et tombent avec eux.

Alors, comme aujourd'hui, l'oisellerie s'exerçait à deux fins : d'une part pour se procurer du gibier, et de l'autre pour capturer les *menus oiseaux de chant et de plaisir*. Le commerce de ces derniers eut au moyen âge une telle importance, du moins à Paris, que les *oiseliers* ou *oiseleurs* (aujourd'hui les deux expressions diffèrent de sens) avaient pu former une assez nombreuse corporation ayant des statuts et des priviléges.

Le pont au Change (alors chargé de deux rangs de maisons avec *ouvroirs* ou boutiques occupées par les orfévres et les changeurs) était le lieu d'étalage ordinaire de ces industriels, qui avaient le droit d'accrocher leurs cages le long des maisons, même sans la permission des locataires. Cette singulière immunité leur avait été concédée par Charles VI, en 1402, en considération de ce qu'ils étaient tenus « de bailler et délivrer quatre cents oiseaux » quand les rois étaient sacrés, et « pareillement quand la reine entroit nouvellement en sa bonne ville de Paris ». Toutefois les orfèvres et changeurs, trouvant ce voisinage incommode et gênant pour leur commerce.

Fig. 163. — Chasse au faisan. « Ci-devise comment l'en prent les fesans. » Fac-simile d'une miniature du manuscrit du *Livre du roy Modus*. (Quatorzième siècle.)

voulurent s'affranchir d'une servitude qu'ils n'avaient jamais acceptée : ils invoquèrent le droit commun pour leurs boutiques, dont ils payaient bel et bien le loyer, et dont les abords se trouvaient sans cesse obstrués par la foule des vendeurs et des acheteurs d'oiseaux. La cause fut portée, à plusieurs reprises, devant le parlement, qui ne fit que confirmer les anciennes ordonnances des rois de France et anciens priviléges des oiseleurs. Vers la fin du seizième siècle, la contestation s'envenima de telle sorte, que les orfèvres et changeurs se permirent de jeter « par terre les cages et oiseaux, et icelles fouler et attriper au pied », en battant même et *excédant* les pauvres oiseleurs. Mais un arrêt du parlement fit encore justice de l'opposition des orfèvres à la vente des oiseaux sur le pont au Change, en condamnant le meneur de cette affaire, Pierre Filacier, maître orfévre qui avait soutenu le procès, à payer une double amende, vingt écus aux *demandeurs* et dix écus au roi.

On aime à voir que dès cette époque de sages mesures de précaution étaient prises dans l'intérêt des couvées, pour empêcher la chasse des *oisillons* depuis le 15 mars jusqu'au 15 août. En outre, pour pouvoir chasser aux oiseaux sur les domaines du roi il fallait justifier d'une permission expresse de Sa Majesté, et pour avoir le droit d'en mettre en vente il fallait

Fig. 164. — Chasse à la *foletouere*. Fac-simile d'une miniature du manuscrit du *Livre du roy Modus*. (Quatorzième siècle.)

être reçu maître oiseleur. Ces oiseleurs en titre n'avaient donc pas d'autres concurrents tolérés que certains marchands forains, qui apportaient à Paris des serins de Canarie, des *papegeais* ou perroquets, et d'autres oiseaux étrangers; mais ces marchands étaient tenus d'exposer tout d'abord leurs oiseaux de dix heures à midi sur la « pierre de marbre, en la cour du Palais, à jours d'entrée du parlement », pour que les maîtres et gouverneurs de la volière du roi et, après lui, les présidents et conseillers pussent faire leur choix avant tout le monde. Ils devaient, en outre, réunir dans des cages différentes, accompagnées d'écriteaux, les mâles et les femelles, pour que les chalands ne fussent pas trompés, et d'ailleurs, en cas de contestation sur ce point délicat, des inspecteurs-jurés décidaient de la question entre le vendeur et l'acquéreur.

Fiers sans doute de la victoire définitive qu'ils avaient remportée contre les orfévres et changeurs du pont au Change, les oiseleurs de Paris poussèrent un jour leurs prétentions jusqu'à vouloir interdire aux bourgeois de la ville la faculté de faire couver les serins qu'ils avaient en cage et de multiplier aucune espèce d'oiseau. Mais, répondaient les bourgeois, qui portèrent leurs plaintes devant les maréchaux de France, « ce seroit un plaisir pour nous, et pour nos femmes et filles, d'élever des serins de Canarie, à qui nous apprendrions mille gentillesses et joyeusetés, tandis que ceux achetés au Pont-aux-Changeurs sont difficiles à instruire, estant trop vieux ». Cette requête fut favorablement accueillie : une sentence de la Table de marbre (tribunal de la maréchaussée de France) permit aux bourgeois de faire couver des serins de Canarie, avec défense toutefois de vendre le produit de ces couvées et de faire ainsi concurrence à l'industrie des maîtres oiseleurs de la ville, faubourgs et banlieue de Paris.

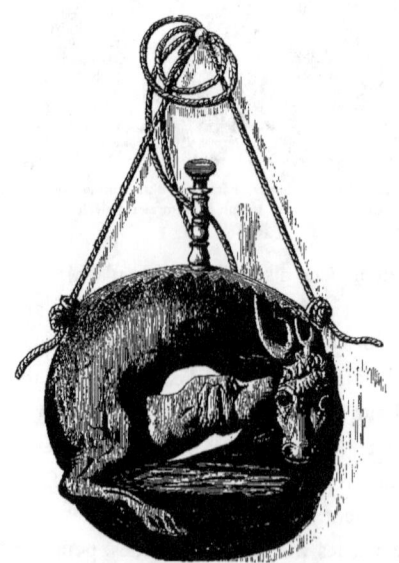

Fig. 165. — Poudrière de chasse. Travail du seizième siècle.
(Musée d'artillerie de Bruxelles.)

JEUX ET DIVERTISSEMENTS

Jeux des anciens Grecs et des Romains. — Jeux du cirque. — Combats d'animaux. — Intrépidité du roi Pepin. — Les lions du roi. — Combats d'aveugles. — Les badauds de Paris. — Champs de mars, cours plénières et cours couronnées. — Les jongleurs, bateleurs et ménétriers. — Les funambules. — Feux d'artifice. — Exercice de gymnastique. — Les cartes et les dés. — Les échecs. — Les billes et billards, la soule, la pirouette, etc. — Petits jeux de société. — Histoire de la danse. — Ballet des Ardents. — L'*Orchésographie* de Thoinot Arbeau. — Énumération des danses.

ous les peuples, à toutes les époques, ont aimé avec passion les divertissements publics; tous aussi, avec la même ardeur, se sont livrés à des jeux et à des plaisirs qui pouvaient leur faire passer le temps d'une manière agréable, et qui variaient sans cesse, en se multipliant, selon le caractère de chaque nation et suivant les évolutions capricieuses de la mode. Si le docte antiquaire J. Meursius a consacré un gros livre à décrire les jeux des anciens Grecs (*De ludis Græcorum*), si Rabelais a recueilli la liste de deux cent vingt jeux qui étaient ou avaient été en usage à la cour de son Gargantua, on comprend que la description des jeux et divertissements de tous les peuples, et particulièrement des Français, dans tous les temps, formerait une sorte d'encyclopédie assez volumineuse.

Nous allons donner un aperçu rapide et sommaire des différents genres de distraction et de passe-temps qui furent le plus en vogue au moyen âge et jusqu'à la fin du seizième siècle, en laissant de côté les fêtes religieuses qui se rattachent à un ordre d'idées tout différent ; les fêtes publiques, dont il sera question à propos du Cérémonial (*voyez* plus loin ce chapitre); les tournois, joutes, carrousels et autres *esbattements* des preux, qu'on ne saurait séparer de la Chevalerie, et enfin les représentations scéniques et littéraires, qui appartiennent essentiellement à l'histoire du théâtre [1]. Nous nous bornerons à rassembler ici, dans un cadre restreint, quelques traits épars ou quelques détails historiques sur certains divertissements de cour, sur les jeux d'adresse et de hasard, et sur les danses.

Les Romains, surtout au temps des empereurs, étaient passionnés pour les spectacles du cirque et de l'amphithéâtre : courses de chars, courses à pied et à cheval, combats d'animaux, exercices de force et de souplesse. La vie du peuple de Rome se trouvait résumée dans ces mots : Du pain et les jeux du cirque (*panem et circenses*). Ce goût effréné pour des divertissements analogues avait passé dans les Gaules, ainsi que dans tout le monde romain, et, à défaut des historiens qui se taisent à cet égard, il suffit d'interroger les vestiges des nombreux amphithéâtres, qui ont été reconnus sur tous les points de l'occupation romaine. L'établissement de la religion chrétienne avait fait disparaître les jeux du cirque, que les évêques condamnaient comme une tradition profane et sanguinaire du paganisme. De là sans doute l'abandon complet du combat de l'homme contre la bête. Mais on continua de faire combattre ensemble des animaux féroces ou de lancer des chiens dressés à ce genre de combat sur des lions, des tigres, des ours et des taureaux. On ne saurait expliquer autrement la construction ou plutôt la restauration des cirques ou des arènes, à Paris et à Soissons, vers 577, par le roi Chilpéric. Ce sont les restes de l'un de ces cirques qu'on vient de retrouver à Paris, en ouvrant une nouvelle rue, sur le versant de la montagne de Sainte-Geneviève, à peu de distance de l'antique palais des Césars, connu sous le nom des *Thermes* de Julien.

Grégoire de Tours rapporte que sous le règne de Chilpéric, qui ressuscitait les anciens jeux du cirque, la Gaule était devenue pauvre de bons athlètes et de chevaux de course. Quoi qu'il en soit, les combats d'animaux

---

[1] Voir aussi *les Arts au moyen âge*, chapitre Cartes à jouer.

se perpétuèrent à la cour du moins, pour le plaisir des rois. Un jour, le roi Pepin s'étant arrêté, avec les principaux officiers de son armée, à l'abbaye de Ferrières, on lui donna le spectacle du combat d'un lion et d'un taureau. Ce taureau était d'une grandeur gigantesque et d'une force extraordinaire; mais le lion se jeta sur lui et le renversa. Pepin, qu'on avait surnommé le Bref, se tourna vers ses officiers, qui se raillaient souvent de sa petite taille : « Faites lâcher prise au lion, leur dit-il, ou tuez-le sur le taureau. » Personne n'osa tenter une entreprise aussi périlleuse, et quelques-uns dirent tout haut qu'il faudrait être en démence pour se mesurer avec un lion. Pepin s'élance dans l'arène, l'épée à la main, et tranche en deux coups

Fig. 166. — Combat d'un cheval contre des chiens. Fac-simile d'un manuscrit du British Museum. (Treizième siècle.)

la tête du lion et celle du taureau. « Que vous en semble? dit-il à ses officiers, stupéfiés. Ne suis-je pas capable d'être votre maître? La taille ne sert de rien au courage. Souvenez-vous de ce que le petit David fit au géant Goliath! »

Huit cents ans plus tard, il y avait encore quelquefois des combats d'animaux à la cour du roi François Ier. Une belle dame, raconte Brantôme, alla voir les lions du roi, en compagnie d'un gentilhomme qui était fort épris d'elle. Voilà que tout à coup la dame laisse échapper son gant, qui tombe dans la fosse aux lions. « Je vous prie, dit-elle de l'air le plus calme à son adorateur, de descendre chez les lions et de me rapporter mon gant. » Le gentilhomme ne fit aucune observation : il ne tira pas même son épée, et se résigna silencieusement à la mort pour obéir à sa dame. Les lions ne bougèrent pas, et il put sortir de leur fosse sain et sauf. « Voici votre gant, madame, dit-il froidement à cette imprudente, qui avait fait si bon marché de sa vie. Cherchez maintenant quelque autre qui y aille. » Et depuis lors il ne la regarda jamais et ne lui adressa plus la parole.

On a supposé que les rois de France n'avaient des lions dans leur hôtel que comme symboles vivants de la royauté. En 1333, Philippe de Valois avait acheté dans la rue Froidmantel, auprès du château du Louvre, une grange où il fit établir une ménagerie pour ses lions; on y mit aussi des ours, des léopards et d'autres bêtes féroces. Cette ménagerie royale subsistait encore sous les règnes de Charles VIII et de François Ier, quoique Charles V et ses successeurs eussent un *hôtel des lions,* dans l'enceinte du grand hôtel de Saint-Paul, à l'endroit même où fut ouverte plus tard la rue des Lions-Saint-Paul.

Ces animaux sauvages figuraient quelquefois dans les combats, où on les mettait aux prises avec des taureaux et des chiens, en présence du roi et de la cour. Ce fut après un de ces combats que Charles IX, échauffé par ce sanglant spectacle, voulait se présenter seul dans l'arène, pour attaquer un lion qui avait déchiré en pièces ses meilleurs chiens; on eut bien de la peine à faire renoncer l'audacieux souverain à son projet insensé. Henri III n'aurait eu garde d'imiter son frère, car, ayant rêvé, une nuit, que ses lions le dévoraient, il les fit tuer tous le lendemain à coups d'arquebuse.

Les chasses à la grande bête, au loup, au sanglier, à l'ours (*voyez* le chapitre *Chasse*) avaient depuis longtemps remplacé, pour la cour et les grands seigneurs, les combats d'animaux. Le peuple était donc privé de ces combats, qui avaient eu tant de charmes pour lui; et comme il n'avait pas la ressource de la chasse, il se donnait une réminiscence lointaine des jeux du cirque, en faisant assaillir par des dogues un vieux cheval ou vieil âne pelé (fig. 166). Les combats de taureaux s'étaient pourtant conservés dans les provinces méridionales de la France, de même qu'en Espagne.

Il y avait aussi dans les fêtes de village non-seulement des luttes corps à corps, mais encore des espèces de combats singuliers, à coups de bâton ou de bouleaies (branches de bouleau). Deux hommes, les yeux bandés, s'armaient d'une trique et, tenant chacun dans la main une corde attachée à un piquet, tournaient dans le même cercle, en essayant d'atteindre avec leur bâton une oie grasse ou un porc qui cherchait à leur échapper : on conçoit bien que les coups les mieux appliqués tombaient comme grêle sur l'un ou l'autre des deux principaux acteurs de ce combat *à l'aveuglette*. Dieu sait comme les spectateurs saluaient par de fous rires les plaisants épisodes de cette interminable bastonnade !

Fig. 167. — Marchands et conducteurs de lions à Constantinople. Fac-simile d'une gravure sur bois de la *Cosmographie universelle* de Thevet, in-fol., 1575.

Rien ne divertissait plus nos bons ancêtres que ces batailles d'aveugles. Nos rois eux-mêmes prenaient volontiers leur part de ce burlesque spectacle. Ils se rendaient tous les ans, à la mi-carême, avec leur cour, aux Quinze-Vingts, à Paris, pour y voir des aveugles, armés de pied en cap, combattant à la lance ou au bâton, dans le préau de leur hôpital. Il n'en fallait pas davantage pour faire courir tout Paris. En 1425, le dernier jour d'août, les habitants de la capitale se mirent aux fenêtres pour voir passer le cortége de quatre aveugles, armés de toutes pièces, comme des chevaliers allant au tournoi, et précédés de deux hommes, l'un jouant du hautbois, l'autre portant une bannière sur laquelle on avait peint un porc. Ces quatre aveugles devaient le lendemain attaquer ensemble un pourceau, lequel appartiendrait à celui des quatre champions qui l'aurait tué. La lice avait été dressée dans la cour de l'hôtel d'Armagnac, sur l'emplacement actuel du Palais-Royal. La foule était grande pour assister au combat : les aveugles, aux mains desquels on avait mis des masses d'armes, s'en servirent les uns contre les autres, et d'une si furieuse façon, qu'ils se fussent assommés si on ne les eût séparés, en les invitant à partager entre eux le porc qu'ils avaient bien gagné.

Le peuple au moyen âge était possédé d'une insatiable curiosité : il accourait de toutes parts et de loin dès qu'un spectacle quelconque pouvait lui procurer un moment de récréation ; pour jouir de ce spectacle il supportait toutes les fatigues, toutes les privations, et il s'y adonnait de si grand cœur, qu'il se consolait de ses plus grandes misères et qu'il riait pour le moindre sujet, de ce rire inextinguible qui était, en quelque sorte, une de ses facultés naturelles. Dans toutes les cérémonies publiques où la foule du populaire avait place au soleil, on savait d'avance que cette foule, avide de voir et toujours ébahie (les badauds de Paris en sont les derniers représentants), obstruerait toutes les issues et fermerait le passage au cortége, qu'elle serait impatiente d'admirer de près : aussi la prévôté de Paris avait-elle soin de faire distribuer à ses sergents quelques centaines de boulaies, qu'ils brisaient sur les épaules des curieux les plus obstinés (*voyez* le chapitre *Cérémonial*). Il n'y avait pas alors de procession d'église, de foire de paroisse, de fête de corporation, de *montre* ou revue de gens de guerre, qui ne fussent occasion de rassemblement tumultueux où les yeux et les oreilles de chacun étaient tout grands ouverts, ne fût-ce que pour entendre un son de trompe ou pour voir courir un chien traînant une vieille poêle attachée à sa queue.

Cette curiosité native des Français avait eu son bon temps, lorsque les rois de la première race tenaient leurs *champs de mars ;* les rois de la seconde race, leurs *cours plenières ;* les rois de la troisième race, leurs *cours couronnées*. Dans ces assemblées, où le roi réunissait ses grands vassaux une ou deux fois chaque année, pour se mettre en communication avec eux et pour fortifier le pouvoir en s'assurant de leur service féodal, le peuple était convoqué pour avoir part à d'immenses distributions de victuailles et de boissons fermentées (fig. 168); le peuple fournissait des spectateurs empressés et chaleureux aux pompes militaires, aux cérémonies de la cour, et surtout aux divertissements de toutes espèces que la royauté ne manquait pas de lui offrir à grands frais. C'était dans ces circonstances solennelles

Fig. 168. — Distribution gratuite de pain, de viande et de vin, au peuple. Copie réduite d'une gravure sur bois de l'*Entrée solennelle de Charles-Quint et du pape Clément VII, à Bologne*, en 1530.

que les jongleurs, ou bateleurs, ou *ménétriers*, déployaient leur savoir-faire. Les *champs de mars* avaient lieu aux principales fêtes de l'année, tantôt dans l'intérieur d'une grande ville, tantôt dans un domaine royal, tantôt en pleine campagne. Grégoire de Tours en décrit un, qui se donna dans cette cité de Tours, dont il était évêque, sous le règne de Chilpéric, durant les fêtes de Pâques. On peut être sûr que les jeux du cirque, remis en honneur par Chilpéric, furent le principal intérêt de ce champ de mars. Charlemagne tenait également des champs de mars, appelés *cours royales*, et il s'y montrait revêtu de riches habits de drap d'or brodés de perles et de pierreries. Sous la troisième race, le roi Robert célébra les cours royales avec la même magnificence : le peuple était admis dans le palais pendant le festin du roi, qu'il contemplait assis au milieu des grands officiers de la couronne. Les *cours plénières*, qui avaient lieu chaque année, à Noël, le jour des Rois, à Pâques et à la Pentecôte, ne furent pas moins brillantes sous les règnes des successeurs de Robert. Louis IX lui-même, malgré sa modestie naturelle et son goût pour la simplicité, se faisait remarquer par son faste dans ces circonstances d'apparat. En 1350, Philippe de Valois y parut la couronne sur la tête, et dès lors les cours plénières furent surnommées des *cours couronnées*. Rien n'était changé d'ailleurs pour les divertissements

Fig. 169. — Exercices d'équilibre. Fac-similé d'une miniature d'un manuscrit de la bibl. Bodleyenne, à l'université d'Oxford. (Treizième siècle.)

qui s'y succédaient durant plusieurs jours, aux frais du souverain, et dont les *rois des jongleurs* étaient les entrepreneurs privilégiés.

Ces rois des jongleurs exerçaient une autorité souveraine sur le royaume de jonglerie et sur tous les sujets ou suppôts de cette association joyeuse. Il ne faudrait pas supposer que le rôle des jongleurs se bornât à jouer de la vielle et à réciter, aux sons de cet instrument, des contes ou des fabliaux. Ce n'était là que le moindre de leurs talents. Les plus habiles, il est vrai, jouaient de toutes espèces d'instruments de musique et savaient par cœur une multitude de chansons et d'histoires, à l'exemple de leur antique précurseur, de ce roi Borgabed ou Bédabie, qui aurait été, au dire des trouvères, roi de la Grande-Bretagne à l'époque d'Alexandre le Grand, roi de Macédoine. Les jongleurs ou *jugleors*, d'un ordre subalterne, se distinguaient surtout par des tours de force et d'adresse (fig. 169 et 170). Ils faisaient des cabrioles extraordinaires; ils franchissaient d'un bond plusieurs cercles éloignés les uns des autres; ils jonglaient avec des couteaux, des frondes, des paniers, des boules de cuivre, des assiettes de faïence; ils marchaient sur les mains, les pieds en l'air, ou bien ils se tenaient verticalement sur les pieds, la tête en bas. Ces exercices acrobatiques étaient même pratiqués par des femmes, qu'on appelait des *jugleresses*. La légende avait fait de la fille d'Hérodiade une jugleresse très-renommée, car, sur un bas-relief qui se trouve à la cathédrale de Rouen, on voit cette danseuse juive exécuter le saut périlleux devant Hérode, pour le fasciner à ce point qu'il consentît à faire décapiter saint Jean-Baptiste.

Fig. 170. — Danse à l'épée au son de la cornemuse. Fac-simile d'un manuscrit du British Museum. (Quatorzième siècle.)

« Les jongleurs, ajoute M. de Labédollière dans son savant ouvrage sur la *Vie privée des Français,* menaient souvent avec eux des ours, des singes et autres animaux qu'ils avaient dressés à danser ou à combattre (fig. 171 et 172). Un manuscrit de la Bibliothèque nationale représente un banquet, et autour de la table, des singes à cheval, un ours qui contrefait le mort, une chèvre qui pince de la harpe, des chiens qui gambadent sur leurs pattes de derrière. » Ce sont là justement les grotesques bizarres qu'on retrouve dans les sculptures, sur les chapiteaux des églises, et dans les peintures, sur les marges des manuscrits de théologie et sur celles des livres d'heures : ce qui prouve que les jongleurs avaient d'étroites affinités avec les communautés d'artistes imagiers et enlumineurs, si ce n'étaient pas eux-mêmes qui écrivaient et *historiaient* les manuscrits. « La jonglerie, continue

M. de Labédollière, comprenait donc la poésie, la musique, la danse, l'escamotage, la prestidigitation, la lutte, le pugilat et l'éducation des animaux. Ses plus humbles adeptes étaient les *mimes,* grimaciers au costume multicolore, saltimbanques éhontés qui provoquaient le rire aux dépens de la pudeur. »

Dans l'origine et jusqu'au treizième siècle c'était un état lucratif que celui des jongleurs. Il n'y avait pas de belle fête publique ou privée sans leur concours. On faisait moins de cas de leurs représentations mimiques et de leurs tours d'acrobates que des longs poëmes ou *lais* de guerres et d'aventures, en *roman,* c'est-à-dire en langue vulgaire rimée, qu'ils récitaient en s'ac-

Fig. 171. — Jongleurs montrant des ours et des singes. Fac-simile d'un manuscrit du British Museum (Treizième siècle.)

compagnant des sons d'un instrument à cordes, pour marquer la mesure du vers. La porte des châteaux leur était toujours ouverte, et on leur donnait place à table dans tous les festins. Ils avaient fait les délices des *cours plénières :* suivant le témoignage d'un de leurs poëtes, il se retiraient chargés de présents, avec des chevaux de main (*palefrois*) ou des chevaux de trait (*roussins*), avec des joyaux, des manteaux, des robes de fourrure, des vêtements de drap violet ou écarlate, et surtout avec de grosses sommes d'argent. Ils pouvaient alors invoquer avec orgueil l'héroïque souvenir d'un des leurs, de ce brave Normand Taillefer, qui, avant la bataille d'Hastings, s'avança seul, à cheval, entre les deux armées prêtes à combattre, provoqua les Anglais en leur chantant la chanson de geste de Roland et se mit à jongler avec ses armes, prenant sa lance par la hampe, la jetant en l'air, et la recevant par le fer, puis tirant son épée, la faisant tourner plusieurs fois au-dessus de sa tête et la ressaisissant par la pointe. Après ces exercices d'adresse qui tenaient l'ennemi dans une muette admiration, il poussa son destrier parmi les rangs anglais, et y fit un grand carnage, avant de tomber percé de coups.

En dépit de ce noble exemple, et pour ne pas faire mentir un vieux proverbe, les jongleurs ne devinrent pas chevaliers. Ils furent bientôt aussi décriés qu'ils avaient été estimés. Leur vie licencieuse se refléta dans leur langage obscène : leurs pantomimes, comme leurs chansons, étaient empreintes de débauche et de lubricité. Le bas peuple riait de leurs indécences et se plaisait toujours à leurs jongleries ; mais la noblesse les avait

Fig. 172. — Exercices équestres. Fac-simile d'une miniature d'un manuscrit anglais du treizième siècle.

pris en dégoût, et ils étaient absolument exclus de la société des dames et damoiselles, dans les châteaux et dans les maisons bourgeoises. On voit dans le fabliau du *Jugleor* qu'ils étaient partout mal famés, parce qu'ils s'adonnaient à tous les vices. Les prédicateurs, et saint Bernard le premier, les dénonçaient au mépris public. Voici en quels termes saint Bernard parlait d'eux, dans un de ses sermons écrits en langue vulgaire au milieu du douzième siècle : « Home entendus aux jongleurs asseiz tost averoit (aurait) une feme que on appelle Pouvreté. Et si il avient que les jeux des jongleurs te pleisent, fayn de les oyr et que aultre part tu penses. Les instruments des jongleurs oncques ne pleisent à Dieu. »

D'après cet anathème lancé sur les jongleurs, on se rend compte de leur décadence et du discrédit dans lequel ils étaient alors. On n'est pas surpris de trouver dans une vieille édition des *Mémoires du sire de Joinville* ce passage, qui n'est peut-être qu'une interpolation fondée sur un document contemporain : « (Saint Louis) chassa de son royaume tous basteleurs et autres joueurs de passe-passe, par lesquels venoient au peuple plusieurs lascivités. » Un trouvère de cette époque nous montre les jongleurs errant, à pied, sur les routes, avec leurs animaux savants demi-morts de faim : ces malheureux, à moitié nus, sont souvent sans *cotelle*, sans surcot, sans souliers, et toujours sans argent. Le peuple leur faisait accueil et manifestait la même admiration pour leurs tours d'*habileté* (fig. 173),

Fig. 173. — Jongleurs sur une place publique. D'après une miniature du manuscrit de *Guarin de Loherane* (treizième siècle), à la bibl. de l'Arsenal à Paris.

mais la classe bourgeoise leur tournait le dos, à l'instar des nobles. Ce fut seulement en 1345 que le prévôt de Paris, Guillaume de Gourmont, leur fit défense de chanter ou raconter des histoires scandaleuses, sous peine d'amende et de prison. Organisés depuis 1331 en confrérie, il furent parqués dans une seule rue de Paris, qui prit le nom de *rue des Jongleurs*. A cette date se rapporte la fondation de l'église et de l'hôpital de Saint-Julien par les soins de Jacques Grure, natif de Pistoie, et Huet le Lorrain, tous deux jongleurs. Presque aussitôt la confrérie tout entière, nouvellement érigée, s'engagea à contribuer à cette œuvre de bienfaisance chacun selon ses facultés. Il lui en coûta 60 livres pour les deux bâtiments, construits l'un et

JEUX ET DIVERTISSEMENTS. 247

l'autre dans la rue Saint-Martin, et placés sous l'égide de saint Julien, martyr. La chapelle fut inaugurée le dernier dimanche de septembre 1335; sur la façade on pouvait voir trois figures, représentant, avec divers instruments de musique, un trouvère, un ménétrier ou ménestrel, et un jongleur.

Le mépris dans lequel étaient tombés les jongleurs n'empêcha pas les rois de France d'attacher à leur personne certains bouffons, nains plus ou moins difformes, qui n'étaient autres que des jongleurs en titre d'office et qui se permettaient toute espèce d'impertinences et de facéties pour dérider le front soucieux de leur auguste maître (fig. 174 et 175). Ces bouffons, ces *fous*, furent en charge à la cour jusqu'au siècle de Louis XIV, et quelques-uns,

Fig. 174. — Danse de fous. Fac-simile d'une miniature d'un manuscrit du treizième siècle de la bibl. Bodleyenne, à l'université d'Oxford.

tels que Caillette, Triboulet et Brusquet, sont plus connus dans l'histoire que bien des hommes d'État et des hommes de guerre, leurs contemporains.

Dès la fin du quatorzième siècle, la confrérie des jongleurs se divisa en deux catégories distinctes : les jongleurs proprement dits, et les bateleurs. Les premiers continuèrent à réciter des vers sérieux ou plaisants, à chanter des chansons d'amour, à jouer des intermèdes comiques, soit isolément, soit par troupes, dans les rues ou dans les maisons, en s'accompagnant eux-mêmes ou en se faisant accompagner de toutes sortes d'instruments de musique. Les bateleurs, au contraire, s'étaient réservé exclusivement les exercices de souplesse, les tours d'adresse, l'exhibition des animaux dressés à diverses pratiques, les grimaces comiques et les jeux funambulesques.

L'art du funambule remontait à une haute antiquité; il n'avait pas été négligé chez les Francs, qui le regardaient comme le plus merveilleux effort du génie humain. Les funambules les plus extraordinaires appartenaient, dès cette époque, à la race indienne : ils venaient tous de l'Orient ; plus tard ils firent des élèves dans les pays qu'ils parcouraient, et ils se recrutèrent dans la tourbe mélangée des jongleurs. D'après un document cité par le savant Foncemagne, les danseurs de corde figuraient déjà, en 1237, dans les divertissements donnés pendant les repas d'apparat des rois de France. Mais, bien avant cette époque, ils sont mentionnés, dans les poésies des troubadours, comme les auxiliaires obligés de toutes les fêtes qui se célébraient chez les seigneurs et même dans les couvents. A partir du quatorzième siècle jusqu'à la fin du seizième, on ne peut plus se passer d'eux, dès qu'il s'agit d'une cérémonie publique dans laquelle le peuple est appelé à intervenir en qualité de spectateur. C'est surtout aux entrées des rois et reines, princes et princesses, que les funambules sont admis à montrer leur savoir-faire.

Un des exemples les plus extraordinaires de l'audace de ces bateleurs signala l'entrée d'Isabeau de Bavière à Paris, en 1385 (voyer le chapitre *Cérémonial*). Mais tous les chroniqueurs du quinzième siècle sont remplis de faits analogues ; aussi Mathieu de Coucy, qui a écrit l'histoire du temps de Charles VII, rapporte des détails très-curieux sur un spectacle de ce genre, lequel eut lieu dans la ville de Milan et dont l'Europe entière fut émerveillée : « Iceluy duc de Milan fit tendre une corde du travers de sondit palais, environ de 150 pieds de hauteur et de longueur, et là fut veu un *Portingalois* (Portugais) qui monta sur ladite corde et chemina sur icelle tout droit ; puis alla à rebours, dansa sur icelle corde au son du tambourin, se pendit à ladite corde la teste dessoubs, et fit sur icelle corde toutes les habiletez que l'on pourroit désirer, tellement que les dames, qui le regardoient, muchoient (cachaient) leurs yeux, de grand paour (peur) qu'elles avoient qu'il ne se tuast. » Le chroniqueur de Louis XII, Jean d'Auton, nous raconte un fait non moins remarquable, à l'occasion des obsèques du duc Pierre de Bourbon, célébrées à Moulins, au mois d'octobre 1503, en présence du roi et de la cour : « Et entre autres estoit un funambule, c'est-à-dire un chemineur dessus corde, de la nation d'Allemagne, nommé Georges Menustre, très-jeune homme, lequel fit attacher une grosse corde amont au plus haut de la grosse tour du chasteau de Mâcon et aux fenestres du clocher des Jacobins de ladite

LE FOL EN TITRE D'OFFICE AU QUINZIÈME SIÈCLE.

Fac-simile d'une miniature d'un manuscrit de la Bibliothèque de l'Arsenal.
Th. lat. n° 125.

ville, où avoit de hauteur, depuis terre jusques à là, vingt-cinq toises mesure, et depuis le chasteau jusques audit clocher, deux cent cinquante pas : et par là dessus, deux soirs ensuivant, chemina, et à la dernière fois, depuis la tour dudit chasteau jusques dedans le clocher, où là dessus, en la vue du roy et de plus de trente mille personnes, fit tout plein de gentilesses, comme basses danses, sauts, gambades et morisques, et se pendit par les pieds et par les dents, avec un couvrechef : qui fut chose bien estrange et merveilleuse à ouir; toutesfois il fut vray, si par prestigie la vue humaine ne fust enchantée. Une

Fig. 175. — Fou de cour en titre d'office. Fac-similé d'une gravure sur bois de la *Cosmographie universelle* de Munster, in-fol.; Bâle, 1552.

autre sauterelle de Florence estoit là, laquelle dansoit très-nouvellement avec hautes gambades et doubles soubresauts, et faisoit morisques légères et estranges danses. » N'était-ce pas une bizarre façon de célébrer des funérailles ?

Au seizième siècle, ces danseurs et ces bateleurs, si habiles qu'ils fussent, devinrent tellement nombreux, qu'on les rencontrait partout, dans les campagnes comme dans les carrefours des villes. Beaucoup d'entre eux étaient des bohémiens ou zingari; ils allaient par troupes, à pied ou à cheval, avec des voitures contenant leur théâtre ambulant et les instruments nécessaires à leur métier. Mais le peuple commençait à se lasser de ces sortes de divertissements, d'autant plus qu'on les lui faisait payer. Il préférait ceux des fêtes et réjouissances publiques, pour lesquels il n'avait pas besoin de se mettre en frais. Il était surtout très-curieux d'illuminations et de feux d'artifice, qui sont bien postérieurs à la découverte de la poudre à canon, quoique les Sarrasins, à l'époque des croisades, se servissent du feu grégeois pour obtenir des résultats analogues, qui frappaient d'épouvante les Francs ou les croisés. Les véritables feux d'artifice paraissent avoir été imaginés en Italie, où l'art de l'artificier est resté hors ligne jusqu'à nos jours, et dont les habitants sont toujours aussi fanatiques de ce divertissement, qu'ils regardent comme inséparable de toute fête religieuse ou profane, publique ou particulière. Cette invention italienne fut d'abord transportée dans les Pays-Bas par les Espagnols, et elle y trouva des admirateurs fanatiques. Elle était aussi arrivée en France avec les artistes italiens qui vinrent s'y fixer sous les règnes de Charles VIII, de Louis XII et de François Ier. Les feux d'artifice ne pouvaient être que bien reçus à la cour des Valois, où l'influence de Catherine de Médicis avait introduit les mœurs et usages de l'Italie. Les Français, qui ne connaissaient auparavant que leurs feux de la Saint-Jean et du dimanche des Brandons, accueillirent avec enthousiasme les feux d'artifice, qui furent bientôt l'accompagnement ordinaire de toutes les fêtes publiques (fig. 176).

Nous nous sommes occupé jusqu'ici des divertissements qui formaient spectacle et qui s'exécutaient pour le plaisir des spectateurs; nous avons à énumérer ou à décrire maintenant ceux dont les acteurs prenaient plus de plaisir que les spectateurs eux-mêmes. C'étaient surtout les jeux de force, d'adresse, d'exercices, par conséquent les danses, dont nous parlerons en dernier lieu; c'étaient aussi les jeux de hasard et les jeux d'esprit. Bourgeois et villageois jouaient à une foule de jeux d'action, qui sont aujourd'hui à peu près relégués dans les colléges : la lutte, la *coursée* ou *courerie*, les barres, la *saillie*, ou saut vertical et horizontal, le cheval fondu, le colin-maillard ou *chapifou*, la *pelotte* ou la balle, etc. La gymnastique et tous les exercices qui servaient à fortifier le corps et à augmenter la souplesse des membres furent longtemps en pratique parmi la jeune noblesse (fig. 177 et 178). Le seigneur de Fleuranges rappelle, dans ses *Mémoires,* écrits à la cour de François Ier, ces nombreux exercices auxquels il se livrait dès son enfance, et qu'on regardait alors comme l'apprentissage indispensable de la chevalerie. Les nobles y prenaient le goût des exercices violents, et plus tard les joutes et les tournois, la chasse et la guerre leur donnaient amplement de quoi se satisfaire. Ce n'était pas encore assez pour leur infatigable activité : le jeu de paume et le jeu de billard les attendaient à toutes les heures de la journée,

Fig. 176. — Feu d'artifice tiré sur l'eau, avec simulacre d'un combat naval. Fac-similé d'une gravure en cuivre de la *Pyrotechnie* de Hanzelet le Lorrain, in-4°; Pont-à-Mousson, 1630.

et ces deux jeux avaient un tel attrait pour les nobles de tout âge, que souvent les joueurs y dépensaient plus que leurs forces et tombaient gravement malades en sortant de jouer. En 1506, le roi de Castille Philippe le Beau mourut d'une pleurésie qu'il avait gagnée en jouant à la paume.

Le jeu de paume devint aussi le jeu favori des bourgeois dans les villes. On avait construit partout des salles destinées à ce jeu, et ces salles étaient si vastes, si commodes pour les spectateurs, qu'on les transformait souvent en théâtre. Le jeu de billard n'avait pas d'autre analogie que le nom avec

Fig. 177. — Les culbutes. Fac-similé d'une gravure sur bois de l'*Exercice de sauter et de voltiger*, par A. Tuccaro, in-4°; Paris, 1599.

notre billard moderne : il se jouait sur un terrain uni avec des boules de bois qu'on poussait à l'aide de crosses et de marteaux. Ce jeu d'adresse était déjà très-usité au quatorzième siècle, puisque le maréchal de Boucicault, qui passait pour un des plus habiles joueurs de son temps, y gagna 600 francs (plus de 28,000 francs au taux actuel) en 1396. Au commencement du siècle suivant, le duc Louis d'Orléans faisait acheter, au prix de 11 sols 6 deniers tournois (environ 15 francs de notre monnaie), des *billes et billars*, « pour soy esbattre ». Il y avait plusieurs jeux du même genre, qui n'étaient pas moins répandus : les quilles, qu'on appelait aussi *cochonet va devant;* la *soule* ou *soulette*, grosse boule de foin recouverte en peau que se disputaient les joueurs, divisés en deux bandes; le gros ballon, gonflé d'air; la longue paume, qui se jouait en plein air avec des *éteufs;* la *pirouette* ou le

Fig. 178.— Le saut périlleux. Fac-simile d'une gravure sur bois de l'*Exercice de sauter et voltiger*, par A. Tuccaro, in-4°; Paris, 1599.

volant!, etc. Ce fut le roi Charles V qui eut l'idée de donner aux jeux du peuple un caractère plus sérieux et plus utile, et qui, dans une ordonnance célèbre où il interdisait les jeux de hasard, encouragea l'institution des compagnies de l'arc et de l'arbalète. Ces compagnies, auxquelles s'adjoignirent plus tard celles de l'arquebuse, ont survécu aux révolutions politiques, et se sont perpétuées surtout dans les provinces du nord.

A toutes les époques et dans tous les pays, ce furent les jeux de hasard qui eurent le plus de vogue, quoiqu'ils fussent défendus à la fois par l'autorité ecclésiastique et par l'autorité royale, laquelle renouvelait sans cesse et inutilement ses ordonnances prohibitives, surtout contre les jeux de dés. « On ne fera point de dez dans tout le royaume, dit l'ordonnance de 1256, et ceux qui seroient en reputation d'y jouer et de fréquenter les tavernes et les mauvais lieux seront infames. » L'ordonnance de 1291 répète : « Que le jeu des dez soit défendu. » Cependant, quoique ces défenses se renouvellent souvent, on continue à jouer aux dés et à y perdre beaucoup d'argent. L'ordonnance de 1396 ne s'attaque qu'aux *dez mal poins* (mal marqués) et aux *dez pipés*, qui devaient être contemporains de l'origine des dés eux-mêmes, car il n'y a pas de jeu qui ait donné lieu à plus piperies et de vols. Les dés se vendaient donc publiquement, malgré les lois qui les défendaient, car dans le *Dit du Mercier*, le marchand annonce ainsi sa marchandise :

>J'ay dez de plus, j'ay dez de moins,
>De Paris, de Chartres, de Rains.

On a prétendu que le jeu de dés s'était appelé primitivement le *jeu de Dieu*, parce que le hasard se trouvait compris au nombre des jugements de Dieu; mais cette étymologie n'est qu'un jeu d'imagination. Ce qui paraît plus probable, c'est que les dés furent proscrits par l'Église d'abord et par le pouvoir civil ensuite, à cause des affreux blasphèmes que proféraient les joueurs poursuivis par la mauvaise fortune. Rien n'était plus ordinaire que de se ruiner à ce jeu. Les poésies des troubadours sont pleines de malédictions contre la fatale chance des dés : plusieurs troubadours, tels que Guillaume Magret et Gaucelm Faydit, y avaient perdu leur fortune et la vie. Le trouvère Rutebeuf s'écriait dans un de ces poëmes satiriques : « Les dés m'ont dépouillé de tous mes habits, les dés me tuent (*li dé m'ocient*), les dés m'épient et me guettent, les dés m'attaquent et me défient. » Les blasphèmes des joueurs ne restaient pas toujours impunis. « Philippe Auguste, dit Rigord dans son histoire latine de ce roi, poussa si loin l'horreur des blasphèmes, trop souvent proférés par les joueurs dans les cours ou dans les maisons de jeu, que si quelqu'un, chevalier ou autre, s'en permettait un seul, par mégarde, en présence du souverain, il était immédiatement, par ordre de ce prince, jeté dans la rivière. Sous Louis XII, qui avait plus d'indulgence, sinon moins d'aversion, pour les blasphémateurs, on se contentait de leur percer la langue avec un fer rouge.

Le *Dit de la façon de jouer les dés* nous a conservé les termes techniques qu'on employait en jouant à ce jeu, qui variait de système autant que de

Fig. 179 et 180. — Cartes françaises d'un jeu de piquet du commencement du seizième siècle. Collection de la Bibl. nationale de Paris.

nom. On jouait tantôt avec trois dés, tantôt avec six; on jouait aussi à différents jeux, dans lesquels le jet de dés déterminait la chance. Les jeux de cartes n'étaient pas moins nombreux : nous n'avons pas à revenir ici sur leur origine. Il suffit de nommer quelques-uns des plus usités en France : le *flux*, la *prime*, la *séquence*, la *triomphe*, le *cent* (de piquet), le *trente-et-un*, le *passe-dix*, la *condemnade*, le *lansquenet*, le *mariage*, le *gay* ou *j'ai*, le *maucontent*, le *hère*, etc. (fig. 179 et 180). Tous ces jeux, qui n'étaient pas moins prohibés que les jeux de dés, se jouaient dans les tavernes comme à la cour, et de même qu'il y avait des dés pipés ou plombés, de même fallait-il se défier des cartes préparées ou trompeuses. La plupart des jeux de cartes autrefois n'exigeaient pas la moindre habileté de la part des joueurs; c'était le hasard seul qui décidait des coups. Les jeux de *tables*, du moins, demandaient certaines connaissances et certains calculs. On comprenait sous cette dénomination générale tous les jeux qui se jouaient sur un damier (*tabula*) et particulièrement les échecs, les dames et le trictrac. Le jeu des échecs (*sacchi*), dont on faisait remonter l'invention aux Assyriens, venait, à coup sûr, de l'Orient; il était arrivé dans les Gaules vers le neuvième siècle, mais il ne fut très-répandu qu'au douzième. Les romans de chevalerie nous montrent à chaque instant les barons jouant aux *tables*, et surtout aux échecs. Les historiens font aussi mention des échecs : on y jouait avec la même ardeur dans le camp des Sarrasins et dans celui des croisés. On ne doit pas s'étonner que les échecs aient partagé avec les dés l'anathème ecclésiastique et la prohibition légale, car quiconque ignorait les ingénieuses combinaisons de ce jeu mathématique le confondait avec les jeux de hasard. Aussi, le concile de Paris, en 1212, condamnait les échecs au même titre que les dés, et les interdisait surtout aux gens d'église, qui en avaient fait leur récréation habituelle. L'ordonnance royale de 1254 n'est pas moins injuste à l'égard des échecs : « Nous défendons estroitement, dit Louis IX dans cette ordonnance, que nul ne joue aux dés, aux tables, ne aux eschets. » Le saint roi avait lui-même tenu la main à cette sévère prohibition de ces jeux, qu'il regardait comme des inventions du diable. Après la funeste journée de Massoure (Mansourah), en 1249, le roi, qui était encore en Égypte avec les débris de son armée, demanda ce que faisait son frère le comte d'Anjou : « On li dit, raconte Joinville, que il jouoit aux tables avec monseigneur Gautier de Nemours, et le roi alla là, tout chancelant, par la faiblesse de sa maladie, et prist les dés et les tables et les geta en la mer et se courrouça moult fort à son frère. » Cependant Louis IX avait reçu en présent, du Vieux de la Montagne, chef des Ismaliens, un échiquier en or et en cristal de roche, dont les pièces étaient faites de matières précieuses, finement travaillées. On a supposé, mais à tort, qu'il fallait reconnaître cet échiquier dans celui qui est conservé au Musée de Cluny, après avoir fait longtemps partie du trésor des rois de France.

Parmi d'autres jeux qui sont compris dans les *tables*, il suffit de mention-

LES JOUEURS D'ÉCHECS.

D'après une miniature des *Trois Ages de l'homme*, manuscrit de la fin du quinzième siècle, attribué à Estienne Porchier. Biblioth. de M. Ambroise-Firmin Didot.

Cette scène se passe dans une des salles du Château de Plessis-les-Tours, séjour de Louis XI. Dans le joueur de droite on reconnaît les traits du roi.

JEUX ET DIVERTISSEMENTS.

ner le jeu de *dames*, qui se jouait autrefois avec des dés et qui avait changé en dames les pions du jeu d'échecs; les honchets ou *jonchées*, qui offrent quelque analogie avec les pièces de l'échiquier, et qui demandaient plus d'adresse

Fig. 181. — Scènes allégoriques d'une des Cours d'amour en Provence : dans le premier compartiment le dieu Amour ou Cupidon, assis sur le tronc d'un laurier, blessant de ses traits ceux qui lui rendent hommage, et dans le second compartiment les serments amoureux des hommes et des femmes. D'après un couvercle de miroir, en ivoire sculpté, de la fin du treizième siècle.

de main que d'intelligence; les *épingles*, qui se jouaient de la même manière que les honchets, et qui faisaient les délices des petits pages dans les maisons seigneuriales. Là où manquaient les épingles, les honchets et les dames, on faisait en sorte de les remplacer par les doigts de la main, et l'on jouait, par exemple, à la mourre (*morra*), qui est encore le jeu favori du peuple en Italie. On sait que ce jeu, dont les anciens Romains n'étaient pas moins fanatiques que les Italiens modernes, consiste à lever subitement autant de doigts qu'en fait apparaître celui qui veut embarrasser son adversaire. C'est à peu près l'objet du jeu du *doigt mouillé*, lequel convenait mieux à la divination réfléchie des joueurs français. Il fallait encore parmi les jeux de la jeunesse distinguer ceux des filles et ceux des garçons. Ces derniers jouaient aux billes, aux *luettes*, à la toupie ou à la *ronfle*, au *palet*, au *fouquet*, aux *merelles*, et à une foule de jeux qui restent encore inexpliqués ; les filles jouaient à la *briche*, avec une brique et un bâtonnet, aux *martiaus* ou petits palets, aux *poupées*, au *loup*, au *renard*, à *cache-mouchel* ou à colin-maillard, à *cligne-musette* ou à cache-cache, aux *cailles*, etc. La plupart de ces jeux étaient animés par une ronde que les joueuses répétaient en chœur, ou par dialogues chantés et psalmodiés à l'unisson.

Si les enfants avaient alors leurs jeux, qui ont traversé le cours des âges sans changer d'une manière notable, les dames et les demoiselles avaient les leurs, sortes de jeux de galanterie ou de société, qui n'ont disparu qu'avec ces assemblées innocentes où les deux sexes faisaient assaut de politesse, de malice et d'esprit. Il faudrait de longues dissertations archéologiques pour établir ce que pouvaient être le *jeu des oes*, le *jeu des trois ânes*, le *jeu des accords bigarrés*, le *jeu du jardin madame*, le *jeu de la fricade*, le *jeu du feiseau*, le *jeu de la mick*, et quantité d'autres qui sont nommés, mais non décrits dans les fabliaux. Quant au *jeu à l'oreille*, dont l'invention est attribuée au troubadour Guillaume Adhémar, quant au *jeu des Valentins* ou *de la fête des amoureux* et aux jeux si multipliés des *pénitences* et du *gage touché*, qui nous viennent en droite ligne des Cours d'amour du moyen âge, nous les retrouvons encore, un peu dépourvus de leur naïveté primitive, dans les veillées de château en hiver et dans les amusements champêtres en été. Mais les Cours d'amour ne sont plus là pour régler gravement toutes ces choses légères (fig. 181).

Au nombre de ces choses légères que le temps n'a pas emportées, et qui semblent devoir durer plus longtemps que les monuments de pierre et d'airain, il faut citer la danse, qui fut certainement un des premiers divertissements des hommes réunis en société et qui est venue jusqu'à nous, en con-

JEUX ET DIVERTISSEMENTS.

servant son caractère propre et indélébile, à travers toutes les religions et toutes les coutumes, à travers tous les peuples et tous les siècles. La danse se montre tour à tour religieuse et profane, grave et solennelle, folle et légère, à chaque page des annales du monde; mais si la danse était partout et se mêlait à tout autrefois comme aujourd'hui, on pourrait faire cette dis-

Fig. 182. — Les danseurs de la nuit de Noël, punis de leur impiété et condamnés à danser pendant une année entière; légende de la fin du quinzième siècle. Fac-simile d'une gravure sur bois de P. Wohlgemuth, dans le *Liber Chronicorum mundi*, in-fol.; Nuremberg, 1493.

tinction remarquable dans l'histoire des mœurs, que tel peuple, comme les anciens Romains, se plaisait à voir danser, mais ne dansait pas. Tibère chassa de Rome les danseurs; Domitien retrancha du sénat quelques sénateurs qui s'étaient déshonorés en dansant. On doit présumer que les Romains depuis la conquête de Jules César n'avaient pas favorisé la danse. Il y eut dans les Gaules, comme dans les autres provinces de l'empire, une multitude de baladins de profession, qui n'avaient pas peu contribué à faire décrier la danse, à cause de leurs mœurs dissolues, et qui dansaient à prix d'argent durant les repas. Cependant la bonne humeur, la gaieté naturelle des Gaulois, leur passion pour les exercices violents et pour les plaisirs sensuels, tout les disposait à aimer la danse et à s'y livrer avec ardeur; on s'explique donc comment la danse, malgré les répugnances de l'aristocratie romaine, malgré les anathèmes et les interdictions des conciles et des synodes, a toujours été le passe-temps favori des Gaulois et des Français.

Leuce Carin, écrivain sans autorité, a dit que dans les premiers temps du christianisme les fidèles dansaient ou plutôt *tripodiaient*, s'agitaient et se démenaient en cadence, pendant les cérémonies du culte; mais c'est une erreur : il ne resta qu'un faible vestige des danses païennes dans la fête des Brandons (premier dimanche du carême), qui se rattachait probablement aux rites de la religion des Druides. La nuit venue, on allumait des feux de joie sur les places publiques, et la population accourait pour danser follement autour de ces feux. Des désordres et des scandales résultaient souvent de la célébration de cette fête populaire, et les magistrats durent intervenir, pour surveiller et pour réprimer. L'Église, de son côté, ne demeura pas indifférente et inactive en face des abus qui avaient lieu aux danses des Brandons, mais les admonitions épiscopales ne furent pas toujours écoutées (fig. 182). On voit dans les actes d'un des plus récents conciles de Narbonne que l'habitude de danser dans les églises et dans les cimetières à certaines fêtes n'avait pu encore être extirpée dans quelques localités du Languedoc à la fin du seizième siècle.

La danse fut de tous temps blâmée et interdite par l'Église catholique, à cause des dangers qu'elle pouvait avoir pour les mœurs; elle se trouva en lutte pendant des siècles avec l'autorité ecclésiastique, mais, par compensation, elle n'eut presque jamais à se plaindre des sévérités du pouvoir civil. Quand le roi Childebert, en 554, défendit toutes les danses dans ses États, il n'avait fait que céder à l'influence des évêques, qui les condamnaient. Nous avons peu de renseignements sur les danses de cette époque, et l'on ne pourrait dire jusqu'à quel point était motivée leur interdiction. Ce n'étaient plus sans doute ces danses guerrières que les Francs avaient apportées avec eux, et que les archéologues ont désignées sous le nom de *danse pyrrhichienne*. Quoi qu'il en soit, les danses guerrières reparaissent à l'origine de la chevalerie : car lorsqu'un nouveau chevalier était élu, tous les chevaliers, armés de toutes pièces, exécutaient des évolutions cadencées, soit à pied, soit à cheval, aux sons de la musique militaire, et le peuple les en-

Fig. 183. Danses de paysans aux fêtes du mois de mai. Fac-similé d'une miniature d'un livre d'heures (quinzième siècle) de la Bibl. nation. de Paris.

tourait en dansant. On a dit que c'était l'origine des ballets de cour, et La Colombière, dans son *Théâtre d'honneur et de chevalerie,* rapporte que cette ancienne danse des chevaliers s'était perpétuée chez les Espagnols, qui l'appelaient *la moresque*.

Le moyen âge est la belle époque de la danse, surtout en France. Ce ne sont que fêtes dansantes, et l'on croirait, en lisant les vieux poëtes et les vieux romanciers, que les Français n'avaient rien de mieux à faire que de danser à toute heure du jour et de la nuit. En voici le bizarre motif, imaginé en faveur de l'utilité pratique de la danse, par Jean Tabourot, dans son *Orchésographie*, publiée à Langres, en 1588, sous le pseudonyme de Thoinot Arbeau : « Les danses sont practiquées pour cognoistre si les amoureux sont sains et dispos : à la fin desquelles il leur est permis d'embrasser leur maistresses, affin que respectivement ilz puissent sentir et odorer l'un et l'autre, s'ilz ont l'haleine souefve (agréable), de façon que de cet endroit, oultre plusieurs commoditez qui reussissent de la dance, elle se treuve necessaire pour bien ordonner une société. » Telle était la doctrine des Cours d'amour, qui avaient pris hautement la défense de la danse contre les prédicateurs. Dans ce temps-là, dès que les deux sexes étaient réunis en nombre suffisant, avant ou après les repas, les *baus* (bals) et *caroles* (rondes) commençaient; hommes et femmes se prenaient par la main et dessinaient des pas cadencés (fig. 183). L'auteur du poëme provençal *Flamença* caractérise ainsi allégoriquement ces divertissements : « La Jeunesse et la Joie ouvraient le bal avec leur cousine la Prouesse; la Lâcheté, confuse, allait d'elle-même s'enterrer. » Les troubadours nomment un grand nombre de danses, sans les décrire, parce qu'ils les avaient sans cesse sous les yeux; ils parlent souvent de la *danse au virlet*, espèce de ronde aux chansons, pendant laquelle chacun chantait à son tour un couplet dont le refrain était répété en chœur par tous les danseurs. Dans le Code des Cours d'amour, intitulé *Arresta amorum* (les Arrêts d'amour), il est question du *pas de Brabant*, dans lequel on faisait aux dames le *petit genoil*, c'est-à-dire qu'on pliait le genou devant elles, et de la *danse au chapelet*, à la fin de laquelle chaque danseur embrassait sa dame. Les romans de chevalerie nous montrent sans cesse les chevaliers qui, sans quitter leur heaume et leur cotte de mailles, se mettent à danser aux chansons avec les dames et damoiselles. Il y avait pourtant des costumes mieux appropriés à la danse. On voit dans le roman de *Perceforet* qu'à la suite d'un repas, pendant qu'on enlevait les

LA DANSE A LA TORCHE

Cette danse ou plutôt ce pas ne s'exécutait rarement. Celle dont notre figure offre une représentation animée a pour théâtre la brillante cour de Bourgogne au quinzième siècle, et pour acteurs les plus hauts personnages de cette cour.

A gauche se tiennent enlacés le duc et la duchesse de Bourgogne, l'un et l'autre au retour de l'âge : le *bon duc* Philippe, ainsi que le nomme la légende du tableau, un des plus magnifiques princes de son temps, et Isabelle de Portugal, sa troisième femme. Derrière ce groupe Mlle de Chimay figure un lys à la main : c'est la dame d'honneur de la duchesse.

Sur le premier plan s'avance, la torche à la main et en habit de danse, le comte de Charolais, alors âgé d'une vingtaine d'années, « le plus habile des chevaliers », selon les chroniqueurs, à tous les exercices de force et d'adresse : celui qui devait être un jour Charles le Téméraire donne la main à sa tante Agnès de Bourgogne, altière et mûre beauté, sœur du duc Philippe, et mariée à Charles Ier, duc de Bourbon. Le second couple se compose d'Antoine de Bourgogne, dit *le grand Bâtard*, un rival de Dunois pour la vaillance, et de sa sœur, Anne de Clèves, dame de Clèves, mariée en secondes noces au célèbre chevalier du Cygne, Adolphe de Ravestein.

Les deux personnages du fond, Jacques de Luxembourg et Philippe de Horn, qui attendent leur tour d'entrer en danse, étaient deux hommes graves : celui-là, le lieutenant de son frère le fameux connétable de Saint-Pol, qui eut une fin tragique en place de Grève ; celui-ci, le grand chambellan du duc Philippe et le général de ses armées. M^r et Mme d'Estampes, qui appartenaient à la cour de France, ne prennent part à la danse qu'en qualité de figurants ; Robert, comte d'Estampes, était conseiller et chambellan de Charles VII.

L'auteur anonyme de cette remarquable peinture fut probablement un des habiles artistes de cette école flamande, dont le duc Philippe encouragea les premiers pas. Quant à la date de 1463 inscrite sur son tableau, elle sert plutôt à rappeler le moment où il l'a terminé que celui de la danse reproduite. Il faut en effet remonter jusqu'aux fameuses fêtes de Lille où fut prononcé le vœu du Cygne, en 1453, pour trouver ensemble les différents personnages que l'artiste a réunis dans sa composition.

Fig. 184. — La *danse à la torche*, l'un des divertissements exécutés à Lille, en 1453, pendant les fameuses fêtes de la cour de Bourgogne, où fut prononcé le vœu du Cygne. D'après un tableau peint sur bois en 1463, appartenant à M. Henri Casterman, de Tournay (Belgique).

tables, tout se prépare pour le bal : les chevaliers ne changent rien à leur accoutrement, mais les dames vont faire de nouvelles toilettes : « Alors, dit le vieux romancier, les jeunes chevaliers et les pucelles se prindrent (se prirent) à jouer de leurs instruments pour mener la danse ou la carole. »

Fig. 185. — Ballets des Ardents. Fac-simile d'une miniature du man. des *Chroniques* de Froissart (quinzième siècle), à la Bibl. nat. de Paris.

De là l'antique proverbe gaulois : « Après la panse vient la danse. » Ici, un ménestrel chante des chansons en s'accompagnant de la harpe ou de la vielle, et les damoiselles dansent deux à deux et répètent par intervalles le chant du ménestrel. Là c'est la *danse à la torche :* chaque danseur porte en main un long cierge allumé, et a grand soin d'éviter que ses voisins ne l'éteignent en soufflant dessus (fig. 184). Cette danse, qui fut usitée jusqu'à la fin du seizième siècle, dans les fêtes de cour, était généralement réservée pour les noces.

Les danses perdirent beaucoup de leur simplicité et de leur innocence quand on y ajouta les mascarades, qui furent la première expression des ballets. Ces mascarades, dont la cour de France se passionna tout à coup sous le règne de Charles VI, n'avaient d'abord osé se produire qu'à l'occasion du carnaval et dans les *charivaris,* qui étaient ordinairement le prétexte des folies les plus licencieuses. Ces mascarades avaient été inaugurées bien tristement par la sinistre catastrophe qui rendit incurable la démence de

Fig. 186. — Musiciens réglant la danse. Fac-simile de gravures sur bois choisies dans l'*Orchésographie* de Thoinot Arbeau (Jehan Tabourot), in-4°; Langres, 1588.

Charles VI, et qui est désignée dans l'histoire sous cette dénomination satirique de *Ballet des Ardents.* Ce fut le 29 janvier 1393 que cet étrange ballet éclaira la fête qui se donnait à Paris, dans l'hôtel royal de Saint-Paul, en l'honneur du mariage d'une *damoiselle* de la reine Isabeau de Bavière avec un gentilhomme de Vermandois. La mariée était une veuve, et les secondes noces autorisaient alors les *charivaris.* Un gentilhomme normand, nommé Hugonin de Gensay, « imagina de faire un esbatement et danse d'hommes sauvaiges, pour complaire aux dames qui là estoient, » raconte Froissart. Il avait associé à son complot le roi et quatre des principaux seigneurs de la cour, qui se firent coudre dans des habits de toile, adhérents au corps, enduits de poix résine et couverts d'étoupes des pieds à la tête. Ils se présentèrent dans cet équipage, au milieu du bal, enchaînés l'un à l'autre, excepté le roi, poussant des cris féroces et sautant comme des énergumènes, avec des postures déshonnêtes. On ne savait pas quels étaient ces masques hideux; le duc d'Orléans voulut le découvrir, et, s'armant d'un flambeau, il l'approcha imprudemment d'un de la bande. Le feu prit aux étoupes et se communiqua aux cinq malheureux qui se trouvaient réunis par des chaînes de fer. « Ils furent près d'une heure à brûler comme des flambeaux, » dit un chroniqueur. Le roi eut le bonheur d'échapper au péril, parce que la duchesse de Berry, sa tante, l'avait reconnu et eut la présence d'esprit de l'envelopper dans les plis de sa robe traînante (fig. 185). Un pareil événement était bien fait pour dégoûter des mascarades, mais elles ne furent pas moins en faveur

Fig. 187. — La danse de *la gaillarde*. Fac-similé de gravures sur bois choisies dans l'*Orchésographie* de Thoinot Arbeau (Jehan Tabourot), in-4°; Langres, 1588.

à la cour, et deux siècles plus tard le grave auteur de l'*Orchésographie* posait ce principe dans son code des danses : « Les rois et princes commandent dances et mascarades, pour festoier, recevoir et faire recueil joyeux aux seigneurs estrangiers; nous practiquons telles réjouissances aux jours de la célébration des nopces. »

La France était le pays du monde où l'on dansait le mieux, avec le plus de grâce, d'élégance et de perfection; elle recevait, elle imitait toutes les danses étrangères et souvent elle les rendait perfectionnées, francisées, aux nations qui les lui avaient apprises. En 1458, les danses béarnaises, qui étaient fort admirées à la cour des comtes de Foix, notamment la *danse mauresque* et la *danse des sauvages*, furent introduites à la cour de France et y excitèrent une hilarité générale; mais bientôt ces danses, en se modifiant un peu, devinrent essentiellement françaises. Les danses allemandes, qu'on appelait les *hayes* d'Allemagne, et qui se distinguaient par la vivacité de leurs mouvements, avaient également pris le caractère français, pour se naturaliser à la cour de France. On y dansait aussi les danses italienne, la milanaise, la *pavane*, l'espagnole, la piémontaise, avant l'expédition de Charles VIII en Italie, et lorsque ce roi, suivi de sa jeune noblesse, passa les monts pour marcher à la conquête de Naples, il rencontra partout, dans les villes qui lui faisaient accueil et qui lui offraient des bals et des *momeries* ou mascarades, la danse *à la mode de France*, laquelle comprenait une multitude de danses de tous les pays. Ces danses, au nombre de plusieurs centaines, ont été énumérées dans le cinquième livre du *Pantagruel* de Rabelais, et dans divers ouvrages facétieux de ses imitateurs. Ces danses devaient leur succès aux refrains des chansons qui en étaient l'accompagnement ordinaire, ou bien aux postures, aux pantomimes et aux folâtreries, qu'on y avait ajoutées pour l'amusement des spectateurs. Quelques-unes de ces dames, entre autres celle *des cinq pas* et celle *des trois visages*, sont nommées dans les Contes de la reine de Navarre.

Les danses se divisaient en deux catégories très-distinctes : les *danses basses* ou danses régulières et communes, qui n'admettaient ni les sauts ni les mouvements violents, ni les contorsions extraordinaires, et les *danses par haut* ou danses irrégulières, qui comprenaient tous les genres de *tourdions*, de cabrioles et de fantaisies mimiques. La véritable danse française, qui était une basse danse désignée sous le nom de *la gaillarde*, se réglait aux sons du hautbois et du tambourin, qui en marquait la cadence ; elle se dansait, dans l'origine, « avec une grande discrétion ». Cette danse, que Jean Tabourot a décrite, commençait par la révérence que se faisaient les deux danseurs, qui allaient ensuite tour à tour l'un vers l'autre en dansant, « et ainsi continuant ces allées et venues, ledict danseur faisoit passages nouveaux, montrant ce qu'il sçavoit faire jusques à ce que les joueurs d'instruments faisoient fin de sonner : lors il faisoit la révérence, prenant la damoiselle par la main et, la remerciant, la restituoit au lieu où il l'avoit prise. » Le *tourdion* n'était que la *gaillarde* accélérée et mouvementée. Chaque province de France avait sa danse nationale, et toutes ces danses, les bourrées d'Auvergne, les triories de Bretagne, les branles du Poitou, les valses de Lorraine, composaient un art charmant où les Français ont excellé

JEUX ET DIVERTISSEMENTS.

entre tous les peuples. Cet art « si ancien, si honnête et si profitable », pour nous servir des expressions de Jean Tabourot, fut longtemps en honneur dans les bonnes compagnies, où les vieillards eux-mêmes montraient encore leur savoir-faire, et où les dames et demoiselles trouvaient dans la danse un exercice tempéré qui n'était pas moins utile à leur santé qu'à leur divertissement.

Le seizième siècle fut le grand siècle de danse, dans toutes les cours de l'Europe; mais la danse sous les Valois eut plus de charme et de prestige à la cour de France que partout ailleurs. La reine mère Catherine, entourée de l'essaim de jolies damoiselles qui formaient son *escadron volant*, présidait à leurs danses séductrices. Le sieur Balthazar de Beaujoyeux était le maître de ses ballets, et l'on dansa au château de Blois la veille du jour où le duc de Guise fut assassiné sous les yeux d'Henri III, comme on avait dansé au château des Tuileries le lendemain de la Saint-Barthélemy.

Fig. 188. — Le jeu du capendu ou de la pomme branlante.
Ms. du quatorzième siècle au British Museum.

COMMERCE

État du commerce après la chute de l'empire romain. — Sa rénovation sous les rois francs. — Sa prospérité sous Charlemagne. — Sa décadence jusqu'à l'époque des croisades. — Les comptoirs du Levant. — Situation florissante des villes de la Provence et du Languedoc. — Institution des foires. — Foire du Landit, de Champagne, de Beaucaire, de Lyon, etc. — Les poids et mesures. — La Flandre commerçante. — Lois du commerce maritime. — Juridictions consulaires. — Les banques et les lettres de change. — Établissements français sur la côte d'Afrique. — Conséquences de la découverte de l'Amérique.

u moyen âge, dit M. Charles Grandmaison, le commerce n'a point un caractère différent de celui qu'il avait dans l'antiquité. C'est un trafic essentiellement local et circonscrit, plutôt terrestre que maritime; les longs et périlleux voyages sur mer n'ayant, à proprement parler, pris naissance que vers la fin du quinzième siècle, à l'époque où Colomb découvrit l'Amérique.

A la chute de l'empire romain, le commerce se trouva presque anéanti par le fait des invasions de barbares, qui empêchaient toute sécurité, toute facilité de communication entre les divers peuples, et même entre les villes d'un même pays. Dans ces temps de bouleversement social, il y eut des périodes de désolation et de misère où, faute de numéraire, le commerce se réduisait au simple échange des objets de première nécessité; mais lorsque le calme fut un peu revenu, dans la société politique comme dans les esprits, on vit aussitôt le commerce reprendre son essor, et la France fut, en

Europe, la première contrée où s'opéra cette heureuse renaissance. Ces fameuses cités de la Gaule, que les anciens auteurs nous montrent si riches et si industrieuses, retrouvèrent promptement leur prospérité primitive, et les relations amicales qui s'établirent entre les rois francs et l'empire d'Orient, favorisèrent les cités gauloises dans l'exploitation du commerce le plus étendu et le plus important qui fut alors dans le monde.

A la tête de ces cités commerçantes brillait toujours Marseille, l'antique colonie phocéenne, d'abord rivale, puis héritière de Carthage. Ensuite venaient Arles, qui fournissait des constructeurs de vaisseaux et des navigateurs à la marine provençale, et Narbonne, qui reçut dans son port les navires de l'Espagne, de la Sicile et de l'Afrique, jusqu'à l'époque où, l'Aude ayant changé de cours, Montpellier hérita en partie du commerce maritime de la cité narbonnaise.

Le commerce entretenait de fréquents rapports avec l'Orient; il allait chercher ses approvisionnements sur les côtes de la Syrie, et surtout à Alexandrie d'Égypte (fig. 189 et 190), qui était comme l'entrepôt des riches contrées situées au-delà de la mer Rouge. Les navigateurs francs tiraient de ces contrées les épiceries, les toiles de lin, les papyrus, les perles, les parfums et mille autres objets rares et recherchés. Comme échange, ils ne pouvaient guère fournir que des métaux précieux, en lingots plutôt que monnayés, peut-être aussi des fers, des vins, des huiles, de la cire. On ne voit pas, en effet, que la production agricole et industrielle de la Gaule eût alors acquis un assez grand développement pour donner matière à une exportation considérable. L'industrie était encore, sinon purement domestique, au moins renfermée dans les monastères ou dans les manses seigneuriales; et les rois même faisaient fabriquer chez eux, par des femmes ou des ouvriers serfs, les étoffes grossières destinées à leur propre vêtement et à celui des personnes de leur maison. Ajoutons que le mauvais état des routes, le peu de sûreté qu'elles offraient aux voyageurs, les extorsions de tous genres auxquelles étaient exposés les marchands forains, et principalement le système inique de redevances que chaque possesseur de territoire croyait pouvoir exiger pour laisser passer les marchandises sur son domaine, tout créait des obstacles insurmontables au développement du commerce.

Les rois francs, cependant, témoignèrent à plusieurs reprises du désir de voir renaître dans leurs États ces utiles communications favorables au mouvement commercial. Nous voyons, par exemple, Chilpéric conclure des traités avec les empereurs d'Orient en faveur des négociants d'Agde et de Marseille; la reine Brunehaut construire ces chaussées, dignes des Romains, et qui portent encore son nom; Dagobert ouvrir, à Saint-Denis, ces foires franches (c'est-à-dire exemptes ou presque exemptes de droits et d'impôts) où de tous les coins de l'Europe et du monde connu affluèrent les denrées,

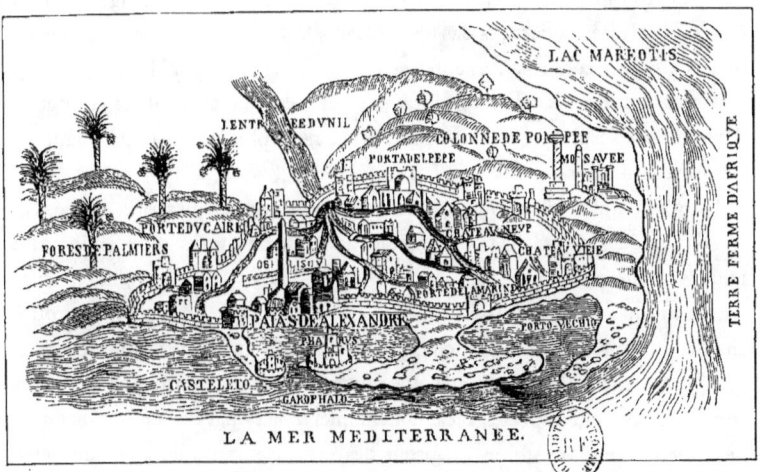

Fig. 189. — Vue d'Alexandrie d'Égypte, au seizième siècle. Fac-similé d'une gravure sur bois des voyages de P. Belon, *Observations de plusieurs singularitez*, etc., in-4°; Paris, 1588.

les produits naturels ou industriels que le commerce intérieur se chargeait ensuite de répandre de province en province et de ville en ville.

Après le règne de Dagobert, le commerce diminue, sans cesser toutefois; car la révolution qui fit passer le pouvoir des rois aux maires du palais n'était pas proprement de celles qui épuisent les sources de la prospérité publique, et une charte de 710 nous apprend qu'alors les marchands saxons ou anglais, neustriens ou normands, et même hongrois, se rendaient encore en foule aux foires de Saint-Denis.

Sous la main puissante et régulatrice de Charlemagne, les routes mieux entretenues, les rivières plus navigables devinrent plus sûres, les côtes furent protégées contre les incursions des pirates; des phares furent élevés sur les points dangereux du littoral pour prévenir les naufrages, et des traités de commerce avec les nations étrangères, même les plus éloignées, garantirent au dehors la liberté et la sécurité des marchands français.

Sous les faibles successeurs de ce grand monarque, et en dépit même de leurs efforts, le commerce, livré de nouveau à tous les genres d'injustice et d'extorsion, perd à la fois toutes ses sauvegardes. Déjà, d'ailleurs, apparaissent les Maures au midi et les Normands au nord, qui vont tout détruire sur leur passage; déjà, en 838, Marseille a été prise et saccagée par les Grecs; les luttes acharnées des fils de Louis le Débonnaire contre leur malheureux père, leurs rivalités entre eux, leurs guerres fratricides augmentent encore la somme des calamités publiques, et bientôt, pillée par les étrangers, dévastée par ses propres enfants, la France n'est plus qu'un vaste champ de désordre et de ruine.

L'Église, qui seule avait encore quelque influence civilisatrice, ne laissait pas d'user de son autorité pour remédier à un état de choses aussi déplorable; mais sentences des évêques, anathèmes des papes, décrets des conciles n'avaient qu'un effet restreint et partiel à ces époques désastreuses, où à chaque instant le travail des champs et des cités était interrompu et ruiné par les violences d'une soldatesque sauvage et cupide; où à chaque pas les routes, souvent impraticables, étaient interceptées par des péages ou douanes odieusement vexatoires au profit des possesseurs du sol, et sans cesse infestées de bandits qui pillaient les marchandises et tuaient les marchands.

Ce fut encore l'Église, l'Église toujours préoccupée des intérêts de la civilisation, qui aida le commerce à sortir de l'espèce d'anéantissement où il était tombé, la *paix* ou *trêve de Dieu*, établie en 1041, pour suspendre au moins les guerres intestines de la féodalité, ayant réussi à imposer au désordre un caractère d'intermittence : c'était tout ce qu'on pouvait faire alors, et l'Église l'accomplit en prenant la haute main avec autant de désintéressement que d'énergie et de courage dans la direction de la société, abandonnée par le pouvoir civil, partout impuissant ou souvent mal intentionné.

Quoi qu'il en fût, grâce à la prévoyance ecclésiastique, qui multipliait les foires et les marchés aux portes des abbayes et des couvents, le premier pas était fait vers la reprise générale du commerce, et cette heureuse rénovation allait peu à peu s'effectuer; d'ailleurs elle peut-être considérée comme ayant puissamment contribué au grand mouvement de l'esprit de liberté et de progrès, d'où devaient sortir les sociétés, les nationalités, en un mot, l'ordre moderne.

Le commerce de l'Orient fournit les premiers éléments de cette activité

Fig. 190. — Transport de marchandises à dos de chameau pour le chargement des navires. Fac-simile d'une gravure sur bois de la *Cosmographie universelle* de Thevet; in folio, 1575.

marchande qui se manifesta d'abord sur les rives de la Méditerranée, et à côté des républiques d'Amalfi, de Venise, de Gênes et de Pise, qui étaient devenues les riches entrepôts de tout le négoce d'outre-mer, on vit refleurir les anciennes villes de la Provence et du Languedoc.

En principe, comme nous l'avons déjà dit, les denrées de l'Inde venaient en Europe par les comptoirs grecs d'Alexandrie et par Constantinople. Les croisades, qui avaient facilité les relations avec les contrées orientales, développèrent en Occident le besoin et le goût de leurs productions indigènes, imprimèrent à ce commerce extérieur une activité nouvelle, et le rendirent plus directement productif en faisant disparaître les intermédiaires qui l'avaient entravé (fig. 191).

La conquête de la Palestine par les croisés venait d'ouvrir aux marchands occidentaux, qui jusqu'alors ne s'y étaient aventurés qu'en tremblant, toutes les villes, tous les ports de cette opulente région, et même beaucoup d'entre eux purent s'y établir à demeure avec toutes sortes de priviléges et d'exemptions de droit, que leur offraient à l'envi les seigneurs qui avaient transporté la domination féodale sur les terres musulmanes.

Le commerce d'outre-mer acquit dès ce moment des proportions auparavant inconnues. A la vérité, les bulles et les décrets des papes défendaient aux chrétiens toute relation avec les infidèles; mais la voix de l'intérêt était mieux écoutée que celle de l'Église (fig. 192); et les marchands ne craignaient pas même d'enfreindre les prescriptions politiques et religieuses qui leur interdisaient de porter aux ennemis de la foi des armes et des esclaves.

Il était facile de pressentir dès le début que l'occupation militaire de la Terre-Sainte ne se convertirait point en une possession stable; aussi, à mesure que la perte de cette belle conquête paraissait plus imminente, les villes maritimes de l'Occident s'efforçaient de renouer d'une façon plus solide et plus durable leurs intelligences et leurs anciens rapports avec l'Égypte, destinée à remplacer bientôt la Palestine, au point de vue du commerce. Marseille prit la plus large part à cette entente commerciale avec l'Égypte; et dans les douzième et treizième siècles elle atteignit un haut degré de splendeur qu'elle devait exclusivement à ses armateurs et à ses négociants. Mais, au quatorzième siècle, les princes de la maison d'Anjou l'épuisèrent, comme toute la Provence, par les efforts démesurés qu'ils avaient faits en pure perte pour reconquérir le royaume de Naples, et ce fut seulement sous le règne de Louis XI que la cité phocéenne retrouva la prospérité de sa marine et de son commerce (fig. 193).

Le Languedoc, bouleversé et ruiné au treizième siècle par suite de la terrible guerre des Albigeois, avait enrichi de ses dépouilles la Provence, dont l'abaissement momentané lui permit ensuite de se relever promptement de sa chute. Les cités languedociennes, à la fois industrieuses et commerçantes, Béziers, Agde, Narbonne, et surtout Montpellier, eurent bientôt créé dans tous les ports de la Méditerranée des relations de négoce si considérables et si fréquentes, que sur la fin du quatorzième siècle chacune de ces villes nommait alternativement, pour régir et protéger son commerce d'outre-mer, des

Fig. 191. — Le commerce dans les échelles du Levant, d'après un miniature d'un manuscrit des *Voyages de Marc Pol* (quinzième siècle), à la bibl. de l'Arsenal, à Paris.

« consuls ès parties de Chypre et ès parties cis-marine et trans-marine de Rhodes, Damas, etc. » Un voyageur du douzième siècle, Benjamin de Tudèle, rapporte que dans ces ports, qui furent désignés plus tard sous le nom d'*échelles du Levant*, on entendait parler le langage de toutes les nations du monde, qui y abordaient avec les Génois et les Pisans.

Toulouse ne resta pas en arrière du mouvement commercial des villes du bas Languedoc, et la Garonne amenait sans cesse sur ses marchés, non-seulement les productions naturelles et artificielles de la Guienne et des côtes occidentales de la France, mais encore celles de la Flandre, de la Normandie et de l'Angleterre. Notons, toutefois, que la ville de Bordeaux, bien que placée dans la plus heureuse position à l'embouchure du fleuve, n'eut sous la domination anglaise qu'un assez mince commerce, qui ne consistait guère que dans la vente de ses vins à la Grande-Bretagne, et dans l'échange de ses blés, huiles, pastels et liéges avec Toulouse.

Sur le même littoral nous voyons à cette époque La Rochelle beaucoup plus florissante par le cabotage de nombreux navires qui allaient porter en Flandre, dans les Pays-Bas, au nord de l'Allemagne, les vins de l'Aunis et de la Saintonge, les sels du Brouage. La Bretagne trafique aussi avec la Hollande, la Zélande et la Frise. Vitré a dès le quinzième siècle des fabriques de soie, et Nantes annonce déjà ce qu'elle sera un jour comme entrepôt du commerce maritime. C'est vers le même temps que l'art des pêcheries se perfectionne et forme bientôt une nouvelle industrie, dans laquelle Bayonne et quelques autres villes du rivage océanien prennent bientôt le premier rang, les unes adonnées plus spécialement à la pêche de la baleine (fig. 194), les autres à celle de la morue et du hareng.

Depuis longtemps déjà la Normandie comptait d'autres éléments de prospérité commerciale : ses fabriques d'étoffes de laine, ses manufactures d'armes et de coutellerie, ainsi que les productions agricoles de son territoire fertile et bien cultivé, fournissaient matière à un important trafic d'exportation.

Les villes de Rouen et Caen sont particulièrement manufacturières et très-riches ; Rouen surtout, situé sur la Seine, est dès lors l'entrepôt de toutes les marchandises, de toutes les denrées qui descendent ou remontent le fleuve. Déjà cependant Paris, séjour des rois, métropole du gouvernement, fait pressentir l'immense développement que la capitale doit atteindre, en devenant le centre des affaires commerciales et en augmentant tous les jours sa population ouvrière et marchande (fig. 195 et 196).

Ce fut hors de Paris pourtant que le commerce, qui a besoin de liberté autant que de protection, réalisa d'abord de plus grands progrès. De bonne heure les provinces du nord avaient uni l'industrie au trafic, et cette double source de prospérité locale fit chez elles d'inépuisables richesses. Gand et Bruges dans les Pays-Bas, Beauvais, Arras, sont renommés par leurs ma-

Homme mortel ſuiuant au monde eſt comparé a nauire ſur mer ou riuiere perilleuſe portant riche marchandiſe/ lequel ſil peult benir au port que le marchant deſire il ſera heureux τ riche. La nouire quant entre en mer iuſques a fin de ſon voyage eſt en grand peril deſtre nopee ou priſe des ennemys/ Car en mer ſont touſiours perilz. Tel eſt le corps de lhomme ſiuant au monde/ ſa marchandiſe quil porte eſt ſon ante/ Les vertus τ bonnes œuures. Le port eſt paradis/ Auquel qui p par/uient eſt ſouuerainement riche/ La mer eſt le monde plain de vices et pechez. que qui fault a le paſſer eſt en peril a dagier pdre corps τ ame/ deſtre nopé en la mer ſfor n alesdont dieu par ſa grace nous vueille garder. Amen.

Fig. 192. — Navire marchand au milieu des périls de la mer. Fac-simile d'une gravure sur bois du *Grand Kalendrier et compost des bergers*, in-fol.; imprimé à Troyes, vers 1490, par Nicolas le Rouge.

nufactures de draps, de tapis, de *sayetterie* (serge et autres étoffes légères en laine); Cambrai, par ses belles toiles. Les artisans, les marchands de ces industrieuses cités établissent alors leurs puissantes corporations, dont les efforts incessants doivent enfanter l'affranchissement communal, si favorable au commerce.

Plus avantageuse que l'industrie lainière (car on tirait alors de l'Angleterre la plus grande partie des laines employées dans les fabriques), l'industrie linière, qui favorisait l'agriculture, fut d'abord florissante dans le nord-est de la France, et s'étendit ensuite, mais lentement, en Picardie, en Beauvoisis, en Bretagne, tandis que les contrées du centre (à l'exception de Bourges, qui avait des fabriques de draps déjà célèbres au quinzième siècle) restaient essentiellement agricoles, et que leurs principales villes ne faisaient qu'un commerce d'entrepôt. L'institution des foires rendit, il est vrai, pour plusieurs de ces villes ce commerce aussi étendu que productif.

Au moyen âge, c'était presque toujours les fêtes et les cérémonies religieuses qui donnaient naissance aux foires que le commerce s'empressait de multiplier. Les marchands venaient tout naturellement étaler et offrir leurs marchandises là où une plus grande réunion de gens leur promettait un débit plus prompt, plus assuré. Dès la première race des rois mérovingiens il y avait eu dans les Gaules un certain nombre de ces marchés temporaires et périodiques ; mais, celui de Saint-Denis excepté, on n'y portait guère que des objets de consommation locale, car les droits onéreux que le seigneur féodal prélevait sur les marchandises exposées en vente, le danger que couraient les marchands étrangers d'être pillés en route, ou même sur le champ de foire, arrêtèrent longtemps les progrès de cette institution, destinée à devenir si utile et si féconde.

Nous avons plusieurs fois mentionné la fameuse foire du Landit [1], dont l'établissement est attribué à Charlemagne, mais qui ne fut sans doute qu'une sorte de résurrection des anciennes foires de Saint-Denis, fondées par Dagobert et pendant un temps tombées en décadence ou même disparues au milieu de la ruine générale.

Connue dans l'Europe entière, la foire du Landit, qui attirait les marchands de tous les pays, ne durait que quinze jours au mois de juin ; on y vendait des marchandises en tous genres, exotiques ou indigènes, mais la

---

[1] Voir notamment, dans *les Arts au moyen âge*, le chapitre intitulé Parchemin, Papier.

vente du parchemin était le principal objet de cette foire, où l'Université de Paris se rendait en procession pour y faire ses achats. Aussi cette foire, toute spéciale, le cédait-elle en importance aux six foires de Champagne, qui depuis le douzième siècle se tenaient à Troyes, Provins, Lagny-sur-Marne,

Fig. 193. — Vue et plan de Marseille et de son port, au seizième siècle, d'après une gravure sur cuivre du recueil de G. Bruin, gr. in-fol., *Théâtre des Citez du monde*.

Reims et Bar-sur-Aube, et qui répandaient dans cette province tant de vitalité commerciale, que les nobles Champenois avaient secoué la plupart le préjugé qui interdisait toute espèce de trafic à la noblesse.

Dans le centre et le midi de la France, les foires s'étaient multipliées simultanément; celles du Puy-en-Velay (aujourd'hui chef-lieu du département de la Haute-Loire ', qu'on regarde comme les plus anciennes, conservaient leur vieille réputation et attiraient toujours une prodigieuse affluence de monde, surtout à cause du pèlerinage de Notre-Dame du Puy. Ces foires, plus religieuses que commerciales, étaient donc beaucoup moins importantes que celles de Beaucaire, qui, très-célèbres dès le treizième siècle, offraient alors, avec le marché de Lyon, le centre le plus considérable du commerce des provinces méridionales. Placé au confluent de la Saône et du Rhône, Lyon dut son développement commercial au voisinage de Marseille et des villes d'Italie. Ses quatre foires annuelles étaient toujours très-fréquentées, et lorsque les rois de France lui eurent transmis les priviléges des foires de Champagne, lorsqu'ils eurent transféré dans ses murs les manufactures de soiries précédemment établies à Tours, Lyon devint véritablement la seconde ville de France.

On peut affirmer, en thèse générale, que l'élévation progressive de la royauté sur les ruines de la féodalité fut de plus en plus favorable au commerce. Dès le règne de Louis IX la fondation du port d'Aigues-Mortes sur la Méditerranée, la rédaction du *Livre des métiers* par Étienne Boileau, qui ne fit que codifier leurs anciens statuts, et la grande ordonnance que le saint roi rendit l'année même de sa mort, pour garantir la sécurité des marchands et défendre contre leurs fraudes le consommateur, témoignent de sa sollicitude éclairée en faveur du commerce.

Philippe le Bel avait rendu, aussi dans l'intérêt du commerce indigène et de l'industrie locale, plusieurs ordonnances prohibitives, que Louis X renouvela, et Philippe le Long, devançant les tentatives économiques de Louis XI, essaya, mais sans succès, d'établir dans tout le royaume l'unité des poids et mesures, grande réforme qui ne s'est accomplie que par le fait de la révolution de 1789. On ne saurait croire quelles étaient alors les variations des poids et mesures, variations qui se prêtaient aux fraudes et aux erreurs de toutes sortes, et qui ne dépendaient ordinairement que de la coutume locale, sinon du caprice du seigneur, à qui elles profitaient. Là est empreint surtout le caractère de la féodalité, comme nous le fait remarquer M. Charles de Grandmaison ; rien de fixe, rien de général : tout est particulier et arbitraire, car le seigneur, en vertu de son droit de *justesse,* s'attribuait la garde et la surveillance des poids et mesures en usage dans sa seigneurie.

Les mesures d'étendue et de contenance diffèrent tellement les unes des autres, quoique souvent spécifiées de la même manière, qu'il faudrait des tables comparatives très-compliquées, pour fixer approximativement leurs valeurs. Le *pied de roi,* qui était encore la mesure la moins variable, flottait cependant de 10 à 12 pouces ; la toise présentait des dimensions non moins mobiles, et si l'on veut poser des règles de proportion entre les innombrables

Fig. 194. — Pêche de la baleine. Fac-simile d'une gravure sur bois de la *Cosmographie universelle* de Thevet, in-fol.; Paris, 1574.

mesures de capacité, que le commerce avait besoin de connaître autrefois, on s'arrête, effrayé, devant un dédale de calculs qui laissent la question plongée dans les ténèbres.

Quant aux poids, qui avaient plus d'uniformité et moins d'incertitude, la livre était usitée partout, mais elle n'avait pas partout la même valeur pondérale (fig. 201). Par exemple, à Paris, elle était de 16 onces, tandis qu'à Lyon elle ne comportait que 14 onces, excepté pour le pesage de la soie, lequel exigeait 15 onces par livre; à Toulouse et dans le haut Languedoc, elle n'était que de 13 onces et demie; à Marseille, de 13 onces; ailleurs, elle descendait même à 12 onces. Il y avait bien, à Paris, une balance publique, qu'on appelait le *poids du roi* ; mais cette balance n'était qu'un moyen fiscal, qui gênait le petit commerce et ne profitait qu'à l'impôt.

Ces entraves mesquines et irritantes n'empêchèrent pas le grand commerce de s'étendre et d'embrasser le monde.

La boussole, connue en Italie dès le douzième siècle, mais peu employée jusqu'au quatorzième, permit alors d'ouvrir des routes nouvelles à la marine marchande, et bientôt naquit le commerce maritime proprement dit, grâce à la boussole. Les navigateurs de la Méditerranée osent franchir le détroit de Gibraltar et s'aventurer dans l'Océan; de ce moment les rapports commerciaux, qui jusque-là n'avaient eu lieu que par terre et avec d'incroyables difficultés, s'établissent d'une manière permanente, entre les ports du nord et du midi de l'Europe.

La Flandre fut dès lors le point central de débarquement des navires marchands, qui arrivaient en foule de la Méditerranée, et Bruges devint leur principal entrepôt. La ligue hanséatique, dont l'origine remonte au commencement du treizième siècle, et qui forma la plus puissante confédération commerciale dont il soit parlé dans l'histoire, envoyait aussi, de ses ports de Lubeck (fig. 197) et de Hambourg, ses vaisseaux innombrables porter en Flandre les denrées des pays septentrionaux, et cette riche province, qui se distinguait dans tous les genres d'industrie, et notamment par l'industrie des métaux et l'industrie textile, était devenue, pour ainsi dire, le grand marché de l'Europe (fig. 198).

Le mouvement commercial, autrefois borné aux rivages méditerranéens, se propage de tous côtés et peu à peu tend à devenir universel. Les États du Nord y prennent part, et l'Angleterre, longtemps tenue éloignée de cette scène où elle doit plus tard jouer le premier rôle, commence à s'y montrer avec éclat. Le nombre et la facilité des transactions augmentent à mesure que s'agrandit le cercle qui les renferme ; la consommation est plus abondante, la production suit le progrès de la consommation, et le commerce va toujours gagnant en activité comme en étendue. Tout d'abord semble contribuer à son expansion; la décadence du système féodal, et l'établissement, dans chaque pays, d'un pouvoir central, plus ou moins fort et respecté, lui permettent de multiplier ses opérations, par voie de terre, avec une sécurité naguère inconnue; et en même temps une législation internationale vient réglementer et protéger le commerce maritime, qui se trouvait exposé à plus de périls encore. La mer, ce vaste domaine commun du genre humain, offrant au brigandage le moyen de s'exercer plus facilement et plus impunément que sur le sol des pays civilisés, la piraterie y promènera ses vio-

Fig. 195. — Les mesureurs de grains de Paris.   Fig. 196. — Les porteurs de foin.
Fac-simile de gravures sur bois des *Ordonnances royaux de la juridiction de la Prevosté des marchands et eschevinage de la ville de Paris*, pet. in-fol. goth.; Jacques Nyverd, 1528.

lences et ses désordres, longtemps après que la société en aura été sauvegardée par la force des lois et l'autorité des gouvernements.

Cette législation maritime n'avait pas attendu le quatorzième siècle pour voir le jour; elle avait été promulguée en partie dès le douzième siècle; mais les troubles et les agitations qui affaiblissaient et désorganisaient les empires, pendant cette période du moyen âge, l'avaient privée d'une sanction puissante et efficace. Le code des Rhodiens remonte au-delà de l'année 1167; le *code de la mer*, qui devint une sorte de texte de droit commun, est de la même époque; les *lois d'Oléron*, antérieures au douzième siècle, régissaient alors les côtes occidentales de la France, et ne tardèrent pas à être adoptées en Flandre et en Angleterre. Venise date de l'an 1255 son plus ancien manuscrit de droit maritime, et le statut de Marseille est de 1254.

A ces divers codes nationaux ou régionaux correspond l'établissement d'une magistrature commerciale; la juridiction consulaire, dont on trouve les premières bases, dès le sixième siècle, dans la loi des Visigoths, loi qui assurait aux marchands étrangers la faculté d'être jugés par des délégués de leur nation. Les Vénitiens eurent dès le dixième siècle des consuls dans l'empire grec, et on peut croire que les Francs en avaient dans la Palestine dès le temps de Charlemagne. Au treizième siècle, les villes d'Italie en eurent en France; comme Marseille en avait dans la Savoie, et Arles à Gênes. Les commerçants de chaque pays pouvaient donc être certains de trouver justice, aide et protection dans tous les centres de commerce européen.

A cette sécurité des personnes, à cette garantie des transactions, à ces voies nouvelles ouvertes au commerce, étaient venues se joindre, comme pour les rendre plus utiles et plus profitables, de nombreuses facilités de vente et d'achat : les marchands, qui d'abord accompagnaient leurs marchandises, et qui plus tard se contentèrent de les faire accompagner par quelque facteur ou fondé de pouvoirs, en étaient arrivés à les expédier par correspondance, et à les confier en délégation à des représentants étrangers. L'usage de l'écriture devenu plus général, le papier substitué au parchemin comme moins rare et moins coûteux ; l'importation des chiffres arabes, plus commodes que les chiffres romains pour exécuter les calculs de toutes sortes ; l'institution des banques (dont la plus ancienne fonctionnait à Venise dès le douzième siècle), et l'invention des lettres de change, invention attribuée aux Juifs, mais déjà généralement répandue au treizième siècle; la création d'assurances contre les risques et les périls des voyages de terre et de mer; enfin l'établissement de sociétés de négociants, du genre de celles que nous appelons *en commandite;* toutes ces améliorations notables contribuaient à donner plus d'extension et plus d'activité au commerce, qui ne cessait d'accroître la richesse publique et privée, en dépit de tous les obstacles que la routine, l'envie et le mauvais vouloir s'efforçaient encore de susciter aux grandes entreprises commerciales.

Longtemps les Français, par insouciance, par paresse ou par antipathie, car ils avaient plus à cœur de s'occuper d'armes et de chevalerie que d'affaires de lucre et d'intérêt, ne prirent qu'une faible part au commerce même, grand ou petit, qui se donnait carrière sur leur propre territoire ; les nobles dédaignaient de se mêler de trafic, comme indigne d'eux ; les bourgeois, faute de générosité et d'intelligence dans les idées, se bornaient à l'accaparement du commerce local. Quant au commerce extérieur, le plus important et le plus

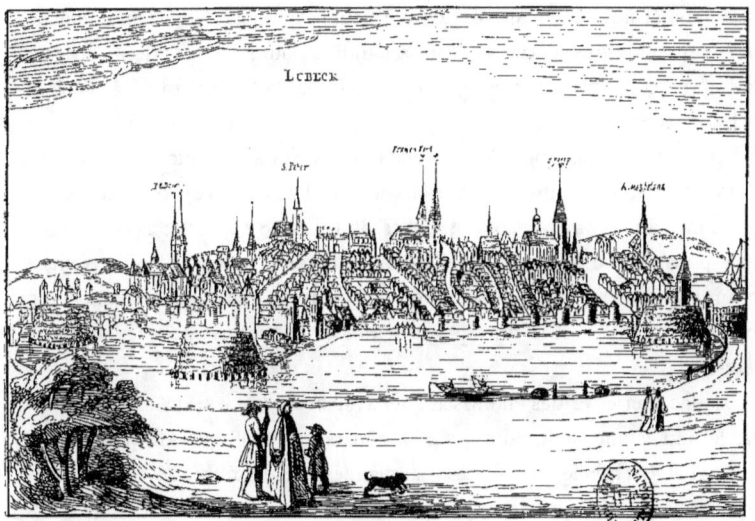

Fig. 197. — Vue de Lubeck et de son port, au seizième siècle, d'après une gravure sur cuivre de l'ouvrage de P. Bertius, *Commentaria rerum gemanicarum*, in-4°; Amstelodami, 1616.

lucratif, il restait abandonné entre les mains des étrangers, et surtout des juifs, qui, souvent chassés du royaume, plus souvent rançonnés, toujours haïs et méprisés, ne se lassaient jamais de marcher à la fortune, sous le stigmate de la honte et de l'infamie : les gains immenses qu'ils réalisaient au moyen de l'usure les vengeaient et les consolaient de tout.

De bonne heure, et surtout après que les juifs eurent été définitivement expulsés, cette exploitation presque exclusive des ressources et des richesses de la France avait attiré les Italiens, qui n'étaient quelquefois que des juifs déguisés et qui se couvraient du nom générique de *lombards* : ce fut sous ce nom que nos rois leur accordèrent à diverses reprises divers priviléges avantageux, lorsqu'ils fréquentaient les foires de Champagne et venaient s'établir dans les villes de l'intérieur et dans les ports de l'Océan. Ces Italiens composaient à Paris la grande corporation des changeurs, qui entassaient dans leurs coffres tout le numéraire du royaume et qui faisaient varier sans cesse le cours de l'argent.

Au seizième siècle, les guerres d'Italie changèrent un peu les choses, et l'on vit se multiplier les concessions royales et seigneuriales en faveur des Castillans et autres Espagnols, que le peuple qualifiait malicieusement de *maranes* ou maures, et qui s'étaient répandus, pour s'occuper d'industrie ou de commerce, dans la Saintonge, la Normandie, la Bourgogne, l'Agenois et le Languedoc.

Vers le temps de Louis XI, cependant, les Français, mieux éclairés sur leurs intérêts, s'étaient mis à faire eux-mêmes leurs affaires, obéissant enfin aux stimulations, aux encouragements du roi, que ses instincts démocratiques poussaient à favoriser l'éveil de la bourgeoisie; c'était aussi le résultat naturel de la paix et de la sécurité, qui commençaient à renaître dans le royaume, appauvri et déchiré par cent années de guerres intestines ou étrangères.

Des factoreries et des établissements avaient été fondés, de 1365 à 1382, par les navigateurs normands, sur la côte occidentale de l'Afrique, dans le Sénégal et la Guinée; des flottes marchandes, très-nombreuses et très-fortes pour ces temps-là, étaient encore employées à la continuation de ce commerce, toujours facile et fructueux, dans lequel on échangeait des toiles, des grains divers, des couteaux, des eaux-de-vie, du sel, contre des cuirs, de l'ivoire, des gommes, de l'ambre gris et de la poudre d'or; des bénéfices considérables récompensaient les efforts des armateurs et des banquiers qui, comme Jacques Cœur, faisaient servir la marine à des opérations commerciales aussi vastes que lucratives. Ces faits significatifs prouvent assez que là, comme dans les autres branches de l'activité humaine, les troubles politiques de la France aux quatorzième et quinzième siècles avaient arrêté l'essor puissant et fécond de la civilisation.

Par bonheur, il n'en fut pas de même partout, et c'est justement à l'époque où la France se débat épuisée et appauvrie, au milieu des flots de sang, que les Portugais étendent leurs découvertes sur cette même côte d'Afrique, où les

Fig. 198. — Exécution du célèbre pirate Stoertebeck et de ses soixante-dix complices, en 1402, à Hambourg. D'après une image populaire de la fin du seizième siècle. (Bibliothèque de Hambourg.)

Pour perpétuer la mémoire de cet événement, on fit fabriquer un magnifique hanap d'argent ; la corporation des bateliers en eut la garde, et quand on y buvait à la santé des braves de Hambourg, il était d'usage de vider la coupe d'un seul trait.

avaient précédés les navigateurs normands. Bientôt ils auront doublé le cap de Bonne-Espérance, et ouvert une route nouvelle, toute maritime, pour aller aux Indes, où le commerce leur montre le chemin.

Quelques années après, le Génois Christophe Colomb, plus audacieux et plus heureux encore, guidé par la boussole et par son génie, découvre un nouveau continent, une quatrième partie du monde (fig. 199). Cet événement inattendu, le plus grand, le plus remarquable de l'ère moderne, vient décupler le champ de la production ainsi que celui de la consommation, et augmenter, dans des proportions énormes, non-seulement la variété et la quantité des choses échangeables, mais encore la masse des métaux précieux ; ce qui amène une révolution complète dans les lois économiques de tous les États.

Le commerce maritime acquiert aussitot un développement extraordinaire, et, abandonnant les ports de la Méditerranée, même ceux du Levant, qui lui semblent déchus et misérables, il prend l'Océan pour mer intérieure et s'élance sur des milliers de navires à la poursuite des richesses féeriques du Nouveau Monde.

Le temps des caravanes et du cabotage est passé; c'en est fait de la splendeur de Venise; c'en est fait du règne de la Méditerranée; le commerce du monde passe tout à coup des cités actives et industrielles que baigne cette mer, dont le négoce s'était emparé depuis tant de siècles, aux nations occidentales qui se partagent l'exploitation des Grandes Indes et de l'Amérique : aux Portugais, aux Espagnols d'abord; aux Hollandais et aux Anglais, plus tard.

La France, absorbée, dévorée, ruinée encore une fois par les guerres civiles et surtout par les dissensions religieuses, ne jouera dans cette révolution pacifique et commerciale qu'un rôle secondaire, quoique ses marins de Dieppe et de Honfleur eussent peut-être découvert l'Amérique avant Christophe Colomb. Cependant les rois de France, Louis XII, François Ier, Henri II, essayent de susciter, d'encourager les voyages au long cours et de créer, dans l'intérêt du commerce français, des colonies françaises sur les côtes du Nouveau Monde, depuis la Floride et la Virginie jusqu'au Canada.

Mais ces colonies n'eurent qu'une existence effacée et précaire : les pêcheries seules réussirent et le commerce en France resta timide, chétif, circonscrit et casanier, quoique les besoins du luxe ne cessassent de s'augmenter à la cour. Ce luxe trouvait à se satisfaire dans l'usage des marchandises qui lui venaient des Pays-Bas, d'Espagne et d'Italie. L'industrie nationale fit partout des efforts pour sortir de cet état d'abaissement : elle se porta surtout vers la fabrique des soieries et des étoffes tissées d'or et d'argent. Le seul

Fig. 199. — Découverte de l'Amérique, le 12 mai 1492. Christophe Colomb arbore la croix et baptise l'île de Guanahani du nom du Christ, l'île de *San Salvador* (aujourd'hui l'île du Chat, l'une des Lucayes). D'après une estampe gravée sur cuivre par Th. de Bry, dans le recueil des *Grands Voyages*, in-fol., 1590.

moyen pratique, auquel eut recours le gouvernement pendant le seizième siècle, pour protéger l'industrie et le commerce, ce fut de prohiber absolument l'importation des marchandises étrangères et de combattre les progrès de luxe par des lois somptuaires.

Certes le gouvernement d'alors ne comprenait rien aux avantages qu'une nation doit retirer du commerce lorsqu'il faisait défenses aux gentilshommes de se livrer au trafic des marchandises, sous peine d'être privés des priviléges de la noblesse. Cependant les rois de la branche des Valois avaient sous les yeux l'exemple de l'Italie, de Gênes, de Venise, de Florence surtout, où les nobles étaient tous des marchands ou des fils de marchands. On semblait vouloir faire de la classe marchande dans le royaume une classe à part,

Fig. 200. — Médaillon commémoratif de l'union des marchands de la ville de Rouen.

exclusivement bourgeoise et stationnaire, renfermée dans ses comptoirs et ne participant en rien à la vie publique. Les marchands s'indignèrent de l'espèce d'ostracisme qui les frappait, et, pour se distraire des loisirs que leur laissait le commerce, ils se jetèrent avec toute leur activité dans les luttes sanglantes de la Réforme et de la Ligue.

Ce fut le règne d'Henri IV qui les rendit à leurs occupations, et ils ne furent plus que marchands, quand Sully mit en œuvre les idées politiques de son maître, pour faire renaître la prospérité du commerce. De là date une ère nouvelle dans les destinées commerciales de la France.

Dès lors le grand commerce, honoré, protégé, favorisé par les hommes d'État, cherche à étendre plus librement, plus puissamment son action cosmopolite : des compagnies se forment à Paris, à Marseille, à Lyon, à Rouen, pour porter le négoce français sur tous les points du monde, et le principe de l'association marchande (fig. 200), en dépit des routines et des jalousies qui dirigent les corporations de métiers, devient la loi de l'avenir du commerce.

Fig. 201. — Poids étalon, en cuivre jaune, de la poissonnerie du Mans, au type de la Syrène ; fin du seizième siècle.

CORPORATIONS DES MÉTIERS

Origines incertaines des corporations. — Les associations industrielles de l'antiquité. — La guilde germanique. — Les colléges. — Les hanses. — La compagnie de la marchandise de l'eau à Paris. — Corporations proprement dites. — Le *Livre des Métiers* d'Étienne Boileau en établit la première réglementation. — Statuts des métiers. — Organisation publique et intérieure des corps de métiers et des communautés. — Esprit des corporations. — Maîtres, compagnons, aspirants, apprentis. — Fêtes religieuses des corps de métiers. — Compagnonnage.

ES savants ont beaucoup discuté, sans réussir à se mettre d'accord, sur l'origine des corporations du moyen âge. Plus simple et plus rationnel eût été, selon nous, d'admettre, *à priori,* que les associations d'artisans doivent être aussi anciennes que les arts eux-mêmes. On comprend en effet qu'ayant à faire valoir, à défendre des droits, des intérêts communs, les membres, toujours fort nombreux, des classses laborieuses aient cherché à établir entre eux des liens de solidarité fraternelle. Si loin qu'on fouille dans l'histoire de l'antiquité, les associations de ce genre laissent entrevoir leurs traces plus ou moins apparentes : mais pour ne citer que deux exemples, qui peuvent servir, en quelque sorte, de base historique aux institutions analogues des âges modernes, nous mentionnerons les *colléges* romains, qui constituaient une véritable ligue des artisans exerçant la même profession, et les *guildes* scandinaves, qui avaient pour but d'assurer les bénéfices d'une mutualité semblable aux diverses branches d'industrie ou de négoce d'une cité ou d'une région déterminée.

Or, on peut affirmer que sous les conquérants germains, depuis l'instant où l'Europe, longtemps soumise et divisée en provinces romaines, échappe au gouvernement de Rome, sans se soustraire à ses lois et à ses usages, les confréries ouvrières ne cessèrent jamais d'exister. Les rares vestiges qu'on en trouve ne permettent pas, il est vrai, de croire à leur état florissant, mais ils attestent au moins leur vitalité, leur persistance. Au cinquième siècle, l'histoire de l'ermite Ampélius, dans la Légende des saints, mentionne des consuls ou chefs des serruriers. La corporation des orfévres se montre déjà sous la première race de nos rois. Les boulangers sont nommés collectivement, en 630, dans les ordonnances de Dagobert, ce qui semble indiquer qu'ils formaient un corps de métier dès cette époque reculée, et nous voyons aussi Charlemagne, dans plusieurs capitulaires, prendre des mesures pour que le nombre de ces artisans soit partout conforme aux besoins de la consommation, ce qui suppose une organisation générale de cette industrie de première nécessité. En Lombardie apparaissent aussi de bonne heure des colléges d'artisans, qui n'étaient sans doute qu'une imitation des colléges romains. Ravenne nous présente, en 943, un collége de pêcheurs; dix ans après, les annales de cette ville citent un chef de la corporation des négociants; en 1001, un chef de la corporation des bouchers. La France avait conservé également un souvenir plus fidèle des institutions de la Gaule romaine, et les anciens colléges de métiers formaient encore des groupes et des compagnies, à Paris et dans les grandes villes. En 1061, le roi Philippe Ier accorde un certain privilége aux maîtres chandeliers-huiliers. Les anciennes coutumes des bouchers sont mentionnées dès le temps de Louis VII (1162); le même roi concède à la femme d'un nommé Ives Laccobre et à ses héritiers les perceptions fiscales auxquelles donnaient lieu les métiers de mégissiers, boursiers, baudoyers (corroyeurs), savatiers et *sueurs* (cordonniers). Sous Philippe-Auguste les concessions analogues deviennent plus fréquentes; on sent que l'institution commence à prendre racine et à se régulariser. Voici venir la réglementation administrative de chaque corps d'état : Philippe-Auguste y donna son assentiment; il confirmait les statuts des bouchers, en 1182; les pelletiers et les drapiers furent aussi l'objet de sa bienveillance.

Selon le savant Augustin Thierry, la corporation naquit, de même que la commune urbaine, d'une application de la guilde à quelque chose de préexistant, aux corporations ou colléges d'ouvriers, qui étaient d'origine romaine. Dans la guilde, dont le nom signifie *banquet à frais communs,* il y avait assurance mutuelle contre les voies de fait, les injures, contre l'incendie, le naufrage, et aussi contre les poursuites légales encourues pour des délits ou des crimes même avérés. Chacune de ces associations était mise

Fig. 202. — Gens de métier (quatorzième siècle). Fac-simile d'une miniature d'un manuscrit de la bibl. de Bourgogne, à Bruxelles.

sous le patronage d'un dieu ou d'un héros; chacune avait des chefs pris dans son sein, un trésor commun alimenté par des contributions annuelles, et des statuts obligatoires pour tous ses membres. Les colléges romains, comme nous l'avons dit, furent institués dans un esprit plus spécial, plus exclusif au point de vue professionnel; mais là, comme dans la guilde, il y avait égalité de droits, de priviléges, élection de chefs particuliers, possession d'une fortune collective, célébration en commun de sacrifices, de fêtes, de banquets, etc. Il y a donc tout lieu de se ranger à l'opinion du célèbre historien, qui veut que, pour la création des corporations, « la guilde ait été en quelque sorte, l'esprit, le moteur, et le collége romain avec son organisation, la matière qu'il s'agissait de féconder. »

Toujours est-il que les corporations s'étaient dissoutes ou effacées pendant quelques siècles; elles disparurent presque absolument dans cette espèce de retour à la vie barbare, où la fabrication des objets d'utilité journalière, comme la préparation des substances alimentaires, était abandonnée à des esclaves et exécutée sous l'œil et dans la maison du maître. Vers le douzième

Fig. 203. — Marchands (quatorzième siècle). Fac-simile d'une miniature d'un manuscrit de la bibl. de Bourgogne, à Bruxelles.

siècle seulement elles commencèrent à reprendre un peu de leur éclat; et ce fut l'Italie qui, naturellement, donna le signal du réveil de ces institutions que Rome avait vues naître et que la barbarie avait fait tomber en décadence. De bonne heure aussi les confréries d'artisans se formèrent dans le nord de la Gaule, d'où elles se répandirent rapidement au-delà du Rhin. Sous l'empereur Henri Ier (dixième siècle), la condition ordinaire des artisans en Allemagne était encore le servage; mais deux siècles plus tard la plupart des métiers s'y trouvaient déjà groupés en colléges ou corps, sous le nom de *Einnungen* ou *Innungen* (unions) (fig. 202), dans un grand nombre de villes de l'empire; on en voit à Gozlar, à Wurtzbourg, à Brunswick, etc. Toutefois ces colléges ne se constituèrent pas sans efforts et sans luttes. Comme ils élevaient leurs prétentions jusqu'à vouloir se substituer à l'ordre sénatorial, et comme ils cherchaient à s'emparer du gouvernement des cités, ils rencontrèrent de la part des pouvoirs établis une énergique résistance. Le

Fig. 204. — Sceau des corps de métiers réunis de la ville de Gand (deuxième moitié du quinzième siècle).

treizième siècle fut témoin de combats acharnés et sanglants, où les deux partis, tour à tour vaincus et vainqueurs, se portaient l'un contre l'autre à de cruelles représailles et ne parvenaient à dominer alternativement que par l'emploi de la force et de la violence. Les empereurs Frédéric II et Henri VII tentèrent de mettre un terme à ces sanglants débats, en abolissant les corporations d'ouvriers, mais ces associations, déjà vigoureuses, osèrent tenir tête à la puissance impériale. En France, au contraire, l'organisation des communautés d'artisans, organisation qui se rattache par plus d'un point au mouvement communal, mais avec lequel il ne faudrait pourtant pas établir de confusion, ne souleva aucun orage politique ; elle ne semble même pas avoir rencontré d'opposition de la part du pouvoir féodal, qui y trouvait sans doute une source abondante de prestations et d'impôts.

La plus ancienne de ces corporations est la *Hanse* parisienne, ou Compagnie des bourgeois de la marchandise de l'eau, qui remonte probablement au collége des *nautes* parisiens, antérieur à la conquête des Romains. Cette association marchande avait son siége dans l'île de Lutèce ou de la Cité, à l'endroit même où fut bâtie l'église de Notre-Dame. Dès les premiers temps de la monarchie, les marchands composaient à eux seuls la bourgeoisie des villes (fig. 203). Au-dessus d'eux étaient la noblesse et le clergé ; au-dessous, les artisans formant le menu peuple. On s'explique donc que cette bourgeoisie, qui, aux douzième et treizième siècles, pouvait être encore considérée comme une compagnie commerciale particulière, ait fini par devenir le corps commercial lui-même. Les rois, d'ailleurs, la traitèrent avec une constante faveur : Louis VI lui concéda de nouveaux droits, Louis VII confirma ses antiques priviléges, Philippe-Auguste les augmenta. La hanse parisienne était parvenue à être maîtresse et souveraine de tout le commerce qui se faisait par eau sur la Seine et l'Yonne entre Mantes et Auxerre. Aucune marchandise, arrivant d'amont ou d'aval sur bateaux, ne pouvait être débarquée dans l'intérieur de Paris sans devenir, en quelque sorte, la *chose* propre de la corporation, qui, par l'intermédiaire de ses délégués, en surveillait le mesurage, la vente en gros et jusqu'à un certain point le débit en détail. Nul marchand étranger n'était admis à faire entrer ses denrées dans Paris sans avoir préalablement associé à ses bénéfices, par l'obtention des *lettres de hanse,* un bourgeois de la ville, qui lui servait de garantie.

Au reste, on retrouvait des associations du même genre dans la plupart des villes commerçantes situées sur le cours des fleuves ou aux bords de la mer : à Rouen, à Arles, à Marseille, à Narbonne, à Toulouse, à Ratisbonne, à Augsbourg, à Utrecht. Quelquefois des cités voisines, comme les grandes cités industrielles de la Flandre (fig. 204), s'entendaient ensemble et se liaient par un pacte fédératif, pour former une ligue plus puissante, qui avait souvent le caractère politique d'une alliance offensive et défensive. Le type de cette dernière institution est représenté par l'association commerciale

Fig. 205. — Sceau de la corporation des charpentiers de Saint-Trond (Belgique), d'après une empreinte conservée aux archives de cette ville (1481).

Fig. 206. — Sceau de la corporation des cordonniers de Saint-Trond, suspendu à une charte de 1481, conservée aux archives de ladite ville.

Fig. 207. — Sceau de la corporation des tisserands de laine de Hasselt (Belgique), suspendu à un titre en parchemin du 25 juin 1574.

Fig. 208. — Sceau de la corporation des tondeurs de drap de Bruges (1356), d'après une empreinte conservée aux archives de cette ville.

Fig. 209. — Sceau de la corporation des foulons de Saint-Trond (vers 1350), d'après une empreinte conservée aux archives de cette ville.

Fig. 210. — Sceau de la corporation des menuisiers de Bruges (1356), d'après une empreinte conservée aux archives de cette ville.

Fig. 211. — Mereau ou jeton de présence de la corporation des charpentiers de Maëstricht.

Fig. 212. — Mereau ou jeton de présence de la corporation des charpentiers d'Anvers.

Fig. 213. — Mereau funéraire de la corporation des charpentiers de Maëstricht.

des *villes hanséatiques* d'Allemagne, groupées au nombre de quatre-vingts autour de leurs quatre capitales : Lubeck, Cologne, Dantzick et Brunswick.

Bien que nous ayons déjà vu, antérieurement au treizième siècle, plusieurs corporations d'artisans, autorisées ou pourvues de règlements spéciaux, par quelques rois de France, ce n'est réellement que du règne de saint Louis que date la première mesure générale d'administration et de police, relative à ces communautés. Le roi nomma en 1261 prévôt de la capitale Étienne Boileau, riche bourgeois, qui voulut mettre en honneur dans le commerce de Paris l'ordre, la sage administration et la bonne foi. A cet effet, il recueillit, d'après le témoignage verbal des anciens de chaque corporation, les usages et coutumes des divers métiers, lesquels pour la plupart sans doute n'avaient jamais été écrits : il les coordonna, les améliora probablement en beaucoup de parties, et composa ainsi le célèbre *Livre des Métiers*, qui, comme le dit M. Depping, le savant éditeur de ce précieux recueil, publié pour la première fois en 1837, « a l'avantage d'être en grande partie l'ouvrage naïf et sincère des corporations elles-mêmes, et non une suite de règlements établis et formulés par les autorités municipales ou judiciaires ». Dès lors les corporations continuèrent à s'introduire peu à peu dans l'ordre des faits sociaux. Les confirmations royales se multiplient en leur faveur, et la réglementation des professions *mécaniques* fait chaque jour de nouveaux progrès, non-seulement à Paris et dans les provinces françaises, mais encore à l'étranger, au midi comme au nord, en Italie, en Allemagne, en Angleterre et dans les Pays-Bas (fig. 205 à 213).

Le *Livre des Métiers* d'Étienne Boileau contient les statuts de cent corps d'état différents, et l'on remarquera que plusieurs des professions les plus importantes, telles que celles des bouchers, des tanneurs, des vitriers, etc., n'y figurent pas encore, soit qu'elles eussent négligé de se faire inscrire au Châtelet, où se faisait l'enquête dirigée par Étienne Boileau, soit qu'un intérêt quelconque les eût déterminées à se soustraire à cet enregistrement, qui leur imposait sans doute des redevances et des servitudes. Dans le siècle suivant le nombre des corporations de métiers s'accrut continuellement, et finit par se multiplier d'une manière tout à fait exagérée sous les règnes des derniers Valois et du premier Bourbon.

L'historien des *Antiquités de Paris*, Henri Sauval, au milieu du dix-

Les Métiers.
Fac-simile de gravures sur bois, dessinées et gravées, au seizième siècle, par J. Amman.

Fig. 214. — Le drapier.

Fig. 215. — Le tailleur.

Fig. 216. — Le chapelier.

Fig. 217. — Le teinturier.

Les Métiers.

Fac-simile de gravures sur bois, dessinées et gravées, au seizième siècle, par J. Amman.

Fig. 218. — L'épicier-droguiste.

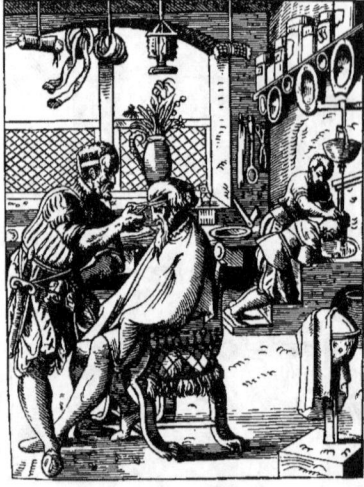

Fig. 219. — Le barbier-étuviste.

Fig. 220. — Atelier d'un orfèvre.

Fig. 221. — Le batteur d'or.

Les Métiers.

Fac-similé de gravures sur bois, dessinées et gravées, au seizième siècle, par J. Amman.

Fig. 222. — L'épinglier-aiguillier.

Fig. 223. — Le fermailleur.

Fig. 224. — L'ouvrier en fil de fer.

Fig. 225. — L'ouvrier en dés.

Les Métiers.

Fac-similé de gravures sur bois, dessinées et gravées, au seizième siècle, par J. Amman.

Fig. 226. — Le coutelier-fourbisseur.

Fig. 227. — L'armurier.

Fig. 228. — L'éperonnier.

Fig. 229. — Le cordonnier.

Les Métiers.

Fac-simile de gravures sur bois, dessinées et gravées, au seizième siècle, par J. Amman.

Fig. 230. — L'ouvrier en bassins.

Fig. 231. — Le potier d'étain.

Fig. 232. — Le fondeur en cuivre.

Fig. 233. — Le fondeur de cloches, canons, etc.

septième siècle, n'en comptait pas moins de *mille cinq cent cinquante-un*, dans la capitale seulement. Il est bon de faire observer, toutefois, que les communautés d'artisans étaient fort subdivisées, par ce seul fait que certain métier ne constituait souvent que la pratique d'un travail spécial. Ainsi, dans le livre d'Étienne Boileau, on trouve quatre corporations différentes de *patenôtriers,* ou faiseurs de chapelets; six de chapeliers; six de tisserands, etc.

Au-dessus des communautés d'artisans, il y avait, du moins à Paris, quelques corporations privilégiées, qui s'entouraient d'une plus haute considération et qu'on désignait sous le nom de *Corps des marchands.* Leur nombre, après avoir mainte fois varié, resta fixé à six, qu'on nommait collectivement les *Six Corps,* savoir : les drapiers, qui eurent toujours la prééminence sur les cinq autres, les épiciers, les merciers, les pelletiers, les bonnetiers, les orfévres, qui la disputèrent longtemps et qui, ne pouvant tomber d'accord sur ce point délicat de préséance s'en rapportèrent à la décision du sort.

A part la prérogative que les six corps de marchands avaient alors d'être exclusivement appelés à figurer, à leurs frais, dans le cortége de ville (fig. 234), aux cérémonies publiques, et de porter le dais sur la tête du roi, de la reine et des princes lors de leur entrée solennelle dans la capitale, on ne saurait préciser le caractère des priviléges qui leur étaient attribués et dont ils se montraient si jaloux. Il est seulement de toute évidence que ces six corps, imbus d'une sorte d'esprit aristocratique qui leur faisait mettre le négoce bien au-dessus de l'industrie manuelle, tenaient à grand honneur, selon les idées généralement reçues, leurs titre et qualité de marchand. Ainsi, les historiens contemporains nous apprennent, par exemple, que le marchand qui compromettait la dignité de la compagnie « tombait dans la classe du moyen peuple »; que les merciers se vantaient d'avoir exclu de leur corps les tapissiers, « qui n'étaient que des artisans »; que les bonnetiers, admis à remplacer dans les six corps les changeurs, devinrent, par là, « marchands, d'artisans qu'ils avaient été jusque-là... »

Quoi qu'il en soit, malgré les statuts minutieusement rédigés ou révisés par Étienne Boileau et ses successeurs, malgré les nombreux règlements d'attributions que les souverains, les magistrats et les corporations elles-mêmes ne cessaient d'élaborer, il s'en fallait de beaucoup que l'ordre et l'unité régnassent dans le commerce et l'industrie de Paris, pendant le moyen âge; et ce qui se passait à Paris se reproduisait généralement ailleurs. Les luttes étaient vives, les rivalités acharnées entre les pouvoirs divers, entre les juridictions comme entre les justiciables, entre les métiers différents que rapprochait cependant l'analogie de leurs travaux.

D'ailleurs, à ce sujet, comme pour beaucoup d'autres, l'anarchie émanait souvent des pouvoirs qui auraient dû, en principe, la combattre et la faire

Fig. 234. — Groupe d'orfèvres précédant la châsse de saint Marcel (règne de Louis XIII). D'après une gravure sur cuivre du temps, Cabinet des Estampes, Bibl. nationale de Paris.

disparaître. Ainsi, à l'époque où Philippe-Auguste recula les limites de sa capitale, le nouveau mur d'enceinte enferma des bourgs jusqu'alors séparés de la cité et placés sous la domination féodale de seigneurs laïques ou religieux, qui, naturellement, prétendirent garder tous leurs droits; le roi de France fut obligé de reconnaître la légitimité de leurs réclamations; en sorte qu'il y eut dans ces bourgs (Bourg-l'Abbé, Beau-Bourg, Saint-Germain l'Auxerrois, etc.), des communautés d'arts et métiers entièrement distinctes et indépendantes de celles de l'ancien Paris. Si même nous nous bornons à examiner la condition de la classe des artisans, qui relevaient directement de l'autorité royale, nous verrons que les causes de confusion n'étaient pas moindres; car la plupart des grands officiers de la couronne, comme délégués de l'autorité royale, se disputaient le droit, toujours productif, d'autoriser, surveiller, protéger, juger, punir, et surtout rançonner les artisans des diverses professions. Le roi leur accordait la faculté de disposer arbitrairement, à leur profit, des maîtrises dans chaque corps d'état, et leur donnait par là pleine juridiction sur tous les marchands ou gens de métiers qui avaient rapport à leurs propres offices, et ce non-seulement à Paris, mais parfois dans toute l'étendue du royaume. Le grand chambrier, par exemple, avait juridiction sur les drapiers, merciers, pelletiers, cordonniers, tailleurs et autres marchands de meubles ou de vêtements; les barbiers dépendaient du valet de chambre barbier du roi; le grand panetier présidait au commerce de la boulangerie; du grand bouteiller relevaient les marchands de vin, etc.

Ces officiers royaux délivraient aux artisans les brevets de maîtrise, c'est-à-dire la permission d'exercer tel ou tel métier, avec des aides ou compagnons, en exigeant pour ce simple fait une redevance onéreuse et parfois très-considérable. Et comme ils entendaient toucher les bénéfices attachés à leur charge sans avoir à s'embarrasser des rapports directs avec leurs humbles titulaires, ils nommaient ordinairement des lieutenants chargés de les suppléer et de recueillir en leur nom les sommes qui leur étaient dues pour droits de maîtrise dans les principales villes du royaume. Les plus célèbres de ces lieutenants furent les *rois des merciers,* qui vivaient grassement dans l'oisiveté, entourés d'une espèce de cour marchande, qui resplendissait de tout son éclat dans les fêtes de métiers.

Les grands officiers de la couronne exerçaient, en vue de leur propre intérêt et sans se soucier de l'intérêt public, une véritable juridiction de police sur les métiers; ils jugeaient les différends survenus entre les maîtres et les ouvriers, punissaient les querelles, faisaient, soit par eux-mêmes, soit par leurs lieutenants, des visites domiciliaires chez les marchands, afin de découvrir les fraudes ou de constater les infractions aux règlements, en frappant des amendes, en prélevant des droits pour leurs vacations. Notons que les titulaires des charges de cour avaient toujours à lutter, pour le libre exercice de leur juridiction sur les métiers, contre le prévôt de Paris, qui voyait dans leurs actes de suprématie et de bon plaisir un empiétement sur ses attributions personnelles, et qui s'efforçait de leur résister en toute occasion.

Fig. 235. — Bannière de la corporation des cordonniers et savetiers réunis d'Issoudun.

Si, par exemple, le grand panetier faisait enfermer un boulanger à la prison du Châtelet, le grand prévôt, comme administrateur de cette prison, le mettait aussitôt en liberté : en revanche, le grand prévôt punissait-il un artisan du même métier, le grand panetier se portait appelant dans la cause de son subordonné ; d'autres fois les artisans, mécontents du lieutenant nommé par le grand officier de la couronne, qui les tenait sous sa dépendance, refusaient de reconnaître son autorité, etc.; de là des contestations, des procès interminables. On comprend tous les désordres qui devaient naître d'un pareil état de choses. Peu à peu cependant, et par suite des tendances nouvelles de la royauté, qui ne désirait que l'amoindrissement de l'influence féodale, les juridictions multiples afférentes aux corps de métiers rentrèrent sous la main de la prévôté municipale, et cette unification de vues, de pouvoirs et de droits eut les meilleurs résultats, tant pour le bien-être public que pour la prospérité des corporations elles-mêmes.

Après avoir examiné les corporations dans leur ensemble, dans leur action collective et dans leur police générale, il nous reste à rechercher quelle était leur organisation intérieure. Ce ne fut qu'après de longues et pénibles vicissitudes que ces associations ouvrières parvinrent à se faire une sorte de condition régulière et stable, sans jamais réussir d'ailleurs à s'organiser toutes avec les mêmes priviléges, sur les mêmes bases et sur le même modèle. Aussi en indiquant les caractères dominants de ces institutions, si différentes les unes des autres, devons-nous faire, pour ainsi dire, nos réserves sur les nombreuses exceptions ou variétés, qu'il nous serait impossible de signaler dans ce rapide aperçu.

Au quatorzième siècle, époque où les communautés de métiers étaient à l'apogée de leur développement et de leur puissance, nulle association d'artisans ne pouvait avoir d'existence légale sans une concession du roi, ou du seigneur de la terre sur laquelle s'établissait l'association, prince, abbé, bailli ou maire.

Ces communautés avaient leurs priviléges et leurs statuts; elles se distinguaient par leurs *livrées* ou costume particulier, comme par leurs armoiries et bannières (fig. 235 à 241), dans les solennités publiques. Elles possédaient le droit de discuter librement leurs intérêts généraux et de modifier elles-mêmes leurs statuts (sauf confirmation royale ou approbation de l'autorité supérieure), dans des assemblées composées de tous leurs membres. Ces assemblées toutefois, auxquelles assistaient de droit des délégués royaux, ne pouvaient avoir lieu sans une autorisation préalable. D'ordinaire, pour rendre plus faciles les rapports des membres de la société entre eux, ainsi que tout ce qui concernait la surveillance du métier, les artisans

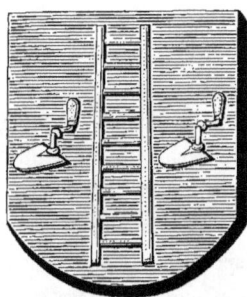

Fig. 236. — Bannière des couvreurs de Paris, aux armes parlantes de la corporation.

Fig. 237. — Bannière des cloutiers de Paris, aux armes parlantes de la corporation.

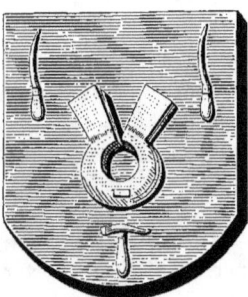

Fig. 238. — Bannière des bourreliers de Paris, aux armes parlantes de la corporation.

Fig. — 239. Bannière des charrons de Paris, aux armes parlantes de la corporation.

Fig. 240. — Bannière des tanneurs de Vic, à l'effigie du saint patron de la corporation.

Fig. 241. — Bannière des tisserands de Toulon, à l'effigie du saint patron de la corporation.

d'une même profession habitaient le même quartier, sinon la même rue. Le nom de beaucoup de voies publiques, à Paris et dans d'autres villes de France, témoigne de cet usage général, qui existe encore, du moins en partie, dans quelques vieilles métropoles de l'Allemagne et de l'Italie.

Les communautés d'artisans affectaient collectivement, en quelque sorte, le caractère de personnes civiles; elles avaient la faculté de posséder, d'administrer leurs biens, de soutenir ou d'intenter par procureur des actions en justice, d'accepter des héritages, etc.; elles disposaient donc, pour leurs besoins, d'une caisse commune, qui s'alimentait au moyen des legs, des donations, des amendes et des cotisations périodiques.

Ces communautés exerçaient en outre, par l'entremise de leurs jurés et de leur bureau, une juridiction de police et même, dans une certaine limite et en certaines circonstances, criminelle, sur tous leurs membres : elles luttèrent longtemps, pour agrandir cette juridiction ou la conserver intacte, contre le pouvoir municipal et contre les cours souveraines, qui réduisaient leurs droits à une autorité de simple police, rigoureusement restreinte aux personnes et aux choses du métier. Elles constataient les contraventions, intervenaient dans les discussions de maître à ouvrier, dans les querelles où les parties avaient eu recours à la violence. Les fonctions de cette espèce de magistrature de famille étaient exercées par des officiers, désignés sous les divers noms de *rois, maîtres, doyens, gardes, syndics, jurés*, lesquels étaient en outre chargés personnellement de visiter à toute heure les ateliers et les *ouvroirs* ou boutiques, pour constater l'observation des règlements statutaires concernant les travaux ou les marchandises, de percevoir les taxes au profit de l'association, enfin de procéder à l'examen des apprentis et à la réception des maîtres (fig. 242).

Les jurés ou syndics (noms qu'ils portaient le plus souvent), dont le nombre variait suivant l'importance de la corporation et le nombre de ses membres, étaient assez généralement élus, à la majorité des voix, par leurs confrères; quelquefois cependant le choix de ces syndics dépendait exclusivement des mêmes grands officiers royaux que nous avons vus, à l'origine des corporations, exercer sur elles une domination absolue en vertu des principes du droit féodal. Il n'était pas rare que les femmes figurassent parmi les dignitaires des arts et métiers, et les siéges du tribunal professionnel qui

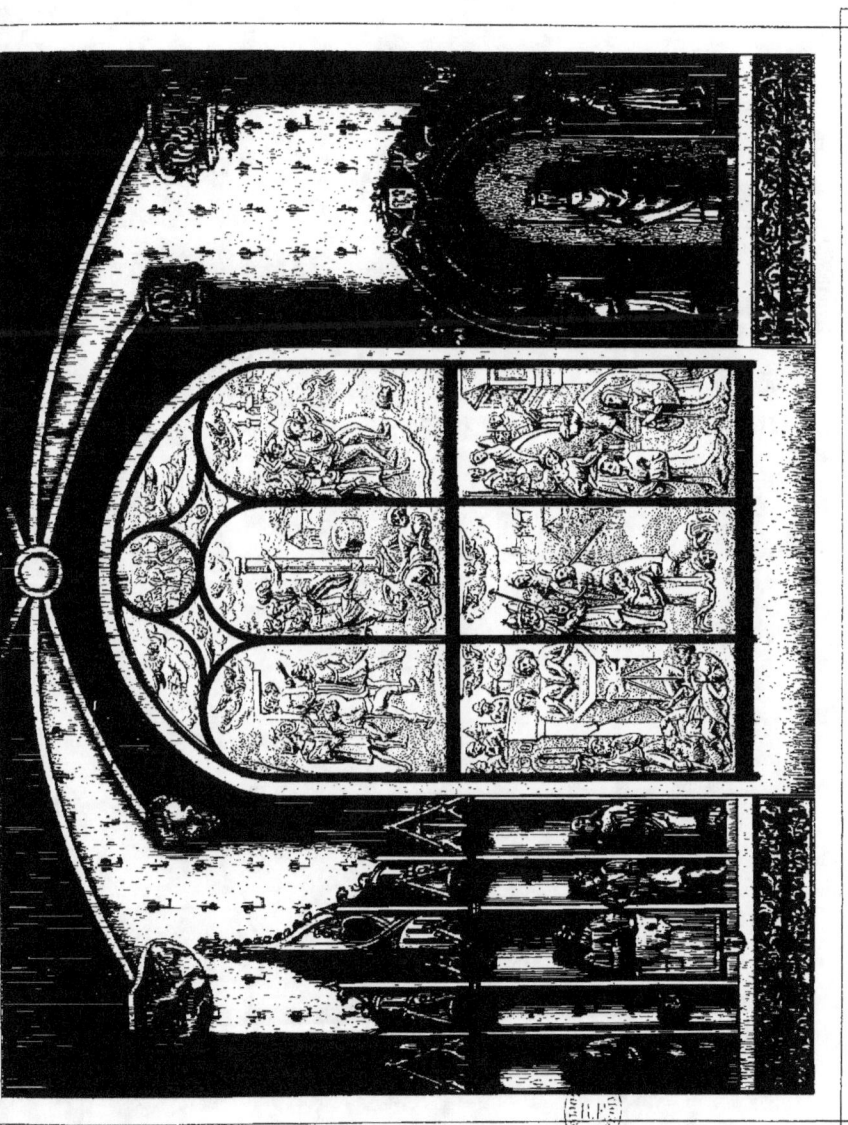

MARTYRE DES SS. CRÉPIN ET CRÉPINIEN.

Vitrail donné par la confrérie royale des cordonniers de Paris à l'église de l'hôpital des Quinze-Vingts, (XVIe s.) et qui n'existe plus. D'après le *Livre des Confréries*, Bibl. imp. de Paris.

décidait de toutes les questions relatives à la communauté et à ses membres étaient souvent occupés par un nombre égal de maîtres et de compagnons.

L'esprit de caste, jaloux, exclusif, inflexible, qu'on voit se manifester sans cesse et partout au moyen âge, formait un des principaux caractères des

Fig. 242. — Costumes de cérémonie du doyen et d'un juré de la corporation des Vieux-Cordonniers de Gand.

associations industrielles. L'admission des nouveaux membres d'un métier était entourée de conditions essentiellement propres à restreindre le nombre des associés et à décourager les aspirants. Les fils de maître jouissaient seuls de priviléges héréditaires, qui leur permettaient toujours d'être admis sans passer sous le joug tyrannique de l'association.

D'ordinaire, les membres d'une corporation étaient divisés en trois classes distinctes : les maîtres, les valets gagnants ou compagnons, et les apprentis. L'apprentissage, dont les fils de maître étaient souvent dispensés, commençait entre douze et dix-sept ans, et devait avoir une durée qui variait de deux à dix années. Dans la plupart des métiers, le maître ne pouvait recevoir chez lui, outre son propre fils, qu'un seul apprenti ; les tanneurs, les teinturiers, les orfèvres, étaient pourtant autorisés à s'adjoindre, en outre, un de leurs parents, ou un second apprenti, s'ils n'avaient point de parent qui voulût apprendre leur métier ; et bien que dans quelques autres professions, plus usuelles, comme dans la boucherie et dans la boulangerie, le nombre des apprentis fût à peu près illimité, la coutume avait fait une sorte de loi générale de la mesure restrictive qui avait pour but de ne pas multiplier au-delà des besoins les ouvriers et les maîtres.

La qualité de valet gagnant ou compagnon constituait, pour beaucoup de métiers, sinon pour tous, un degré auquel il fallait s'arrêter pendant un laps de temps avant de devenir maître.

Lorsque l'apprenti ou le compagnon sollicitaient la maîtrise, l'un et l'autre prenaient le titre d'*aspirants*, et dès lors ils se trouvaient soumis à des examens successifs. Ils devaient surtout prouver leur aptitude en exécutant ce qu'on appelait le *chef-d'œuvre*, lequel consistait ordinairement dans la fabrication parfaite et irréprochable des divers produits du métier qu'ils se proposaient d'exercer. L'exécution du *chef-d'œuvre* donnait lieu à maintes formalités techniques parfois très-minutieuses. Pendant son travail, qui durait souvent plusieurs mois, l'aspirant, de qui on exigeait dans certains cas une sorte d'universalité de connaissances (le barbier, par exemple, devait savoir forger et fourbir des lancettes ; le tisserand en laine, construire et ajuster les différentes pièces du métier à tisser, etc.), travaillait seul, privé de toutes communications, au siége même de sa communauté, qu'on appelait *le Bureau*, sous les yeux des jurés ou syndics qui prononçaient solennellement, parfois après un vif débat, sur le mérite de l'œuvre et sur la capacité de l'ouvrier (fig. 243 et 244).

La réception prononcée, l'aspirant devait d'abord prêter serment au roi, devant le prévôt ou le lieutenant civil, quoiqu'il eût déjà prêté ce serment en commençant son apprentissage, et payer ensuite une taxe, partagée entre le souverain ou le seigneur ou la confrérie, taxe sur laquelle les fils de maître obtenaient toujours une forte remise. Souvent aussi, les filles de maîtres affranchissaient leurs maris, en les exemptant de payer le droit de maîtrise. Quelques maîtres, tels que les orfèvres, les tondeurs de drap, avaient, en outre, à fournir un cautionnement, qui restait dans la caisse du métier, pendant toute la durée de leur exercice. Moyennant ces prescriptions, ces épreuves, ces impôts, les gens de métier acquéraient, avec la maîtrise, le privilége exclusif d'exercer librement leur profession ; et toutefois, car l'arbitraire était alors entré dans les mœurs, les rois à leur avénement, les princes et princesses de sang royal à l'époque de leur mariage, et dans certaines villes l'évêque à son installation, avaient le droit de créer dans

Fig. 243. — Apprenti cordonnier-bottier, travaillant au chef-d'œuvre, d'après un vitrail du treizième siècle, publié par MM. Cahier et Martin.

chaque métier une ou plusieurs maîtrises et de nouveaux maîtres, à qui ce titre était conféré sans qu'ils eussent à faire ni apprentissage ni chef-d'œuvre.

Les veufs et les veuves pouvaient ordinairement continuer le métier, quand l'époux mort était celui-là même du chef de qui procédait la maîtrise, laquelle devenait dès lors l'héritage du survivant; à la condition expresse de ne pas contracter un second mariage avec une personne étrangère au métier. Tels maîtres perdaient le droit de maîtrise le jour où ils travaillaient chez un autre maître comme valets gagnants. Telles maîtrises aussi n'étaient valables que pour la ville où elles avaient été obtenues. Dans plus d'un métier, lorsqu'une famille en possession de la maîtrise venait à s'éteindre, ses établissements et ses outils faisaient retour à la corporation, moyennant une indemnité aux héritiers collatéraux.

Parfois, et notamment dans quelques professions où les aspirants n'étaient pas soumis à l'exécution du chef-d'œuvre, la réception des maîtres était accompagnée de cérémonies singulières, qui avaient eu sans doute à l'origine un sens symbolique, mais qui ne pouvaient plus que sembler étranges et même ridicules depuis qu'on en avait perdu la véritable signification.

Fig. 244. — Apprenti menuisier, travaillant au chef-d'œuvre, d'après une des stalles dites *Miséricordes*, du chœur de la cathédrale de Rouen. (Quinzième siècle.)

Ainsi, chez les boulangers, après quatre ans d'exercice, le récipiendaire, ayant *acheté le métier du roi,* sortait de la maison escorté de tous les boulangers de la ville, portant un pot neuf rempli de noix et de *nieules* (oublies). Arrivé devant le chef de la corporation : « Maître, lui disait-il, j'ai accompli mes quatre années : voici mon pot rempli de noix et de nieules. » Les assistants ayant affirmé la véracité de cette déclaration, l'aspirant brisait le pot contre le mur, et le chef prononçait solennellement son admission, que les anciens maîtres fêtaient à l'unisson, en vidant force brocs de vin ou de bière, aux dépens du nouveau confrère. Le cérémonial passait un peu plus la plaisanterie chez les meuliers ou fabricants de meules de moulin, car l'aspirant n'était admis dans le métier qu'après avoir reçu, des mains du dernier élu, quelques coups de bâton sur les épaules.

Les statuts des corporations, lesquels avaient force de loi, comme étant acceptés et approuvés par le pouvoir royal, déterminaient presque toujours

Fig. 245. — L'escalier de la maison ou Bureau des orfèvres de Rouen; quinzième siècle. L'écusson que tient le lion avec sa patte renferme les armoiries des orfèvres de Rouen (état actuel).

dans le plus grand détail toutes les conditions de la main-d'œuvre; ils fixaient les heures et les jours de travail, la dimension des objets fabriqués, la qualité des matières employées dans leur fabrication et le prix même auquel ils devaient être livrés à l'acheteur (fig. 246). Le travail de nuit était assez généralement interdit, comme ne pouvant donner que des produits imparfaits. On peut remarquer cependant que les menuisiers étaient autorisés à fabriquer la nuit les cercueils et autres appareils funèbres. La veille des *bonnes* fêtes, les boutiques se fermaient plus tôt que les autres jours, c'est-à-dire à trois heures, et il est bien entendu qu'elles ne s'ouvraient pas le lendemain, à l'exception de celles des pâtissiers, dont le ministère était surtout requis aux jours de gala, où ces artisans offraient au chaland une prodi-

Fig. 246. — Boutiques (orfévre grossier, marchand d'étoffes et cordonnier) sous une halle couverte; d'après une miniature des *Ethiques* et des *Politiques* d'Aristote, traduits par Nicolas Oresme, manuscrit du quinzième siècle, à la Bibl. de Rouen.

gieuse variété de gâteaux et de friandises. Quelles que fussent les prescriptions des règlements professionnels ou administratifs, il va sans dire qu'en principe, comme elles exigeaient la bonne foi et la loyauté, elles ne laissaient pas d'être souvent violées. Les amendes dont étaient alors frappés les délinquants constituaient d'ailleurs une source d'importants revenus, tant pour le trésor de la ville que pour celui de l'association elle-même. Ajoutons que la pénalité ne se restreignait pas toujours à de simples condamnations pécuniaires, puisqu'il y eut jusqu'au quinzième siècle des exemples d'artisans condamnés à mort, pour le seul fait d'avoir altéré les matières par eux mises en œuvre : cette tromperie était assimilée au vol qui, on le sait, entraîna longtemps le dernier supplice. Le vol, de la part des marchands, ne trouvait alors ni indulgence ni pardon, et la corporation tout entière demandait prompte et exemplaire justice.

D'après les statuts, qui avaient généralement pour objet d'empêcher les fraudes et les falsifications, dans la plupart des métiers, les maîtres étaient tenus d'apposer sur leurs ouvrages une marque de fabrique, un seing particulier qui devait servir de garantie pour l'acheteur, et donner les moyens

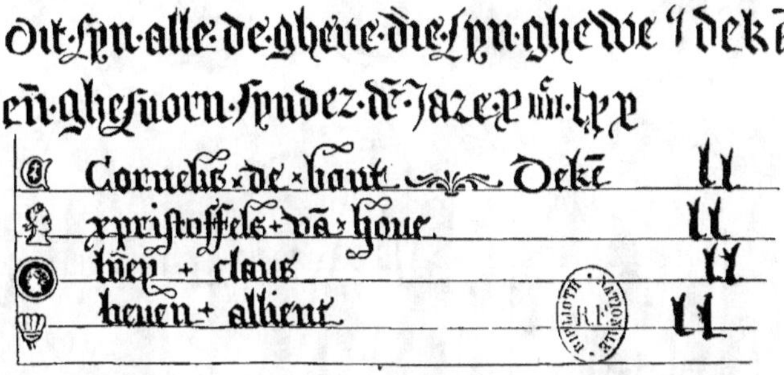

Fig. 247. — Fac-simile des six premières lignes de la table de cuivre où l'on insculptait, depuis l'année 1470, le nom et la marque des *élus* de la corporation des orfévres de la ville de Gand.

de constater le délit dans le cas où des plaintes s'élèveraient contre la mauvaise qualité ou la mauvaise fabrication des objets vendus (fig. 248).

Outre les diverses mesures qui avaient été prises en vue de conserver les bonnes traditions professionnelles, en sauvegardant l'intérêt public, les rédacteurs de statuts s'étaient préoccupés encore de maintenir la moralité et la concorde au sein des corporations. Un jeune homme ne pouvait être reçu apprenti qu'à la condition de justifier d'une naissance légitime, par son acte de baptême, et, pour être admis à la maîtrise, il devait jouir d'une réputation sans tache. Les artisans s'exposaient à une réprimande, sinon à un châtiment effectif, en fréquentant des excommuniés, en travaillant ou buvant avec eux. Le libertinage et l'inconduite pouvaient motiver la perte de la maîtrise. Dans certaines associations, tous les gens du métier devaient chômer le jour du décès d'un confrère, assister à ses obsèques, et suivre son convoi funèbre jusqu'au cimetière (fig. 249). Dans telle autre communauté, la plus petite parole indécente ou incivile était punie d'une amende. Un nouveau maître ne pouvait s'établir dans la même rue que son ancien patron, sinon à une distance déterminée par les statuts; le marchand devait s'interdire d'appeler ou de provoquer les acheteurs, quand ceux-ci étaient plus rapprochés de la boutique de son voisin que de la sienne, etc.

Fig. 248. — Doyen et jurés des tanneurs de la ville de Gand en costume de cérémonie.
Fac-simile d'une miniature d'un manuscrit du quinzième siècle.

Au moyen âge, la religion avait sa place marquée partout : les corporations n'eurent garde de l'oublier; chacune d'elles était sous l'invocation du saint que l'on considérait comme le protecteur spécial de la profession; elle possédait sa chapelle paroissiale dans quelque église du quartier, et souvent même entretenait à ses frais un chapelain particulier, pour les messes et les obits qui se disaient tous les jours à l'intention des *bonnes personnes défuntes* du métier. Ces associations religieuses, animées du zèle de la charité chrétienne, se proposaient à la fois d'appeler les bénédictions du ciel sur tous les membres de la corporation, et de secourir les confrères frappés par la maladie ou le chômage, de prendre soin des veuves, d'aider les orphelins. Elles répandaient aussi des aumônes parmi les pauvres et portaient aux hôpitaux les reliefs de leurs banquets.

Sous le nom de *garçons* ou *compagnons du devoir* [ce surnom fut d'abord

Fig. 249. — Compagnon du devoir ou de la grande cognée (charpentier). Fragment d'une gravure sur bois, exécutée à la fin du quinzième siècle, d'après un dessin de Wohlgemüth, pour la *Chronique de Nuremberg*.

exclusivement appliqué aux charpentiers et aux maçons (fig. 249 et 250), qui formaient depuis une haute antiquité une sorte de grande association à demi secrète dans laquelle la franc-maçonnerie va chercher ses origines], les compagnons, quoique relevant aussi de la communauté du métier auquel ils appartenaient, composaient également des affiliations distinctes, dans les mêmes vues d'assistance mutuelle. Ils allaient recevoir l'ouvrier étranger à son entrée dans la ville, pourvoyaient à ses premiers besoins, cherchaient pour lui du travail, et lorsque la besogne manquait, le plus ancien compagnon lui cédait la place. Toutefois ces associations de compagnonnage eurent bientôt mis de côté les tendances honorables de leur institution primitive. Dès lors les réunions des confrères ne furent plus que des prétextes à intempérance et à débauche. Des processions tumultueuses, des mascarades indécentes, jetèrent le trouble dans les cités. Puis de la facilité que ces nombreuses associations avaient de s'entendre et de se concerter ensemble naquirent des brigues, des coalitions qui, faisant appel à la force pour soutenir

Fig. 250. — Compagnons du devoir ou charpentiers. Fac-simile d'une miniature des *Chroniques de Hainaut*, ms. du quinzième siècle, à la bibl. de Bourgogne, à Bruxelles.

leurs prétentions injustes ou exorbitantes, agitèrent profondément les classes industrielles, et finirent par éveiller la vigilance du pouvoir. Ces confréries enfin soulevaient ou réchauffaient sans cesse, entre les ouvriers du même métier, affiliés à des *devoirs* différents, des inimitiés sauvages, qui se traduisaient en violences et en luttes trop souvent sanglantes. Les arrêts du Parlement, les ordonnances des rois, les décisions des conciles, dès la fin du quinzième siècle et pendant toute la durée du seizième, proscrivirent sévèrement les confréries; mais ces dispositions de sage police ne furent jamais rigoureusement observées, et l'autorité elle-même y souffrit des exceptions qui rouvrirent la porte à tous les abus.

Fig. 251. — Peinture commémorative de l'union des marchands de Rouen à la fin du dix-septième siècle.

Nous avons déjà mentionné à plusieurs reprises, dans le cours de ce volume (*voyez* les chapitres : *Condition des personnes, Priviléges des villes, Vie privée*), le rôle politique que jouèrent les corporations au moyen âge. On sait la part active et généreuse que prirent les métiers au grand mouvement de la formation des communes en France. L'esprit d'association fraternelle, qui avait fait la force vivace des corporations et qui se perpétuait avec tant d'éclat dans tous les actes de la vie publique et privée, résista pendant des siècles aux attaques isolées et collectives dont elles étaient l'objet de la part des gens de métier eux-mêmes (fig. 251). Ces corporations, riches et puissantes, commencèrent à déchoir dès qu'elles cessèrent d'être unies, et leur décadence, qui amena leur dissolution légale, à l'aurore de la révolution de 1789, devait porter une atteinte profonde à l'industrie et au commerce.

Fig. 252. — Bannière des drapiers de Caen.

IMPOTS, MONNAIES ET FINANCES

Les impôts sous la domination romaine. — Exactions fiscales des rois Mérovingiens. — Variations de la monnaie. — Réglementation des finances sous Charlemagne. — *Missi dominici.* — Accroissement des impôts par suite des croisades. — Louis IX organise les finances. — Extorsions de Philippe le Bel. — Embarras pécuniaires de ses successeurs. — Charles V rétablit l'ordre dans les finances. — Désastres de la France sous Charles VI. — Charles VII et Jacques Cœur. — Mouvement des impôts, de Louis XI à François Ier. — Les grands financiers. — Florimond Robertet.

i nous en croyons César, dans ses *Commentaires* sur la guerre des Gaules, les Gaulois prolétaires gémissaient, déjà de son temps, sous l'énormité des taxes, et tâchaient de s'y soustraire. Rome allégea ce fardeau; mais insensiblement le système fiscal de la métropole fut établi partout dans les provinces romaines. Il y eut une imposition personnelle, presque arbitraire, dite *capitation,* un impôt foncier nommé *cens,* calculé d'après des mesures cadastrales, et, en outre, des taxes de consommation, des droits sur le sel, sur l'importation et l'exportation des marchandises, sur les ventes publiques à la criée; puis sur les portefaix, les immondices, les mariages, les sépultures, les cheminées, les tuiles, et successivement sur les legs, les successions en litige, le nombre des esclaves; on créa des péages le long des routes; le fisc alla si loin, qu'il soumit à l'impot la fumée !... De là l'origine du nom de *feu,* affecté plus tard à chaque ménage ou groupe de famille réunie dans la même maison ou assise au même foyer. On vit surgir quantité d'autres taxes, appelées *sordides*, dont s'affranchissaient les honorables (*honorabiles*) et les fonctionnaires du gouvernement.

Ce ruineux système de fiscalité, rendu plus insupportable encore par les exactions des proconsuls et la violence de leur milice, alla s'aggravant jusqu'à l'époque où l'empire romain s'écroula. Avec le moyen âge naquit un nouvel ordre de choses. L'administration municipale, en grande partie composée de citoyens gallo-romains privilégiés, ne dévia pas sensiblement des habitudes consacrées depuis cinq siècles; mais chaque peuplade envahissante fit prévaloir peu à peu ses mœurs, aussi variables que l'étaient leurs origines. Les Germains, les Francs, devenus maîtres d'une partie des Gaules, se fixèrent sur les terres qu'ils s'étaient partagées. Les grands domaines, dont la possession et les revenus avaient été attribués aux empereurs, devinrent naturellement la propriété des chefs ou rois barbares et servirent à défrayer leurs maisons ou leurs cours. Ces chefs, à chaque assemblée générale des *leudes* ou fidèles, recevaient en dons de l'argent, des armes, des chevaux et divers objets de fabrication indigène ou de provenance étrangère. Pendant longtemps, les dons furent volontaires. Le fief territorial, dévolu à titre viager aux guerriers qui l'avaient mérité par leur service militaire, impliquait pour eux une servitude personnelle envers le roi, c'est-à-dire l'obligation de l'héberger à son passage, de le suivre à la guerre et de le défendre en toute occasion; mais le fief demeurait entièrement libre d'impôts. Beaucoup de méfaits, même les vols et divers crimes qui entraînaient la mort du coupable, pouvant être graciés d'après un tarif proportionnel, et les prestations, les services féodaux s'acquittant de la sorte dans bien des cas, il en résultait un large bénéfice pécuniaire pour l'État, pour le procureur fiscal et pour le roi, puisque la redevance, de quelque nature qu'elle fût, se divisait ordinairement par tiers au profit des trois parties prenantes.

La guerre, presque permanente en ces temps de désordre et de décadence, produisait aussi pour les rois barbares des ressources éventuelles, bien supérieures encore aux ressources fiscales; ce fut à leurs armes victorieuses que les premiers chefs des Visigoths, des Ostrogoths et des Francs demandaient les moyens de remplir leur trésor : Alaric, Totila, Clovis, amassèrent ainsi d'immenses richesses, sans se soucier de donner une assiette régulière aux finances du gouvernement. On voit pourtant poindre dans les institutions d'Alaric et de ses successeurs une espèce d'organisation financière. Plus tard, le grand Théodoric, qui avait étudié les théories administratives de la cour byzantine, trouva dans les inspirations de son génie un véritable système de finances qu'il appliqua en Italie.

Fig. 253. — Extraction des métaux. Fac-similé d'une gravure sur bois de la *Cosmographie universelle* de Munster, in-fol.; Bâle, 1552.

Grégoire de Tours, qui écrivait au sixième siècle, témoigne, en plusieurs passages de son *Histoire des Francs*, que ceux-ci conservaient pour l'impôt obligatoire la même répugnance que les Germains du temps de Tacite. Les *leudes*, ces premiers nobles, prétendaient ne rien devoir au fisc, et les contraindre à subir la taxe n'était pas chose facile. Childéric Ier, père de Clovis, avait perdu sa couronne (vers 465) pour avoir voulu soumettre à l'impôt les grands comme les petits. Le roi d'Austrasie, Childéric II, fit battre de verges un de ses *leudes,* nommé Bodillon (673) qui osait lui reprocher l'injustice de certaines taxes; mais il fut assassiné par ce même Bodillon, et les *leudes* maintinrent leur droit d'immunité. Un siècle auparavant, les *leudes* étaient déjà en lutte avec la royauté à cause des impôts, qu'ils refusaient de payer; ils sacrifièrent la reine Brunehaut, parce qu'elle avait tenté de grossir le trésor royal avec les biens de quelques seigneurs, rebelles à son autorité. Le trésor des rois francs, d'ailleurs toujours bien garni, était l'objet de la convoitise des *leudes* : de concert avec ces derniers, Chilpéric Ier, roi de Soissons, avait mis la main sur le trésor amassé par son père Clotaire Ier et gardé dans le palais de Braine; il fut forcé de partager son butin avec ses frères et leurs *hommes,* qui vinrent en armes le sommer de rendre ce qu'il avait pris. Chilpéric craignait donc les *leudes,* et ne leur demandait pas d'argent (fig. 254); sa femme, la terrible Frédégonde, ne les ménagea pas plus que ne l'avait fait Brunehaut, mais ses juges ou ministres Audon et Mummius faillirent payer de leur vie leurs exactions fiscales, qui rencontraient de la part des grands une indomptable résistance.

L'usage des dénombrements, tels qu'ils s'opéraient à Rome par les soins des censeurs, paraît avoir été suivi sous les rois mérovingiens. A la demande de l'évêque de Poitiers, Childebert donna l'ordre de rectifier le cadastre fait sous Sigebert, roi d'Austrasie. C'est un acte des plus curieux, signalé par Grégoire de Tours : « L'ancienne répartition, dit-il, était devenue tellement inégale, par l'effet de la division des propriétés, comme par suite d'autres changements que le temps avait amenés dans l'état des contribuables, que les pauvres, les veuves, les orphelins et les gens sans appui supportaient le fardeau des tributs. Florentius, grand-maître de la maison du roi, et Romulfus, comte du palais, remédièrent à cet abus. Après une recherche exacte des changements survenus, ils déchargèrent les contribuables qui étaient trop grevés, et assujettirent au cens public ceux qui devaient le supporter. »

Cet impôt direct se perpétua de la sorte jusque sous les rois de la seconde race. Les Francs, qui n'avaient pas de privilége d'exemption, payaient pour leur tête et pour leur *case* ou maison; on prélevait environ une *dixaine* ou dîme sur les terres de grande culture, un peu plus sur celles de petite culture, et sur la vigne une cruche de vin seulement par demi-arpent. Il y avait des *asséeurs* ou répartiteurs, des préposés royaux (*actores regii*), chargés de

IMPOTS, MONNAIES ET FINANCES. 331

lever les subsides, des fermiers d'impôts, etc. Un édit de Clotaire II, en l'année 615, blâme cependant l'accumulation des taxes et des péages : il ordonne de ne point les lever ailleurs que dans les lieux où ils ont été établis, et défend de les distraire, sous aucun prétexte, de l'objet auquel ils doivent être affectés.

Sous les Mérovingiens la monnaie ayant cours ne fut pas commune, quoique les métaux précieux fussent très-abondants dans les Gaules, dont les mines d'or et d'argent n'étaient pas encore épuisées. On ne la frappait guère qu'aux grandes circonstances, telles qu'avénement à la couronne, naissance d'un héritier présomptif, mariage du prince, victoire décisive. Il est même probable que toutes les fois qu'on employait la monnaie de compte pour de grosses sommes, la livre ou le sou d'or se trouvait représenté par des masses de métal plutôt que par du numéraire. Ainsi les tiers de sous d'or, créés et frappés ou fondus dans ces occasions solennelles, semblent n'avoir été que des médailles commémoratives, distribuées entre les grands-officiers du trône, et cela expliquerait leur insigne rareté. Quant au

Fig. 254. — Tombe du roi Chilpéric; sculpture du onzième siècle, à l'abbaye de Saint-Denis.

caractère général des monnaies, soit d'or, soit d'argent ou de billon, il diffère peu, chez les premiers rois burgondes, austrasiens et francs, de ce qu'il était du temps des derniers empereurs romains ; mais insensiblement, sur ces monnaies, l'Ange portant la croix remplace la Renommée victorieuse, et des monogrammes chrétiens, des symboles trinaires, entremêlés souvent à l'initiale du nom du souverain, des lettres réputées saintes ou fortunées, telles que C, M, S, T, etc., des noms de localités aujourd'hui disparues, et divers signes, propres à chaque atelier monétaire, présentent une infinité de problèmes à résoudre (fig. 256 à 259). Malheureusement, les noms de lieux que portent les monnaies mérovingiennes, au nombre d'environ neuf cents, ont rarement été lus par des numismates qui fussent en même temps lin-

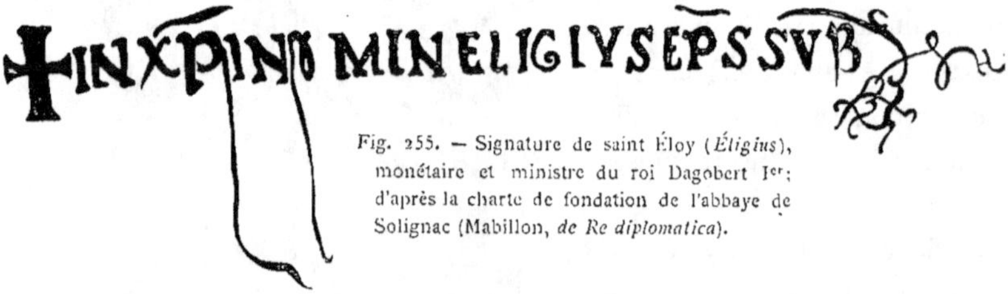

Fig. 255. — Signature de saint Éloy (*Éligius*), monétaire et ministre du roi Dagobert Ier; d'après la charte de fondation de l'abbaye de Solignac (Mabillon, *de Re diplomatica*).

guistes et géographes. On compte, par exemple, une centaine d'ateliers monétaires, et l'on ne sait à quel endroit en placer le plus grand nombre.

A partir du baptême de Clovis, l'Église, comblée de faveurs par ce roi devenu chrétien, avait possédé des revenus considérables, couverts d'immunités exceptionnelles. Les fils de Clovis lui contestèrent bientôt ses priviléges ; mais elle résista. Un jour cependant elle dut céder sous la main de fer de Charles Martel. Ce grand chef militaire, après sa lutte contre le maire du palais, Rainfroy, après ses victoires éclatantes contre les Saxons, les Bavarois, les Suisses et les Sarrasins (732), dépouilla le clergé de ses possessions territoriales, afin de les distribuer à ses *leudes* et de se faire ainsi des créatures disposées à le servir par les armes.

En montant sur le trône, le roi Pépin, qui avait besoin de ménager l'Église, effaça, autant qu'il le put, les torts de son père envers elle ; il fit mettre les dîmes et les *nones* (neuvième denier à prélever sur la valeur des terres) au compte des possesseurs de chaque domaine ecclésiastique, en leur enjoignant de faire réparer, au moins, les bâtiments (églises, châteaux, abbayes, presbytères) sur lesquels ils percevaient des revenus, et de restituer à qui de droit les propriétés qui n'étaient qu'engagées entre leurs mains. La résistance des seigneurs terriens fut longue; il fallut Charlemagne et l'autorité de son exemple pour équilibrer les intérêts des parties contendantes, pour mettre d'accord l'Église et l'État.

Charlemagne, renonçant aux droits arbitrairement établis par les maires

Types des monnaies mérovingiennes, en or, frappées par saint Éloy, monétaire de Dagobert Ier
(628-638).

Fig. 256. — PARISINNA CEVE FIT. Tête de Dagobert avec double diadème de perles, cheveux pendants sur le cou. ℞ DAGOBERTVS REX. Croix; au-dessus, oméga; sous les bras de la croix : ELIGI.

Fig. 257. — PARISINN. CIV. Tête de Clovis II, avec diadème de perles, cheveux cordonnés et pendants sur le cou. ℞ CHLODOVEVS REX. Croix ancrée; sous les bras de la croix : ELIGI.

Fig. 258. — PARISIVS FIT. Tête du roi. ℞ ELIGIVS MONE. Croix; au-dessus, oméga; au-dessous, boule.

Fig. 259. — MON. PALATI. Tête du roi. ℞ SCOLARE. I. A. Croix ancrée; sous les bras de la croix, ELIGI.

du palais, ne maintient que ceux qu'un long usage a légitimés, et il les enregistre avec netteté dans les Capitulaires, où il fait entrer les anciennes lois des Ripuaires, des Burgondes et des Francs, en les accommodant toutefois à l'organisation et aux besoins de son vaste empire. Dès lors chaque homme libre concourut au service militaire, en proportion des biens-fonds possédés par lui. Le grand vassal, le juge fiscal, fut tenu de ne plus exercer d'extorsions sur les citoyens désignés pour défendre l'État; les hommes libres purent refuser légalement tout travail servile ou obligatoire que leur imposaient les comtes, et les corvées dévolues aux serfs furent amoindries. Sans réprouver d'une manière absolue l'autorité des coutumes locales, en matière de finance ou de pénalité, la loi votée aux Champs de mai par les comtes et les *leudes*, en présence de l'empereur, l'emporta sur ces coutumes, qui n'avaient pas d'origine légale. On abolit des taxes arbitraires, dont l'urgence ne se faisait plus sentir; on affranchit les vivres, les denrées de consommation, les approvisionnements militaires, du droit de mutation qui les grevait, et l'on fit en sorte que les revenus des péages de barrières, de ponts, de portes, etc., fussent appliqués à l'objet qui en avait provoqué la création, c'est-à-dire à l'entretien des routes et à la conservation des enceintes fortifiées. Le *hériban*, amende de 60 sols (qui auraient valu de nos jours plus de 6 mille francs), imposée à tout possesseur de fief qui refusait le service militaire, et que chaque seigneur était tenu de payer au lieu et place de ses vassaux absents sous les drapeaux du roi, devait produire des sommes considérables. Quant aux ecclésiastiques, une loi formelle leur interdisait de porter les armes, mais Charlemagne déclara leurs biens inviolables, indivisibles, et ne négligea rien pour assurer le payement de l'indemnité (dîme et none) qui leur était due depuis les spoliations effectuées par Charles Martel.

Il ne surveilla pas avec moins de sollicitude la fabrication et la circulation monétaires. Il statua que désormais on tirerait de la livre d'argent 22 sous, de telle sorte que le sol d'argent contiendrait exactement la vingt-deuxième partie de la livre de métal, et qu'aucune monnaie ne serait frappée en dehors des palais impériaux. Il interdisait l'émission de toute pièce de mauvais aloi; il ordonnait de punir sévèrement les faux monnayeurs, et prononçait des amendes rigoureuses contre quiconque refuserait d'accepter des espèces ayant cours légal.

L'impôt de la dîme en faveur de l'Église (fig. 260), décrété par une assemblée nationale (en 779), et dont l'évêque diocésain opérait la distribution, provoqua bien des plaintes, bien des résistances, car cette dîme venait s'ajouter à la dîme du roi, déjà si lourde; mais les titres de possession ayant une commune origine, le prince défendait ses propres intérêts en protégeant ceux de l'Église. Cela ressort du texte même des Capitulaires, depuis l'année 794 jusqu'à l'année 829. « Ce qui dans l'origine n'avait été qu'une offrande volontaire due à la piété de quelques fidèles, dit l'auteur de l'*Histoire financière de la France,* devint ainsi pour l'agriculture un impôt perpétuel, dont l'usage plus que la législation fit un droit; et la dîme, bornée d'abord aux fruits de la terre, s'étendit bientôt à la reproduction du bétail. »

IMPOTS, MONNAIES ET FINANCES.   335

Des envoyés royaux (*missi dominici*), revêtus d'attributions complexes et de pouvoirs très-étendus, parcouraient l'empire, exerçant la haute main sur toutes les affaires, réunissant des *placites* ou plaids provinciaux, et s'enquérant particulièrement de la rentrée des deniers publics. Pendant leurs *chevauchées*, ou voyages, qui avaient lieu quatre fois par an, ils réformaient

Fig. 260. — Péage des marchés, prélevé par un clerc. D'après un des vitraux peints de la cathédrale de Tournai. (Quinzième siècle.)

les sentences iniques ou en appelaient à l'empereur; ils dénonçaient les prévarications des comtes, punissaient les négligences de leurs assesseurs, et recouraient souvent au principe d'élection pour remplacer des juges indignes par des répartiteurs choisis dans le peuple; ils vérifiaient l'exactitude des terriers ou registres du dénombrement censitaire, veillaient à l'entretien du domaine royal, redressaient les fraudes en matière d'impôt, et poursuivaient les usuriers autant que les faux-monnayeurs, car alors on ne comprenait pas que l'argent est une marchandise et qu'un prêteur opère un négoce dont les chances nécessitent des garanties proportionnelles.

Les *missi dominici* soulevaient trop d'inimitiés parmi les grands vassaux pour ne pas succomber à l'apparition du régime féodal. Leur maître souverain, humilié lui-même, paralysé dans son action politique, ne put les soutenir et n'eut bientôt plus que faire de leur intervention, en perdant une partie de ses priviléges et de sa puissance. Ducs, comtes, barons, devenus *justiciers* sans controle, créèrent des taxes et des redevances nouvelles, s'attribuèrent les tributs dus au roi; si bien qu'à la fin du dixième siècle les capitulaires de Charlemagne n'avaient plus force de loi. On vit alors s'accumuler, au profit des seigneurs, une multitude de droits nouveaux, dont les noms sont tombés en désuétude avec les redevances féodales qu'ils représentaient : droits d'*escorte* et d'*entrée*, de *mainmorte*, de *lods* et *ventes*, de *relief* ou de rachat, les *champarts*, la *taille*, le *fouage*, les diverses *banalités* de pressoir, de mouture, de four, etc., sans préjudice des dimes dues au roi et à l'Église. Or, la dîme royale ne se payant presque jamais, il fallait que les rois se créassent d'autres ressources pour remplir leur trésor, et la fabrication de la fausse monnaie leur venait en aide. Malheureusement pour eux, chaque grand vassal leur faisait concurrence à cet égard. La quantité prodigieuse de mauvaises pièces, fabriquées au-dessous du titre ou du poids depuis le neuvième siècle, consomma la ruine publique; ce fut une triste période de chaos social. On ne distingua plus l'homme libre du vilain, le vilain du cerf; le servage était général; l'homme se trouvait inféodé à la terre qu'il arrosait de ses sueurs et qui produisait pour d'autres que pour lui. Les villes mêmes, à part certaines cités privilégiées, comme Florence, Paris, Lyon, Reims, Metz, Strasbourg, Marseille, Hambourg, Francfort, Milan, relevaient de quelque seigneur ecclésiastique ou laïque et ne jouissaient que d'une liberté plus ou moins restreinte.

Vers la fin du onzième siècle, sous Philippe Ier, l'enthousiasme pour les croisades prit un caractère universel, et tous les grands s'associant à l'œuvre sainte pour la délivrance du tombeau de Jésus-Chrit, il leur fallait beaucoup d'argent : ils en amassèrent quelque peu par des taxes nouvelles, mais bien davantage par l'aliénation d'une partie de leurs droits féodaux. Ils vendirent

IMPOTS, MONNAIES ET FINANCES.

Fig. 261. — Vente à la criée; *preco*, le crieur, sonnant de la trompette; *subhastator*, l'officier public chargé de la vente. On voit dans le fond une autre vente, au son de la cloche. — Fac-similé d'une gravure sur bois de l'ouvrage de Josse Damhoudere, *Praxis rerum civilium* (Anvers, 1557, in-4°).

aux bourgs, aux villes, aux abbayes, certaines franchises qu'ils leur avaient enlevées autrefois; ils exigèrent une subvention de quiconque se refusait à les suivre en Palestine ; ils pressurèrent les négociants étrangers et surtout les juifs, et l'on vit une foule de seigneurs ayant fief, réduits aux plus tristes expédients, vendre à vil prix leurs domaines ou les mettre en gage dans les mains de ces mêmes juifs qu'ils frappaient de taxes arbitraires. Chaque ville où s'était maintenu l'esprit de la municipalité gallo-romaine, profita de la circonstance pour accroître ses libertés, ou pour étendre le périmètre de son territoire ; chaque monarque jugea aussi l'occasion favorable pour réunir de nouveaux fiefs à sa couronne et pour faire rentrer le plus de grands vassaux possible sous sa dépendance. Ce fut l'époque où naquirent les *communes,* et de cette époque datent les premières *chartes* d'affranchissement, véritables contrats obligatoires de solidarité réciproque entre le peuple et le souverain. Outre les redevances annuelles dues au roi ainsi qu'aux seigneurs fieffés, outre les subsides généraux tels que le cens et la dîme, les *communautés* durent pourvoir à l'entretien des murailles ou remparts, au pavage des rues, au curage des puits, à la garde des portes urbaines, aux menus frais d'administration locale.

Louis le Gros avait conçu l'espérance d'opérer une répartition de l'impôt sur des principes fixes; par ses ordres, on s'occupa d'un nouveau cadastre des terres du royaume, mais diverses calamités firent ajourner cette mesure utile. En 1149, Louis le Jeune, sous le coup d'un désastre éprouvé par les princes croisés, fit ce qu'aucun de ses prédécesseurs n'avait osé faire : il exigea de tous ses sujets un sol par livre sur le revenu de chacun, et le vingtième fut payé, même par l'Église, qui dut pour l'exemple ne pas faire valoir ses immunités. Quarante années après, dans un concile ou *grand parlement,* convoqué par Philippe-Auguste, une nouvelle croisade fut décidée, et en même temps fut établi, sous le nom de *dîme Saladine,* un impôt annuel sur les biens, meubles et immeubles de quiconque ne prendrait pas la croix pour aller en Terre-Sainte. La noblesse protesta d'une manière si violente, qu'il fallut que le roi remplaçât la dîme par une taille générale, moins vexatoire dans son mode de perception, mais plus productive encore.

En revenant d'outre-mer (1191), Philippe-Auguste, pour soutenir ses grandes guerres et pour payer les premières troupes soldées qu'on ait vues au service des rois de France, tailla et imposa tout le monde, noblesse, bourgeoisie, clergé; il ratifia d'abord les confiscations énormes opérées sur les juifs bannis du royaume, et vendit ensuite aux plus riches d'entre eux l'autorisation temporaire d'y rentrer.

Les juifs possédant seuls alors des fonds disponibles, puisque seuls ils trafiquaient et tiraient intérêt de l'argent prêté, le gouvernement, qui les rappelait pour les avoir sous sa main, se ménageait ainsi une ressource précieuse, dont il pouvait toujours user. Mais comme le droit de lever des impôts sur les vassaux des seigneurs fieffés était interdit au roi, le roi con-

Fig. 262. — La tour du Temple, à Paris. D'après une estampe de la topographie de Paris; au Cabinet des estampes de la Bibliothèque nationale.

voquait les barons, en cas d'urgence, et ceux-ci, après avoir débattu avec lui le chiffre des sommes exigées, ou dressé un rôle de répartition, toujours supérieur au chiffre demandé, se chargeaient de faire la *cueillette* desdits impôts et payaient au roi ce qui lui revenait, en retenant le surplus, qu'ils se distribuaient entre eux.

La création du revenu public, formé de contributions réparties sur toutes les classes sociales, avec réserves obligatoires et fixées d'avance, date donc du règne de Philippe-Auguste. Les rentes annuelles de l'État atteignirent alors 36 mille marcs ou 72 mille livres pesant d'argent (environ 16 ou 17 millions, au taux actuel de la monnaie). Le trésor, déposé dans la grosse tour du Temple (fig. 262), était sous la garde de sept bourgeois de Paris; un clerc du roi tenait registre des recettes et dépenses. Ce trésor devait être bien rempli à la mort de Philippe-Auguste, car les legs testamentaires de ce monarque furent considérables. Une de ses dernières volontés

MONNAIES D'OR DES SIXIÈME ET SEPTIÈME SIÈCLES.

Fig. 263. — Mérovée, fils de Chilpéric Ier. Fig. 264. — Dagobert Ier. Fig. 265. — Clotaire III.

MONNAIES D'ARGENT DU HUITIÈME AU ONZIÈME SIÈCLE.

Fig. 266. — Pépin le Bref. Fig. 267. Charlemagne. Fig. 268. — Henri Ier.

MONNAIES D'OR ET D'ARGENT DU TREIZIÈME SIÈCLE.

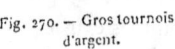

Fig. 269. — Florin d'or. Louis IX.   Fig. 270. — Gros tournois d'argent.   Philippe III.

mérite qu'on la signale, c'est l'ordre formel, donné à Louis VIII, de n'employer qu'à la défense du royaume certaine somme qu'il lui léguait pour cet objet.

Lorsque Louis IX, vainqueur à Taillebourg (1242), vainqueur à Saintes, eut soumis les grands vassaux révoltés, il s'empressa de réglementer l'impôt des tailles, par un code spécial publié sous le titre d'*Établissements*. Cet impôt, foncier et personnel, frappait tous les habitants du royaume. Les terres non privilégiées échues aux ecclésiastiques, à quelque titre que ce fût, les maisons que les gentilshommes n'occupaient point eux-mêmes, leurs biens ruraux, leurs propriétés à bail ou à loyer, subissaient aussi la taille, mais

Fig. 271. — Droit de péage au passage d'un pont. D'après un des vitraux peints de la cathédrale de Tournay. (Quinzième siècle.)

dans d'autres conditions que les biens *en roture;* ce qui établissait deux espèces de taille : la taille dite d'*occupation* et la taille d'*exploitation,* qu'on répartissait d'après un cadastre aussi régulier que possible. L'ancienne coutume avait maintenu la taille, comme mesure d'exception, dans les cas suivants : quand un seigneur armait son fils chevalier ou mariait sa fille; quand il avait à payer sa rançon; quand il allait *chevaulcher,* c'est-à-dire entrer en campagne contre les ennemis de l'Église ou pour la défense du territoire. C'était ce genre de taille qu'on appelait l'*aide aux quatre cas*. A cette époque, l'arbitraire faussait trop souvent la Coutume, et le bon roi Louis IX, en prêtant une force légale à la Coutume, tâcha de la ramener aux vrais principes de justice et d'humanité. Il ne fut pas moins soigneux toutefois de ses privilèges personnels, notamment en ce qui concernait les monnaies (fig. 263 à 270). Il voulut que leur fabrication s'opérât exclusivement dans son palais, comme du temps des rois carlovingiens, au poids et titres fixés par lui, et il s'attribua ainsi la juridiction exclusive du monnayage. Quant aux diverses localités, villes et autres, qui relevaient directement de la couronne, Louis IX arrêta *come on doit asseoir la taille* : des prud'hommes élus, au suffrage de l'assemblée générale des trois ordres (noblesse, clergé, tiers état), répartissaient la taxe indivuelle; puis les prud'hommes eux-mêmes étaient taxés par quatre d'entre eux, désignés d'avance. L'usage des subsides seigneuriaux prélevés dans chaque petite juridiction féodale ne put être aboli, malgré le désir qu'en avait le souverain, tant les seigneurs étaient encore puissants; mais il leur fut interdit de répartir aucune taille sans convocation préalable des vassaux accompagnés de leurs tenanciers. On maintint provisoirement les péages des voies publiques, des ponts (fig. 271), des ports, des foires et des marchés, malgré les entraves préjudiciables qu'en éprouvait le commerce; seulement, on rendit libre la circulation des grains d'une province à l'autre; on supprima les *manumissions,* qu'il fallait payer cher, et l'on força les seigneurs à ne point distraire le produit des péages du but spécial pour lequel on les avait créés. Les seigneurs avaient mission de garder les routes, « depuis le soleil levant jusqu'au soleil couchant », car ils devaient être responsables des vols commis sur les voyageurs dans l'étendue de leurs domaines.

Louis IX, en remboursant la valeur des objets dérobés par l'incurie de ses officiers, donna lui-même l'exemple du respect que commandait la loi. Les préposés au recouvrement des deniers royaux, les *mayours* ou maires chargés d'encaisser les cotisations volontaires et les taxes sur divers objets de consommation, procédaient sous l'œil des *gens du roi,* qui se réunissaient pour former une juridiction financière, appelée plus tard « chambre des comptes ». Un droit d'indemnité, au profit des seigneurs fieffés, droit analogue à celui de l'amortissement domanial, fut imposé aux gens de mainmorte, afin de compenser le préjudice que causait au fisc la perte des droits de mutation. Ce droit d'indemnité représentait environ le quart ou le cinquième de la valeur de l'immeuble. Cependant, pour couvrir les énormes dépenses de ses deux croisades, Louis IX avait dû, pendant son règne, imposer deux nouveaux *décimes* (dîmes) à son peuple, si obéré déjà. Il ne paraît pas, néanmoins, que ces impôts extraordinaires lui aient aliéné le cœur de ses sujets : l'esprit de tous était porté aux pèlerinages d'outre-mer, et le pieux monarque, malgré ses sacrifices inutiles, malgré ses expéditions

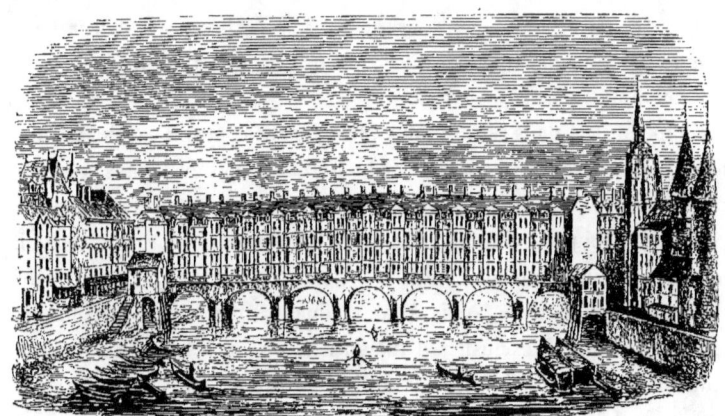

Fig. 272. — Vue de l'ancien pont aux Changeurs. D'après une estampe de la topographie de Paris, au Cabinet des estampes de la Bibl. nat.

désastreuses, mérita le surnom de *prince de paix et de justice*, que lui décerna son siècle.

Depuis Louis IX jusqu'à Philippe le Bel, le plus dépensier des rois, mais en même temps le plus ingénieux à créer des ressources au trésor de l'État, le mouvement économique et financier de l'Europe s'accentue et achève de se centraliser en Italie : Florence présente l'ensemble le plus complet de priviléges municipaux auxquels puisse prétendre une grande cité florissante, habilement et fortement organisée; Pise, Gênes, Venise font converger, vers l'Adriatique et la Méditerranée, une partie du commerce européen; partout les juifs et les Lombards, initiés de longue date à la science mystérieuse du crédit et accoutumés au maniement usuraire de l'argent, établissent des banques, des monts-de-piété, où bientôt viendront affluer joyaux, diamants, armes de luxe, mis en gage par les princes et les grands seigneurs (fig. 272).

Les *maltôtiers* (ce mot est formé de l'italien *mala tolta*, taille injuste), percepteurs ou fermiers d'impôts, payaient chèrement le privilége d'exercer leur industrie toujours malhonnête et souvent cruelle : le fisc exigeait d'eux une quantité fixe de *deniers,* d'*oboles* ou de *pittes* (sorte de petites monnaies qui variaient de valeur selon la province), par chaque opération de banque ou par chaque livre de marchandise vendue, car la liberté de toute espèce de commerce leur était dévolue ainsi qu'aux juifs, et ils se prévalaient d'une exemption absolue de tailles, de taxes, de corvées, de service militaire et de redevance municipale.

Philippe le Bel, dans ses interminables guerres contre le roi de Castille, contre l'Angleterre, l'Allemagne, et la Flandre, éprouvait sans cesse des pénuries d'argent, auxquelles il devait faire face par des moyens héroïques : de là une continuelle recrudescence de subsides monstrueux. En 1295, il demande à ses sujets un emprunt forcé, et bientôt après il les impose, sans vergogne, à un centième, puis à un cinquantième de leurs revenus. Le roi s'arrogeait le droit exclusif « d'abaissier et amenuisier les monnoyes », ce qui le faisait qualifier hautement de *faulx monnoyeur*. Aucun souverain en effet n'a fabriqué plus de monnaies au-dessous du titre; aucun n'a spéculé davantage sur le mouvement d'élévation et d'abaissement alternatif du taux monétaire, sur le *cry et decry des espèces*. Philippe le Bel ne changeait ainsi l'*aloi* ou le titre de la monnaie courante que pour contrebalancer les fâcheux résultats du monnayage abusif des seigneurs, et surtout pour combattre le trafic coupable des juifs et des Lombards, qui tantôt accaparaient le numéraire, tantôt rognaient les pièces avant de les remettre en circulation, et qui s'attaquaient sous toutes les formes à l'économie monétaire du royaume (fig. 273 à 278).

En 1303, l'*aide au leur,* qui fut nommé depuis l'*aide de l'ost* ou de l'armée, nouvel impôt foncier imaginé par Philippe le Bel pour former une armée sans bourse délier, fut attribué, sans distinction, aux ducs, comtes, barons, dames, damoiselles, archevêques, évêques, abbés, doyens, chapitres, colléges et autres personnages d'Église, nobles ou non nobles. Les nobles durent fournir, par 500 livrées de terre, un gentilhomme monté, équipé, armé de toutes pièces; les non-nobles eurent la charge d'armer et d'équiper, par cent feux, 6 sergents de pied. Une autre ordonnance du roi accorda faculté de rachat, moyennant 100 livres (environ 10 mille francs au taux

MONNAIES D'OR DES QUATORZIÈME ET QUINZIÈME SIÈCLES.

Fig. 273. — Masse d'or. Philippe IV.

Fig. 274. — Petit aignel d'or. Charles IV.

Fig. 275. — Grand aignel d'or. Jean le Bon.

Fig. 276. — Franc à cheval d'or. Charles V.

Fig. 277. — Écu d'or. Philippe VI.

Fig. 278. — Salut d'or. Charles VI.

actuel), pour chaque gentilhomme armé, et moyennant 2 sols (environ 10 francs) par jour, pour chaque soldat, que ne fourniraient pas les communes, les universités et les villes. La France entière jeta les hauts cris; des révoltes éclatèrent dans plusieurs provinces; à Paris, le peuple démolit la maison d'Étienne Barbette, maître de la monnaie, et insulta le roi dans son palais du Temple. Il fallut que l'autorité royale sévît avec vigueur. Enfin, le calme se rétablit. Philippe avait appris trop tard qu'en fait d'impôt à établir, il importe que la nation soit d'abord consultée. Pour la première fois (1313), la bourgeoisie, les syndics ou députés des communes, furent appelés, sous le nom de *tiers état* (3ᵉ ordre de l'État), à exercer le droit de voter librement l'aide ou le subside qu'il plairait au roi de leur demander. Après cette mémorable assemblée, un édit, qu'elle avait autorisé, ordonna la levée de 6 deniers par livre sur n'importe quelle marchandise vendue dans le royaume. Paris paya sans contrainte, tandis que les provinces firent entendre de sourds murmures. Mais l'année suivante, le roi ayant voulu porter à douze les six deniers d'impot votés par l'assemblée de 1313, clergé noblesse, tiers état se liguèrent à la fois contre les extorsions du gouvernement. Philippe le Bel mourut, après avoir cédé aux résistances de ses sujets indignés, en recommandant à son fils la modération dans les impots et la probité dans la fabrication monétaire.

A l'avénement de Louis X (1315), la guerre contre les Flamands devenait imminente, et le trésor royal manquait absolument d'argent. Le roi fit un fâcheux essai du système d'altération d'espèces, que son père avait mis en œuvre; il montra aussi des exigences fiscales qui exaspérèrent ses sujets. Il lui fallut, sous la menace des *émotions* populaires, supprimer *la décime* ou dîme établie pour l'armée, et sacrifier à l'animosité générale le surintendant des finances Enguerrand de Marigny, qui fut jugé par une commission extraordinaire du Parlement, condamné à mort comme dilapidateur des deniers publics, sans pouvoir présenter sa défense, et pendu au gibet de Montfaucon. N'osant hasarder une convocation des États-généraux du royaume, Louis X réunit des assemblées provinciales, par sénéchaussée, et obtint de la sorte quelques subsides, qu'il promit de rembourser sur les revenus de ses propres domaines. Le clergé lui-même se laissa imposer, et ferma les yeux sur le détournement des fonds qu'on tenait en réserve pour une nouvelle expédition d'outre-mer. On éleva les droits de franchise commerciale et d'échange monétaire, que payaient les juifs, les Lombards, Toscans et autres Italiens; on vendit à l'enchère quantité d'offices de judicature; la roture put alors acheter au roi des lettres d'anoblissement, ainsi qu'elle l'avait déjà fait sous Philippe le Bel; on alla même beaucoup plus loin : on continua l'affranchissement des serfs, commencé dès l'année 1298, moyennant un cens mobile calculé d'après les facultés de chacun d'eux; en

IMPOTS, MONNAIES ET FINANCES.   347

sorte que sous Philippe le Long, frère de Louis X, la servitude personnelle était presque complétement abolie.

Chaque province, sous ce règne besoigneux et avide, arracha de la couronne quelque concession, et toujours à prix d'argent; la Normandie, la

Fig. 279. — Hôtel de la chambre des comptes, dans la cour du Palais, à Paris. D'après une gravure sur bois de la *Cosmographie universelle* de Munster, in-fol.; Bâle, 1552.

Bourgogne, qu'on redoutait entre toutes, à cause de leur turbulence indisciplinable, reçurent par là de notables apaisements. Quant aux espèces, déchues « du poids et de l'*aloi*, en quoi elles estoient du temps de monsieur saint Louis », elles furent naturellement déchues des « franchises de cours » et retirées de la circulation. Louis X voulait interdire le monnayage à ceux qui contrevenaient aux sages établissements de saint Louis. L'idée des lettres de change remonte à cette époque.

Grâce à la paix conclue avec la Flandre, grâce aux trente mille florins d'or qu'elle versa dans les mains de son suzerain pour arrérages de contributions, grâce surtout aux principes d'ordre et d'économie dont Philipe V, dit *le Long,* ne se départit jamais, la France changea complétement d'attitude. On vit un roi donner l'exemple des réformes, en réduisant les dépenses de sa maison; réunir chaque mois, autour de sa personne, un grand conseil, pour examiner et discuter les choses d'intérêt public; n'admettre qu'un seul trésor, le trésor national, où devaient être versés tous les produits des revenus de l'État; exiger des trésoriers un compte semestriel de leur gestion et un journal quotidien de recettes et dépenses; défendre aux clercs du trésor d'inscrire, soit en recette soit en dépense, le moindre article sans autorisation cédullaire des *gens des Comptes,* et les forcer d'assister au contrôle des sommes reçues ou versées par les changeurs-jurés (fig. 279). Les domaines, les justices du roi, les droits de sceau, de greffe ou de geôle, se donnaient à ferme, aux enchères, moyennant caution proportionnelle. Les baillis et sénéchaux rendaient leurs comptes à Paris chaque année : ils ne pouvaient s'absenter sans permission du roi, et il leur était interdit formellement, « sous peine de corps et de biens, » de spéculer sur les deniers publics. Le plus grand mystère enveloppait d'ailleurs les opérations du fisc.

L'unité monétaire imposée aux espèces ayant cours dans le royaume, et l'expulsion de tous les agents du fisc, la plupart d'origine italienne, avec confiscation de leurs biens s'ils étaient reconnus prévaricateurs, signalèrent l'avénement de Charles le Bel (1322). On bénissait cet heureux début, mais presque aussitôt des droits de *rêve,* des droits de *haut passage,* sur les marchandises exportées, spécialement sur les grains, les vins, les foins, les bestiaux, les cuirs, les sels (fig. 280 et 281), excitèrent des plaintes légitimes.

Philippe VI, dit *de Valois,* politique plus adroit que son prédécesseur, sentit la nécessité de conquérir l'affection du peuple, en le ménageant dans sa fortune privée. Afin d'établir l'assiette du revenu public, il réunit (1330) des États généraux, composés de barons, prélats et députés des bonnes villes; puis, voulant terrifier, par un grand exemple, les agents des finances, il permit l'arrestation du surintendant Pierre de Montigny, dont les biens, confisqués et vendus au profit du trésor, produisirent la somme énorme de 1,200,000 livres (plus de cent millions, au cours de la monnaie actuelle). La longue et terrible guerre que le roi eut à soutenir contre les Anglais, et qui devait aboutir au traité honteux de Bretigny (1361), amena et autorisa des mesures fiscales d'une rigueur extrême : on étendit le réseau des domaines de l'État, en les grevant de nouveaux impôts; on renouvela et l'on maintint pendant plusieurs années la levée du décime sur les biens ecclé-

Fig. 280. — Mesurage du sel. Fac-simile d'une gravure sur bois des *Ordonnances de la prevosté des marchands de Paris*, in-fol.; 1500.

Fig. 281. — Péage sous les ponts de Paris. Fac-simile d'une grav. sur bois des *Ordonnances de la prevosté des marchands de Paris*, in-fol.; 1500.

siastiques; on chargea de droits onéreux (4 à 6 deniers par livre) la vente des boissons dans les villes et celle des marchandises pour tout le royaume; la gabelle du sel, que Philippe le Bel avait déjà essayé d'établir, et que son successeur Louis X s'était empressé d'abolir pour satisfaire au vœu unanime des populations, fut *remise sus* par Philippe VI, et ce roi, ayant fait vendre le sel de ses domaines, « acquit l'indignation et malgrâce des grands comme des petits ». Édouard III, roi d'Angleterre, le qualifia plaisamment d'auteur de la loi *Salique*, à cause de ses ordonnances sur la gabelle du sel. Philippe de Valois avait d'abord fabriqué ses monnaies aux titre et poids de celles de saint Louis, mais bientot il les altéra, tantôt plus, tantôt moins, et il eut l'hypocrisie de le faire secrètement, de manière à retirer de la circulation toutes les pièces *fortes* pour les remplacer par les pièces *faibles* ou *légères :* ce qui faisait arriver dans les coffres de l'État une portion notable du numéraire.

Le roi Jean (1350), en succédant à son père, trouva le trésor vide et le royaume épuisé : il fallait néanmoins créer des ressources pour continuer la guerre contre les Anglais, qui dévastaient et rançonnaient une partie de la France. Une imposition sur la vente des marchandises ne suffisant pas, on suspendit le payement des dettes : l'État se reconnaissait ainsi lui-même insolvable. On poussa aux dernières limites le droit monétaire, dit *seigneuriage*, que le roi prélevait sur les monnaies nouvellement frappées et qu'il augmentait à volonté, au moyen de l'alliage représentant le taux de ce droit mobile. On accrut les douanes d'exportation et d'importation, malgré les plaintes du commerce en souffrance. Ces expédients financiers eussent semblé intolérables si le roi Jean n'avait eu la précaution de les faire approuver par les États généraux ou les États provinciaux, qu'il réunissait tous les ans. En 1355, les *Estats* (généraux) furent convoqués; le roi, qui avait à entretenir trente mille hommes d'armes, demanda aux États de pourvoir à cette dépense annuelle, évaluée cinq millions de livres parisis (environ 300 millions de notre temps), et les États, animés d'un généreux sentiment de patriotisme, ordonnèrent « une imposition de 8 deniers pour livre de toutes denrées et marchandises vendues, à l'exception des héritages, payable par le vendeur, de quelque qualité qu'il feust, gens d'église, nobles et aultres, et que gabelle du sel courroit parmy tout le royaulme de France » (fig. 280). Le roi promettait tant que durerait l'*aide* de ne lever aucun autre subside et de fabriquer une monnaie bonne et stable, savoir : deniers d'or fin, monnaie *blanche* ou d'argent, monnaie de billon ou de métal mélangé, deniers et mailles de cuivre. L'assemblée nomma des commissaires ambulants ou collecteurs, et trois généraux ou superintendants des aides, lesquels avaient sous leurs ordres deux receveurs et un nombre considérable de sergents-percepteurs, dont la gestion fut réglée avec un soin minutieux. De son coté, le roi renonça au droit de saisine ou d'héritage et de mutation, aux convocations d'arrière-ban, aux emprunts forcés, dont l'arbitraire révoltait tout le

IMPOTS, MONNAIES ET FINANCES.   351

monde. L'année suivante, l'imposition de 8 deniers étant reconnue dispendieuse et insuffisante, l'assemblée des États lui substitua une capitation personnelle, réglée d'après la fortune ou les revenus de chacun.

Les finances de l'État n'en étaient pas moins dans la situation la plus chétive et la plus précaire. La fatale journée de Poitiers, où le roi Jean

Fig. 282. — Les gens de cour amassant des trésors aux dépens des pauvres gens. D'après une miniature du *Trésor* de Brunetto Latini, manuscrit du quatorzième siècle, à la bibl. de l'Arsenal, à Paris.

tomba au pouvoir des Anglais, exigea pourtant de nouveaux sacrifices pécuniaires. Les États généraux furent rassemblés par le dauphin, et personne, en présence des malheurs du pays, n'eut la pensée de fermer les cordons de sa bourse; la noblesse, qui avait déjà donné son sang, donna encore tous les produits de ses redevances féodales; l'Église paya une décime et demie, et la bourgeoisie montra le plus noble désintéressement, tout en s'élevant avec force contre les exacteurs et les dilapidateurs des deniers publics. La rançon du roi avait été fixée à trois millions d'écus d'or (près d'un milliard) payables en six années, et la paix de Brétigny fut soldée par l'abandon d'un tiers du territoire de la France, mais on devait encore se féliciter de ce résultat, car « la France estoit à l'agonie, dit un chroniqueur, et, pour si peu que son mal durât, elle alloit périr ».

Le roi Jean, reconnaissant de l'amour et du dévouement que ses sujets lui avaient témoignés, revint de captivité, avec l'intention formelle d'alléger les charges qui pesaient sur eux : en conséquence, de son propre mouvement, il supprima les gages, beaucoup trop forts, que percevaient les commissaires chargés de lever les subsides ; il abolit les péages de grande voirie ; il vendit chèrement aux juifs la permission de séjourner dans le royaume et d'y exercer un trafic quelconque : ce qui lui procura immédiatement de très-grosses sommes ; il promit surtout de ne plus altérer les monnaies et il s'efforça de répartir l'impôt d'une manière équitable. Malheureusement, on ne pouvait se passer de revenus publics, et il fallait, en six années, acquitter la rançon royale. Le peuple, toujours *corvéable à merci,* comme on disait alors, paya une bonne part de cette rançon, puisque le cinquième des trois millions d'écus d'or qui la composaient, fut imposé sur le sel, puisqu'on perçut le treizième sur le prix de vente des boissons fermentées, et 12 deniers par livre sur toute denrée vendue et revendue à l'intérieur du royaume. Le commerce d'exportation eut à subir une taxe nouvelle, dite d'*imposition foraine,* mesure essentiellement nuisible au commerce et à l'industrie, qui se débattaient sans cesse sous l'étreinte impitoyable de la fiscalité. L'arbitraire royal n'ayant pu s'abriter sous la sanction des États généraux ou provinciaux, quelques provinces protestèrent contre ce droit d'exportation et furent traitées comme étrangères dans le transit des marchandises. D'autres provinces s'étant rachetées des droits d'aide, on vit alors naître un système compliqué de franchises, de prohibitions et de réserves, qui, jusqu'en 1789, étaient du ressort exclusif de la Cour des aides, et qui entravaient singulièrement la marche des affaires.

Lorsque Charles V, dit *le Sage,* monta sur le trône (1364), la France, ruinée par les désastres de la guerre, par l'énormité des impôts, par l'absence presque absolue de commerce et de sécurité intérieure, offrait de toutes parts un sombre tableau de misères et de désolations, auxquelles venaient s'ajouter, tantôt sur un point, tantôt sur un autre, la famine, les épidémies, et surtout

les ravages incessants des bandes de pillards, qui s'étaient surnommés eux-
mêmes : *Écorcheurs*, *Routiers*, *Tard-venus*, etc., plus redoutables aux

Fig. 283. — Assassinat du duc de Bourgogne Jean sans Peur, sur le pont de Montereau, en 1419. Fac-similé d'une miniature des *Chroniques* de Monstrelet, manuscrit du quinzième siècle, à la Bibliothèque de l'Arsenal, à Paris.

campagnards que ne l'avaient été les Anglais. Juste, économe et prévoyant, Charles V était seul capable d'établir l'ordre au milieu du désordre général. S'appuyant sur le vote d'une assemblée des États, tenue à Compiègne (1367), il diminua de moitié l'impôt du sel ; il réduisit le nombre, les gages et les immunités des agents fiscaux ; il s'enquit de toutes les malversations, pour les faire cesser et les punir, et il voulut qu'annuellement les dépenses publiques fussent réglées d'après leur emploi respectif. Il protégea le commerce, facilita les échanges, supprima le plus grand nombre possible de péages et de taxes sur les matières textiles ou sur les objets fabriqués ; il permit aux juifs de posséder des biens-fonds, et fit un appel aux négociants étrangers ; il soumit, pour la première fois, les ouvrages d'orfévrerie à des marques légales, et opéra une refonte générale des monnaies d'or et d'argent, de manière que leur valeur ne fût plus fictive et variable ; car depuis plus d'un siècle les monnaies avaient si souvent varié de poids, de titre, de nom et de valeur, que, suivant les termes d'une ordonnance du roi Jean : « A grand'peine « estoit homme qui, en juste payement des monnoies, de jour en jour, se « pust connoistre. »

La reprise des hostilités entre la France et l'Angleterre (1370) interrompit, par malheur, le cours progressif et régulier de ces améliorations économiques ; les États, auxquels le roi dut demander des aides pour faire la guerre aux Anglais, décidèrent qu'on imposerait le sel d'un sol par livre, le vin en gros d'un treizième, le vin en détail d'un quart, et qu'on établirait un *fouage* (taille par feu) de 6 francs dans les villes et de 2 francs dans les campagnes. On préleva, en outre, des droits d'entrée sur les vins dans les villes fermées, et l'on affecta le produit de la gabelle à l'usage personnel de la famille royale. Chaque diocèse eut sa ferme des aides, sa ferme des gabelles. Les élus royaux étaient chargés de surveiller l'adjudication des droits affermés, de régler l'assiette des tailles, des contraintes, et de juger en première instance les affaires contentieuses. Les collecteurs d'impôts devaient être choisis, par les intéressés ou ayant-cause, dans chaque localité, mais les *généraux* des finances, au nombre de quatre, restaient à la nomination du souverain. Cette organisation administrative, créée sur des bases solides, caractérise tout un système financier. L'assemblée qui le légitima et qui fit passer de la nation au roi l'exercice du droit public en matière d'impôt fut une réunion, non des trois ordres, mais seulement de personnages notables, prélats, seigneurs, et bourgeois de Paris, réunis aux premiers magistrats du royaume.

RÈGLEMENT DE COMPTES

de la confrérie de la Charité-Dieu et Notre-Dame de Recouvrance de Rouen, en 1466.
Miniature du *Livre des comptes* de cette société, ms. du XVe siècle

On ne lira pas sans intérêt l'extrait suivant du règlement du 15 novembre 1372, véritable budget de la France sous le règne de Charles V :

Article 18. Assignations pour le payement des gens d'armes	L m. francs	
— 19. Assignations pour le payement de gens d'armes et arbalestriers, de nouvelle formation	XLII	—
— Id. Pour le faict de la mer	VIII	—
— 20. Pour l'ostel du Roy	VI	—
— Id. Pour mettre ès coffres du Roy	V	—
— 21. Il plaist au Roy que le receveur général ait chascun mois pour les choses qui surviegnent chascun jour en la Chambre	X	—
— Id. Pour payer les deptes	X	—
TOTAL	CXXXI m. francs	

C'était donc, pour l'année, cent trente et un mille francs, en écus d'or, représentant au taux actuel environ douze millions, affectés aux dépenses de l'État, sur lesquels la somme de cinq mille francs, équivalant à deux cent soixante-quinze mille francs de notre monnaie, était attribuée à ce que nous appelons la *liste civile*.

Charles V étant mort (1380), son fils aîné Charles, encore mineur, fut placé sous la tutelle de ses oncles : l'un d'eux, le duc d'Anjou, se fit régent de vive force, et s'empara du trésor royal, caché au château de Melun, ainsi que de toutes les économies du feu roi; mais, au lieu de s'en servir pour alléger les charges du peuple, il imposa pour la première fois les menues denrées, la nourriture du pauvre. Il y eut alors un cri général d'indignation, un soulèvement formidable de réprobation et de vengeance, à Paris et dans les grandes villes. Des orateurs populaires firent valoir le droit commun foulé aux pieds par le régent et les oncles du roi; l'émotion des masses se traduisait déjà en révolte ouverte, lorsque le conseil de régence eut l'air de céder : les nouvelles taxes furent supprimées ou du moins abandonnées en apparence; mais l'insurrection, que le succès rendait plus exigeante, voulut davantage : elle s'attaqua d'abord aux juifs, aux receveurs d'impôts. Ceux-ci furent pendus ou massacrés, et leurs registres lacérés; ceux-là, maltraités et chassés, malgré le permis de séjour qu'ils avaient acheté à prix d'argent.

Une assemblée d'États, convoquée à Paris par les oncles du roi, prit parti pour le peuple. Le régent et ses frères parurent comprendre la justice des

Fig. 284. — La maison de Jacques Cœur, à Bourges, transformée aujourd'hui en hôtel de ville.

réclamations qui leur étaient adressées au nom du peuple, et le calme sembla renaître ; mais, en dépit des promesses solennelles du conseil de régence, les impôts furent tout à coup mis à ferme, puis exigés avec brutalité. Une sédition sanglante, dite des *Maillotins,* éclata dans Paris, et la capitale resta au pouvoir du peuple ou plutôt de la bourgeoisie, qui faisait agir pour son compte la populace (1381-1382). Les villes de Rouen, de Reims, de Troyes,

Fig. 285. — Amende honorable de Jacques Cœur devant Charles VII. Fac-similé d'une miniature des *Chroniques* de Monstrelet, manuscrit du quinzième siècle, à la Bibl. nat. de Paris.

d'Orléans, de Blois, beaucoup de localités en Beauvoisis, en Champagne et en Normandie, suivirent l'impulsion des gens de Paris. On ne sait jusqu'où la révolte serait allée sans la victoire de Rosebecque, remportée sur les Flamands. Cette victoire permit aux oncles du roi de rentrer dans Paris et d'y rasseoir l'autorité royale (1383), non sans faire payer cher aux Maillotins et à leurs complices leur résistance à la royauté. Aides, fouages, gabelles et tous autres subsides, abolis ou du moins laissés en suspens, furent rétablis; on abaissa seulement d'un treizième à un huitième le droit sur les vins, bières et les boissons fermentées; on assujettit le pain à la taxe de 12 deniers par livre, et la gabelle atteignit le taux exorbitant de 20 francs d'or (environ douze cents francs de notre temps) par muid du poids de 60 quintaux. Certains adoucissements, divers compromis eurent lieu seulement en faveur de l'Artois, du Dauphiné, du Poitou et de la Saintonge, grâce aux contributions volontaires que ces provinces avaient proposées et acceptées.

Enhardis par le succès de leur gouvernement exacteur et arbitraire, les ducs d'Anjou, de Bourgogne et de Berry, sous prétexte de frais de guerre, firent encore accroître les impôts (1385-1388) : le droit de gabelle fut porté à 40 francs d'or (2400 francs environ) par muid; les ecclésiastiques payèrent au roi une demi-décime et au pape plusieurs décimes, ce qui n'empêcha pas un emprunt forcé. Heureusement, Charles VI ayant atteint sa majorité et pris en main le pouvoir royal, son oncle, le duc de Bourbon, appelé à la direction des affaires, ramena un peu d'ordre dans les finances; mais bientôt le duc d'Orléans, frère du roi, s'empara du gouvernement, de concert avec sa belle-sœur, la reine Isabeau de Bavière, et tous deux outre-passèrent à l'envi les exactions commises sous la régence du duc d'Anjou. Le duc de Bourgogne, Jean sans Peur, dans l'intérêt de sa haine personnelle contre son cousin Louis d'Orléans, se fit l'exécuteur du ressentiment populaire en assassinant ce prince au sortir d'une orgie. La mort tragique du duc d'Orléans n'allégea pas plus les maux de la France que celle du duc de Bourgogne, victime à son tour d'un guet-apens, seize ans après, et assassiné sur le pont de Montereau, en présence du dauphin (fig. 283). Les fiançailles d'Isabelle de France avec le jeune roi Richard d'Angleterre, le rachat des prisonniers chrétiens en Orient, les secours en argent que demandait l'empereur de Constantinople pour arrêter les envahissements des Turcs en Europe, la solde de l'armée française, devenue permanente, réclamaient sans cesse de nouveaux subsides. La misère publique était au comble, et le peuple payait toujours, en gémissant. Le droit d'imposition foraine sur les denrées et marchandises fut augmenté et déclaré domanial; on établit une taille générale; on opéra des confiscations odieuses, des violations de caisses publiques. Les États, tenus à Auxerre et Paris (1412-1413), flétrirent le luxe et les violences des trésoriers, des généraux, des aides, des receveurs royaux,

Fig. 286. — Chambre et hôtel des monnaies. Fac-simile d'une gravure sur bois de la traduction de l'ouvrage latin de Franç. Patricius, *De l'institution et administration de la chose politique*, in-fol.; 1520.

des grenetiers, fermiers, et de tous ceux qui avaient eu part au maniement des finances; mais ils accordèrent l'impôt, en promulguant un règlement illusoire. On établit alors des taxes extraordinaires, dont le non-payement entraînait l'incarcération immédiate de l'imposé, et l'on autorisa l'altération des monnaies, ainsi que certaines aliénations du domaine. Ces abus monstrueux s'accomplissaient sous le nom du roi, qui était en démence depuis plus de quinze ans. L'émeute incessante de la bourgeoisie, la réapparition des Anglais sur le sol de la France, l'ambitieuse rivalité de la reine Isabeau de Bavière, liguée avec le duc de Bourgogne Jean sans Peur, contre le dauphin, nommé régent du royaume, amenèrent enfin le honteux traité de Troyes (1420), en vertu duquel Henri V, roi d'Angleterre, devait, à la mort du malheureux Charles VI, devenir roi légitime de France.

Ce traité de Troyes devint la cause et le prétexte d'une infinité d'exactions. Henri V, qui avait pressuré la Normandie quand il n'était que prétendant à la couronne de France, ne ménagea pas davantage les autres provinces, et, tout en protestant de sa bienveillance extrême pour ses futurs sujets, il ajouta aux charges, déjà si lourdes, qui pesaient sur le pauvre peuple, une taxe générale, sous forme d'emprunt forcé, et une refonte des monnaies, sans préjudice de la gabelle, ni d'un quatrième sur les boissons, ni de beaucoup d'autres impôts aussi excessifs, qu'il maintint affermés, après avoir promis et annoncé même leur suppression.

En même temps le dauphin Charles, qualifié, *roi de Bourges,* parce qu'il s'était retiré au centre du royaume, avec sa cour et ses partisans (1422), éprouvait un impérieux besoin d'argent; il aliénait donc les biens de l'État, il levait des aides et des subsides, dans la circonscription des provinces qui lui restaient fidèles, et il empruntait des deux mains, soit à l'Église, soit à la noblesse, qui s'apitoyèrent généreusement sur le triste sort du roi et de la monarchie. Cependant il y eut des exceptions douloureuses : l'héritier de la couronne dut transiger sur bien des points, tantôt avec un seigneur suzerain dont il marchandait les services, tantôt avec une ville, tantôt avec une abbaye, tantôt avec des corps influents tels que les universités, les corporations de métiers, etc., auxquels il accordait des exemptions, des priviléges, des transformations d'impôts, etc... On peut dire que Charles VII traita de gré à gré pour le rachat de l'héritage de ses pères. Villes et provinces, Paris, Rouen, Bordeaux, la Bretagne, le Languedoc, la Normandie, la Guyenne, ne se donnèrent au roi que moyennant des conditions plus ou moins avantageuses. Quant à la Bourgogne, à la Picardie, à la Flandre, qui étaient

IMPOTS, MONNAIES ET FINANCES.   361

Fig. 287. — Le receveur d'impôts. Fac-similé d'une gravure sur bois de l'ouvrage de Damhoudere, *Praxis rerum civilium*.

distraites du royaume de Charles VII depuis le traité de la paix d'Arras (1435), elles avaient adopté avec bonheur le régime financier inauguré par le duc de Bourgogne Philippe le Bon.

Charles VII reconquit son royaume, par une bonne et habile politique autant que par les armes. Il eut sans doute à se louer de la vaillance et de l'attachement de ses capitaines, mais il dut principalement le succès de sa cause à un seul homme, à son *argentier,* à ce fameux Jacques Cœur, qui avait l'art de lui fournir toujours de l'argent, en s'enrichissant lui-même (fig. 284). Voilà comment Charles VII, dont les finances avaient été relevées par le génie de Jacques Cœur, put enfin rentrer triomphalement dans sa capitale, affranchir du joug des Anglais la Guyenne, la Normandie, les rives de la Loire, rattacher à la couronne une partie des domaines qu'elle avait possédés ou en préparer le retour dans un avenir prochain, dégager les charges de l'État audacieusement usurpées et apporter un adoucissement réel aux maux endurés avec tant de courage par ses sujets. Il réprima « les malices et mangeries de la justice », arrêta le trafic qu'on faisait des emplois, s'efforça d'abolir une foule de péages indûment établis, exigea des receveurs généraux deux comptes annuels de leurs opérations, et, en régularisant la taille, il affecta son produit exclusivement à l'entretien, ainsi qu'à la solde de l'armée. Dès lors, de féodal et transitoire qu'il était, cet impôt de la taille devint un impôt royal fixe; ce qui était le plus sûr moyen d'arrêter les pilleries et les excès des gens de guerre, que les campagnes avaient subis, comme des fléaux inévitables, depuis tant d'années. C'était là réaliser d'importantes conquêtes libérales sur l'omnipotence tyrannique des grands vassaux. On regrette toutefois de voir les *répartiteurs* d'impôts, qui depuis leur création par saint Louis avaient été élus par les villes ou les communautés, passer, en titre d'office, à la nomination du roi.

Le duc de Bourgogne Philippe le Bon *taillait* peu ses sujets. Aussi, dit Philippe de Commines : « ils estoient comblez de richesses et en grand repos. » Mais Louis XI ne l'imita point. Son premier soin avait été de réhabiliter Jacques Cœur, ce grand négociant, cet habile financier, à qui le royaume, non moins qu'à Jeanne d'Arc, avait dû sa délivrance, et que Charles VII avait eu la faiblesse de laisser condamner en justice, sous les plus misérables prétextes (fig. 285). Louis XI eût été bien aise de confier ses finances à un autre Jacques Cœur, car il avait besoin de réunir le plus d'argent possible. Il vida l'*épargne* de son père; puis il accrut la taille, mit un droit d'entrée sur les vins, imposa les offices, etc. Une révolte éclata;

Louis XI l'étouffa dans le sang des insurgés. C'est ainsi qu'il continua d'agrandir et de fortifier le pouvoir royal aux dépens de la féodalité.

Il se trouva bientôt en présence de la *ligue du bien public*, formée par ses grands vassaux dans le but apparent d'abolir les *charges de pécunes*, qui écrasaient le peuple, mais avec l'intention secrète de relever la féodalité et d'amoindrir le roi; il n'était pas de force à l'emporter de haute lutte : il

Fig. 288. — Village pillé par les soldats. Fac-similé d'une gravure sur bois de l'histoire de H. Hamelmann, *Oldenburgisches Chronicon*, in-fol.; 1599.

céda. Les seigneurs ligués s'attribuèrent d'immenses avantages, et Louis XI dut accepter le contrôle de « 36 notables préposés au faict des finances ». Mais, loin de s'avouer vaincu, il divisa ses ennemis pour en triompher, et inclina adroitement du coté de la bourgeoisie, qu'il avait caressée déjà, en lui octroyant de nouveaux priviléges, en abolissant ou diminuant certaines taxes vexatoires dont elle se plaignait. Les 36 notables qu'on lui avait donnés pour contrôler ses actes financiers ne réformèrent rien : timides et dociles sous l'œil cauteleux du roi, ils lui prêtèrent, au contraire, un tel appui, qu'en peu d'années les tailles s'élevèrent, de 1 million 800 mille écus (environ

45 millions de francs, au taux actuel), à 3 millions 600,000 écus (environ 95 millions). Vers la fin du règne elles dépassaient 4 millions 700,000 écus, environ 130 millions de notre monnaie. Louis XI n'accordait rien au luxe ni à la fantaisie ; il vivait *chichement*, mais il maintenait sous les armes 110,000 hommes, et s'imposait les plus grands sacrifices chaque fois qu'il s'agissait d'agrandir le territoire du royaume et de constituer l'unité nationale. Sa mort (25 août 1483) laissa le royaume agrandi et à demi ruiné.

Quand on vit une femme, Anne de Beaujeu, sœur aînée du roi mineur, saisir les rênes du gouvernement, comme régente, on exigea la prompte réparation des maux que les gens de finances avaient fait subir au pauvre peuple : il fallut presque immédiatement sacrifier le trésorier général Olivier le Dain, le procureur général Jean Doyat, puis licencier 6,000 Suisses, révoquer les pensions du dernier règne, ainsi que les aliénations du domaine, et faire remise d'un quartier des tailles. Cette satisfaction donnée à l'opinion publique, les États généraux furent convoqués. Le tiers y montra un sens pratique remarquable, surtout dans les questions de finance ; il prouva l'illégalité des rôles de répartition et le mensonge des chiffres, qui n'accusaient qu'un million 650,000 livres de subsides, tandis qu'il y en avait trois fois plus ; il établit, par des calculs exacts, que les aides, les gabelles et les revenus du domaine suffisaient amplement aux besoins du pays et de la couronne ; il ne voulut accorder au petit roi Charles qu'un million 200,000 livres, « par manière de don et d'octroi », pendant deux années, et 300,000 livres « pour joyeux avénement et frais du sacre ». L'assemblée dissoute, la régente Anne de Beaujeu sut capter les bonnes grâces de la bourgeoisie et du peuple, éluder les engagements qu'elle avait pris au nom du roi, proroger la taille, et achever enfin, les armes à la main, le triomphe du souverain pouvoir sur les derniers grands vassaux de la couronne.

Charles VIII, pendant quatorze années de règne, ne cessa de gaspiller le trésor. Sa désastreuse expédition pour la conquête du royaume de Naples le força d'emprunter au taux de 42 pour 100 ; peu de temps avant sa mort, il avouait ses fautes, mais il continuait à dépenser, sans règle et sans frein, en prodigalités de toutes sortes et surtout en bâtiments. Sous son règne, les dépenses atteignirent presque toujours le double des revenus. En 1492, elles avaient été de 7 millions 300,000 francs, environ 244 millions d'aujourd'hui.

Chaque année, on comblait le déficit, par un impôt général, « duquel ni prélats ni gentilshommes ne payoient chose aucune, mais seulement le peuple ». (Lettre des ambassadeurs de Venise.)

Le peuple respira lorsque le duc d'Orléans, qui fut Louis XII, monta

MONNAIES D'OR ET D'ARGENT DES QUINZIÈME ET SEIZIÈME SIÈCLES.

Fig. 289. — Royal d'or. Charles VII.

Fig. 290. — Écu d'argent à la couronne. Louis XI.

Fig. 291. — Écu d'or à la couronne. Charles VIII.

Fig. 292. — Écu d'or au porc épic. Louis XII.

Fig. 293. — Teston d'argent. François Ier.

Fig. 294. — Teston d'argent au croissant. Henri II.

sur le trône : ayant choisi pour premier ministre Georges d'Amboise, pour secrétaire principal des finances Florimond Robertet, il marcha résolûment dans la voie des économies; il ne voulut pas demander à ses sujets son droit de joyeux avénement; la taille descendit, par remises successives, à la somme de 2 millions 600,000 livres (environ 76 millions); tout monopole sur le sel fut aboli, et l'on régla le mesurage de cette denrée; les collecteurs d'impôts durent résider dans leurs cantons respectifs et soumettre leurs rôles aux élus royaux, avant d'en opérer la perception; une discipline sévère arrêta les *pilleries* et les *mangeries* du soldat (fig. 288).

Malgré les ressources que procurait au roi l'hypothèque d'une partie des domaines de la couronne, malgré l'excellente administration de Robertet, qui parvenait presque toujours à payer les dettes publiques, sans grever le peuple, il fallut bien, en 1513, après plusieurs expéditions désastreuses en Italie, emprunter sur le domaine royal 400,000 livres (10 millions, au taux actuel), et porter, au total de 3 millions 300,000 livres (environ 80 millions) les aides, les subsides et la taille. Ce fut pour la nation un moment de gêne et de souffrance, mais passager et peu sensible, car le commerce, tant extérieur qu'intérieur, prenant beaucoup d'extension, produisait des péages considérables, et la vente des offices de finances, des lettres de noblesse, des charges aux parlements et des nombreux emplois de judicature, procurait au Trésor d'importantes ressources. Les grands avaient surnommé Louis XII le *roitelet,* parce qu'il était chétif et petit de corps, parcimonieux, économe, de caractère : le peuple l'appela son « père et maistre », et le nom de *Père du peuple* lui est resté.

Au point de vue administratif et financier, le règne de François Ier ne fut pas du tout une époque de renaissance et de progrès, car le progrès en matière de finances date de Charles V, et les grands organisateurs financiers furent Jacques Cœur, Philippe le Bon, Louis XI et Florimond Robertet. Cependant on peut savoir gré aux ministres et aux jurisconsultes de ce temps-là d'avoir institué les droits d'enregistrement, de timbre et de mutation, qui n'existaient pas en France auparavant, et dont l'idée fut empruntée aux empereurs romains; il faut aussi leur faire honneur de la création des rentes perpétuelles, sous le nom de *dette publique,* servies alors au taux de 8 pour 100. Sous ce règne, à la fois éclatant et désastreux, les surtaxes furent inouïes, la vente des offices considérable et productive, puisqu'un siége de conseiller au Parlement coûtait 2,000 écus d'or (près d'un million, au taux actuel). Il fallait de l'argent à tout prix. Partout on emprunta : Église, noblesse, bourgeoisie, livrèrent leur argenterie et leurs joyaux, pour approvisionner la Monnaie qui ne cessait de fabriquer des espèces; les métaux précieux affluaient chez les changeurs, par suite de la découverte de l'Amérique et de l'exploitation des mines d'or et d'argent; mais la fortune publique n'en était pas plus prospère, et le peuple manquait des objets de première nécessité. Le roi et la cour dévoraient tout. Les villes, les monastères, les grandes corporations étaient, en outre, tenus de fournir au roi un certain nombre d'hommes de guerre, fantassins ou cavaliers montés. L'établissement de la loterie et d'une banque de dépôts, le monopole des mines, les taxes d'importation, d'exportation et de fabrication, produisirent des sommes immenses, au profit du trésor qui se vidait sans cesse et qu'il fallait toujours remplir. François Ier épuisa, par son luxe, ses caprices et ses guerres, toutes les sources du crédit. Le vieux surintendant des finances Jean de Beaune, baron de Semblançay, accusé de détournement des fonds publics, était mort victime d'injustes accusations. Florimond Robertet, déjà en exercice, et Guillaume Bochetel, qui lui succédèrent, furent plus heureux que lui : ils réussirent à centraliser les opérations du trésor, sans rencontrer sur leurs pas les embûches d'un procès criminel, et ils purent ainsi établir, entre seize recettes générales du royaume, un rayonnement de comptabilité qui s'est maintenu jusqu'à nos jours. Il n'y avait pas loin en ce temps-là de la surintendance des finances au gibet de Montfaucon.

Fig 295. — Franc d'argent. Henri IV.

JUSTICE ET TRIBUNAUX

Le Gouvernement né de la famille. Origine du pouvoir suprême chez les Francs. — La Législation barbare humanisée par le christianisme. — Le droit de justice inhérent au droit de propriété. — Les lois sous Charlemagne. — Formes judiciaires. — Les témoins, le duel, etc. — Organisation de la justice royale sous saint Louis. — Le Châtelet et le prévôt de Paris. — Juridiction du parlement. — Ses devoirs et ses gages. — Les Bailliages. — Luttes du Parlement et du Châtelet. — Rédaction des Coutumes. — Vénalité des charges. — Comparaison du Parlement et du Châtelet.

Hez les anciens peuples celtiques et germains, avant qu'aucune infiltration, soit grecque, soit romaine, se soit mêlée à leurs mœurs, tout semble surbordonné à la famille ; c'est à la famille que se rattache l'existence politique des races aussi bien que la possession légitime des terres. « Chaque année, dit Jules César dans ses *Commentaires*, magistrats et princes du peuple assignaient, dans le lieu qu'ils voulaient et selon la mesure qui leur convenait, un territoire aux familles ainsi qu'aux associations d'hommes revêtus de ce caractère ; l'année suivante, on les forçait d'aller s'établir ailleurs. » Les familles (*familiæ*), les associations d'hommes (*cognationes hominum*), dont parle César, se retrouvent, dans les lois barbares et dans les historiens du moyen âge, sous les dénominations de *genealogiæ*, de *faramanni*, de *faræ*, etc. ; mais la parentèle (*parentela*) varie dans son extension, chez les Francs, les Lombards, les Visigoths, les Bavarois ; et généralement, chez tous les peuples d'origine germanique, elle s'étend seulement jusqu'au septième degré; parmi les Celtes, elle n'a d'autre délimitation que la communauté d'origine, avec subdivision indéfinie de la tribu en maisons distinctes. Chez les Germains, au contraire, d'où est dérivée l'Europe moderne, on voit se dessiner déjà trois groupes rudimentaires, savoir : 1° la famille, comprenant le père, la mère, les enfants, les ascendants et collatéraux de tous les degrés; 2° les vassaux (*ministeriales*) ou domestiques de condition libre; 3° les serviteurs (*mansionarii, coloni, liti, servi*) ou domestiques de condition servile, adjuvants de la famille proprement dite (fig. 296).

L'autorité domestique était représentée par le *mund* ou chef de famille, appelé aussi *rex*, le roi, qui, selon les cas, exerçait, sur la personne et les biens de tous ceux qui dépendaient de lui, un pouvoir spécial, une tutelle accompagnée de droits et de devoirs, avec une sorte de responsabilité civile et politique. Ainsi, le chef de famille, responsable pour sa femme et pour ceux de ses enfants qui vivaient chez lui, l'était aussi pour ses esclaves et ses animaux domestiques. Bien plus, d'après la loi, il répondait du mal que pouvait faire son arc ou son épée, sans qu'il en eût conscience ni volonté, tant ces peuples barbares étaient intéressés à ce que justice se fît dans toutes les circonstances où il y avait délit.

Déjà depuis longtemps, quand s'ouvrit l'ère mérovingienne, la famille, isolée d'abord dans sa sphère d'individualisme, s'était incarnée au sein d'une grande famille nationale qui avait, pour chaque peuple, ses réunions officielles à époques fixes, sur le *malberg* (colline du Parlement). Ces réunions seules constituaient dans sa plénitude le pouvoir suprême. Les titres attribués à certains chefs, *rex* (roi), *dux* (duc), *graff* (comte), *brenn* (général d'armée), n'exprimaient que les subdivisions de ce pouvoir, appliquées, la dernière exclusivement à la guerre, les autres à l'ordre administratif et judiciaire. Au comte surtout incombait l'obligation de rendre la justice, de connaître des différends entre particuliers, et d'infliger l'amende. Il y avait un comte dans chaque grand district, dans chaque ville importante; il y avait aussi plusieurs comtes, groupés autour du souverain, sous le titre de comtes du Palais (*comites Palatii*), position très-recherchée, très-enviée, à cause des avantages pécuniaires et honorifiques qui en résultaient pour le titulaire. Les comtes du Palais délibéraient avec le souverain sur toutes les affaires, sur toutes les questions d'État, en même temps qu'ils prenaient part à ses chasses, à ses festins, à ses actes religieux, à ses débauches; ils intervenaient dans les questions d'héritage de la couronne; pendant la minorité des princes, ils saisissaient le pouvoir que la constitution réservait aux rois majeurs; ils validaient la nomination des principaux fonctionnaires, même celle des évêques; ils donnaient leur avis sur l'opportunité d'une alliance de peuple à peuple, d'un traité de paix ou de commerce, d'une expédition militaire, d'un échange de territoire, d'un mariage de prince, et ils n'encou-

Fig. 296. — Les familles et les barbares. Fac-similé d'une gravure sur bois de la *Cosmographie universelle* de Munster, in-fol.; Bâle, 1552.

raient nulle autre responsabilité que celle inhérente à leur position originelle au sein de la société barbare. Les légats (*legati*), et plus tard les envoyés du maître (*missi dominici*), les évêques improvisés, les ducs (*duces*) ou chefs d'armée sortaient généralement de la première classe des serviteurs de cour, des comtes du Palais, tandis que les *ministeriales,* formant la seconde classe de la domesticité royale, allaient remplir les charges inférieures, honorables et lucratives de l'administration et de l'ordre judiciaire.

Sous les Mérovingiens, le principe légal du pouvoir s'inféoda dans la propriété foncière; mais le morcellement de ce pouvoir suivit de près cette inféodation; la ruine des uns accrut de jour en jour la prépondérance des autres, et les rois francs s'aperçurent que la société échapperait bientôt à leur gouvernement, s'ils ne portaient un prompt remède à cet état de choses.

Alors parurent les lois *Salique* et *Ripuaire,* qui eurent à subir des remaniements successifs, des modifications lentes ou subites nécessitées par les vicissitudes de la politique ou par les exigences croissantes des prélats et des nobles hommes. Mais, loin d'amoindrir l'action souveraine des rois, les coutumes nationales qu'ils avaient réunies en code reculèrent les limites de leur autorité et en facilitèrent l'exercice.

En 596, Childebert, d'accord avec ses leudes, décidait que désormais le rapt serait puni de mort, et que le juge du canton (*pagus*), où le crime aurait été commis, tuerait le ravisseur et abandonnerait son cadavre sur la voie publique; que l'homicide aurait le même sort, « car il est juste, disait le texte de la loi, que celui qui sait tuer apprenne à mourir. » Le vol, attesté par sept témoins, devait entraîner aussi la peine capitale, et le juge convaincu d'avoir, par sa faute, laissé fuir un voleur, subissait la même peine que celui-ci eût subie. La pénalité cependant était différente, suivant la classe sociale du délinquant. Ainsi, pour le fait de l'inobservation du dimanche, lequel avait alors force de loi, un Salien payait 15 sols d'amende; un Romain, 7 sols 1/2; un esclave, 3 sols, ou bien « son dos payait pour lui ». Dès ce temps-là, quelques dispositions importantes du code barbare sont abrogées; la peine de mort, sans rémission, remplace déjà les accommodements amiables entre les parties intéressées; on ne rachète plus un crime avec de l'argent; le vol lui-même, qui était encore à cette époque applaudi, même honoré au-delà du Rhin, est impitoyablement puni de mort. On voit donc que c'est le plus frappant témoignage de l'abaissement des priviléges dans l'aristocratie franque et de la marche du pouvoir souverain vers l'omnipotence absolue et sans contrôle, vers le droit de vie et de mort. Par degrés insensibles, la législation romaine s'est humanisée et perfectionnée, le christianisme s'infiltre dans la barbarie, la licence est considérée comme un délit, puis le délit devient un crime contre le roi, contre la société, et c'est en quelque sorte par la main du roi que la société frappe les coupables.

Depuis le baptême de Clovis, l'Église avait eu beaucoup d'influence dans la transformation du code pénal; par exemple, les mariages avec une belle-sœur, une belle-mère, une tante, une nièce, étaient défendus; les spectacles ambulants, les danses nocturnes, les orgies publiques, autorisés naguère

Fig. 297. — L'empereur Charlemagne tenant d'une main le globe et de l'autre le glaive, d'après une miniature des Registres de l'Université de Paris. (Arch. de l'Univ., Minist. de l'Instr. publ.) On lit cette devise sur la banderole qui s'enroule autour du glaive : *In scelus exurgo, sceleris discrimina purgo.* « Je me dresse contre le crime et je fais justice de ses attentats. »

dans les fêtes, étaient proscrits comme sacrilèges. Du temps de Clotaire, les prélats assis au conseil du souverain, composaient un véritable tribunal, d'ordre supérieur, qui revisait les arrêts des juges subalternes. Il prononçait, de concert avec le roi, des sentences sans appel. Or, la nation n'intervenant plus dans l'élection des magistrats, les assemblées du *Malberg* ne se réunissant plus qu'extraordinairement, toute affaire de gouvernement et de justice était remise à l'arbitrage suprême et souvent capricieux du monarque.

Tant que les maires du palais d'Austrasie et ceux du palais de Bourgogne furent nommés temporairement, l'autorité royale ne fléchit point; le souverain demeura le grand juge de ses sujets; mais tout à coup, après le supplice de Brunehaut, sacrifiée à la haine des seigneurs féodaux, la mairie du Palais étant devenue, avec un titre viager, une royauté de fait, les monarques légitimes tombèrent sous la tutelle des futurs usurpateurs de leur couronne. L'édit de 615, auquel concoururent l'aristocratie de l'Église et celle de l'État, accuse dans les lois et dans les mœurs un divorce complet avec le passé. En reprenant leur place dans la constitution française, les institutions germaniques forcèrent le roi mérovingien à redescendre au rôle passif, dénué d'influence et d'autorité, qu'exerçaient leurs prédécesseurs dans les forêts de la Germanie; mais ils n'avaient plus, comme ceux-ci, le prestige du commandement militaire, ni le caractère d'arbitre ou de juge. Les canons du concile de Paris, confirmés par l'édit du roi, en date du 15 des calendes de novembre 615, renversent le système politique et légal, si laborieusement établi en Europe depuis le cinquième siècle. C'est le pouvoir royal qui renonce à ses plus précieuses prérogatives dans le choix des évêques; défense aux juges laïques de traduire un clerc devant les tribunaux; interdiction au fisc de saisir les successions *ab intestat*, d'augmenter les impôts, les péages, et d'employer les juifs à la perception des deniers publics; responsabilité des juges et des autres officiers du roi; restitution des bénéfices enlevés aux leudes; interdiction au roi d'accorder désormais des ordres écrits (*præcepta*) pour enlever les veuves riches, les jeunes vierges et les religieuses; peine de mort contre les infracteurs des canons du concile... De là naissent deux juridictions nouvelles : l'une ecclésiastique, l'autre seigneuriale; juridictions entre lesquelles va se débattre, pendant plusieurs siècles, la royauté, de plus en plus amoindrie.

Parmi les nations germaniques, le droit de justice fut, dès le principe, inhérent à la propriété territoriale, et ce droit portait sur les choses non

Fig. 298. — Roi carlovingien, dans son palais, sous les traits de la Sagesse, qui fait appel à tous les humains. D'après une miniature d'un manuscrit du neuvième siècle, à la Bibliothèque de Bourgogne, à Bruxelles. (Dessin du comte Horace de Vielcastel.)

moins que sur les personnes. C'était le patronage (*patrocinium*) du propriétaire, et ce patronage enfantera successivement dans chaque province et dans chaque féodalité les juridictions féodales, les priviléges seigneuriaux et le droit coutumier. On peut en inférer que, sous les deux premières races, les lois étaient individuelles, et que chacun portait, pour ainsi dire, la sienne propre avec soi.

Le droit de juridiction semble tellement inhérent au droit de propriété, qu'un propriétaire terrien pouvait toujours imposer une trêve aux haines, aux vengeances personnelles, arrêter momentanément les poursuites judiciaires, et, en proclamant son *ban,* suspendre l'action de la loi autour de sa demeure, dans un périmètre déterminé; ce qui se faisait d'habitude à l'occasion de quelque fête de famille ou de quelque solennité publique, civile ou religieuse. En ces circonstances, quiconque enfreignait le ban du maître de la maison et de sa terre devenait justiciable de sa *cour* et payait une amende à son profit. Le seigneur qui se trouvait trop pauvre pour composer cette cour d'une manière assez forte et assez imposante, empruntait des *pairs* à son suzerain, ou se dessaisissait, entre les mains de celui-ci, du droit de justice, d'où naquit cette maxime des feudistes : « Autre chose est le fief, autre chose est la justice. »

La loi visigothe parle de seigneurs locaux tenant tribunal, à l'instar du juge d'office, du comte ou de l'évêque; le roi Dagobert fait figurer les juges privés avec les juges publics. Dans la loi lombarde on cite des propriétaires qui, au double titre de seigneurs et de juges, s'emparent du droit de protéger les esclaves fugitifs, réfugiés sur leur domaine. Dans un article de la loi salique, le seigneur répond de son vassal devant la justice du comte. Il faut donc conclure de ces textes de loi que la justice seigneuriale s'exerçait indistinctement sur les serfs, les colons et les vassaux. Un capitulaire de 855 lui soumet de même les hommes libres qui résident chez autrui.

De ces textes divers ressort un fait curieux, inaperçu jusqu'à présent par les historiens : c'est qu'il existait entre la justice officielle du comte ou de ses subordonnés et les justices privées une juridiction intermédiaire, une sorte d'arbitrage amiable exercé par les voisins (*vicini*), sans l'assistance des juges du comté; juridiction revêtue néanmoins d'un caractère d'autorité qui rendait ses décisions obligatoires.

Ainsi, la compétence des justices seigneuriales avait des limites; elles n'étaient ni absolument indépendantes, ni souveraines et sans appel; toutes fonctionnaient à peu près comme l'ont fait depuis les hautes, moyennes et basses justices du moyen âge, au-dessus desquelles primait la justice du roi. L'usurpation des gens d'Église, évêques, abbés, abbesses, qui, devenus seigneurs temporels, s'attribuaient une juridiction domestique, devait s'arrêter devant la judicature du comte ; à plus forte raison devant celle des *missi dominici*, délégués officiels du monarque. Charles le Chauve, malgré ses concessions énormes à la féodalité et à l'Église, ne leur céda jamais le privilége de juger et de décider en dernier ressort.

Pendant toute la durée de l'époque mérovingienne, le *mahl* (*mallus*), assemblée générale et régulière de la nation, avait lieu au mois de mars.

Fig. 299. — La cour des seigneurs. Fac-simile d'une miniature d'un vieux roman de chevalerie en rime, manuscrit du treizième siècle, à la Bibliothèque de l'Arsenal, à Paris.

Tous, grands et petits, s'y rendaient, en armes ; on y traitait, sous la présidence du monarque, des intérêts politiques, commerciaux et judiciaires du pays ; ce qui n'empêchait pas d'autres réunions accidentelles de la cour du roi (*curia regalis*), chaque fois qu'on en reconnaissait l'urgence. La cour formait alors Parlement (*Parlamentum*). D'abord exclusivement militaire et barbare, le Parlement, à dater de Clovis, offrit un personnel mélangé de Francs, de Burgundes, de Gallo-Romains, de lètes-propriétaires et d'ecclésiastiques. A mesure que le gouvernement féodal s'organise, la convocation des assemblées nationales devint plus utile et l'exercice de la justice plus compliqué. Charlemagne décida qu'il y aurait tous les ans deux *malhs*, l'un au mois de mai, l'autre en automne, et, de plus, dans chaque comté, deux *plaids* annuels, sans préjudice des *mahls* et *plaids* extraordinaires qu'il lui conviendrait d'ordonner. En 788, l'empereur reconnut la nécessité de trois plaids généraux, et, en outre, il se plaisait à convoquer ses grands vassaux ecclésiastiques et laïques aux quatre fêtes principales de l'année. On peut dire que du règne de Charlemagne date véritablement l'implantation de la royauté dans le domaine légal du droit commun (fig. 297).

La royauté, qui s'appuie sur la loi, prend dès lors des racines si profondes, qu'elle se maintient debout, malgré la faiblesse des successeurs du grand Charles, malgré l'empiétement progressif de l'Église et des grands vassaux de la couronne (fig. 298).

Aux intempérances des haines privées, des inimitiés de famille, que signalait l'érection permanente de fourches patibulaires auprès de chaque demeure; aux passions brutales d'un chef ou d'un juge, souvent seul, sans assesseurs, et qui n'avait d'autre bourreau que lui-même, d'autre instrument de supplice que la hart ou la corde, sinon sa hache ou son épée, succédait l'action autoritaire d'un tribunal représentant la société (fig. 299), tribunal qui repoussa le défi, la guerre impitoyable d'homme à homme, de famille à famille, et dont le premier soin fut de garantir, non la vie de l'homme, c'était impossible en ces temps d'aveugle barbarie, mais du moins sa demeure. Insensiblement l'inviolabilité de la maison s'étendit à des villes de refuge, à certains lieux publics, à l'église, au *mahlum,* ou lieu des réunions nationales, au marché, à la taverne, etc. On voulait que l'accusé, innocent ou coupable, demeurât inviolable, depuis l'instant de la faute commise jusqu'au jour du jugement.

Circonscrit dans l'espace, le *droit de vengeance* ne le fut pas moins dans le temps. On lui enleva successivement le dimanche, les principales fêtes de l'année, tout l'avent, la semaine de Noël jusqu'à l'Épiphanie, les octaves de l'Ascension jusqu'à la Pentecôte, les quatre temps, quelques vigiles ou veilles de fêtes. « Le pouvoir du roi, dit un écrivain sagace et judicieux, participait aussi, dans une certaine mesure, de celui de Dieu et des Saints; il imposait sa paix aux passions humaines: il la donnait par son sceau, il la donnait avec la main; il l'étendait sur toutes les grandes lignes de communication, sur les forêts, les principaux cours d'eau, les routes de premier et de second ordre, etc. La trêve de Dieu (1035) fut l'application logique de ces principes d'humanité. »

On aurait tort de croire que la justice se dispensait alors des formalités et des atermoiements réguliers, qui devaient être la garantie de ses décisions. Nul n'était mis en cause sans avoir été préalablement assigné à comparaître devant le tribunal. Sous les Carlovingiens, comme aux époques antérieures, la lune était prise pour régulatrice des termes d'assignation. On assignait de préférence au jour du premier quartier ou pendant la pleine lune ; on assi-

Fig. 300. — Le duel judiciaire. « Comment l'appelant propose son cas devant le juge de l'appelé. » Fac-similé d'une miniature des *Cérémonies des gages des batailles,* manuscrit du quinzième siècle, à la Bibliothèque nationale de Paris.

gnait par lunaisons ou par quartiers, de sept nuits en sept nuits. L'assignation se faisait quatre fois, après lesquelles, si l'inculpé n'avait pas comparu, il perdait le bénéfice du débat contradictoire. La loi salique n'admettait même que deux assignations devant le comte, à quarante nuits d'intervalle l'une de l'autre. La troisième avait lieu quatorze nuits après, devant le roi, qui mettait l'inculpé *hors de sa parole,* confisquait ses biens et lui interdisait toute espèce d'asile, lorsqu'au quatorzième jour, avant le coucher du soleil, il ne s'était point présenté.

Chez les Visigoths, la justice était également hiérarchique, depuis le comte jusqu'au dizenier. Chaque officier magistrat avait son tribunal, sa compétence. Ces juges appelaient près d'eux des assesseurs, tantôt *rachimbourgs*, pris au hasard parmi les hommes libres; tantôt *scabins* ou échevins (*scabini*), revêtus d'un caractère officiel et permanent. Les scabins, crées par Charlemagne, furent d'abord des magistrats élus Ils étaient sept pour chaque siége. Eux seuls instruisaient les causes et préparaient la sentence. Le comte, ou son délégué, ne faisait que présider le tribunal et prononcer l'arrêt. Tout vassal, défendeur, jouissait du droit d'appel au souverain. Le roi seul et sa cour prononçaient sur les conflits élevés entre seigneurs ecclésiastiques et laïques, entre particuliers compris dans la *truste* ou dans le protectorat royal. Au souverain, aux *missi*, au comte palatin, étaient exclusivement déférées les affaires criminelles. Le comte palatin jugeait en dernier ressort toutes les causes, telles que révoltes, séditions, luttes à main armée, où la paix publique se trouvait compromise.

Déjà, du temps de l'invasion, les Francs, les Bavarois, les Visigoths procédaient par enquête dans l'instruction des causes, et, avant de recourir aux épreuves judiciaires, ils invoquaient le témoignage et le serment. Alors celui qui jurait était absous. Ce système, honorable sans doute pour la dignité humaine, était une source d'abus, qu'on crut éviter, en appelant au serment la famille ainsi que les amis de l'accusé. Ils levaient la main sur un crucifix, sur des reliques ou sur une hostie consacrée. Ces témoins, nommés *conjuratores*, venaient attester devant les juges, non le fait en lui-même, mais la véracité de celui qui invoquait leur témoignage. Le nombre, la qualité des *conjuratores* variait d'après l'importance de l'objet en litige : Grégoire de Tours rapporte que le roi Gontran ayant élevé des soupçons sur la légitimité de l'enfant qui fut Clotaire II, Frédégonde, sa mère, en appela au témoignage des seigneurs neustriens. Ceux-ci jurèrent, au nombre de trois cents notables, ayant à leur tête trois évêques (*tribus episcopis et trecentis viris optimis*), et la reine fut déclarée innocente.

La loi des Burgundes et la loi des Angles, plus exigeantes que celles des races germaines, mettaient les armes aux mains des plaideurs. Après avoir employé les épreuves au fer rouge et à l'eau bouillante, les Francs adoptèrent le duel judiciaire. Il fut imposé d'abord aux parties (fig. 300), puis aux témoins, et quelquefois aux juges eux-mêmes. A partir du règne de l'empereur Othon le Grand (967), le duel judiciaire, restreint primitivement aux cas les plus graves, fut introduit dans presque tous les débats devant les tribunaux. On n'en exempta ni les femmes, ni les vieillards, ni les enfants, ni les infirmes. Quand on ne pouvait se battre par soi-même, on produisait un champion, qui n'avait pas d'autre métier que de prendre en main les querelles d'autrui. Les gens d'Église devaient se battre également par procuration. Le champion ou avoué se faisait payer d'avance, bien entendu. Dans

Fig. 301. — Duel judiciaire. Combat d'un chevalier contre un chien. Fac-simile d'une miniature du roman de *Macaire*, manuscrit du treizième siècle, à la Bibliothèque de l'Arsenal, à Paris.

certains cas, le duel judiciaire semble avoir été déféré même contre un animal (fig. 301), si la légende du chien de Montargis repose sur un fait véritable.

Au douzième siècle, l'Europe se divisait, pour ainsi dire, en deux vastes zones de judicature : l'une méridionale, gallo-romaine et visigothe; l'autre occidentale et septentrionale, mi-partie germaine, mi-partie scandinave, angle ou saxonne. Le christianisme établissait des liens communs entre ces législations diverses qui gardaient les éléments de leur origine païenne et barbare, et il en adoucissait insensiblement l'âpreté native. Les sentences n'étaient point encore rédigées par écrit; on les confiait à la mémoire des juges qui les avaient rendues, et quand s'élevait un débat entre les parties intéressées, à l'occasion des termes mêmes de l'arrêt prononcé, on faisait une enquête, et la cour formulait une seconde décision appelée *Recordatum*.

Tant que la cour du roi fut ambulatoire, le roi se fit suivre du texte original des lois, en rouleaux (*rotuli*). L'enlèvement de cette première collection par les Anglais, sous le règne de Philippe-Auguste (1194), donna l'idée de conserver, aux archives de l'État, le texte des lois sur lesquelles était fondé le droit public, et d'ouvrir des registres authentiques, à l'effet d'y inscrire les décisions des affaires civiles et criminelles. Déjà, du temps de Charles le Chauve, on avait reconnu l'inconvénient de laisser ambulatoire la haute justice du comte, et de ne point avoir un lieu spécial consacré à l'instruction des procédures, à l'audition des témoins, à la détention des prévenus, etc. Un capitulaire y avait pourvu, mais rien ne prouve qu'antérieurement au douzième siècle on ait institué beaucoup de *maisons de justice* (fig. 302). Les rois et, à leur imitation, les comtes tenaient audience en plein air, à la porte du palais, ou dans quelque autre lieu public, ou sous un arbre, comme faisait saint Louis au bois de Vincennes.

« Dès l'année 1191, dit M. Desmaze dans ses excellentes recherches sur l'histoire du Parlement de Paris, Philippe-Auguste, partant pour la Palestine, établit des bailliages qui devaient tenir leurs assises un jour par mois; durant cette assise, ils entendaient tous ceux qui voulaient se plaindre et ils leur donnaient jugement sans délai. L'assise du bailli se tenait à des époques fixes : la cour royale n'avait de séances que quand il plaisait au roi d'en indiquer; l'assise du bailli siégeait dans un endroit déterminé : la cour accompagnait le roi et n'avait aucun lieu habituel de résidence; l'assise du bailli se composait de cinq juges : la volonté du roi déterminait, pour chaque session, le nombre et la qualité des personnes qui pouvaient prendre part aux délibérations de la cour. »

Louis IX acheva d'absorber la justice seigneuriale par la justice royale, non-seulement en fait, mais encore en droit; les baillis, mandataires directs du pouvoir souverain, prirent une autorité devant laquelle dut fléchir le seigneur féodal, parce que derrière les baillis se tenait le peuple attentif et vigilant, le peuple organisé en corporations, les corporations réunies en commune. Avec les baillis se développa un système judiciaire dont les principes se rapprochaient beaucoup plus de la législation romaine que du droit coutumier, qu'on respecta néanmoins; l'épreuve judiciaire par le duel disparut entièrement; on fit, aux appels, aux enquêtes, une large place dans toute espèce de procédure, et Louis IX parvint à régler la compétence des cours ecclésiastiques, qui abusaient de l'excommunication, et à réprimer l'abus des saisies intempestives, arbitraires et ruineuses, que les seigneurs opéraient sur les vassaux. L'ordonnance de 1276 fixe très-bien la juridiction des parlements et des bailliages, le rôle important des baillis, en même

Fig. 302. — Le Palais, tel qu'il était encore au seizième siècle, d'après une gravure contemporaine. (Bibliothèque nationale de Paris, cabinet des estampes.)

temps qu'elle trace la manière dont s'instruira désormais la procédure, et le rôle dévolu aux conseillers, aux maîtres des requêtes, aux auditeurs, aux avocats.

Aux bailliages déjà créés, Louis IX ajouta les quatre grands bailliages de Vermandois, de Sens, de Saint-Pierre-le-Moustier et de Mâcon, « pour connaître, en dernier ressort, des appels de justices seigneuriales. » Philippe le Bel alla beaucoup plus loin. En 1287, il invite « tous ceux qui possèdent dans le royaume de France la juridiction temporelle à instituer, pour exercer ladite juridiction, un bailli, un prévôt et des sergents, laïques et non clercs; et, s'il y a des clercs dans lesdits offices, qu'ils soient écartés. » Il ordonne, en outre, que tous ceux qui ont ou auront une cause devant la cour du roi et les juges séculiers du royaume constituent des procureurs laïques. Les chapitres, néanmoins, ajoutait l'ordonnance du roi, pourront prendre des procureurs parmi les chanoines, et aussi les abbés et couvents. « C'était là, — ajoute M. Desmaze, que nous aimons à prendre pour guide dans un sujet vaste et obscur où il a promené le flambeau de son érudition, — c'était expulser des fonctions judiciaires les ecclésiastiques, non-seulement dans les cours du roi, mais encore dans celles des seigneurs et partout où existait une juridiction temporaire quelconque. »

Au moment de monter sur le trône, Hugues Capet était comte de Paris, et, comme tel, revêtu d'attributions judiciaires, auxquelles il renonça (987), sous réserve que son comté de Paris, après l'extinction des héritiers mâles de son frère Eudes, ferait retour à la couronne : ce qui eut lieu. En 1032, presque aussitôt naissait un nouveau magistrat, le prévôt de Paris, chargé de prêter secours aux bourgeois, lorsqu'ils opéraient une main-mise sur leurs débiteurs. Chef de la noblesse du comté, placé au-dessus des baillis et des sénéchaux, indépendant du gouverneur, le prévôt de Paris fut à la fois le chef financier et politique de la capitale, le chef de la justice et de la police urbaine, le commandant des troupes municipales, en un mot le préfet (*præfectus urbis*), ainsi qu'on le qualifiait sous l'empereur Aurélien, le premier magistrat de Lutèce, comme on l'appelait encore sous Clotaire (663). Autour du prévôt se groupaient des assesseurs, formant un tribunal, appelé plus tard *le Châtelet* (fig. 303), parce qu'il siégeait dans cette forteresse dont on fait remonter l'érection à Jules César, et sans doute aussi les attributions de ce tribunal ne différaient pas de celles des châtellenies royales. Sa juridiction embrassait les conflits entre particuliers, les voies de fait et *batteries,* les émeutes, les démêlés de l'Université avec les écoliers, et les *ribaudailles,* d'où était venu au prévôt le surnom populaire de *roi des Ribauds.* Il jugea d'abord sans appel, mais bientôt les justiciables invoquèrent la justice du Parlement, et le Parlement dut connaître de certaines causes jugées au Châtelet. Il ne le fit toutefois qu'avec réserve, dans des cas graves, malgré la fréquence des appels à son arbitrage suprême.

Nonobstant la juridiction des comtes et des baillis, dans certaines grandes villes existaient des juridictions échevinales ou consulaires électives, assez semblables au Châtelet de Paris : ainsi, le capitoulat de Toulouse, le maître-échevinat de Metz, la bourguemestrie de Strasbourg et de Bruxelles, possé-

Fig. 303. — Le grand Châtelet de Paris. Façade principale vis-à-vis du Pont-au-Change. Fac-similé d'une estampe sur cuivre de Mérian, dans la *Topographia Galliæ* de Zeller.

daient dans chacune de ces villes un tribunal qui, jugeant sans appel, réunissait des attributions multiples, au civil, au criminel et en simple police. Diverses localités françaises du Nord avaient un prévôt avec siége prévôtal, d'une juridiction variable, mais préposé principalement au maintien de la sécurité publique, à l'apaisement des conflits nés des priviléges dévolus aux corporations d'arts et métiers, dont l'importance s'accrut beaucoup depuis le douzième siècle, surtout dans les Flandres.

« Au retour d'oultremer, Louis IX vint se seoir sobz li dées (sous le dais), encosté li bon prevost de Paris, rendant justice. » Ce bon prévôt n'était autre que le docte Estienne Boileau, en faveur duquel la prévôté fut déclarée *charge de magistrature*. La multiplication croissante des affaires qui incombaient au prévôt, surtout après l'extension de l'enceinte de Paris sous Philippe-Auguste, l'avait fait décharger de la perception des deniers publics. On l'autorisait à se pourvoir d'*enquesteurs idoines* (capables), occupés des menus détails de la procédure, et on lui permettait de s'adjoindre des juges auditeurs. « Nous ordonnons qu'il y en ait huict, disait un édit de Philippe le Bel (févr. 1324), tant seulement desquels il y auroit *quatre clercs et quatre laics*, et s'assembleront au Chastelet deux jours en la semaine, pour voir d'un accord et d'un assentiment les procès et les causes avec nostre prevost..... » En 1343, la cour de la prévôté se composait d'un procureur du roi, d'un lieutenant civil, de deux avocats du roi, de huit conseillers et d'un lieutenant criminel, dont les plaids avaient lieu tous les jours au Châtelet.

A dater de l'année 1340, ce tribunal ayant eu à juger ou à régler toutes les affaires de l'Université, et, depuis le 6 octobre 1380, celles de la *marée*, qui n'étaient pas moins multipliées, son importance s'en accrut considérablement. Malheureusement, de nombreux abus s'introduisirent dans cette juridiction municipale. En 1313 et 1320, les officiers du Châtelet furent suspendus de leurs charges, à cause des extorsions qu'ils s'étaient permises. Le roi ordonna une enquête. Le prévôt et deux conseillers du Parlement, nommés d'office, informèrent, et Philippe de Valois, adoptant les conclusions de l'enquête, dressa de nouveaux statuts, empreints d'une juste défiance, statuts auxquels les officiers du Châtelet promirent, sous serment, de se soumettre. L'ignorance et l'immoralité des laïques, substitués aux clercs dans ce personnel du tribunal de la prévôté, avaient été les causes principales du désordre. Le Parlement chargea deux de ses présidents d'examiner les officiers du Châtelet. Vingt années après, sur de nouvelles plaintes, le Parlement assemblé décida que trois conseillers *idoines*, pris dans son sein, procéderaient, de concert avec le procureur du roi, au

Châtelet, pour réformer les abus et les déréglements de cette judicature. Du temps de Philippe le Bel, il n'existait encore, à vrai dire, qu'un seul

Fig. 301. — Cour du roi, ou le Grand Conseil. Fac-simile d'une miniature des *Chroniques de Froissart*, manuscrit du quinzième siècle ayant appartenu à Charles-Quint, à la Bibliothèque de l'Arsenal, à Paris.

Parlement, la *cour du roi*. Son action, à la fois politique, administrative, financière et judiciaire, se mouvait dans un ensemble très-compliqué. Philippe le Bel lui imposa pour limites exclusives la judicature, fixa son ressort territorial et lui donna, comme corps de justice, des priviléges propres à consolider son indépendance, à relever sa dignité. Il attribua au Grand Conseil (conseil d'État) les fonctions politiques; à la Chambre des comptes, les fonctions de comptabilité; il consentit à ce que les prélats connussent des testaments, des legs, des douaires, des cas d'hérésie; mais il voulut soustraire les juifs à la compétence du Parlement, et fit fermer aux prélats les portes du palais où siégeait la cour, et cela en dérogation à la sage ordonnance de 1295 : c'était enlever à la justice les lumières et la prépondérance des plus dignes représentants de l'Église gallicane; mais Philippe le Bel et ses successeurs, dans leur lutte incessante soit contre l'aristocratie, soit contre le clergé, avaient besoin, avant tout, des grands corps de justice qui enregistraient les édits, et des justices urbaines ou municipales qui, se renouvelant par l'élection, se recrutaient surtout au sein de la bourgeoisie, centre commun des résistances aux usurpations du pouvoir, que ces usurpations vinssent de l'Église, de la noblesse ou de la couronne.

Les Grands-Jours de Troyes (*dies magni Trecenses*), assises des anciens comtes de Champagne, et l'Échiquier de Normandie, furent également organisés par Philippe le Bel, et, de plus, il autorisa le maintien d'un parlement à Toulouse, cour souveraine dont il fit en personne l'ouverture solennelle, le 10 janvier 1302. En temps de guerre le parlement de Paris siégeait une fois dans l'année; en temps de paix, deux fois. Il y avait, selon les besoins, deux, trois, quatre séances annuelles de l'Échiquier de Normandie, et deux séances des Grands-Jours de Troyes, tribunaux annexes du parlement de Paris, présidés d'habitude par un de ses délégués, même quelquefois par le chef suprême de cette haute cour. C'était au conseil du roi (fig. 304) qu'on décidait si telle affaire devait être retenue au parlement de Paris, ou renvoyée, soit à l'Échiquier, soit aux Grands-Jours de Troyes.

Philippe le Bel, cet impitoyable niveleur, étant mort avant que ses institutions eussent pris racine, il y eut, jusqu'à Louis XI, entre le parlement de Paris et les diverses cours du royaume, entre les comtes et les parlements, entre ces derniers et le roi, un conflit perpétuel de prééminence, qui, sans abaisser la majesté du trône, accrut peu à peu la considération dont jouissait l'ordre judiciaire. Dès l'avénement de Louis le Hutin (1314), la réaction commença; le haut clergé rentra dans le Parlement, mais Philippe le Long y assura la majorité aux laïques, et ne permit point que dans son conseil d'État les conseillers titrés fussent plus nombreux que les gens de robe.

Fig. 305. — Procès criminel du connétable de Bourbon devant la cour des pairs et des barons de France (1523). D'après une estampe de *la Monarchie françoise* de Montfaucon.

Ces derniers finirent même par l'emporter, sous le double rapport des services qu'ils rendaient et de l'influence que leur donnait la connaissance des lois du pays. Autant l'épée avait dominé la toge durant des siècles, autant, depuis l'émancipation de la bourgeoisie, les légistes s'étaient rendus maîtres du terrain administratif et judiciaire. On avait beau les tenir encore sur le marchepied du banc où siégeaient les pairs et les barons, leur avis prédominait, leur arbitrage décisif tranchait les questions les plus importantes.

Le 11 mars 1344, une ordonnance, rendue au Val Notre-Dame, augmente le personnel du Parlement, qui, dès lors, se compose de trois présidents, de quinze conseillers clercs, de quinze conseillers laïques, de vingt-quatre clercs et seize laïques, à la chambre des enquêtes; de cinq clercs et trois laïques, à celle des requêtes. Sur la présentation du chancelier et du Parlement, le roi nommait aux sièges vacants. Il était recommandé aux rapporteurs d'écrire, de leur propre main, « leurs arrests large et loing à loing, si que on les puist mieux lire ». Aux huissiers était confiée la police des audiences, la garde des portes, la disposition des places : « ils se partageaient les courtoisies qu'on leur faisait pour cause de l'office. » Avant d'être admis à plaider, il fallait qu'un avocat eût prêté serment et fût inscrit au rôle.

Image de l'ancienne représentation nationale sous les Germains et les Francs, le Parlement en consacra le souvenir. Pendant des siècles, il protégea les rois contre les empiétements exagérés du pouvoir spirituel; il défendit les peuples contre l'arbitraire et le despotisme, mais souvent il manqua d'indépendance, de sens politique; il ne se distingua pas toujours par une appréciation saine des hommes et des choses. Ce tribunal suprême, si haut placé à la tête des pouvoirs publics, fléchissait quelquefois devant la menace d'un ministre ou d'un favori; il subissait les influences de l'intrigue, épousait les préjugés de l'époque. On l'a vu, dans des instants d'erreur et d'aveuglement, condamner des hommes d'État éminents et de grands citoyens, comme Jacques Cœur et Robertet; livrer au bourreau des savants illustres accusés de sorcellerie, ou de misérables folles qui s'imaginaient avoir eu commerce avec le démon.

Aux quatorzième et quinzième siècles, tous les membres du Parlement faisaient partie du conseil d'État, qui se divisait en grand conseil et petit conseil. Le grand conseil ne se réunissait qu'en cas d'urgence, pour les causes exceptionnelles; le petit conseil s'assemblait tous les mois, et ses décisions étaient enregistrées. D'où était venue la coutume d'opérer au Parlement un

Fig. 306. — Promulgation d'un édit. Fac-simile d'une miniature des *Anciennetés des Juifs*, traduction française de l'Histoire de Josèphe, manuscrit du quinzième siècle, exécuté pour les ducs de Bourgogne. (Bibliothèque de l'Arsenal, à Paris.)

enregistrement semblable, confirmatif du premier. La plus ancienne ordonnance portée aux registres du parlement de Paris remonte à l'année 1334, et présente une importance majeure. Elle concerne la régale et décide qu'en matière spirituelle le droit de souveraineté n'appartient pas moins au roi qu'au pape. En conséquence, Philippe de Valois commande « à ses amis et féaux, qui tiendront le prochain parlement, et aux gens des comptes, qu'en perpétuelle mémoire ils la fassent enregistrer en chambre de Parlement et des Comptes, et garder pour original au Trésor des chartes ». Depuis lors, « les causes de régale et de complainte, pour raison des bénéfices, n'ont plus été traictées devant les juges ecclésiastiques, mais devant le Parlement, ou tels autres juges séculiers ».

Pendant la captivité du roi Jean, en Angleterre, l'autorité souveraine allant à la dérive, le conseil d'État, les Parlements et les divers corps de magistrature agrandissent leurs attributions à ce point que, sous Charles VI, le parlement de Paris osa prétendre qu'une ordonnance du souverain ne devait acquérir force de loi qu'après avoir été enregistrée au Parlement; jurisprudence hardie et toute nouvelle, que les rois ne repoussèrent pourtant pas en principe, afin de pouvoir, au besoin, déclarer nuls et non avenus des traités compromettants, surpris à leur bonne foi, ou rendus nécessaires sous la pression de certaines circonstances difficiles (fig. 306).

L'esprit de corps des parlements et leur rôle politique (car ils avaient occasion de s'interposer sans cesse entre les actes émanés du gouvernement et les prétentions respectives des provinces ou des trois ordres) accrurent naturellement l'importance de cette magistrature souveraine. Les rois eurent lieu de se repentir plus d'une fois de l'avoir rendue si puissante; le parlement de Paris, surtout, entravait le libre exercice de leur volonté. Aussi, que firent les rois? Ils diminuèrent insensiblement diverses attributions des autres cours de justice; ils circonscrivirent davantage le ressort du parlement de Paris et augmentèrent à proportion la juridiction des grands bailliages, ainsi que celle du Châtelet. Le prévôt de Paris était un auxiliaire, un appui pour le pouvoir royal, qui le tenait sous sa main. Le Châtelet était aussi un centre d'action et de force, qui contre-balançait en certains cas les résistances parlementaires. De là naquirent des rivalités et des haines implacables.

Il fallait voir avec quelle habileté le Parlement profitait des moindres indices, d'un bruit public, des accusations le moins justifiées, pour traduire à sa barre les officiers du Châtelet, soupçonnés de prévarications ou d'attentats contre la religion, les mœurs, le gouvernement! Maintes fois ces officiers, et le prévôt lui-même, étaient sommés de venir faire amende honorable devant le Parlement assemblé, mais ils conservaient leur charge; plus d'une fois un officier du Châtelet fut jugé à mort et exécuté, mais le roi levait toujours la confiscation prononcée à l'égard des biens du condamné; ce qui atteste qu'en réalité la condamnation avait été inique, et que, par des motifs graves, le pouvoir royal n'avait pu soustraire la victime à la vindicte du Parlement. Le prévôt Hugues Aubriot fut ainsi condamné à la prison perpé-

Fig. 307. — Cour de bailliage. Fac-similé d'une gravure sur bois de la *Cosmographie universelle* de Munster, in-fol.; Bâle, 1552.

tuelle sous les plus vains prétextes; il eût subi la peine capitale, si le roi Charles V l'avait abandonné au moment de son procès. Pendant l'occupation anglaise, sous le règne désastreux de Charles VI, le Châtelet de Paris, qui soutenait la cause du peuple, fit preuve d'une énergie rare et d'un grand caractère. Le sang de plusieurs de ses membres coula sur l'échafaud. Ce fut une flétrissure pour les juges et les bourreaux; ce fut pour les martyrs une auréole de gloire.

L'ordonnance du roi Jean, rendue en 1363 après son retour de Londres, et peu de temps avant sa mort, avait déterminé expressément la juridiction du Parlement. Il devait connaître des causes qui touchaient les pairs de France et quelques prélats, chapitres religieux, barons, communautés, conseils, auxquels appartenait le privilège de relever de la cour souveraine;

il connaissait aussi des causes du domaine, des appels du prévôt de Paris, des baillis, sénéchaux et autres juges (fig. 307); il planait en quelque sorte au-dessus des affaires minimes, mais il ne demeurait étranger à aucun des débats judiciaires qui intéressaient la religion, le roi, l'État. Notons que les avocats ne devaient parler que deux fois dans la même cause, et qu'ils subissaient une amende, tout au moins une remontrance, s'ils étaient prolixes ou s'ils se répétaient dans leur réplique; à plus forte raison s'ils dénaturaient les faits. Après la plaidoirie, on leur accordait le droit de rédiger par écrit « les faits positifs et défensifs de leurs clients ». Charles V confirma ces dernières prescriptions relatives aux avocats, et en ajouta d'autres non moins remarquables, dans lesquelles on voit apparaître l'assistance judiciaire « pour les povres et misérables personnes qui y plaident et plaideront ». Cette ordonnance de Charles V impose aussi des délais fixes, sous peine d'amendes, aux opérations diverses des officiers de justice; elle déclare, en outre, que le roi ne devra plus « oïr d'ores en avant la plaidoierie d'aucunes petites causes », et, quels que soient les ordres de la cour, elle interdit aux présidents de surseoir au prononcé de leurs arrêts ou de suspendre la marche régulière de la justice. Charles VI, avant de tomber en démence, ne contribua pas moins que son père à établir sur des bases meilleures la juridiction de la cour souveraine du royaume, ainsi que celle du Châtelet et des bailliages.

Au quinzième siècle, le parlement de Paris présentait une organisation qui n'a pas sensiblement varié jusqu'en 1789. Il avait des conseillers pairs, des conseillers clercs, des conseillers laïques, des membres honoraires, des maîtres des requêtes, dont quatre seulement y siégeaient. Un premier président, *souverain de ladite chambre de Parlement, maître de la grand' chambre de plaids*, nommé à vie, et trois présidents de chambre, également nommés à vie, quinze *maistres* ou *conseillers-clercs* et quinze laïques, confirmés chaque année par le roi, à l'ouverture de la session; un procureur général, plusieurs avocats généraux et des substituts formant collége, *gens du roi* ou *parquet*, constituaient la partie active de cette cour, autour de laquelle se groupaient des avocats consultants (*consiliarii*), des avocats plaidants (*proponentes*), des avocats stagiaires (*audientes*); des huissiers ou *sergents* dont le chef (*princeps, apparitor*) devenait noble à son entrée en charge.

JUSTICE ET TRIBUNAUX.

Le costume officiel du premier président rappelait celui des anciens barons et chevaliers. Il portait une robe écarlate, doublée d'hermine et un bonnet à mortier de taffetas noir, orné de deux galons d'or. En hiver, il avait

Fig. 308. — Cour souveraine, présidée par le roi, qui prononce un arrêt, enregistré par le greffier
Fac-simile d'une miniature en camaïeu de l'*Information des rois,* manuscrit du quinzième siècle, à la Bibliothèque de l'Arsenal, à Paris.

par-dessus sa robe un manteau d'écarlate doublé d'hermine, sur lequel se trouvait appliqué l'écusson de ses armes; ce manteau était fixé, du côté gauche, à l'épaule, avec trois *letices* (ganses) d'or, afin de laisser libre le côté de l'épée, attendu que les anciens chevaliers et barons siégeaient toujours, comme juges, avec l'épée. Aux archives de la mairie de Londres, on voit, dans la *Relation de l'entrée du roi d'Angleterre Henri V, à Paris* (1er décembre 1420), que « le premier président estoit en habit roial, et le premier huissier devant lui, aiant son bonnet fourré, et estoient les seigneurs clercs vestus de robes et chaperons d'azur, et tous les autres vestus de robbes et chapperons d'escarlatte vermeille ». Ce costume sévère, en harmonie parfaite avec la majesté des fonctions de ceux qui le portaient, dégénéra vers la fin du quinzième siècle. Une ordonnance de François Ier défend aux juges de porter « chausses déchiquetées et autres habits dissolus ».

Dans les premiers temps de la monarchie les fonctions judiciaires étaient gratuites; mais on avait l'usage de faire aux juges, en échange du don de justice que l'on attendait d'eux, un don volontaire de friandises, d'épiceries, dragées, confitures, jusqu'au jour où les juges, « aimant mieux l'argent que les dragées, » dit le chancelier Étienne Pasquier, les *épices* furent tarifées par ordonnance et rendues obligatoires (1498). Des comptes de dépenses, qui sont conservés aux Archives nationales, il résulte qu'au quatorzième siècle le premier président du parlement de Paris touchait *mille livres parisis par an,* représentant plus de 100,000 francs au taux actuel, les trois présidents de chambre « chacun cinq cents livres (50,000 francs), et les autres seigneurs dudict parlement chascun cinq sols parisis, ou 6 sols 3 deniers (environ 25 francs) par jour, » *c'est à scavoir les jours qu'ils sieent* (siégent) *et les aultres non*. On leur donnait, en outre, annuellement, deux manteaux. Quant aux prélats, princes et barons, dont le roi se réservait le choix, *ils ne prennent nuls guaiges* (ordonn. du 27 janvier 1367). Les sénéchaux, les grands baillis, assimilés aux présidents de chambre, recevaient cinq cents livres (50,000 francs). Il leur était expressément défendu, ainsi qu'aux baillis d'ordre inférieur, de recevoir, des parties, *or ou argent*, mais ils pouvaient accepter, pour un jour, des viandes et du vin en pots ou en bouteilles. Les gages devaient être payés de mois en mois; mais ils ne l'étaient pas fort régulièrement, tantôt *par la faute du roi,* tantôt *par la malice et faute des généraux des finances, des receveurs ou des payeurs*. Quand le tort provenait du roi, le parlement lui faisait d'*humbles remontrances,* ou *cessait la justice*. Quand, au contraire, un officier des finances ne payait pas les gages, le Parlement lui envoyait un huissier en garnison et prononçait un interdit sur les opérations du débiteur, jusqu'à ce qu'il se fût exécuté. La question des gages se renouvelait fréquemment. Le 9 février 1369, « la cour ayant été requise de *servir sans gages durant un parlement*, et que le roi y satisferoit une autre fois, les seigneurs de la cour répondent, après scrutin, qu'ils sont prests à faire le plaisir du roi mais ne pourront, comme il faut, servir sans gages. » (Registres du parlement de Paris.)

Au commencement du quinzième siècle, le chiffre des gages ne fut point augmenté. En 1411, il s'élevait à 25,000 livres (qui, estimés au taux

Fig. 309. — La cour d'un baron. Fac-similé d'une gravure sur bois de la *Cosmographie universelle* de Munster, in-fol.; Bâle, 1552.

actuel, représentent à peine un million) pour l'ensemble de la cour. La pénurie financière renouvelait le scandale des réclamations pour le payement des gages, avec menaces d'interrompre le cours de la justice, si l'on n'était payé ou assuré de l'être. Le 2 octobre 1419, deux conseillers et un huissier sont envoyés par la cour *en garnison* chez l'un des généraux des finances, chargé du payement des gages de la cour. Au mois d'octobre 1430, le gouvernement devait aux magistrats deux années d'arrérages ; après d'inutiles réclamations près du régent, duc de Bedford, et du chancelier de France, évêque de Thérouanne, le Parlement députe, à Rouen, vers le roi, deux de ses membres, qui obtiennent non sans peine, « un mois de payement, pourvu que le Parlement tînt ses audiences le mois d'avril ». Au mois de juillet 1431, nouvelle députation vers le roi, « afin de lui-même exposer *les nécessités* de *la cour;* qu'il y a longtemps qu'elle a vacqué et vacque, par faute de payement des gages ». Après deux mois d'instances itératives, les députés ne rapportant que des promesses, la cour insiste, menace, démontre au chancelier (11 janvier 1437) le mal qui arriverait si la cour cessait le parlement, faute de gages, et cette fois le chancelier lui annonce qu'elle sera payée. Six mois s'écoulent encore sans résultat. Cette situation pénible ne fit que s'aggraver jusqu'en 1443, où le roi se vit contraint de traiter, comme un débiteur insolvable, avec les gens du Parlement et d'obtenir remise d'une partie de sa dette, en garantissant le surplus sur le revenu des greniers à sel.

Charles VII, après avoir reconquis ses États, s'était hâté d'y rétablir l'ordre. Il s'occupa tout d'abord de la judicature, du Parlement, du Châtelet, des bailliages; et, au mois d'avril 1453, il rédigea, de concert avec les princes, les prélats, le conseil d'État, les gens de justice, les prud'hommes, une ordonnance générale, en 125 articles, considérée comme la charte organique du Parlement (fig. 308). Aux termes de cette ordonnance, « les conseillers devront siéger après dîner, pour expédier les petits procès; les prisonniers être conduits aux prisons de la cour, interrogés sans délai ni commerce avec personne, sauf autorisation, et les causes diligemment expédiées, dans l'ordre des présentations, car la cour est ordonnée pour faire droit aussi tost au pouvre comme au riche, car le pouvre a mieux besoin de briefz expéditions que le riche ». Les salaires des procureurs seront taxés et diminués; ceux des avocats devront être réduits à telle modération et honnêteté, qu'ils ne causent aucune plainte; les jugements par commissaire sont prohibés, parce qu'aucuns disaient que, par le rapport desdits commissaires, lesdits procès étaient jugés et déterminés. Les baillis et sénéchaux doivent faire leur résidence continuelle en leurs siéges. Les conseillers doivent s'abstenir de toute communication avec les parties, « mesmement de tous dîners ou convis ». Le secret des délibérations doit être fidèlement gardé. Les procès à juger seront inscrits sur un registre, vus tous les deux mois par les présidents, qui blâmeront, s'il y a lieu, les rapporteurs négligents. Le rapporteur fera ressortir les points et difficultés du procès. L'exécution des arrêts devra être confiée aux huissiers de la cour, etc.

En 1454, le roi, qui avait bien de la peine à payer des à-compte sur les gages ordinaires des magistrats, crée des *gages d'après dînées*, s'élevant à

Fig. 310. — Sergents d'armes (quatorzième siècle), représentés sur une pierre gravée en creux, provenant de l'église de Sainte-Catherine du Val des Écoliers, à Paris.

5 sols parisis (plus de 10 francs au cours de la monnaie actuelle) *par jour*, pour ceux des conseillers qui tiendront une seconde audience. Les choses n'en vont guère mieux ; rien ne s'expédie ; le Parlement, privé de ses gages, se voit obligé de contracter un emprunt (1485), afin d'intenter des poursuites contre le fisc qui ne le payait pas. En 1493, les gages annuels du Parlement s'élevaient à la somme de 40,630 livres (à peu près 1,100,000 francs) : le premier président recevait par jour 4 livres 22 sols parisis (équivalant à 140 francs, au taux actuel); le conseiller clerc, 25 sols parisis (40 francs), le conseiller laïque, 20 sols (32 francs). C'était, sur les gages de l'année précédente, un accroissement d'un cinquième. Charles VIII, en améliorant ainsi la position des membres de la première cour du royaume, dans son ordonnance, leur rappelait des devoirs méconnus depuis trop longtemps; il leur disait « qu'entre toutes les vertus cardinales la justice est la plus digne et la plus nécessaire », et il leur traçait la conduite qu'ils avaient à tenir : les conseillers devaient être présents tous les jours, dans leur chambre respective, depuis la Saint-Martin d'hiver jusques à Pâques, avant sept heures sonnées, et depuis Pâques jusques à la fin du Parlement, aussitôt après six heures du matin, sans sortir, sous peine de punition; un silence absolu leur était imposé pendant les délibérations; toute espèce d'occupation étrangère à la cause en litige leur était interdite. Parmi une foule d'autres prescriptions, on remarque les suivantes : obligation de garder le secret sur les affaires en délibération; défense aux conseillers de prendre ni directement ni indirectement aucune chose des parties; défense aux commissaires instructeurs, aux commissaires en mission, d'accepter aucun don corrompable et de se faire payer plus qu'un salaire pour un même voyage, etc.

La grande charte du Parlement, promulguée au mois d'avril 1453, se trouve ainsi confirmée, amendée, complétée, par cette ordonnance de Charles VIII, avec un esprit de sagesse digne d'éloges.

La magistrature des cours souveraines avait été moins favorisée sous le règne précédent. Louis XI, ce réorganisateur cauteleux et sournois, après avoir interdit aux juges ecclésiastiques de *connaître des cas de régale et de complainte à l'endroit des bénéfices,* releva la justice séculière et déclara immobiles ou inamovibles les offices royaux, mais il abattait sans pitié ce qui lui portait ombrage; voilà pourquoi, comme il le dit lui-même, il rogna les ongles des parlements de Paris et de Toulouse, en établissant, à leur préjudice, plusieurs cours judiciaires et en s'appuyant sur le Châtelet, où il était toujours sûr de trouver des auxiliaires irréconciliables contre l'aristocratie.

Le Parlement ne fléchit pas de bonne grâce, ni sans d'énergiques résistances. Il dut céder néanmoins, enregistrer certains édits, qui lui répugnaient beaucoup ; mais, à la mort de Louis XI, il prit sa revanche et mit en cause les favoris et les principaux agents de ce terrible adversaire, en leur intentant un

Fig. 311. — Le juge, d'après un dessin au trait des *Proverbes, adages, etc.*, manuscrit du quinzième siècle, à la Bibl. nat. de Paris.

procès criminel : ceux-ci, entre tous leurs méfaits, n'en avaient pas de plus grave que de s'être exposés au ressentiment de la cour souveraine.

Le Châtelet était placé, dans la hiérarchie judiciaire, bien au-dessous du Parlement, et néanmoins, par son prévôt, qui représentait la bourgeoisie de Paris, il avait acquis vis-à-vis de la cour souveraine une importance considérable. En effet, depuis deux siècles, le prévôt jouissait du triple privilége d'administrer politiquement et financièrement la capitale, de commander les milices bourgeoises, et d'être le chef de la justice urbaine. Dans la salle des séances, s'élevait un dais, sous lequel il se plaçait; distinction, dont ne jouissait aucun autre magistrat, et qui paraît lui avoir été attribuée exclusivement, parce qu'il siégeait *en lieu de Monsieur Saint Loys rendant justice aux bonnes gens de sa bonne ville de Paris.* Quand on installait le prévôt, on le conduisait solennellement à la grand'chambre du Parlement, le mortier sur la tête et accompagné de quatre conseillers. Après la cérémonie, il donnait son cheval au président qui avait procédé à sa réception. Il avait pour costume une robe courte, avec manteau, col rabattu, épée, chapeau à plumes, bâton de commandement entouré d'étoffe d'argent. C'est vêtu de la sorte qu'il assistait aux audiences du Parlement ainsi qu'aux séances royales, où il prenait rang sur les derniers degrés du trône, au-dessous du grand-chambellan. Tous les jours, excepté au temps des vendanges, il devait se rendre en personne ou se faire représenter par l'un de ses lieutenants, au Châtelet, dès neuf heures du matin. Là, il se faisait remettre l'état des prisonniers arrêtés la veille, visitait les prisons, expédiait toutes sortes d'affaires, puis inspectait la ville. Son présidial se composait de plusieurs chambres, comprenant huit lieutenants ou juges, désignés par lui et que Louis XII créa officiers du Châtelet (1498). Ils étaient alors à la nomination du roi. Deux juges auditeurs, un procureur du roi, un secrétaire greffier et des sergents complétaient le siége du prévôt.

Les sergents au Châtelet se divisaient en cinq classes : *sergents d'armes du roi, sergents de la douzaine, sergents à la verge* ou *à pied, sergents fieffés* et *sergents à cheval.* Leur institution datait des premières années du quatorzième siècle. Nommés d'abord par le prévôt, ils le furent ensuite par le roi. Les sergents d'armes du roi (fig. 310), chargés de la police autour de sa personne, n'étaient pas justiciables du connétable, mais des juges ordinaires, ce qui prouve qu'ils exerçaient un emploi civil; les sergents de la douzaine n'étaient que douze, comme leur nom l'indique, tous domestiques du prévôt de Paris; les sergents à pied, tous *lais,* furent portés successivement jusqu'au chiffre de 220, dès le milieu du quinzième siècle. Ils *exploitaient* seulement à l'intérieur de la capitale et gardaient la ville, les faubourgs et la banlieue, tandis que les sergents à cheval devaient « tenir la campagne sûre et exploiter dans toute l'étendue de la prévôté et vicomté de Paris ». Les commissaires-priseurs n'ayant été institués que sous Louis XIV,

JUSTICE ET TRIBUNAUX.   403

la vente des meubles appartenait de droit aux sergents. Ils surveillaient, en outre, « le nettoyement, sureté et liberté de la voye publique et des halles ».

Au milieu des vicissitudes du moyen âge, surtout depuis l'émancipation des communes, tous les rois « besoigneux de la justice », saint Louis, Philippe le Bel, Charles VII, avaient compris la nécessité d'une rédaction défini-

Fig. 312. — Le jurisconsulte. *Danse des morts* de Bâle, gravée par Mérian. (Francfort, 1596, in-4°.)

Fig. 313. — L'avocat, d'après une gravure sur bois de la *Danse macabre*, édition de Guyot, 1490.

tive des coutumes locales. « Les coutumes devront être rédigées par écrit, pour être examinées par les gens du Grand Conseil et du Parlement, » disait l'ordonnance de 1453. Cependant ce travail important ne s'exécutait point ou s'exécutait mal. Au roi Louis XII revient l'honneur insigne d'avoir fondé le droit coutumier, en faisant aussi redresser le style de la procédure, singulièrement vieillie depuis l'ordonnance de 1302, qui en avait établi les bases.

Nul monarque ne montra plus d'égards que Louis XII pour le Parlement de Paris. Pendant son règne de dix-sept années, on ne voit pas que la magistrature ait eu à se plaindre de n'être pas payée exactement. Au contraire, dès l'avénement de François Ier, la cour se plaint de n'avoir pas reçu le premier quartier de ses gages. Depuis lors, les réclamations deviennent continuelles : toujours nouveaux retards ou nouveaux refus ; toujours les magistrats demeurent dans la triste « attente de leurs services et sustentation de leurs familles et ménages ». On peut juger par là de ce que devait être la situation pénible des différents tribunaux, qui, moins puissants que ne l'étaient les cours souveraines, celle de Paris surtout, n'avaient pas les moyens de faire entendre en haut lieu leurs doléances. Ce déplorable état de choses continua et même empira jusqu'à la Ligue. Le chef des ligueurs, Mayenne, avait promis de doubler les gages, pour *gratifier* la cour du Parlement ; sa promesse n'était pas réalisable.

Vers la fin du seizième siècle, la haute magistrature française était représentée par neuf cours souveraines, savoir : le parlement de Bordeaux, créé le 10 juin 1462 ; le parlement de Bretagne, qui remplaça les anciens *Grands-Jours*, en mars 1553, siégeant alternativement à Nantes et à Rennes ; le parlement de Dauphiné, érigé en 1451 à Grenoble, pour remplacer le Conseil delphinal ; le parlement de Bourgogne, établi à Dijon (1477), qui succéda aux Grands-jours de Beaune ; le parlement ambulatoire de Dombes, créé en 1528, et formant à la fois cour des aydes et chambre des comptes ; le parlement de Normandie, érigé par Louis XII, au mois d'avril 1504, destiné à remplacer l'Échiquier de Rouen et l'ancien conseil ducal de la province ; le parlement de Provence, fondé à Aix, au mois de juillet 1501 ; le parlement de Toulouse, qui date de 1301, et le parlement de Paris, qui primait tous les autres par son origine, son ancienneté, l'étendue de sa juridiction, le nombre de ses prérogatives et l'importance de ses arrêts. Henri II avait créé, de plus (1551), dans chaque grand bailliage, un présidial chargé de connaître, sur appel, des affaires qui n'excédaient pas 250 livres de principal (fig. 314). Il existait, en outre, une organisation de grands-jours, siégeant provisoirement à Poitiers, à Bayeux, et dans quelques autres villes du centre, pour réprimer les excès nés des dissensions religieuses et des guerres civiles.

Le Parlement de Paris, ou *grand Parlement français,* ainsi que l'appelaient Philippe V et Charles V (ordonnances du 17 novembre 1318 et du

Fig. 314. — Le présidial au grand bailliage; adoption d'enfants. Fac-simile d'une gravure sur bois de l'ouvrage de J. Damhoudère : *Refuge et garand des pupilles, orphelins*. (Anvers, J. Bellere, 1567.)

8 octobre 1371), divisé en quatre chambres principales, la grand'chambre, la chambre des enquêtes, la chambre criminelle ou *Tournelle*, et la chambre des requêtes, se composait de conseillers ordinaires, les uns clercs, les autres

laïques; de conseillers honoraires, ecclésiastiques ou grands seigneurs, de maîtres des requêtes, et d'un nombre considérable d'officiers de tous rangs (311 à 313). On y a vu à la fois vingt-quatre présidents, cent quatre-vingt-deux conseillers, quatre chevaliers d'honneur, quatre maîtres des registres; un parquet, formé des gens du roi, procureur général, substituts, ensemble de quinze à vingt personnes appelé *collége*. Parmi les officiers ou *suppôts* subalternes, il faut citer vingt-six huissiers; quatre receveurs généraux des consignations; trois commissaires-receveurs aux saisies réelles, un trésorier payeur des gages; trois contrôleurs; un médecin de la cour; deux chirurgiens de la cour; deux apothicaires; une *matrone,* maîtresse sage-femme; un receveur des amendes; un inspecteur des domaines; plusieurs *buvetiers* habitant l'enclos du Palais. Soixante ou quatre-vingts notaires, quatre à cinq cents avocats, deux cents procureurs, des greffiers et commis greffiers, fonctionnaient autour de cette armée de *robins*. Jusqu'au règne de Charles VI (1380-1422), les places de *conseiller au parlement* étaient de simples commissions, procédant du roi et renouvelées à chaque session du parlement. De Charles VI à François Ier, elles devinrent des charges royales, mais dès lors la vénalité des offices les discrédita de plus en plus.

Louis XI avait accordé l'inamovibilité aux conseillers du parlement de Paris; François Ier avait conservé ce privilége. En 1580, pour s'asseoir d'une manière durable *sur les fleurs de lis* et obtenir l'hérédité facultative des charges, la magistrature souveraine versa 140 millions (qui en vaudraient aujourd'hui 15 ou 20 fois autant) dans les coffres de l'État. Cette transmission héréditaire des charges, de père en fils, porta une atteinte irréparable à la considération du corps parlementaire, déjà miné profondément par de criants abus, par l'énormité des épices, par l'ignorance de certains conseillers et par les mœurs dissolues d'un grand nombre.

Le Châtelet, au contraire, moins occupé d'intrigues, moins entraîné vers la politique, livré chaque jour à la pratique usuelle des affaires contentieuses, rendait d'innombrables services à la chose publique, et voyait grandir l'estime dont il jouissait depuis son origine. Louis XII avait exigé (1498) que le Prévôt eût le titre de docteur *in utroque jure,* et que ses officiers, qu'il rendit inamovibles, fussent choisis parmi les jurisconsultes reconnus capables. Cette excellente organisation porta ses fruits. Dès l'année 1510, les *Cous-*

JUSTICE ET TRIBUNAUX.

Fig. 315. — Assemblée de la Prévôté des marchands de Paris. Fac-similé d'une gravure sur bois des *Ordonnances royaux de la juridiction de la Prevosté des marchands et eschevinage de la ville de Paris*, pet. in-fol. goth. Édit. de Paris, Jacques Nyverd, 1528.

tumes de la Ville, Prévosté et Vicomté de Paris, complétement rédigées, reçues avec pompe dans une audience solennelle qui se tint le 8 mars au palais épiscopal, étaient déposées dans les archives du Châtelet (fig. 315).

Bien différent du Châtelet qui ne prit un rôle politique dans les troubles religieux du protestantisme et de la Ligue, que pour servir et défendre la cause du peuple, le Parlement, malgré ses accès de mauvaise humeur et ses boutades de rébellion, resta presque invariablement attaché au parti du roi et de la cour. Il inclinait toujours vers le maintien absolu des choses du passé, au lieu de suivre le progrès en le dirigeant. Il était pour les mesures de rigueur, pour l'intimidation, plutôt que pour la mansuétude et la tolérance. Il cédait tôt ou tard aux injonctions et aux admonitions de la royauté, lors même qu'il désapprouvait les actes dont on lui demandait la sanction.

Fig. 316. — Cachet du roi Chilpéric, trouvé dans son tombeau à Tournay, en 1654.

TRIBUNAUX SECRETS

Le Vieux de la Montagne et ses sectaires en Syrie. — Le château d'Alamond, paradis des *assassins*. — Charlemagne créateur des tribunaux secrets chez les Saxons. — La Sainte Vehme. — Organisation du tribunal de la *Terre-Rouge*, et formes qui y étaient suivies pour les procédures. — Peines prononcées et exécution des sentences. — La vérité sur les francs-juges de Westphalie. — Apogée et décadence du tribunal vehmique. — Le Conseil des Dix à Venise. — Son code et ses ténébreuses décisions. — Fin du Conseil des Dix.

On professait généralement à l'époque du moyen âge assez peu de respect pour la vie humaine; diverses institutions juridiques, sinon complétement secrètes, au moins entourées d'un certain appareil ténébreux, se firent remarquer comme fondées sur le droit exorbitant de prononcer à huis clos les peines les plus graves et de les appliquer avec une inflexible rigueur contre des individus qui n'avaient pas même été mis en demeure de se défendre.

Elles jugeaient dans l'ombre, et souvent elles portaient au grand jour des coups aussi inattendus, aussi terribles que ceux de la fatalité. Aussi les plus innocents, les plus intrépides frémissaient-ils au nom seul des *Francs-Juges de la Terre-Rouge*, qui avaient la Westphalie pour région spéciale ou plutôt centrale de leur autorité; du *Conseil des Dix*, qui exerçait son pouvoir monstrueux à Venise et dans les États de la république, et des *Assassins* de la Syrie, qui, du temps de saint Louis, firent plus d'une invasion dans l'Europe chrétienne. Mais il faut bien le reconnaître, si redoutables que pussent être en réalité ces mystérieuses institutions, la crédulité générale, l'ignorance grossière des masses et l'amour du merveilleux ne laissèrent pas d'en rendre le caractère encore plus fantastique et plus effrayant.

« Parlons du Vieux de la Montagne, » dit Marco Polo, le célèbre voyageur vénitien du treizième siècle. « Ce prince se nommait Alaodin. Il avait fait faire, dans une belle vallée, renfermée entre deux hautes montagnes, un très-beau jardin rempli de toutes sortes d'arbres et de fruits; et à l'entour de ces plantations, différents palais et pavillons, décorés de travaux en or, de peintures et d'ameublements tout en soie. Là, dans de petits canaux, on voyait courir des ruisseaux de vin, de lait, de miel, et d'une eau très-limpide. Il y avait logé de jeunes filles, parfaitement belles et pleines de charmes, instruites à chanter, à jouer toutes sortes d'instruments : on les voyait sans cesse, vêtues d'or et de soie, se promener dans ces jardins et ces palais. Et voici les motifs pour lesquels le Vieux avait fait construire ce palais. Mahomet ayant dit que ceux qui obéiraient à ses volontés iraient dans le paradis où ils trouveraient toutes sortes de délices, celui-ci voulait faire croire qu'il était prophète et compagnon de Mahomet, et qu'il avait la puissance de faire entrer dans ce paradis ceux qu'il désignait. Personne n'eût réussi à pénétrer dans le jardin, parce qu'on avait construit, à l'entrée de la vallée, un château inexpugnable : on ne pouvait y entrer que par un chemin secret et couvert. Le Vieux avait à sa cour des jeunes gens de dix à vingt ans, pris parmi ceux de la montagne qui lui paraissaient propres au maniement des armes, hardis et courageux. Il faisait de temps à autre donner à dix ou douze de ces jeunes gens une certaine boisson qui les endormait; et, quand ils étaient comme à demi morts, il les faisait transporter dans le jardin. Lorsqu'ils venaient à se réveiller dans ces lieux, ils voyaient toutes les choses que nous avons décrites : chacun d'eux était entouré des jeunes filles qui chantaient, jouaient des instruments, faisaient toutes les caresses et tous les jeux qu'elles pouvaient imaginer, et leur présentaient les vins et les mets les plus exquis (fig. 317). De la sorte, ces jeunes gens, enivrés de tant de plaisirs, ne doutaient nullement qu'ils ne fussent en paradis, et ils n'auraient jamais voulu en sortir.

« Au bout de quatre ou cinq jours, le Vieux les faisait endormir de nouveau et retirer de ce jardin; puis, les faisant paraître devant lui, il leur demandait où ils avaient été : « Par votre grâce, seigneur, répondaient-ils, nous avons été dans le paradis; » puis ils racontaient, en présence de tout le monde, ce qu'ils y avaient vu. Ce récit excitait, chez tous ceux qui l'entendaient, l'admiration et le désir d'une semblable félicité. « Tel est, leur disait alors le Vieux, le commandement de notre prophète; il fait entrer dans le paradis quiconque combat pour défendre son seigneur; si donc tu m'obéis,

Fig. 317. — Le château d'Alamond et ses enchantements. Fac-simile d'une miniature des *Voyages de Marc Pol*, manuscrit du quinzième siècle, à la Bibliothèque de l'Arsenal, à Paris.

tu jouiras de ce bonheur. Par de semblables discours, il avait tellement disposé leurs esprits, que celui à qui il ordonnait de mourir pour son service s'estimait heureux. Tous les seigneurs ou autres ennemis du Vieux de la Montagne étaient mis à mort par ces assassins qui étaient à son service; car aucun d'eux ne craignait de mourir, pourvu qu'ils s'acquittassent des ordres et de la volonté de leur seigneur. Quelque puissant donc que fût un homme, s'il était ennemi du Vieux, il ne pouvait manquer d'être tué. »

Dans son récit, que nous traduisons textuellement de l'original écrit en ancien français, le vénérable voyageur semble attribuer l'initiative de ce singulier système de domination à un prince qui ne faisait, en réalité, que continuer une tradition de sa race : car l'Alaodin dont il s'agit ici n'est autre qu'un successeur du fameux Haçan, fils d'Ali, lequel, vers le milieu du onzième siècle, profita des troubles qui désolaient l'Asie pour se créer, aux dépens des peuples et des souverains, un royaume comprenant les trois provinces de Turkestan, de Djebel et de Syrie. Haçan avait embrassé la doctrine de la secte Ismaélienne, qui prétendait expliquer d'une manière allégorique tous les préceptes de la religion musulmane, et qui, en détruisant le culte public, donna naissance à une croyance toute philosophique. Il se fit le chef de cette doctrine, qui par sa simplicité même devait lui gagner beaucoup d'esprits simples et sincères. Attaqué par les troupes du sultan Sindjar, il se défendit avec vigueur et non sans succès, mais, craignant de succomber dans une lutte inégale et trop prolongée contre un adversaire plus puissant que lui, il eut recours à la ruse pour obtenir la paix. Il séduisit, il fascina, sans doute par des moyens analogues à ceux que rapporte Marco Polo, un esclave, qui osa, pendant le sommeil de Sindjar, enfoncer dans la terre, à côté de la tête de celui-ci, un poignard bien aiguisé. A son réveil, Sindjar fut saisi de frayeur. Peu de jours après, Haçan lui écrivit : « Si l'on n'avait point de bonnes intentions pour le Sultan, on aurait pu plonger dans son sein le poignard qu'on a planté dans la terre à côté de sa tête. » Le sultan Sindjar fit donc la paix avec le chef des Ismaéliens, dont la dynastie régna pendant cent soixante-dix ans.

Le château d'Alamond, construit sur les frontières de la Perse, au sommet d'une montagne escarpée et environnée d'arbres, après avoir été la résidence ordinaire d'Haçan, fut aussi celle de ses successeurs. Or, comme dans la langue du pays, le même mot signifie à la fois *prince* et *vieillard*, les croisés, qui avaient entendu prononcer ce mot, firent confusion et donnèrent au prince ismaélien, habitant alors le château d'Alamond, le nom de *Vieux de la Montagne,* nom resté fameux dans notre histoire, depuis les *Mémoires* du sire de Joinville.

Les auteurs anciens nomment, d'autre part, les sujets d'Haçan : *Haschichini, Heississini, Assissini, Assassini;* formes diverses de la même expression, laquelle a d'ailleurs passé dans notre langue avec une acception qui rappelle les sanglants exploits attribués aux Ismaéliens. Si l'on recherche l'étymologie de ce nom, on doit supposer qu'*Haschichini* est la transformation latine du mot arabe *Hachychy*, qui servait à désigner les sectaires dont nous parlons, parce qu'on leur procurait des extases où ils se croyaient transportés en paradis, au moyen du *haschisch* ou *haschischa;* on sait que cette préparation enivrante, extraite des feuilles du chanvre, produit réellement, chez ceux qui l'absorbent, les hallucinations à la fois les plus étranges et les plus délicieuses. Tous les voyageurs qui ont parcouru l'Orient

Fig. 318. — Le Vieux de la Montagne donnant des ordres à ses sectaires. Fac-similé d'une miniature des *Voyages de Marc Pol*, manuscrit du quinzième siècle, à la Bibliothèque de l'Arsenal, à Paris.

s'accordent à dire que ses effets sont bien supérieurs à ceux de l'opium. Il faut évidemment attribuer à quelque vision extatique ces jardins enchanteurs et ce lieu de délices, que décrivait Marco Polo d'après les récits populaires, et qui n'ont jamais existé que dans l'imagination des jeunes gens exaltés par le jeûne et la prière, enivrés par le haschischa, et bercés depuis longtemps de l'image du bonheur céleste qui les attendait sous la tutelle d'Haçan.

Les *Haschischini*, que certains historiens contemporains nous représentent comme fanatisés par l'espérance d'une félicité future sans bornes, ne doivent donc leur lugubre célébrité qu'à l'obéissance aveugle avec laquelle ils exécutaient les ordres de leur chef, et au sang-froid avec lequel ils épiaient l'instant favorable à l'accomplissement de leur sanglante mission (fig. 318). Le *Vieux de la Montagne* (le maître des poignards, *magister cultellorum,* comme l'appelle aussi le chroniqueur Jacques de Vitry) était en guerre presque continuelle avec les princes musulmans qui régnaient des rives du Nil aux bords de la mer Caspienne : il leur opposait sans cesse le fer de ses fanatiques émissaires ; parfois aussi, faisant du meurtre métier et marchandise, il traitait, à prix d'argent, avec un sultan ou un émir, désireux de se défaire d'un ennemi. Les Ismaéliens tuèrent de la sorte une foule de princes et de grands seigneurs mahométans ; mais, à l'époque des croisades, le zèle religieux les armant contre les chrétiens, ils allèrent chercher plus d'une victime notable dans les rangs des croisés. Conrad, marquis de Montferrat, fut *assassiné* par eux; le grand Salah-Eddin (Saladin) lui-même faillit tomber sous leurs coups ; Richard Cœur-de-Lion et Philippe-Auguste avaient été désignés aux meurtriers par le Vieux de la Montagne, qui plus tard, à la nouvelle des immenses préparatifs que faisait Louis IX pour la guerre sainte, osa envoyer en France, à Paris même, deux de ses sectaires, chargés de tuer le saint roi, au milieu de sa cour. Celui-ci, après avoir encore échappé, durant son séjour en Palestine, aux tentatives homicides des farouches messagers du prince d'Alamond, sut, par son courage, sa fermeté, ses vertus, inspirer un tel respect à ces fanatiques, que leur chef, le regardant comme un protégé du ciel, lui fit demander son amitié et lui offrit des présents, parmi lesquels se trouvait un magnifique jeu d'échecs en cristal de roche, enrichi d'ambre et d'or.

Les successeurs d'Haçan, attaqués simultanément par les Mogols, sous la conduite d'Houlayon, et par les Égyptiens, que commandait le soudan Bibars, furent vaincus et dépossédés de leurs États, vers le milieu du treizième siècle ; mais longtemps encore les Ismaéliens, soit que leurs chefs tendissent à ressaisir la puissance, soit qu'ils missent leurs poignards au service de quelque vengeance étrangère, continuèrent à marquer leur existence dans l'histoire. Enfin la secte s'éteignit, ou tout au moins rentra dans l'obscurité, en renonçant aux assassinats qui l'avaient faite redoutable.

Si, quittant l'Orient, où nous venons de voir une légion de fanatiques se faire l'aveugle et sinistre instrument de l'ambition ou de la haine d'un chef religieux et politique, nous tournons nos regards vers la Germanie, nous y trouverons, presque à la même époque, une institution locale, bien différente de la cour sanguinaire du Vieux de la Montagne ; quoiqu'elle affectât un caractère non moins terrible et mystérieux, elle ne saurait cependant être considérée au même point de vue ; car, fondée pour venir en aide à l'établissement et à la défense d'un ordre social régulier, approuvée, sanc-

Fig. 319 et 320. — Hermensul ou Irmensul et Crodon, idoles des anciens Saxons. Fac-similé d'une gravure sur bois des *Annales Circuli Westphaliæ*, par Herman Stangefol, in-4°. 1656. — L'idole Hermensul semble avoir présidé à la justice exécutive, dont elle tient en main les attributs.

tionnée par les souverains, reconnue par l'Église elle rendit quelquefois de grands services à la justice et à l'humanité, durant des siècles où le droit de la force légitimait le pouvoir, les excès, les crimes des malfaiteurs audacieux, des petits tyrans retranchés dans leurs châteaux inexpugnables.

Le tribunal secret de la Westphalie, qui jugeait et condamnait dans l'ombre, qui exécutait ses arrêts à l'improviste, dont les règles, les lois et les œuvres étaient enveloppées d'un profond mystère, peut incontestablement passer pour une des institutions les plus curieuses du moyen âge.

On ne saurait déterminer, avec exactitude, l'époque préfixe à laquelle s'établit cette formidable institution. Quelques écrivains, entre autres Sébastien Munster, veulent la faire remonter à l'initiative de Charlemagne lui-même : ils racontent que ce monarque, ayant soumis les Saxons et les ayant fait baptiser de vive force, créa un tribunal secret qui avait mission de les surveiller, pour qu'ils ne retournassent pas aux erreurs du paganisme. Or les Saxons étaient incorrigibles à cet égard, et, quoique chrétiens, ils pratiquaient toujours le culte de leurs idoles (fig. 319 et 320). De là les lois du tribunal fondé par Charlemagne en Westphalie. Ce qu'il y a de sûr, c'est que, du neuvième au treizième siècle, toute la partie de l'Allemagne comprise entre le Rhin et le Weser était livrée à l'anarchie la plus désolante ; les crimes se multipliant et restant impunis, des hommes énergiques parvinrent à créer une juridiction vigoureuse, qui comprima dans une certaine mesure ces désordres barbares, et donna quelque garantie aux relations sociales : mais le sombre mystère, qui faisaient la force de l'institution même, s'est opposé à ce qu'on connût son origine. Ce n'est qu'au quinzième siècle qu'on commence à la trouver mentionnée, assez vaguement, dans les documents historiques. Cette juridiction reçut le nom de *Femgericht* ou *Vehmgericht*, ce qui signifie tribunal vehmique. L'origine du mot *Fem*, *Vehm*, ou *Fam*, qui a donné lieu à de nombreuses et savantes discussions, est restée incertaine. L'opinion la plus généralement admise la fait dériver d'une expression elliptique de la basse latinité : *vemi* (*væ mihi*), malheur à moi!

Le tribunal vehmique avait pour domaine spécial de son omnipotence toute la Westphalie, il désignait sous le nom de *Terre-Rouge* le pays soumis à ses lois. Hors des limites de cette Terre-Rouge, limites qu'il serait d'ailleurs impossible de tracer exactement, il n'y avait point de réunion du Tribunal ; mais les Francs-Juges, ayant la prétention de réprimer certains crimes commis hors de leur territoire, assignèrent plus d'une fois à comparaître devant eux des personnes domiciliées dans les diverses parties de l'Allemagne et même fort loin de la Westphalie proprement dite. On ne connaît pas toutes les localités où siégeaient les tribunaux vehmiques ; mais le plus célèbre de ces tribunaux, celui qui servait de modèle à tous les autres, tenait ses séances sous un tilleul, devant la porte du château de Dortmund (fig. 321). Là se réunissaient d'ordinaire les chapitres généraux de l'association ; on y vit parfois rassemblés plusieurs milliers de francs-juges.

Chaque tribunal était composé d'un nombre illimité de francs-juges sous la présidence d'un franc-comte, qui était chargé de l'administration supérieure de la justice vehmique. Un franc-comté comprenait habituellement plusieurs tribunaux libres, ou *Freistühle*. Le franc-comte, choisi par le prince souverain du territoire ou siégeait le tribunal, avait deux juridictions : l'une publique, l'autre secrète. Ses assises publiques, qui avaient lieu au moins trois fois par an, étaient annoncées quatorze jours d'avance, et tout individu domicilié dans le *comté,* assigné devant le franc-comte, était

Fig. 321. — Vue de la ville de Dortmund au seizième siècle, d'après une estampe sur cuivre du *Theatrum geographicum* de P. Bertius.

tenu d'y comparaître et de répondre à toutes les questions qui lui étaient adressées. Les francs-juges (qui sont ordinairement qualifiés de *femnoten,* c'est-à-dire *sages,* et que les écrivains du temps caractérisent, en outre, par les épithètes les plus honorables : hommes graves, très-saints, hommes de mœurs très-pures, amants de l'équité) devaient être nés en légitime mariage sur la terre allemande, n'appartenir à aucun ordre religieux, n'avoir jamais été cités devant le tribunal vehmique. Ils étaient nommés par les francs-comtes, mais avec l'approbation de leurs suzerains. Ils n'avaient droit de siéger et de juger qu'après avoir été initiés aux secrets du tribunal.

La réception d'un franc-juge était accompagnée de formalités singulières.

Le candidat se présentait la tête nue; il se mettait à genoux, il étendait deux doigts de la main droite sur son épée nue et sur une corde, et il prêtait serment de se conformer aux lois et usages de la sainte juridiction, d'y consacrer ses cinq sens, de ne se laisser séduire ni par or, ni par argent, ni par des pierres précieuses; de préférer les intérêts du tribunal « à tout ce que le soleil illumine, à tout ce que la pluie atteint » et de les défendre « contre tout ce qui est entre le ciel et la terre ». On communiquait au candidat qui venait d'être reçu le signe secret dont les membres de l'association faisaient usage pour se reconnaître entre eux. Ce signe est resté inconnu; rien même dans les actes des archives vehmiques ne tend à le faire deviner. Tout ce qu'on a pu supposer à ce sujet doit être regardé comme incertain ou erroné. Un des statuts fondamentaux de la Terre-Rouge condamnait au plus cruel supplice le membre de l'association qui aurait trahi les secrets de l'ordre; mais on croit pouvoir affirmer non-seulement que cette peine ne fut jamais appliquée, mais encore qu'il n'y eut jamais lieu à la prononcer contre un franc-juge. Un seul, au quatorzième siècle, fut accusé; mais il se justifia.

Pourtant on aurait considéré comme trahison irrémissible le moindre indice donné à un parent, à un ami, pour lui faire comprendre qu'il était poursuivi ou condamné par la Sainte-Vehme, et pour l'inviter à chercher son salut dans la fuite. Aussi une méfiance universelle était-elle devenue le résultat inévitable de cet état de choses : « Le frère, dit un écrivain allemand, craignant son frère, l'hospitalité n'existait plus. »

Les fonctions de francs-juges consistaient à parcourir le pays, à rechercher les crimes, à les dénoncer, à infliger une peine immédiate à tout malfaiteur surpris en flagrant délit (fig. 323 et 324). Les francs-juges se réunissaient également, au nombre de sept au moins, pour constituer un tribunal, mais on en voyait parfois jusqu'à trois cents assister à une réunion.

C'est à tort qu'on a prétendu que les séances des tribunaux vehmiques se tenaient la nuit au milieu des forêts, ou dans des souterrains ; car toute affaire criminelle était d'abord instruite publiquement et ne pouvait être soumise à un jugement secret que quand l'accusé ne s'était pas justifié en public, ou n'avait pas comparu en personne.

Lorsque trois francs juges surprenaient un malfaiteur en flagrant délit, ils pouvaient le saisir, le juger sans désemparer et lui faire subir sur l'heure son châtiment. Dans les autres cas, lorsqu'un tribunal pensait devoir poursuivre un individu accusé de quelque crime, il le citait à comparaître devant lui. Les citations devaient être écrites, sans ratures, sur une large feuille de vélin, non trouée et accompagnée au moins de sept sceaux : celui du franc-comte et ceux de six francs-juges; lesquels sceaux représentaient ordinairement soit un homme armé de toutes pièces, tenant une épée, soit un simple glaive ou autres emblèmes analogues (fig. 325 à 327). Deux francs-juges

Fig. 322. — Le landgrave de Thuringe et sa femme. Fac-similé d'une miniature du recueil des Minnesinger, manuscrit du quatorzième siècle.

transmettaient directement la citation, lorsqu'il s'agissait de mettre en cause un membre de l'association; mais, si cette citation était adressée à un individu qui ne faisait pas partie de l'ordre vehmique, un messager assermenté la portait, et la remettait en mains propres à la personne même, ou la glissait dans sa maison. Le délai coutumier pour la comparution était, à l'origine, de six semaines et trois jours au moins. Plus tard, ce délai fut successivement abrégé. On répétait jusqu'à trois fois l'assignation, qui présentait seulement, au second et au troisième envoi, un plus grand nombre de sceaux de francs-juges, pour corroborer l'instrument légal. Innocent ou coupable, l'accusé qui, sans pouvoir alléguer d'empêchements majeurs, n'avait pas obéi à la première injonction du tribunal, était passible d'une amende. La troisième fois, s'il persistait à ne pas comparaître, il était condamné définitivement *en corps et en honneur*.

On n'a que des renseignements incomplets sur les formalités suivies dans les tribunaux vehmiques. Mais on sait que la tenue des séances s'entourait d'un certain appareil. Une épée nue, emblème de la justice et rappelant

Fig. 323 et 324. — Les francs-juges. Fac-similé de deux gravures sur bois de la *Cosmographie universelle* de Munster, 1552, in-fol.

d'ailleurs par la forme de sa poignée la croix du Sauveur, une corde, emblème du châtiment que méritait le coupable, étaient posées sur la table devant le président. Les juges avaient la tête découverte, les mains nues, un manteau sur l'épaule, et ne portaient aucune arme.

L'accusateur et l'accusé étaient admis l'un et l'autre à produire jusqu'à trente témoins. L'accusé pouvait présenter lui-même sa défense ou la confier à un avocat, qu'il amenait avec lui. En principe, tout franc-juge, mis en cause comme accusé, jouissait du droit de se justifier par un serment; mais, l'abus de cette faveur ayant été reconnu, l'accusé, quel qu'il fût, devait subir le débat contradictoire. Les témoins que l'accusé ou l'accusateur avait assignés déposaient, selon la vérité, sans haine ni fureur, et sans contrainte. Si l'accusé ne réunissait pas les témoignages suffisants à sa justification pleine et entière, l'accusateur requérait du franc-comte présidant le tribunal une sentence équitable, et le franc-comte désignait un des francs-juges pour la prononcer. Si celui-ci ne se sentait pas suffisamment convaincu de la culpabilité, il pouvait, en prêtant serment, se décharger de sa mission de juge, laquelle incombait alors à un second, puis à un troisième, et enfin à un quatrième franc-juge. Si quatre francs-juges s'étaient ainsi récusés l'un après l'autre, l'affaire était renvoyée à une autre séance; car le jugement devait être, séance tenante, prononcé par le franc-juge désigné, et ce jugement était toujours rendu à la majorité des voix.

Fig. 325 —Sceau d'Hermann Loseckin, franc-comte de Medebach, en 1410.

Fig. 326. — Sceau du franc-comte Hans Vollmar von Twern, à Freyenhagen, de 1476 à 1499.

Fig. 327. — Sceau de Johann Croppe, franc-comte de Kogelnberg, en 1413.

Les peines applicables à tel ou tel délit étaient laissées à l'appréciation du tribunal. Les règlements sont muets à cet égard, et se bornent à dire que les coupables seront punis « selon le droit du ban secret ». La peine *royale* (c'est-à-dire capitale) était rigoureusement appliquée à tous les délits graves, et le genre de mort le plus en usage était la pendaison (fig. 329 et 330).

L'accusé qui faisait défaut, après la troisième assignation, était mis hors la loi, par une sentence terrible qui le déclarait déchu de tous droits, privé de la paix commune, retranché de la société de tous chrétiens : aux termes de cette sentence, sa femme était regardée comme veuve, ses enfants étaient tenus pour orphelins; son cou était abandonné aux corbeaux, son corps à toutes les bêtes de l'air et des eaux, « mais son âme recommandée à Dieu ». Au bout d'un an et un jour, si le contumace n'avait pas reparu ou ne s'était pas fait réhabiliter, tous ses biens étaient confisqués au profit de l'empereur ou du roi. Quand la condamnation portait sur un prince, sur une ville, sur une corporation (car souvent les accusations du tribunal mirent en cause des groupes d'individus), elle entraînait la perte de tous honneurs, de toute autorité, de tout privilége. Le franc-comte, en prononçant l'arrêt, jetait par terre la corde placée devant lui; les francs-juges crachaient dessus, et le nom du condamné était inscrit sur le livre de sang. La sentence restait secrète ; l'accusateur seul en recevait une expédition accompagnée de sept sceaux. Quand le condamné était présent au jugement, l'exécution avait lieu sur-le-champ, et, suivant l'usage du moyen âge, elle était confiée au plus jeune des francs-juges. Les membres de l'association vehmique jouissaient, en cas de condamnation, du privilége d'être pendus à sept pieds plus haut que les individus étrangers à cette association.

Les jugements vehmiques étaient, d'ailleurs, susceptibles d'appel : l'accusé pouvait, séance tenante, en référer, soit à la chambre dite impériale, chapitre général de l'association, qui se réunissait à Dortmund, soit (et cet appel était le plus fréquent) à l'empereur ou bien au souverain particulier du pays (roi, prince, duc, ou évêque), lesquels cependant devaient être initiés à l'association, et ne pouvaient confier la révision du procès qu'à des membres du tribunal, qui, à leur tour, ne pouvaient agir que sur la terre de Westphalie. Le condamné en appelait encore au lieutenant-général de l'empereur, ou grand-maître de la Sainte-Vehme, titre qui, de temps immémorial, était l'apanage de l'archevêque de Cologne. Il y a même des exemples d'appels interjetés auprès des conciles et des papes, quoique l'association vehmique n'ait jamais eu ni relations ni attaches avec la cour de Rome. N'oublions pas une ressource suprême, assez bizarre, laissée au condamné : il pouvait s'adresser à l'empereur et solliciter de lui une ordonnance qui enjoignît de n'exécuter le jugement rendu que dans un délai de *cent ans six semaines et un jour*.

Le chapitre général de l'association, convoqué par l'empereur ou son lieutenant, se réunissait ordinairement une fois chaque année, soit à Dortmund, soit à Arensberg, pour la présentation du compte-rendu des affaires jugées par les divers tribunaux vehmiques, pour la notification des changements survenus dans le personnel de l'ordre, pour les réceptions de francs-juges, pour la discussion des appels, enfin pour les réformes à introduire dans les règlements : réformes qui étaient le plus souvent provoquées par les empereurs jaloux du pouvoir croissant de l'association, et qui, presque toujours

Fig. 328. — Le duc de Saxe et le marquis de Brandebourg, tirés du *Theatrum orbis terrarum sive tabula veteris geographiæ*, in-fol. Gravures par Vicricx, d'après Gérard de Jode.

aussi, avaient trait aux rapports de la puissance impériale avec les membres de la juridiction secrète.

D'après ce que nous venons d'exposer, sur la foi des documents authentiques, on peut apprécier combien grande est l'erreur de la tradition ou plutôt de la légende populaire, qui nous montre dans le *Tribunal secret* une réunion de juges sanguinaires, procédant ténébreusement, sans autre loi que l'arbitraire, à des œuvres de pure cruauté. On doit reconnaître que c'était, au contraire, un établissement régulier, soumis, il est vrai, à une organisation mystérieuse et compliquée, mais n'agissant qu'en vertu de prescriptions légales rigoureusement fixées, et soumis à une sorte de code qui faisait honneur à la sagesse de ceux qui l'avaient créé.

Ce fut à la fin du quatorzième siècle et au commencement du quinzième que la juridiction vehmique atteignit son plus haut degré de puissance; on

Fig. 329 et 330. — Exécution des jugements du tribunal secret. Fac-similé de gravures sur bois de la *Cosmographie universelle* de Munster, in-fol.; Bâle, 1552.

ne prononçait son nom qu'à voix basse et en tremblant; ses ordres étaient reçus avec une soumission empressée, ses châtiments frappaient toujours les coupables et les rebelles. On ne saurait douter, d'ailleurs, que le tribunal westphalien n'ait prévenu de grands crimes et de grands malheurs, en imposant un frein salutaire à des seigneurs qui étaient toujours prêts à se mettre au-dessus de toute autorité humaine, et en châtiant, avec une impitoyable énergie, l'audace des bandits que l'espoir de l'impunité aurait encouragés à tout oser. Mais la Sainte-Vehme, aveuglée par la terreur qu'elle inspirait, ne tarda pas à manifester des prétentions exagérées, et à s'écarter de la juste mesure dans laquelle devait être bornée son action. Elle assigna, devant ses tribunaux, des princes qui déclinèrent hautement sa compétence, des cités qui ne daignaient pas répondre à ses sommations. Au reste, dès le quinzième siècle les francs-juges n'étaient déjà plus des hommes d'une intégrité austère ; maints personnages d'une moralité équivoque avaient été élevés à cette dignité, par la brigue et par l'argent. On se plaignait de la

Fig. 331. — Vue de Cologne au seizième siècle, d'après une estampe sur cuivre du *Theatrum geographicum* de P. Bertius. Les trois grosses étoiles représentent, à ce que l'on croit, les personnes de la Trinité ; les sept petites, les électeurs de l'Empire.

partialité, de l'esprit de vengeance, qui dictaient parfois leurs arrêts ; on les accusait d'être accessibles à la corruption ; et cette accusation semblerait reposer sur des faits avérés : car on sait que, selon un usage féodal, établi dans la coutume vehmique, tout nouveau franc-juge était tenu de faire un présent au franc-comte qui l'avait admis dans l'ordre ; les francs-comtes n'avaient pas répugné à se créer par là une branche importante de revenu, en admettant comme *juges* bien des gens qui, au dire d'un historien, auraient mérité d'être *jugés*.

Les excès de pouvoir, les plus injustes et les plus insolents, ébranlèrent de plus en plus la vieille autorité de l'institution. Un jour, par exemple, en réponse à une assignation lancée par un tribunal impérial contre des francs-juges, le tribunal de la Terre-Rouge s'avise d'assigner devant lui l'empereur Frédéric III pour avoir à répondre de cette irrévérence. Une autre fois, certain franc-comte, jaloux d'un de ses familiers, le pend de ses propres mains pendant une partie de chasse, allègue que sa qualité de franc-juge l'autorisait à se faire justice lui-même. Il n'y eut plus dès lors qu'un cri d'indignation et d'horreur contre une institution juridique qui comprenait ainsi les devoirs de son ministère. Dès ce moment, les pouvoirs politiques avisèrent sérieusement à supprimer les tribunaux secrets. La proposition en fut faite, par les électeurs de l'empire, à la diète de Trèves, en 1512. L'archevêque de Cologne réussit toutefois à détourner le coup, en convoquant le chapitre général de l'ordre, pour un édit de réforme; mais, outre qu'elle était viciée dans son essence, la Sainte-Vehme avait fait son temps : elle perdait peu à peu son utilité originelle, à mesure qu'un état social et politique mieux défini et mieux organisé succédait à l'anarchie confuse du moyen âge, à mesure que les princes et les villes libres contractaient l'habitude d'exercer la haute justice, soit en personne, soit par des tribunaux réguliers. Sa procédure, de plus en plus sommaire et rigoureuse, soulevait de jour en jour une répulsion plus vive : « Ils vous pendent d'abord, disait-on dans toute l'Allemagne, et ils examinent ensuite si vous êtes innocent! » La résistance s'établit donc de toute part contre la juridiction des francs-juges. Princes, évêques, cités et citoyens s'entendirent, plutôt d'instinct que de fait, pour réagir contre cette institution surannée et dégénérée. La lutte fut longue et laborieuse. Il y eut, dans les dernières convulsions de la Sainte-Vehme expirante, plus d'un épisode sanglant, tant du côté des francs-juges eux-mêmes que du côté de leurs adversaires. De temps en temps, le tribunal secret marquait son réveil, affirmait son existence par quelque exécution terrible, et parfois aussi les membres de l'association payaient cher leur persévérance et leur ténacité : comme, par exemple, les quatorze francs-

Fig. 332. — Chevaliers allemands (quinzième siècle), d'après une estampe de la Vie de l'empereur Maximilien, gravures de Burgmayer, d'après les dessins d'Albert Durer.

juges, que le comte d'OEttingen, Kaspar Schwitz, fit saisir, en 1570, et qui étaient déjà enfermés dans des sacs pour être noyés, lorsque le peuple, apitoyé sur leur sort, demanda et obtint leur grâce.

La juridiction vehmique se porta elle-même le dernier coup, en condamnant et en faisant exécuter sans procédure régulière, comme sans délai, un habitant de Munster, qui scandalisait la ville par ses débordements. Il fut arrêté la nuit, conduit dans un petit bois, où il trouva les francs-juges, qui le condamnèrent à mort, sans lui accorder un défenseur, après lui avoir refusé même un répit de quelques heures pour se réconcilier avec le ciel : on le fit confesser par un moine, et le bourreau lui abattit la tête.

A dater de ce tragique événement, qui souleva la réprobation générale, l'autorité des francs-juges déclina rapidement, et enfin l'institution s'éteignit ou s'annihila, en se bornant à prononcer çà et là sur de simples matières civiles.

Encore plus célèbre à certains égards que le tribunal vehmique, exerçant une puissance non moins mystérieuse, inspirant non moins d'effroi, mais dans des contrées différentes, le *Conseil des Dix* de Venise ne saurait être oublié toutes les fois qu'il s'agit d'exécutions arbitraires, et de justice aussi tyrannique qu'implacable.

Ce tribunal secret fut créé, à la suite d'une révolte qui éclata dans la république de Venise, le 15 juin 1310. Sa durée ne devait être, en principe, que de deux mois, mais, après diverses prorogations successives, il fut, le 31 janvier 1311, confirmé pour cinq ans; en 1316, il le fut pour cinq années encore; le 2 mai 1327, pour dix ans de plus; puis enfin établi à perpétuité. Au quinzième siècle, l'autorité du Conseil des Dix se trouve concentrée et rendue plus énergique par la création des inquisiteurs d'État. Ils étaient au nombre de trois, élus par le Conseil des Dix lui-même, et le citoyen sur qui se portaient les suffrages ne pouvait refuser les fonctions qui lui étaient ainsi attribuées spontanément et à son insu. L'autorité des inquisiteurs d'État était déclarée « sans limites ».

Le meilleur moyen de faire connaître les attributions et les formes de ce terrible tribunal n'est-il pas d'emprunter quelques extraits au règlement qu'il se donna lui-même en juin 1454 ?

« Les inquisiteurs, — dit ce document dont les bibliothèques publiques de

Paris possèdent plusieurs copies manuscrites, — pourront procéder contre quelque personne que ce soit, aucune dignité ne donnant le droit de décliner leur juridiction; ils pourront prononcer toute peine quelconque, même la

Fig. 333. — Cour intérieure du palais des Doges à Venise : bâtiments où se trouvent les *puits* et les *plombs* ; d'après Cesare Vecellio.

mort ; seulement, leurs sentences définitives ne devront être rendues qu'à l'unanimité. Ils disposeront des prisons, dites les *puits* et les *plombs* (fig. 333) : ils pourront tirer à vue sur la caisse du Conseil des Dix, sans avoir à rendre aucun compte de l'usage des fonds mis entre leurs mains

« La procédure du tribunal sera constamment secrète ; ses membres ne porteront aucun signe distinctif. On ne fera jamais, pour les arrestations, aucun acte extérieur. Le chef des sbires évitera de procéder à une arrestation à domicile, mais il tâchera de saisir le coupable à l'improviste, hors de chez lui, pour le conduire sous les plombs du palais des Doges. Quand le tribunal aura jugé nécessaire la mort de quelqu'un, l'exécution ne sera jamais publique ; on noiera le condamné, la nuit, dans le canal Orfano.

« Le tribunal autorisera les généraux commandant en Chypre ou en Candie, au cas où il importerait à l'intérêt de la république de faire disparaître, dans ces possessions vénitiennes, quelque patricien, au autre personnage influent, à lui faire ôter la vie secrètement, si dans leur conscience cette mesure est indispensable, sauf à en répondre devant Dieu.

« Si quelque ouvrier transporte en pays étranger un art ou métier au detriment de la République, il lui sera envoyé ordre de revenir dans sa patrie ; s'il n'obéit pas, on mettra en prison les personnes qui lui appartiennent de plus près, afin que l'affection que l'absent peut avoir pour elles le détermine à l'obéissance. S'il persiste dans son absence, on prendra des mesures secrètes pour le faire tuer partout où il se trouverait.

« Si un noble vénitien révèle au tribunal des propositions qui lui auraient été faites de la part de quelque ambassadeur étranger, l'agent intermédiaire sera aussitôt enlevé et noyé, pourvu que ce ne soit point l'ambassadeur lui-même, mais tout autre personne que l'on puisse feindre de ne pas reconnaître.

« Si, pour quelque délit, un patricien se réfugiait chez un ambassadeur étranger, on le ferait tuer sans retard.

« Si quelque noble, en plein Sénat, se permet de discuter sur l'autorité du Conseil des Dix et s'efforce de vouloir lui porter atteinte, on le laissera parler sans l'interrompre : ensuite il sera immédiatement arrêté ; puis on instruira son procès pour qu'il soit jugé par les tribunaux ordinaires, et, si l'on ne peut y parvenir, on le fera mettre à mort secrètement.

« En cas de plainte contre un des chefs du Conseil des Dix, l'instruction sera faite secrètement. En cas de condamnation à mort, on emploiera de préférence le poison.

« Si quelque noble mécontent parle mal du gouvernement, on lui fera d'abord défense de paraître, pendant deux ans, dans les conseils et les lieux publics. S'il n'obéit pas, ou si après deux ans il retombe dans sa faute, on le fera noyer comme incorrigible..., etc. »

On comprend que, pour l'exécution de ce règlement organique, des me-

Fig. 334. — Membre de la confrérie de la mort à Venise, chargé d'accompagner les condamnés. D'après Cesare Vecellio.

sures minutieuses avaient été prises à l'effet d'organiser un système d'espionnage. Les nobles étaient soumis à une surveillance rigoureuse; le secret des lettres n'était pas respecté; on ne perdait jamais de vue les ambassadeurs étrangers : leurs moindres démarches étaient observées. Quiconque se serait permis d'insulter ou de gêner les *observateurs* employés par le Conseil des Dix, devait être mis à la torture et « recevoir ensuite le châtiment que les inquisiteurs d'État jugeraient convenable ». Des pages entières des statuts secrets attestent que le mensonge et la fourberie faisaient la base de toutes les relations diplomatiques du gouvernement vénitien. Cependant le Conseil

Fig. 335 et 336. — Chefs de sbires au service secret du Conseil des Dix.
D'après Cesare Vecellio.

des Dix, institué uniquement dans le but de veiller à la sûreté de la république, ne pouvait s'immiscer dans les causes civiles, et il était interdit à ses membres d'avoir des communications d'aucune espèce avec les étrangers.

La nomenclature des nobles vénitiens et des personnages distingués que frappa la soupçonneuse tyrannie du Conseil des Dix et de inquisiteurs d'État, serait longue et d'un faible intérêt. Pour rappeler seulement quelques noms, nous trouvons, en 1385, Pierre Justiniani, et en 1388, Étienne Monalesco, pour intelligence avec le seigneur de Padoue; en 1413, Jean Nogarola, pour avoir voulu livrer Vérone; en 1471, Borromeo Memo, pour avoir tenu des propos outrageants contre le podestat de Padoue. Non-

Fig. 337. — Doge de Venise. Costume antérieur au seizième siècle.

Fig. 338. — Doge de Venise en costume de cérémonie au seizième siècle.

D'après Cesare Vecellio.

seulement ce Bartholomeo Memo, mais trois témoins du délit qui lui était imputé, furent condamnés à un emprisonnement d'un an, et à un bannissement de trois, pour n'avoir pas dénoncé le fait « du soir au matin ». En 1457, on avait vu le Conseil des Dix s'attaquer au Doge lui-même, en exigeant l'abdication de François Foscari. Un siècle auparavant, il avait fait exécuter, sur l'escalier même du palais ducal, où se prêtait ordinairement le serment de fidélité à la République, le doge Marino Faliero, convaincu d'avoir pris part à un complot dans le but d'anéantir l'influence de la noblesse.

Comme la Sainte-Vehme, le Conseil des Dix compromit son autorité par des excès de pouvoir. En 1540, il conclut, à l'insu du Sénat et en dépit de ses intentions biens connues, un traité avec l'empereur turc Soliman II. Le Sénat dissimula d'abord la rancune que lui causait cet abus de pouvoir, mais, en 1582, il prit diverses mesures pour restreindre considérablement les attributions du Conseil des Dix, qui, depuis cette époque, n'exista plus que de nom.

Fig. 339. — Sceau du franc-comte Heinrich Beckmann, à Medebach, de 1520 à 1533.

PÉNALITÉ

Raffinements de cruauté pénale. — La question préparatoire ou préalable, ordinaire et extraordinaire. — L'eau, les brodequins et le chevalet. — Le bourreau et son caractère. — Femmes-bourreaux. — Supplices divers. — Amende honorable. — Peine du feu, en réalité et par contumace. — Auto-da-fé. — Brasier et bassin ardent. — Décapitation. — In pace. — Écartelage. — Roue. — Garrotte. — Hart ou pendaison. — Claie. — Peine du fouet. — Pilori. — Arquebusade. — Chatouillement. — Écorchement. — Pal. — Noyade. — Emprisonnement. — Régime des prisons. — Cages de fer. — Plombs de Venise.

UEL affligeant spectacle, dit le savant M. de la Villegille, que celui de la variété infinie qu'offrent les supplices depuis l'origine du monde! On ne saurait, en effet, se figurer ce que les hommes ont dépensé d'imagination pour inventer de nouvelles tortures et pour se procurer ainsi la satisfaction de voir leurs semblables agoniser dans les plus atroces souffrances. »

En abordant le sanglant domaine de l'ancienne pénalité, il faut d'abord parler de la *question* qui pouvait être, selon les expressions consacrées, ou *préparatoire* ou *préalable* : préparatoire, quand elle avait pour but d'arracher à l'accusé l'aveu de son crime, ou celui de ses complices; préalable, quand elle constituait une aggravation de peine, que le condamné devait subir préalablement à l'exécution capitale. On la qualifiait aussi *ordinaire* ou *extraordinaire,* suivant la durée ou la violence des tortures à infliger aux patients. Dans certains cas, la question durait cinq et six heures consécutives; d'autres fois, elle ne dépassait guère une heure. Hippolyte de Marsillis, docte et vénérable jurisconsulte de Bologne, qui vivait au commencement du quinzième siècle, mentionne quatorze manières de donner la *gehenne* ou question. La compression des membres par des instruments spéciaux ou seulement avec des cordes; l'injection d'eau, de vinaigre, ou d'huile, dans le corps de l'accusé; l'application de la poix bouillante; la suppression totale des aliments et des boissons, tels étaient les procédés qu'on employait le plus fréquemment. D'autres moyens, plus ou moins usités, selon le caprice du magistrat et du *tourmenteur* ou bourreau, se faisaient remarquer par leur atroce singularité : comme lorsqu'il s'agissait de placer sous les aisselles des œufs brûlants; d'introduire, entre cuir et chair, des dés à jouer; d'attacher des bougies allumées aux doigts, qui se consumaient en même temps que la cire; de faire tomber de l'eau, goutte à goutte, d'une grande hauteur, sur le creux de l'estomac, ou encore, et c'était là une torture indicible, disent les vieux criminalistes, d'arroser les pieds d'eau salée pour les faire lécher par des chèvres. Du reste, chaque pays avait des usages particuliers dans la manière de donner la question.

En France aussi, la question différait selon les provinces, ou plutôt selon les parlements. Par exemple, en Bretagne, on approchait graduellement d'un brasier ardent le patient lié sur une chaise de fer; en Normandie, on lui serrait un pouce dans un étau pour la question ordinaire, et les deux pouces pour la question extraordinaire. A Autun, après avoir fait chausser à l'accusé des espèces de hautes bottines, de cuir spongieux, on le liait sur une table, qu'on approchait d'un grand feu, et l'on versait sur les bottines une quantité d'eau bouillante qui pénétrait le cuir et décomposait, en les calcinant, les chairs et même les os de la victime soumise à cette effroyable opération.

A Orléans, pour la question ordinaire, l'accusé étant mis à moitié nu, on lui liait avec force les deux mains derrière le dos, après avoir assujetti entre elles une clef de fer. Ensuite, au moyen d'une corde fixée à cette clef, on suspendait à une certaine hauteur le misérable, qui portait à son pied droit un poids de cent quatre-vingts livres : pour la question extraordinaire, qui prenait alors le nom d'*estrapade,* on élevait, avec un treuil, jusqu'au plafond de la salle, le patient, dont les pieds étaient chargés d'un poids de deux cent

Fig. 340. — La question extraordinaire, par l'estrapade. Fac-simile d'une gravure sur bois de l'ouvrage de J. Millæus, *Praxis criminis persequendi* (Paris, apud Sim. Colinæum, 1541, in-fol.).

cinquante livres, pour le laisser brusquement retomber plusieurs fois de suite presque au niveau du sol, ce qui ne manquait jamais de lui disloquer les bras et les jambes (fig. 340).

A Avignon, la question ordinaire consistait à suspendre l'accusé, par les poignets, avec de lourds boulets de fer à chaque pied; dans la question extraordinaire, fort usitée alors en Italie, sous le nom de *veille* (*veglia*), on étendait le corps de l'accusé à l'aide de cordes attachées à chacun des quatre membres, lesquelles correspondaient à quatre panneaux scellés au mur, et on ne lui donnait pour point d'appui que la pointe d'un poteau taillé en diamant, sur laquelle portait à vif l'extrémité inférieure de l'échine (apophyse du coccyx). Un médecin et un chirurgien étaient toujours là, tâtant le pouls aux artères temporales du patient, pour juger du moment où il ne pourrait plus supporter la douleur. Ce moment venu, on le détachait, on le ranimait par des fomentations chaudes, on lui administrait des fortifiants, et, dès qu'il avait repris ses sens avec un peu de forces, il était remis à la question, qui se prolongeait de la sorte pendant six heures consécutives.

A Paris, on donna longtemps la question à l'eau; c'était à la fois la plus intolérable et la moins dangereuse pour le patient. Celui qui devait la subir était, comme pour la question précédente, attaché et soutenu en l'air par les quatre membres, jusqu'à ce que son corps fût bien étendu. On lui passait alors un tréteau sous les reins, et, à l'aide d'une corne formant entonnoir, pendant qu'on lui serrait le nez avec la main pour le contraindre d'avaler, on lui versait lentement, dans la bouche, quatre coquemars d'eau (environ neuf litres) pour la question ordinaire, et le double pour la question extraordinaire (fig. 341). L'exécution terminée, le patient était détaché « et mené chauffer dans la cuisine », dit un vieux texte.

On employa de préférence, dans la suite, les *brodequins*. Pour ce genre de tourment, on plaçait l'accusé assis sur un banc massif, et après lui avoir fixé de fortes planchettes en dehors et en dedans de chaque jambe, on lui liait les deux jambes ensemble avec de fortes cordes; puis on faisait entrer, à coups de maillet, entre les planchettes qui séparaient les deux jambes, quatre coins en bois pour la question ordinaire, huit pour la question extraordinaire. Il n'était pas rare, dans ce dernier cas, que les os des jambes éclatassent et que la moelle en jaillît

Quant aux véritables brodequins, dont souvent on se contentait de faire usage dans la question ordinaire, c'étaient des espèces de bas en parchemin, dans lesquels la jambe entrait assez aisément lorsqu'on les avait mouillés, mais qui, une fois qu'on les approchait du feu, en se rétrécissant, causaient des douleurs insupportables au porteur de ces « chaussures d'angoisse ».

Quel que fût, en somme, le mode employé pour donner la question, l'accusé, avant d'y être appliqué, devait être resté huit ou dix heures sans manger. Damhoudère, dans son fameux livre technique, intitulé *Practique et Enchiridion des causes criminelles* (1544), recommande, en outre, de raser entièrement tout le poil des accusés qui doivent être mis à la question, dans la crainte qu'ils ne portent sur eux quelque talisman propre à les rendre inaccessibles à la douleur corporelle. Le même auteur donne encore pour règle, lorsqu'il y a plusieurs personnes « à mettre sur le banc », pour un même fait, de commencer par celles dont on peut espérer de tirer plus facilement une révélation; ainsi, par exemple, quand un homme et une femme doivent subir la question l'un après l'autre, la femme sera tourmentée la première, comme étant plus faible et débile; s'il s'agit du père et du fils, on torturera le fils en présence du père « qui craint naturellement plus pour son enfant que pour soy-même ». On voit que les juges étaient experts dans l'art d'allier les tortures morales aux tourments physiques. La coutume barbare de la torture fut à plusieurs reprises condamnée par l'Église. Dès l'année 866, on lit, dans la lettre du pape Nicolas V aux Bulgares, que leur usage de mettre à la torture les accusés est contraire à la loi divine, comme à la loi humaine; « car, dit-il, l'aveu doit être volontaire et non forcé. Par la torture un innocent peut souffrir à l'excès sans faire aucun aveu, et, en ce cas, quel crime pour le juge! — ou bien, vaincu par la douleur, il s'avouera coupable quoiqu'il ne le soit pas, ce qui charge le juge d'une iniquité non moins grande. »

Après avoir enduré la question préalable, dont les diverses opérations étaient accomplies par des tourmenteurs ou exécuteurs spéciaux, le condamné à mort était enfin livré au *maistre des haultes œuvres*, c'est-à-dire au *bourreau*, à qui revenait exclusivement la mission de faire passer les coupables de vie à trépas (fig. 342).

Pendant le moyen âge, les fonctions de bourreau ne furent pas, dans tous les pays, considérées partout au même point de vue. Tandis qu'en France, en Italie, en Espagne, une idée d'infamie s'attachait à l'exercice de

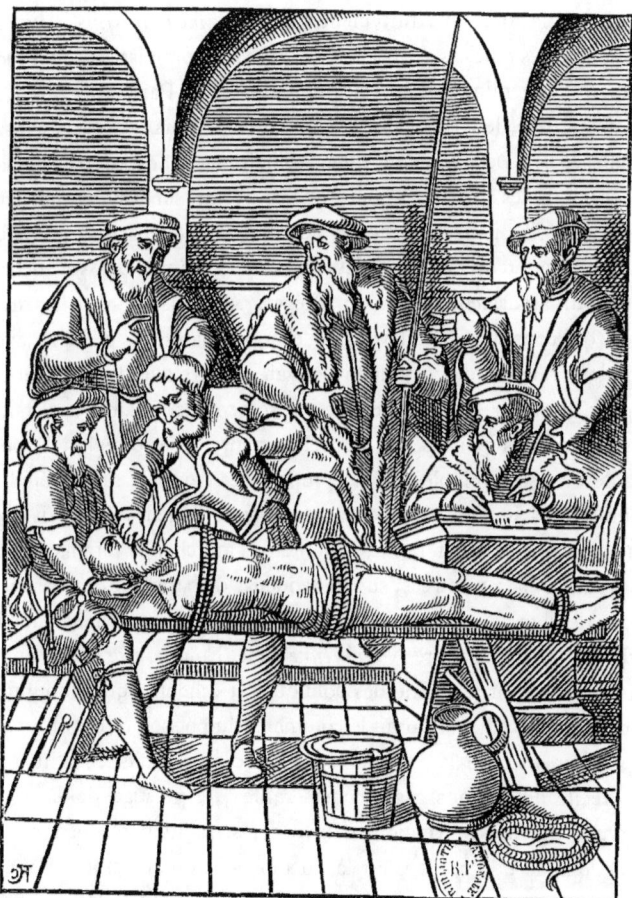

Fig. 341. — La question par l'eau. Fac-similé d'une gravure sur bois du *Praxis rerum criminalium* de J. Damhoudere, in-4°; Anvers, 1556.

ce terrible ministère; en Allemagne, au contraire, la bonne exécution d'un certain nombre de sentences capitales valait au bourreau les titres et priviléges de la noblesse (fig. 343). A Reutlingen, en Souabe, le dernier des conseillers admis à siéger au tribunal devait exécuter, de sa propre main, les sentences; en Franconie, cette pénible charge incombait à celui des membres du corps de ville qui avait pris femme en dernier lieu.

Chez nous, le bourreau, autrement dit, le *tourmenteur-juré du roi*, était le plus infime des officiers de justice. Ses lettres de commission, qu'il recevait pourtant du souverain, devaient être enregistrées au Parlement; mais, après les avoir scellées, le chancelier les jetait, dit-on, sous la table, en signe de profond mépris. Défense était faite ordinairement au bourreau d'habiter dans l'enceinte des villes, à moins que ce ne fût sur les dépendances du pilori; et parfois, pour qu'il ne fût jamais confondu parmi le peuple, on l'obligeait à porter un habit particulier, rouge et jaune. En revanche, ses fonctions lui assuraient certains priviléges. A Paris, il avait le droit de *havage,* qui consistait à prélever, sur chaque charge de grain amenée au marché des Halles, tout ce qu'il en pouvait prendre avec la main; et toutefois, pour préserver les marchandises de son contact infamant, c'était avec une cuiller de bois qu'il opérait ce prélèvement sur les céréales. Il jouissait encore de droits semblables sur la plupart des denrées, sans préjudice de plusieurs autres impôts ou redevances, dont le bénéfice lui était acquis, comme le péage du Petit-Pont, la taille des marchands forains, le droit à prélever sur les chasse-marées, sur les vendeurs de harengs, de cresson, etc.; l'amende de cinq sous, dont il frappait les pourceaux vaguant dans Paris (*voyez* plus haut le chapitre *Nourriture*), etc. Enfin, outre la dépouille des condamnés, il avait le revenu des boutiques et échoppes qui entouraient le pilori et dans lesquelles se faisait le commerce du poisson en détail.

Il paraît même que la perception de ces divers droits constituant une source réelle de revenus assez considérables, le prestige de la richesse atténua par degrés les préventions défavorables, traditionnellement attachées aux fonctions de bourreau. C'est là du moins ce qu'on est autorisé à supposer, quand on voit, par exemple, en 1418, le bourreau de Paris, alors capitaine de la milice bourgeoise, venir en cette qualité toucher la main du duc de Bourgogne, à son entrée solennelle dans la capitale avec la reine Isabeau de Bavière. Ajoutons que la croyance populaire attribuait ordinairement au bourreau une sorte de science pratique de la médecine, inhérente à sa profession même, et lui reconnaissait le privilége de certains moyens curatifs dans des maladies que le médecin ne savait pas guérir; on allait, par exemple, en secret, lui acheter de la graisse de pendu, qu'il vendait fort cher et qui passait pour une merveilleuse panacée. Rappelons aussi que l'habileté

Fig. 342. — Type de bourreau dans la Décollation de saint Jean-Baptiste (treizième siècle). Fac-similé d'une miniature du Psautier de saint Louis. (Manuscrit conservé au Musée des Souverains.)

de l'exécuteur des hautes œuvres, pour le *reboutage* des membres luxés, est encore proverbiale de nos jours en bien des pays.

On peut affirmer que plus d'une fois, au treizième siècle, les fonctions de bourreau furent remplies par des femmes, mais seulement à l'égard des personnes de leur sexe : car il est dit expressément dans une ordonnance de saint Louis, que les personnes convaincues de blasphèmes seront battues de verges, « li (les) hommes par hommes, et les femmes par seules femmes, sans présence d'hommes ». Il faut croire que cet usage ne subsista pas longtemps, et que les femmes restèrent écartées d'un ministère si peu compatible avec leur faiblesse physique et leur sensibilité morale.

Le savant criminaliste, que nous citions plus haut et que nous prendrons pour guide spécial dans l'énumération des divers supplices, Josse Damhou-

Fig. 343. — Grand-prévôt suisse (quinzième siècle). D'après les peintures de la *Danse des morts* de Bâle, gravées par Mérian.

dère, spécifie treize manières dont le bourreau « fait son exécution » et les range dans l'ordre suivant : « le feu, — l'espée, — la force, — l'esquartelage, — la roue, — la fourche, — le gibet, — traisner, — poindre ou picquer, — couper oreilles, — desmembrer, — flageller ou fustiger, — le pellorin (pilori) ou eschaffault. »

Mais, avant d'aborder avec quelques détails cet effrayant sujet, nous devons remarquer que, quelle que fût la peine infligée à un coupable, il était rare que l'exécution n'eût pas été précédée de l'*amende honorable*, qui dans certains cas constituait un châtiment distinct, mais qui le plus souvent n'était que le prélude du supplice lui-même. L'amende honorable,

Fig. 344. — Amende honorable devant le tribunal. Fac-similé d'une gravure sur bois du *Praxis rerum criminalium* de J. Damhoudere, in-4°; Anvers, 1556.

dite *simple* ou *sèche*, avait lieu, sans l'intervention du bourreau, dans la chambre du Conseil, où le condamné, nu-tête et à genoux, devait dire que « faussement il avait dit ou fait quelque chose contre l'autorité du roi ou l'honneur de quelqu'un, et qu'il en demandoit pardon à Dieu, au roi et à la justice » (fig. 344). Pour l'amende honorable *in figuris*, c'est-à-dire en public, le condamné, en chemise, pieds nus, la corde au cou, suivi du bourreau, tenait à la main une torche de cire, ayant un poids que déterminait l'arrêt et qui était ordinairement de deux ou quatre livres, et allait s'agenouiller à la porte d'une église où il devait faire, à haute voix, l'aveu de son méfait, en demandant pardon à Dieu et aux hommes.

Lorsqu'un criminel avait été condamné à être *ars* ou *bruslé*, on dressait, au lieu plus spécialement désigné pour l'exécution, un poteau, à l'entour duquel on préparait un bûcher, composé de lits alternatifs de bûches et de paille, s'élevant à peu près à la hauteur de la tête d'un homme. On avait eu soin de ménager, près du poteau, un espace libre, capable de contenir le patient debout, et un passage pour l'y conduire. Le criminel, ayant été dépouillé de ses habits et revêtu d'une chemise soufrée, pénétrait au centre du bûcher, par cette étroite ouverture, et on le liait solidement au poteau, avec des cordes et des chaînes. Ensuite, on jetait des fagots et de la paille dans l'intervalle qui restait, jusqu'à ce que la victime en fût absolument couverte; puis on mettait le feu de tous les côtés à la fois (fig. 345).

Quelquefois la sentence portait que le coupable ne serait livré aux flammes qu'après avoir été préalablement étranglé; aussitôt le corps était déposé là où le patient eût été mis vivant, et le supplice perdait ainsi beaucoup de son horreur. D'ailleurs il arrivait souvent que le bourreau, afin d'abréger les souffrances des condamnés, plaçait parmi les fagots, en construisant le bûcher, un grand croc de fer pointu, vis-à-vis du poteau, à hauteur de poitrine : et à peine le feu était-il allumé, qu'on poussait vivement ce croc, qui donnait le coup mortel au malheureux que la flamme allait dévorer lentement. Si, aux termes de la sentence, les cendres du supplicié devaient être jetées au vent, on enlevait avec une pelle, dès qu'on pouvait approcher du centre du bûcher à demi consumé, un peu de cendres chaudes, qu'on éparpillait en l'air.

On ne se contentait pas de brûler les vivants; on livrait encore au feu les restes des coupables qui mouraient avant leur exécution, comme si une mort anticipée ne devait pas les soustraire au supplice qu'ils avaient mérité; et il arrivait même, en certaines circonstances, à la suite des procès criminels intentés aux morts, qu'on exhumait leurs cadavres pour les porter sur le bûcher.

PÉNALITÉ. 447

La peine du feu était toujours ordonnée en matière d'hérésie ou d'impiété. L'inquisition d'Espagne en faisait même un si constant et si cruel usage que l'expression *auto-da-fé* (acte de foi), étrangement détournée de sa signification primitive, ne servait plus qu'à désigner le supplice lui-même. En France, cinquante-neuf templiers furent brûlés en une seule fois, pour crimes d'hérésie et de maléfice, au commencement du quatorzième siècle, et trois ans après, le 18 mars 1314, Jacques Molay et quelques autres grands dignitaires de l'ordre du Temple périrent aussi dans les flammes, à la pointe de

Fig. 345. — Le supplice du feu. Fac-simile d'une gravure sur bois de la *Cosmographie universelle* de Munster, in-fol.; Bâle, 1552.

l'île Notre-Dame, à l'endroit même où s'élève aujourd'hui la statue équestre d'Henri IV.

Nul n'ignore que Jeanne d'Arc trouva des juges assez iniques pour la condamner au feu, comme *hérétique* et *relapse* : mais son exécution, qui eut lieu sur la place du vieux marché à Rouen, fut marquée par une circonstance peu connue, qui ne s'est reproduite dans aucun autre supplice. Quand on jugea que le feu, qui enveloppait de toutes parts l'héroïque jeune fille, l'avait atteinte et sans doute étouffée, sans la consumer encore, on fit retirer une partie du bois enflammé, « pour oster les doubstes du peuple », et quand la foule l'eut assez vue au milieu du brasier « toute morte liée à l'*estache* (poteau), le bourrel remist le feu grand sus... » Il faut noter, à ce sujet, que Jeanne ayant été accusée de sortilége, le peuple devait être porté à croire que les flammes seraient sans action sur elle et qu'on la verrait sortir, saine et sauve, de son bûcher.

La condamnation au supplice du feu n'impliquait pas absolument la mort sur un bûcher, car une variété de cette peine, particulièrement réservée pour les faux-monnayeurs, consistait à précipiter les criminels dans une chaudière pleine d'eau ou d'huile bouillante.

Nous devons comprendre dans la catégorie des exécutions par le feu certaines peines, qui n'étaient, pour ainsi dire, que les préliminaires d'un supplice complexe, telles que le feu de soufre dans lequel on brûlait la main des parricides et des criminels de lèse-majesté. Il faut aussi rattacher au supplice du feu divers châtiments qui, s'ils n'entraînaient pas la mort après eux, n'en étaient pas moins cruels, comme, par exemple, le *bassin ardent* qu'on passait devant les yeux du condamné pour les lui brûler, et les diverses *marques* au fer rouge, qu'on imprimait sur la peau vive, stigmate indélébile, dont l'usage infamant s'est perpétué jusqu'à nos jours.

Dans certains pays, la décapitation se faisait avec la hache; mais, en France, elle avait lieu ordinairement au moyen d'une épée à deux mains ou glaive de justice, fourni à l'exécuteur pour cette destination (fig. 346). On voit qu'en 1476 il fut payé 60 sous parisis au bourreau de Paris, « pour avoir acheté une grande espée à feuille » servant à décapiter les condamnés et « pour avoir fait remettre à point et rabiller la vieille espée qui s'estoit esclatée et ébréchée, en faisant la justice de messire Louis de Luxembourg ».

Dans l'origine, la peine de la décapitation était infligée indistinctement à tous les condamnés à mort; plus tard, elle devint le privilége particulier de la noblesse, qui la subissait sans déroger. Le patient, à moins que le jugement n'eût prescrit de lui mettre un bandeau sur les yeux comme une aggravation ignominieuse de la peine, était autorisé à choisir s'il voulait avoir les yeux bandés ou non. Il se mettait donc à genoux sur l'échafaud, appuyait le cou sur un billot de bois, et se livrait à l'exécuteur (fig. 347). L'habileté des bourreaux était généralement telle, que presque toujours, au premier coup, la tête était séparée du tronc. Cependant l'adresse et l'habitude pouvaient leur faire défaut, et l'on cite des cas où l'exécuteur dut s'y reprendre jusqu'à onze fois. Il arrivait aussi que l'épée se rompait. Ce fut sans doute le désir

COMMENT GUILLAUME DE POMMIERS, ATTEINT DE TRAHISON
et un sien clerc, furent décollés à Bordeaux par ordre du lieutenant du roi d'Angleterre (1377).
Chroniques de Froissart, n. 2644. Biblioth. imp. de Paris.

de parer à cet inconvénient qui donna naissance à l'instrument mécanique, aujourd'hui connu sous le nom de *guillotine,* lequel n'est que le perfectionnement d'une machine moins compliquée et beaucoup plus ancienne qu'on ne le croit communément. Dès le seizième siècle, en effet, notre moderne guillotine existait déjà en Écosse sous le nom de *maiden* (la vierge), et les historiens anglais racontent que le comte de Morton, régent d'Écosse pendant la minorité du roi Jacques VI, l'avait fait construire sur le modèle d'un appareil semblable, qui fonctionnait depuis longtemps à Halifax, dans le comté

Fig. 346. — La décapitation. Fac-simile d'une miniature sur bois de la *Cosmographie universelle* de Munster, in-fol.; Bâle, 1552.

d'York. Ils ajoutent (et la tradition populaire avait chez nous imaginé une fable analogue) que ce comte de Morton, inventeur ou propagateur de ce genre de supplice, en fit par lui-même la première épreuve. La guillotine est d'ailleurs très-exactement décrite dans les *Chroniques* de Jean d'Auton, à propos d'une exécution faite à Gênes au commencement du seizième siècle. Deux gravures allemandes, exécutées vers 1550 par Pencz et Aldegrever, offrent aussi la représentation d'un instrument de mort, presque identique avec la guillotine; enfin, la même machine se trouve figurée sur un bas-relief de la même époque, lequel se trouve encore placé dans une des salles du tribunal de Lunebourg en Hanovre.

Si l'invention d'un pareil instrument avait été inspirée par le désir d'épargner aux patients la prolongation des souffrances physiques que l'ancienne pénalité cherchait à multiplier et à accroître, il est difficile de croire qu'une pensée d'humanité ait pu se présenter au cœur des juges du moyen âge, quand nous voyons que, pour concilier le respect des *convenances* avec les besoins de la justice, on réservait le supplice de la *fosse* aux femmes, qui n'auraient pu sans indécence être accrochées aux fourches patibulaires. En 1460, une nommée Perette, accusée de vol et de recel, fut condamnée, par le prévôt de Paris, à être « enfouie toute vive devant le gibet ». Et l'arrêt fut rigoureusement exécuté.

L'*esquartelage* ou écartèlement pouvait à bon droit passer pour une des peines les plus terribles qu'eût inventées la cruauté judiciaire. Ce supplice remonte, du reste, à une antiquité très-reculée, et pendant les siècles modernes il ne fut guère appliqué qu'aux seuls régicides, lesquels étaient considérés comme ayant commis le plus abominable des crimes. Presque toujours le patient avait à subir préalablement diverses tortures accessoires : tantôt on lui coupait la main droite et on lui brûlait le poignet sur un brasier de soufre; tantôt on le tenaillait aux bras, aux cuisses, aux mamelles, et l'on versait sur ses plaies vives de l'huile ou de la poix bouillante, du plomb fondu, etc.

Après ces affreux préludes, on attachait à chaque membre du condamné une corde, qui pour les jambes prenait des pieds jusqu'aux genoux, et pour les bras du poignet jusqu'aux coudes; chacune de ces cordes était fixée ensuite aux palonniers de quatre forts chevaux harnachés comme pour la remorque des bateaux. On faisait d'abord tirer les chevaux par petites secousses alternatives et toujours modérant leur ardeur; puis, lorsque la douleur avait arraché des cris déchirants au malheureux, qui sentait ses membres se désarticuler sans se rompre, on excitait à grands coups de fouet tous les chevaux à la fois, pour que les membres du patient fussent écartés et allongés en même temps : cependant, comme les tendons et ligaments des bras et des jambes résistaient encore aux efforts combinés de ces quatre chevaux, le bourreau aidait à la séparation des membres, en pratiquant à l'aide d'une hachette plusieurs entailles à chaque jointure. Lorsque enfin, et cet horrible supplice durait parfois plusieurs heures, chaque cheval avait arraché un des

PÉNALITÉ. 451

Fig. 347. — Les exécutions publiques. Fac-similé d'une gravure sur bois de l'ouvrage latin de J. Millæus, *Praxis criminis persequendi*, p. in-fol., Parisiis, Simon de Colines, 1541.

membres, on réunissait ces tristes débris au tronc informe qui quelquefois respirait encore, pour les brûler ensemble sur le même bûcher, à moins que l'arrêt n'ordonnât que le corps serait accroché au gibet, et que les membres seraient exposés aux portes de la ville, ou envoyés en quatre principales villes aux extrémités du royaume, « et à chacun desdicts membres étoit mise une épitaphe, pour faire sçavoir la cause pourquoy lesdicts membres estoient mis et exposés ».

La *roue*, dont l'origine se perd dans les anciens temps, mais dont le nom seul s'était conservé, en s'appliquant à un supplice tout autre que celui de l'antiquité, aurait pu s'appeler la croix, car elle ne servait plus, au moyen âge, qu'à recevoir, pour en faire une exposition publique, le corps du supplicié qui avait été rompu vif. Quant à ce supplice, qui ne remonte pas au-delà du règne de François 1er, voici comment il se pratiquait. Deux solives, jointes en forme de sautoir et figurant ainsi une croix de Saint-André, recevaient d'abord le patient, étendu sur le dos et dont chaque membre était étalé et lié sur une des branches de cette croix. Deux entailles, distantes d'environ un pied l'une de l'autre, étaient disposées dans le bois, de manière à correspondre aux articulations des membres. Le bourreau, armé d'une barre de fer carrée, large d'un pouce et demi et arrondie à la poignée, donnait un coup violent sur chaque partie du membre que les entailles de la croix faisaient porter à faux, en sorte que les os étaient brisés en deux endroits pour chaque membre. Aux huit coups qu'exigeait la rupture des quatre membres, l'exécuteur en ajoutait deux ou trois autres sur la poitrine, qu'on appelait des *coups de grâce,* et qui mettaient fin à cette horrible exécution. C'était seulement après que le patient avait cessé de vivre, qu'on le retirait de la croix, pour attacher en spirale son corps disloqué sur une roue mobile, dont on avait scié la partie saillante du moyeu et qui se trouvait dressée horizontalement sur pivot. Quelquefois cependant, par un motif d'indulgence, l'arrêt portait que le condamné serait étranglé, avant d'être rompu, et dans ce cas, c'était par la torsion instantanée d'une corde autour du cou que la strangulation avait lieu.

L'étranglement, pratiqué ainsi, prenait le nom de *garrotte*. C'est un supplice encore usité en Espagne, et réservé particulièrement à la noblesse. On fait asseoir le patient sur un échafaud, la tête appuyée contre un poteau, et le cou pris dans un collier de fer, que le bourreau serre brusquement par derrière, au moyen d'un tourniquet à vis.

Pendant plusieurs siècles et jusqu'à l'époque de la Révolution, la pendaison ou peine de la *hart* fut le supplice le plus souvent appliqué en France; aussi, dans chaque ville et presque dans chaque bourg, il y avait une potence permanente, qui, vu la coutume générale d'y laisser suspendus les suppliciés jusqu'à ce qu'ils tombassent en poussière, était bien rarement dépourvue de cadavres ou de squelettes. Ces sortes de gibets, nommés

Fig. 348. — Supplice de la roue, exécuté par des diables. Fac-similé d'une gravure sur bois du *Grand Kalendrier ou compost des Bergiers*, p. in-fol., Troyes, Nicolas le Rouge, 1529.

fourches patibulaires, ou *justices*, parce qu'ils représentaient le droit de haute justice seigneuriale, se composaient ordinairement de piliers de pierre, réunis entre eux au sommet par des traverses de bois, auxquelles on attachait le corps des criminels avec des cordes ou des chaînes. Ces fourches patibulaires, où le nombre des piliers variait en raison de la qualité du seigneur justicier, étaient toujours placées au bord des chemins fréquentés et sur une élévation de terrain.

Conformément à la règle, les fourches patibulaires de Paris, qui jouèrent un si grand rôle dans l'histoire judiciaire ou même politique de cette cité, s'élevaient sur une butte, au nord de la ville, près de la grande route d'Allemagne. Du nom de Montfaucon que portait originairement cette butte, on fit bientôt celui du gibet lui-même. Ce célèbre gibet (fig. 349) avait l'aspect d'une lourde masse de maçonnerie, composée de 10 ou 12 assises de gros quartiers de pierres brutes, et formant un carré long de 40 pieds sur 25 ou 30. Sa partie supérieure présentait une plate-forme, à laquelle conduisait un escalier de pierre, dont l'entrée était fermée par une porte massive. Sur cette plate-forme, et le long de trois de ses côtés seulement, reposaient seize piliers carrés, hauts de 30 pieds environ, formés de blocs de pierre d'un pied d'épaisseur. Ces piliers étaient unis entre eux par de doubles pièces de bois, qui s'enclavaient dans leurs chaperons et supportaient des chaînes de fer, ayant trois pieds et demi de longueur, destinées à suspendre les condamnés. Au-dessous, d'autres traverses reliaient également les piliers l'un à l'autre, à moitié de leur hauteur, et servaient au même usage que les traverses supérieures. De longues et solides échelles, qu'on assujettissait sur les piliers, donnaient au bourreau et à ses aides la facilité de faire monter les condamnés ou de transporter les cadavres qui devaient être accrochés au gibet. Enfin, le centre du massif était occupé par une cave profonde, hideux charnier où achevaient de pourrir les restes des suppliciés.

On se fera une idée de l'aspect étrange et lugubre de ce gibet monumental, si l'on songe à la quantité de cadavres qui y étaient constamment attachés et qui offraient une pâture, sans cesse renaissante, à des milliers de corbeaux. En une seule fois, il fallut remplacer *cinquante-deux* chaînes, hors de service, et les Comptes de la ville de Paris attestent que la dépense des exécutions était encore plus coûteuse que l'entretien du gibet; ce qu'on n'aura pas de peine à comprendre, en se reportant à la rigueur des condamnations capitales au moyen âge. Montfaucon avait aussi à remplir le double rôle d'instrument de supplice et de lieu d'exposition infamante; c'était là qu'on réunissait les cadavres de tous ceux qui avaient été exécutés sur divers points de la ville. On suspendait même aux fourches patibulaires la dépouille calcinée ou sanglante des criminels qui avaient été bouillis, écartelés ou décapités; et alors on enfermait ces débris humains dans des sacs de treillis ou de cuir. Ils pouvaient, d'ailleurs, y demeurer un temps considérable; ainsi, par exemple, Pierre des Essarts, qui avait eu la tête tranchée en 1413, était accroché à Montfaucon depuis trois ans, quand sa famille obtint de donner à ses os une sépulture chrétienne.

Fig. 349. — Le gibet de Montfaucon. D'après une estampe de la topographie de Paris, au Cabinet des Estampes, à la Bibliothèque nationale.

Le malheureux condamné à la pendaison était ordinairement conduit au lieu de l'exécution, assis ou debout, dans une charrette, le dos tourné au cheval, ayant son confesseur à ses côtés, et le bourreau derrière lui. Il portait au cou trois cordes lâches : deux de la grosseur du petit doigt, et nommées *tortouses*, avaient chacune un nœud coulant à leur extrémité; la troisième, dite le *jet*, ne servait qu'à tirer le patient hors de l'échelle, à le *lancer dans l'éternité* (fig. 350). Lorsque la charrette était arrivée au pied de la potence, le bourreau montait le premier, à reculons sur l'échelle, en attirant à soi, au moyen des cordes, le condamné, qu'il forçait à monter de même lentement après lui; arrivé le premier en haut, il attachait rapidement les deux tortouses au bras de la potence, et d'un coup de genou, en gardant le *jet* enroulé autour de son bras, il faisait quitter les échelons au patient, qui se trouvait tout à coup étouffé par le nœud coulant et balancé dans le vide. Le bourreau mettait alors ses pieds sur les mains liées du pendu; et se cramponnant en même temps au bois de la potence, à force

Fig. 350. — La pendaison en musique (un ménétrier, condamné au gibet, obtint qu'un de ses confrères accompagnât son exécution en jouant de son instrument favori sur l'échelle de la potence). Fac-simile d'une gravure sur bois du *Doctrinal du temps présent*, de Michault, p. in-fol. goth.; Bruges, vers 1490.

de secousses réitérées, il terminait le supplice, en s'assurant que la strangulation du condamné était complète.

Quand on remarque ces mots, dans une sentence de condamnation criminelle : « Sera pendu jusqu'à ce que mort s'ensuive, » qu'on ne s'imagine pas que ce fût là une vaine formule, car il arrivait, dans certains cas, que la pendaison ne devait pas être mortelle, et que le juge ne l'ordonnait que comme un simulacre de supplice et pour faire éprouver au coupable un état de gêne plus ou moins douloureux. Alors, le patient était simplement suspendu par des cordes passées sous les aisselles, sorte d'exposition qui n'était pourtant pas exempte de danger, lorsqu'elle se prolongeait trop longtemps, car l'étreinte des cordes autour de la poitrine s'augmentait par le poids du corps et pouvait arrêter la circulation du sang. Beaucoup de condamnés,

Fig. 351. — Vue du pilori des Halles de Paris, au seizième siècle. D'après un dessin anonyme de 1670.

qui n'avaient été que suspendus ainsi pendant une heure, étaient retirés morts de la potence ou ne survivaient pas à cette pénible suspension.

Nous avons vu ailleurs (*voyez* le chapitre *Priviléges et Droits féodaux et communaux*) que, lorsqu'un condamné à mort passait devant le couvent des Filles-Dieu, les religieuses de ce couvent étaient tenues de lui apporter un verre de vin, et trois morceaux de pain, ce qui s'appelait le *dernier morceau des patients.* Ceux-ci ne le refusaient presque jamais, et la foule était grande pour assister à cette triste collation. On se remettait en route, et, arrivé près du gibet, le malheureux faisait une nouvelle halte au pied d'une croix de pierre, qui se trouvait là, pour recevoir les suprêmes exhortations de son confesseur : puis, l'exécution faite, le confesseur et les officiers de justice revenaient au Châtelet, où un repas, dont la ville faisait les frais, avait été préparé pour eux.

Parfois les criminels, en vertu d'une disposition particulière de la sentence, étaient menés à Montfaucon vivants, ou déjà morts, étendus sur une grosse échelle en charpente, attachée derrière une charrette. C'était une aggravation de peine, qu'on appelait *traîner sur la claie.*

La peine du fouet s'infligeait de deux manières : sous la *custode,* c'est-à-dire dans l'intérieur de la prison, et par la main même du geôlier, ce n'était qu'un simple châtiment correctionnel; cette peine devenait, au contraire, infamante en même temps qu'afflictive, lorsqu'elle avait lieu publiquement; dans lequel cas le criminel, nu jusqu'à la ceinture, était promené par la ville, et, à chaque carrefour, recevait, de la main du bourreau, sur les épaules, un certain nombre de coups de baguettes ou de cordes à nœuds.

Quand il s'agissait seulement de marquer d'infamie un coupable, on le mettait au *pilori.* Ce pilori était ordinairement une sorte d'échafaud, garni de chaînes et de carcans, et portant sur sa façade les armes du seigneur féodal. A Paris, on donnait ce nom à une tour ronde isolée, bâtie au centre des Halles; cette tour, haute de 60 pieds environ, avec de grandes baies ouvertes dans l'épaisseur du mur, contenait une roue horizontale, tournant sur un pivot. Cette roue était percée de plusieurs trous destinés à recevoir la tête et les mains du condamné, qui passant et repassant devant les ouvertures de la tour, se trouvait alternativement exposé aux regards et aux huées de la foule (fig. 351). Les piloris étaient toujours placés dans les lieux les plus fréquentés, tels que marchés, carrefours, etc.

Malgré la longue et sinistre énumération que nous venons de faire de la pénalité au moyen âge, nous sommes loin d'avoir épuisé le sujet, car nous n'avons rien dit de divers supplices plus ou moins atroces, qui furent en usage à différentes époques et dans différents pays; notamment du supplice de la croix, employé de préférence contre les juifs; de *l'arquebusade*, qui convenait surtout à la justice expéditive des hommes de guerre; du *chatouillement*, qui amenait la mort à la suite de tortures inexprimables; du *pal* (fig. 352), de *l'écorchement*, de la *noyade* enfin, genre de mort assez fréquemment employé en France, puisqu'il avait donné lieu à cette expres-

Fig. 352. — Le supplice du pal. Fac-simile d'une gravure sur bois de la *Cosmographie universelle* de Munster, in-fol.; Bâle, 1552.

sion vulgaire, *gens de sac* et de corde, par allusion au sac dans lequel on enfermait les individus condamnés à périr par submersion... Mais détournons les yeux de ces abominables scènes et bornons-nous à parler des moyens de séquestration pénale ou des *prisons*.

Il va sans dire que le sentiment cruel et impitoyable qui portait le criminaliste à renchérir sur l'horreur des supplices dut aussi contribuer, en des siècles de barbarie, à l'aggravation du sort des prisonniers. Chaque justicier avait sa geôle particulière, entièrement soumise à son bon plaisir (fig. 353). La loi ou la coutume n'admettait aucune règle fixe, pour le régime intérieur des prisons. On peut toutefois supposer qu'en général ces prisons ou *chartres seigneuriales* étaient aussi exiguës que malsaines, n'en dût-on juger que par celle que le prévôt des marchands et les échevins de Paris avaient, en 1383, dans la rue de la Tannerie, et qui ne mesurait pas plus de onze pieds de long sur sept de large, quoiqu'on y entassât à la fois dix ou vingt détenus.

Paris, d'ailleurs, renfermait à lui seul vingt-cinq à trente prisons spéciales, sans compter le *vade in pace* des nombreuses communautés religieuses. Il faut citer, en première ligne, les prisons du Grand-Châtelet, du Petit-Châtelet, de la Bastille, de la Conciergerie et du For-l'Évêque, ancien siége de la juridiction temporelle ecclésiastique de l'évêque de Paris. La plupart de ces lieux de détention contenaient des cachots souterrains, presque entièrement privés d'air et de lumière, comme, par exemple, ces *chartres basses* du Petit-Châtelet, où, sous le règne de Charles VI, il fut constaté qu'on ne pouvait passer un jour sans être asphyxié, ou encore ces affreux cachots creusés à trente pieds sous terre, dans la geole de l'abbaye Saint-Germain des Prés, et dont la voûte était si basse qu'un homme de moyenne taille ne pouvait s'y tenir debout, et que l'eau croupissante, suintant des murailles, soulevait la paille qui servait de lit au prisonnier.

Le Grand-Châtelet était une des plus anciennes prisons de Paris et peut-être celle qui recevait le plus grand nombre de détenus. Par suite d'une bizarre et tyrannique tradition, ceux-ci payaient à leur entrée et à leur sortie un droit de *geôlage,* qui variait suivant la condition des personnes, et qui avait été fixé par un règlement de l'an 1425. Nous apprenons, par ce curieux document même, les noms que portaient les divers lieux de réclusion qui composaient l'ensemble de cette vaste prison municipale. Les prisonniers qui étaient enfermés dans les endroits dits *Beauvoir,* ou *la Mate,* ou la *Salle,* avaient droit « à faire venir ung lit de leur maison » et ne payaient plus alors au geolier que le *droit de place;* ceux qu'on avait déposés en la *Boucherie*, ou en *Beaumont*, ou en la *Griesche*, « qui sont prisons fermées, » devaient payer 4 deniers « pour place »; le détenu, qu'on installait en Beauvais, « gist sur nates ou sur couche de *feurre* ou de *paille;* » il pouvait être mis au *Puis*

PÉNALITÉ. 461

Fig. 353. — La geôle ou la prison prévôtale. Fac-similé d'une gravure sur bois de l'ouvrage
de J. Damhoudere, *Praxis rerum civilium.*

(puits), en la *Gourdaine,* au *Bercueil* ou en *oubliette,* et il ne payait pas
plus que s'il était en la *Fosse.* C'était là sans doute la moindre redevance.
Quelquefois pourtant, le prisonnier était laissé « entre deux huis » (portes)

et alors il payait beaucoup moins qu'il n'eût payé en *Barbarie* ou en *Gloriette*. Le sens exact de ces noms bizarres n'est plus intelligible pour nous, malgré la terreur qu'ils inspiraient autrefois, mais leur étrangeté même nous donne à penser que le régime des prisons était alors soumis à d'odieux raffinements de cruauté vénale.

Nous savons, par d'autres témoignages contemporains, qu'il y avait aussi au Grand-Châtelet un lieu dit la *Chausse d'Hypocras,* où les prisonniers avaient perpétuellement les pieds dans l'eau et ne pouvaient se tenir *ni debout, ni couchés,* et un cachot, nommé *Fin d'aise,* épouvantable réceptacle

Fig. 354. — La Bastille, d'après une ancienne estampe de la topographie de Paris, au Cabinet des Estampes, à la Bibliothèque nationale.

d'ordure, de vermine et de reptiles; quant à la *Fosse,* aucun escalier n'ayant été ménagé qui en facilitât l'accès, on se servait d'une poulie pour y descendre les prisonniers.

Le règlement de 1425 nous apprend, en outre, que le geôlier ne devait mettre que « deux ou trois » personnes au plus dans le même lit. Il était tenu de donner, à ses dépens, « pain et eaue » aux pauvres détenus, qui n'avaient pas de quoi vivre; enfin il lui était enjoint « de tenir pleine d'eau la grande pierre (bassin) qui est sur les carreaulx, afin que les prisonniers en puissent avoir sans danger ». Pour se couvrir de ces frais, il percevait sur ses pensionnaires les divers droits de présence et de coucher, et, en conséquence, il était autorisé à retenir « en chartre » quiconque n'aurait pas acquitté. Ces

PÉNALITÉ.

droits persistaient, même après que la mise en liberté avait été ordonnée par les juges.

Les cachots souterrains de la Bastille (fig. 354) ne différaient guère de ceux du Châtelet. Il y en avait plusieurs, dont le fond, en forme de pain de sucre renversé, ne permettait pas à ceux qu'on y renfermait de se dresser sur leurs pieds, ni de prendre une position tolérable, soit assis soit couché. Ce fut là que le grand pourvoyeur de cachots, le roi Louis XI, fit mettre les deux jeunes fils du duc de Nemours, décapité en 1477, en ordonnant, de plus, qu'ils fussent, deux fois par semaine, tirés de leur fosse et battus de verges; pour comble d'atrocité, tous les trois mois, on leur arrachait une

Fig. 355. — La cage de fer mobile. Fac-similé d'une gravure sur bois de la *Cosmographie universelle* de Munster, in-fol., Bâle, 1552.

dent. C'est encore Louis XI qui, en 1476, fit construire dans une des tours de la Bastille la fameuse *cage de fer*, où Guillaume, évêque de Verdun, fut enfermé pendant quatorze années.

Le château de Loches avait aussi une cage du même genre, à laquelle on donna le nom de *cage de Balue*, parce que le cardinal Jean de la Balue y avait été emprisonné. Philippe de Commines, dans ses *Mémoires,* déclare qu'il en a *tasté* lui-même pendant huit mois. Avant l'invention des cages, Louis XI avait fait fabriquer des chaînes très-pesantes, qu'on mettait aux pieds des prisonniers, et qui se rattachaient à de grosses boules de fer, lesquelles au dire de Commines étaient nommées « les fillettes du roy ».

Nous ne ferons que mentionner les plombs de Venise, dont la triste célébrité dispense de donner la description. Nous signalerons encore les réclusions volontaires, auxquelles certaines personnes pieuses se condamnaient par suite d'une dévotion exagérée, mais ce sera pour remarquer qu'il n'est pas sans exemple que ce genre de séquestration locale ait été appliqué par autorité de justice. En 1485, Renée de Vermandois, veuve d'un écuyer, avait été condamnée au bûcher pour adultère et pour meurtre de son mari; mais, sur des lettres de rémission du roi, le Parlement commua la peine, prononcée par le prévôt de Paris, et ordonna que Renée de Vermandois serait « recluse et emmurée au cimetière des Saints-Innocents, dans une petite maison, faite à ses dépens, pour en icelle faire pénitence et finir ses jours ». Conformément à l'arrêt, la coupable ayant été conduite en grand appareil dans la cellule qui lui était préparée, la porte fut ensuite fermée au moyen de deux clés, dont l'une resta entre les mains du marguillier de l'église des Innocents, et dont l'autre fut déposée au greffe du Parlement. On a lieu de croire que, dans cette espèce de réclusion de pénitence, la prisonnière recevait sa nourriture de la charité publique et devenait parfois un objet de respect et d'édification pour la ville entière.

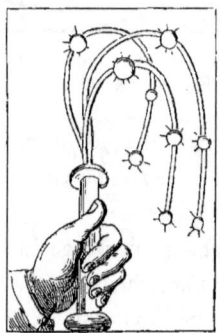

Fig. 356. — Le fouet à nœuds. Fac-simile d'une gravure sur bois de la *Cosmographie universelle* de Munster.

JUIFS

Dispersion de la nation juive. — Quartiers des juifs dans les villes du moyen âge. — Le *Ghetto* de Rome. — Le vieux Prague. — La *Giudecca* de Venise. — Condition des juifs. — Animosités de la populace contre eux. — Rigueurs et vexations des souverains. — Les juifs de Lincoln. — Les juifs de Blois. — Mission des pastoureaux. — Extermination des juifs. — Prix auquel les juifs achètent la tolérance. — Marques mises sur eux. — Richesse, savoir, industrie et aptitudes financières des juifs. — Réglementation de l'usure pratiquée par les juifs. — Attachement des juifs à leur religion.

U jour où les Romains s'emparèrent de Jérusalem et en expulsèrent les malheureux habitants, une histoire douloureuse et sombre, commence pour la race juive, cette race essentiellement homogène, forte, patiente et religieuse, qui voit remonter ses origines aux lointains horizons de l'âge patriarcal, et qui, fière du titre de peuple de Dieu, n'arrive à la dispersion (fig. 357), à la proscription, à la réprobation universelle, qu'après que ses annales, recueillies sous l'inspiration divine par Moïse et les écrivains sacrés, ont fourni un glorieux prologue aux annales de toutes les nations modernes, et lorsqu'elle a donné au monde la sainte et divine histoire du Christ, qui devait être, en apportant l'Évangile, le régénérateur des sociétés humaines.

Le temple est détruit : la foule qui se pressait sous ses portiques, le troupeau du Dieu vivant n'est plus qu'une misérable tribu sans repos dans le présent, mais pleine d'espoir pour l'avenir. Le peuple juif n'existe nulle part, mais les juifs sont partout encore. Ils vont errants, toujours poursuivis, menacés, frappés. On dirait que la descendance d'Israël ne se perpétue que pour offrir éternellement aux yeux des chrétiens une éclatante et cruelle affirmation de la vengeance céleste : spectacle à la fois navrant et grandiose des terribles vicissitudes que Dieu peut ordonner dans la vie d'un peuple.

« Une communauté juive, dans une ville d'Europe au moyen âge, — dit M. Depping, historien de cette race longtemps maudite, après avoir été, pendant des siècles, bénie et favorisée de Dieu, — était comme une colonie dans une île ou sur une côte lointaine. Isolée du reste de la population, elle occupait ordinairement un faubourg ou une rue séparée de la ville ou du bourg. Les juifs, comme une agglomération de lépreux, obligés parfois de porter sur leurs habits une marque distinctive et humiliante, étaient relégués et parqués dans la partie la plus incommode, la moins salubre de la cité ; quartier immonde, plein de misère et capable d'inspirer le dégoût. Là se trouvait entassée, dans des maisons mal bâties, une population aussi pauvre que nombreuse : quelquefois, des murs de clôture, enfermant les ruelles obscures et tortueuses de ce quartier, lui défendaient de s'étendre, mais la protégeaient au moins contre la fureur de la populace. »

Si l'on veut se faire une juste idée de ce qu'étaient les quartiers juifs ou *juiveries* dans les villes du moyen âge, il faut visiter le *Ghetto* de Rome ou le *vieux Prague*. Ce dernier lieu surtout a conservé exactement son ancienne physionomie. Qu'on se figure un vaste enclos rempli de vilaines maisons, irrégulièrement édifiées et disposées sans ordre, que divisent des ruelles tout aussi irrégulières. La principale voie est bordée d'échoppes où se vendent non-seulement la friperie, les vieux meubles et ustensiles, mais encore le neuf et le brillant. Les habitants de cet enclos peuvent, sans en sortir, y trouver tout ce qui est nécessaire à la vie matérielle. Ce quartier renferme la vieille synagogue, monument carré, noirci par les ans et tellement enduit de poussière et de mousse, qu'on ne distingue plus la pierre dont il est construit. Ce bâtiment, lugubre comme une prison, n'a pour fenêtres que quelques meurtrières étroites ; pour entrée, qu'une porte si basse qu'il faut se courber pour y passer. Un couloir obscur conduit dans l'intérieur, où l'air et la lumière pénètrent à peine. Quelques lampes luttent contre cette obscurité, et des brasiers allumés servent à modifier un peu la glaciale température de cette cave. Çà et là des piliers paraissent soutenir une voûte trop

Fig. 357. — Expulsion des juifs, sous le règne de l'empereur Adrien (l'an de J.-C. 135) : « Comment Eracle mist hors de Jherusalem les juifs. » Fac-simile d'une miniature de l'*Histoire des empereurs*, manuscrit du quinzième siècle, à la bibliothèque de l'Arsenal, à Paris.

élevée et trop ténébreuse pour que d'en bas l'œil puisse y atteindre. Sur les côtés, des corridors noirs et humides reçoivent les femmes assistant à la célébration du culte, lequel a toujours lieu selon la coutume ancienne, avec force cris et contorsions, à l'aide d'un livre de la loi, non moins respectable que l'édifice par son antiquité. Il paraît que cette sinagogue n'a jamais subi la moindre réparation ni le moindre changement depuis bien des siècles. Les générations qui ont successivement prié dans ce temple vénérable gisent sous des milliers de pierres sépulcrales, dans un cimetière contemporain de la synagogue et ayant près d'une lieue de circonférence.

Paris n'a jamais eu de quartier juif proprement dit ; les israélites se fixèrent, il est vrai, de préférence aux environs des halles, dans quelques rues étroites qui, à un certain moment, prirent les noms de *juiverie*, de *vieille juiverie;* mais ils ne furent jamais séparés du reste de la population ; ils avaient seulement un cimetière à part, au bas ou sur la pente de la montagne Sainte-Geneviève. Par contre, la plupart des villes de France et d'Europe avaient leur juiverie. Cependant en certains pays, les colonies juives jouissaient d'une somme d'immunités et de garanties qui rendaient leur sort un peu moins précaire, un peu plus stable.

En Espagne et en Portugal, les juifs, qui avaient su se rendre utiles à plusieurs rois de ces deux pays, furent admis à exercer leurs talents ou leurs spéculations en dehors de leurs quartiers respectifs ; et quelques-uns même furent appelés ou tolérés à la cour.

Dans les villes du midi de la France, où ils formaient d'ailleurs des communautés considérables et qu'ils enrichissaient par le commerce et les impôts, les juifs s'étaient ménagé la protection des seigneurs. On les voit acquérir et vendre des biens-fonds, comme les chrétiens, en Languedoc et en Provence, ce qui ne leur était pas permis ailleurs : c'est ce que prouvent des chartes des douzième et treizième siècles, des contrats qui portent la signature de certains juifs en lettres hébraïques. Sur les terres papales, à Avignon, à Carpentras, à Cavaillon, ils avaient des *bailes* ou consuls de leur nation. Les juifs du Roussillon, au temps de la domination espagnole (quinzième siècle), étaient administrés par deux syndics et un scribe, élus par la communauté. Ce dernier percevait les impôts dus au roi d'Aragon. En Bourgogne (circonstance rare, car les juifs préféraient ordinairement le séjour des villes, où ils pouvaient former des groupes plus compactes et plus capables d'assistance mutuelle), ils cultivèrent la vigne. Le nom de *Sabath*, donné à

Fig. 358. — Les Juifs recueillent pour leurs opérations magiques le sang des enfants chrétiens. Dessin à la plume et enluminé d'après le Livre de cabale d'Abraham le juif. (Bibl. de l'Arsenal, à Paris.)

un vignoble des environs de Mâcon, désigne encore l'endroit où était la synagogue. La hameau du *Mouys*, dépendant de la commune de Prissey, doit son nom à un riche israélite Moïse, qui avait reçu cette terre comme indemnité d'un prêt d'argent qu'il fit au comte Gerfroy de Mâcon, et que celui-ci n'avait pu lui rembourser. A Vienne, en Autriche, où les israélites avaient un quartier spécial, qu'on appelle encore *place des juifs,* un juge particulier, nommé par le duc, leur était préposé : exempts des charges urbaines, ils ne payaient que les capitations mises sur leur race ; ils contribuaient, mais au même titre que les vassaux chrétiens, aux charges extraordinaires, frais de guerre, dépenses de voyage des seigneurs, etc. Cette communauté devint même si riche qu'elle eut hypothèque sur une grande partie des maisons de la ville.

A Venise, les juifs avaient aussi leur quartier, la *Giudecca,* qui est encore un des plus obscurs de la ville : mais ils ne s'en souciaient guère, puisque la république leur permettait de faire la banque, c'est-à-dire de prêter de l'argent à usure, et, quoique expulsés à plusieurs reprises, ils avaient toujours pu venir reprendre leurs comptoirs et recommencer leurs opérations. Autorisés à s'établir dans les villes de l'Adriatique, leur voisinage ne laissait pas de contrarier les commerçants chrétiens, auxquels ils faisaient concurrence; mais au moins, à Venise ainsi que dans les républiques italiennes, ils n'avaient à redouter ni les intrigues de cour, ni la haine des corporations de métiers, qui étaient si puissantes en France et en Allemagne.

C'est dans le nord de l'Europe que l'animosité contre la race juive était la plus vive. La population chrétienne menaçait sans cesse les quartiers israélites que la voix publique signalait comme des repaires, comme des sentines d'iniquité. On croyait les juifs bien plus dociles aux doctrines du Talmud qu'aux lois de Moïse. Quelque secret que fût leur enseignement il avait transpiré quelque chose de cette morale qui prêchait le pillage et le meurtre des chrétiens, et c'est la connaissance vague des odieuses prescriptions du Talmud qui explique cette facilité avec laquelle les populations accueillaient les accusations les plus noires contre les juifs.

Les esprits, d'ailleurs, dans ces siècles de foi énergique, étaient naturellement pénétrés d'une antipathie profonde pour les juifs déicides. Quand, chaque année, aux prédications de la semaine sainte, un moine, un prêtre venait raconter, en chaire, à son auditoire, les détails émouvants de la Passion, le ressentiment s'allumait dans le cœur des chrétiens contre les descendants des juges et des bourreaux du Christ. Et quand, au sortir de l'église, les fidèles, exaltés par le sermon qu'ils avaient entendu, voyaient représenter, en images ou en action, sur des tréteaux dressés dans le cimetière, le *Mystère* de la mort du Sauveur, où naturellement les juifs jouaient un rôle très-odieux, il n'était pas un spectateur qui ne se sentît un redoublement de haine contre la race réprouvée. Aussi, en beaucoup de villes, lors même que la police ne leur en faisait pas une obligation expresse, les israélites trouvaient-ils prudent de s'enfermer dans leurs quartiers, dans leurs maisons, pendant toute la semaine sainte; car, avec la disposition

Fig. 359. — Conciliabule de juifs chez le rabbin. Fac-simile d'une miniature du *Pèlerinage de la vie humaine*, manuscrit du quatorzième siècle, à la Bibl. nat. de Paris.

des esprits en ces jours de deuil et de pénitence, il pouvait suffire de quelque rumeur mensongère pour donner au peuple l'occasion de se porter à des violences contre les juifs.

Il existait d'ailleurs, depuis les premiers temps du christianisme, un certain nombre d'accusations qui se reproduisaient périodiquement, tantôt dans un pays, tantôt dans un autre, contre les israélites, et qui finissaient toujours par appeler sur leurs têtes les mêmes malheurs. Le bruit le plus général, et aussi le plus facile à accréditer, était celui qui leur attribuait le meurtre de quelque enfant chrétien immolé pendant la semaine sainte, en haine du Christ; et, pour peu que cette effroyable accusation fût lancée et soutenue par l'opinion populaire, elle ne manquait jamais de faire promptement son chemin. En pareil cas, la fureur populaire, ne s'accommodant pas toujours de la lenteur des formes juridiques, s'en prenait aux premiers juifs qui avaient la male chance de tomber dans les mains de leurs ennemis. Sitôt que grondait l'émeute, le quartier juif se fermait; les pères et mères se barricadaient avec leurs enfants; tous cachaient ce qu'ils avaient de précieux et écoutaient en tremblant les clameurs de la multitude qui allait les assiéger.

En 1255, à Lincoln, en Angleterre, le bruit se répandit tout à coup qu'un enfant chrétien, nommé Hugues, avait été attiré dans le quartier des juifs, et là, flagellé, crucifié, percé de coups de lance, en présence de tous les israélites du royaume, convoqués et accourus pour prendre part à cette barbare exécution. Le roi et la reine d'Angleterre, revenant d'un voyage en Écosse, arrivèrent à Lincoln, alors que tous les habitants étaient étrangement agités par cette mystérieuse aventure. Le peuple criait vengeance. Ordre fut donné aux baillis et officiers du roi de traduire en justice les meurtriers. Aussitôt, des hommes armés envahirent le quartier où les juifs s'étaient enfermés pour se soustraire à l'animosité populaire. On saisit le rabbin, dont la maison était désignée comme celle où l'enfant aurait été martyrisé (fig. 359); on le condamna à être attaché à la queue d'un cheval, et traîné dans les rues de la ville. Puis on le pendit, tout meurtri et à demi mort. Beaucoup de juifs s'étaient enfuis ou cachés dans le royaume, ceux qui eurent le malheur d'être découverts furent enchaînés et conduits à Londres. Dans toutes les provinces, l'ordre était donné d'emprisonner les israélites, convaincus ou seulement soupçonnés d'avoir contribué, par action ou par conseil, au meurtre de l'enfant de Lincoln; or le soupçon allait vite alors. Bientôt dix-huit israélites subirent, à Londres, le même supplice que le rabbin de leur communauté. Des religieux dominicains, qui eurent la charité et le courage d'intervenir en faveur des malheureux prisonniers, s'attirèrent par là l'animadversion générale, et se virent accusés de s'être laissé corrompre par l'argent des juifs. Soixante et onze prisonniers restaient encore, dans les cachots de Londres, et semblaient inévitablement voués à la mort, lorsque le frère du roi, Richard, comte de Cornouailles, les réclama, en faisant valoir ses droits sur tous les juifs du royaume, que le roi lui avait engagés pour un prêt de 5,000 marcs d'argent. Les malheureux furent sauvés, grâce à l'intérêt que le Richard avait à conserver son nantissement. L'histoire a négligé de nous dire ce qu'il leur en coûta pour recouvrer leur liberté ; nous pensons, quant à nous, que le sentiment de la justice guida surtout le prince anglais, et que les juifs surent le reconnaître autrement que par leur argent.

Il n'est guère de contrée de l'Europe qui ne puisse raconter quelque his-

Fig. 360. — L'enfant Richard crucifié par les juifs, à Pontoise. Fac-simile d'une gravure sur bois du *Liber Chronicarum mundi*, gr. in-fol., Nuremberg, 1493, avec figures de Vohlgemuth.

toire analogue. En 1171, c'est à Orléans ou à Blois que le meurtre d'un enfant chrétien amène le supplice de plusieurs juifs. Cette horrible imputation, qui se renouvelait sans cesse, au moyen âge, datait de loin, car elle se produisit dès le temps d'Honorius et de Théodose le Jeune ; elle se perpétua, d'une manière identique, pendant plusieurs siècles ; nous la voyons encore se reproduire, avec la même fureur, en 1475, à Trente, où elle ameute une populace implacable contre les juifs, qu'on accusait d'avoir martyrisé un enfant de vingt-neuf mois, nommé Simon. Les relations et la représentation figurée du martyre de cet enfant, multipliées et répandues à profusion par la gravure sur bois et par l'imprimerie naissante, accrurent encore, surtout en Allemagne, l'horreur qu'inspirait aux chrétiens la nation maudite (fig. 361).

Les juifs donnèrent encore lieu à d'autres accusations propres à entretenir cette haine ; comme, par exemple, la profanation des hosties consacrées, la mutilation du crucifix, etc. Nous avons déjà parlé du miracle que la tradition raconte s'être opéré à Paris, en 1290, dans la rue des Jardins, lorsqu'un juif s'avisa de lacérer et de faire bouillir une hostie ; miracle en souvenir duquel une chapelle fut érigée, que remplacèrent dans la suite l'église et le couvent des Billettes. En 1370 le peuple de Bruxelles s'émut, à son tour, sur le rapport d'une femme juive qui accusa ses coreligionnaires d'avoir voulu lui faire porter aux juifs de Cologne un ciboire plein d'hosties dérobées dans une église et destinées aux plus horribles sacrilèges. Cette femme ajoutait que les juifs ayant frappé les hosties à coups de bâton et de couteau, ces hosties avaient répandu une si grande quantité de sang que la terreur s'était emparée des coupables qui se tenaient cachés dans leur quartier. On incarcéra tous ces juifs, on les tortura, on les brûla vifs (fig. 362). Pour perpétuer le souvenir de ce miracle des hosties sanglantes on institua une procession annuelle : la grande kermesse n'a pas d'autre origine.

Arrivait-il dans la chrétienté quelque malheur imprévu, quelque grande catastrophe, on en faisait parfois remonter la responsabilité aux juifs. Les croisés éprouvaient-ils un échec en Asie, des bandes de fanatiques se formaient, qui sous le nom de *Pastoureaux*, parcouraient la campagne, tuant, pillant les juifs et aussi les chrétiens. Des maladies, des épidémies sévissaient-elles, les juifs étaient accusés d'avoir empoisonné l'eau des puits et des fontaines, et le peuple les massacrait. Il en périt ainsi des milliers lorsqu'au quatorzième siècle la peste noire ravagea l'Europe. Les souverains, lents à réprimer ces désordres sanguinaires, ne songeaient pas à dédommager les familles juives qui avaient injustement souffert.

Et, d'ailleurs, le principe étant alors établi moralement et religieusement, que l'on ne faisait que seconder les vues de Dieu, en tenant dispersée et sous le joug la race juive, bannie de la Judée à cause du meurtre de Jésus-Christ, la plupart des rois et des princes se regardaient comme maîtres absolus des juifs qui vivaient sous leur protection. Tout grand feudataire parlait avec mépris de ses juifs; il leur permettait de s'établir sur ses terres, mais à la

Fig. 361. — Martyre de l'enfant Simon, à Trente. Fac-simile en réduction de la gravure sur bois de Wohlgemuth, dans le *Liber Chronicarum mundi*, gr. in-fol., Nuremberg, 1493.

condition que ceux-ci devenant ses gens, sa propriété, il tirerait de ce *fonds* les meilleurs revenus.

Nous avons montré, par un exemple emprunté à l'histoire d'Angleterre, que les juifs étaient souvent mis en gage par les rois, comme immeuble. Et cependant les juifs qui habitaient la Grande-Bretagne sous le règne de

Henri III, au milieu du treizième siècle, n'eurent pas seulement à reconnaître, par des dons volontaires, le service que leur avait rendu le frère du roi, en les déchargeant de la responsabilité du meurtre de l'enfant Richard : le prêt en nantissement, dont ils étaient le gage matériel et passif, fut pour eux la cause d'odieuses extorsions. Le roi les avait engagés au comte de Cornouailles pour la somme de cinq mille marcs, mais c'étaient eux-mêmes qui devaient, par la voie d'un impôt énorme, rembourser l'emprunt

Fig. 362. — Les juifs de Cologne brûlés vifs. D'après une gravure sur bois du *Liber Chronicarum mundi*, gr. in-fol.; Nuremberg, 1493.

royal. Quand ils eurent enfin racheté à gros intérêts la dette du roi envers son frère, le besogneux monarque les mit de nouveau en gage, mais cette fois aux mains de son fils Édouard. Bientôt le fils s'étant révolté contre le père, celui-ci reprit ses juifs; puis, ayant fait convoquer six notables dans chacune de leurs communautés, il leur déclara qu'il avait besoin de 20,000 marcs d'argent, et leur enjoignit de payer cette somme, en deux termes. Les payements furent exigés avec rigueur; ceux qui tardaient à s'acquitter étaient emprisonnés, et le débiteur qui faisait attendre le second terme de sa cotisation était poursuivi pour la somme entière. Le roi mort, son successeur continua le même sytème de tyrannie contre les juifs. En 1279, on les accusa d'avoir falsifié les monnaies; en vertu de cette accusation vague ou imaginaire, deux cent quatre-vingts hommes et femmes furent mis à mort, à Londres seulement; dans les comtés, il y eut aussi plusieurs exécutions capitales, et des innocents furent jetés dans les cachots. Enfin, en 1290, le roi Édouard, qui voulait s'enrichir en mettant la main sur les biens qu'abandonneraient les juifs, les bannit de ses États. Peu de temps auparavant, le peuple anglais avait offert au roi de lui payer une redevance

Fig. 363. — Conspiration des juifs en France, au treizième siècle. D'après une miniature du *Pèlerinage de la vie humaine*. (Bibl. nat. de Paris.)

annuelle, s'il expulsait les juifs, mais ceux-ci en donnant davantage, étaient parvenus à faire révoquer l'édit de bannissement. Cette fois, il n'y eut pour eux ni grâce ni répit. Les juifs, au nombre de seize mille, furent expulsés de l'Angleterre, et le gouvernement du roi se saisit de leurs propriétés.

A la même époque, Philippe le Bel, roi de France, avait donné l'exemple de cette persécution contre les juifs; mais, au lieu de les dépouiller de la totalité de leurs biens, il s'était contenté d'en confisquer la cinquième partie; ses sujets l'avaient donc presque accusé de générosité.

Souvent les juifs avaient eu la précaution d'obtenir ou d'acheter du souverain ou du seigneur féodal, sous la dépendance duquel ils se trouvaient placés, certaines chartes de droits ou franchises ; mais généralement c'était pour eux marché de dupes, car, n'étant pas protégés par la loi commune et ne formant jamais que la partie la plus faible de la population, ils ne pouvaient nulle part compter sur l'exécution fidèle des promesses qui leur étaient faites bénévolement, ou des priviléges qu'ils avaient acquis à prix d'argent.

Aux incertitudes et aux tourments d'une existence sans cesse menacée, venait s'ajouter, pour les juifs, même en temps ordinaire, et là même où ils jouissaient d'une sorte de tolérance normale, nombre de vexations et d'avanies particulières. Presque partout astreints à porter sur leurs vêtements une marque ostensible qui empêchât de les confondre avec les chrétiens, comme par exemple une rouelle d'étoffe de couleur tranchante attachée sur l'épaule ou sur la poitrine, et, par ce signe de réprobation, désignés constamment aux insultes de la populace, ils ne parvenaient à être affranchis de cette condition infamante qu'en payant des redevances énormes. On ne leur épargnait pas les humiliations et les insultes. A Toulouse, chaque année, au vendredi saint, on leur imposait l'obligation de se faire représenter par un des leurs, pour recevoir publiquement un soufflet à la cathédrale. A Béziers, pendant la sainte semaine, le peuple s'attribuait le droit d'assaillir à coups de pierres les maisons des juifs : ceux-ci rachetèrent ce prétendu droit, en 1160, moyennant une somme payée au vicomte de Béziers, et la promesse d'un cens annuel au profit de ses successeurs. Le juif qui passait sur la route d'Étampes, au-dessous de la tour de Montlhéry, payait une obole, s'il avait un livre hébraïque, il devait 4 deniers ; et deux oboles, s'il portait sa lampe avec lui. A Châteauneuf-sur-Loire, le droit à payer était de douze deniers pour un juif, et de 6 deniers pour une juive. On a parlé de plusieurs anciens tarifs de péage, dans lesquels les juifs étaient assimilés au bétail : il importerait de citer ces documents d'après des sources authentiques. A Rome on les forçait pendant le carnaval, à courir dans la lice, aux huées de la populace. Cet outrage public fut converti, par la suite, en un impôt de 300 écus, qu'une députation du Ghetto présentait, à genoux, aux magistrats de la ville, en les remerciant de leur protection.

Lorsque le pape Martin V arriva, en 1417, au concile de Constance, la communauté juive, qui était aussi nombreuse que puissante dans cette vieille cité, vint en grande cérémonie lui présenter le livre de la loi (fig. 364); le saint-père accueillit les juifs avec bonté, en priant Dieu de leur dessiller les yeux et de les ramener dans le giron de son Église. On sait d'ailleurs combien les papes ont été charitables aux juifs.

Fig. 364. — Les juifs allant en procession au-devant du pape au concile de Constance, en 1417. D'après une miniature de la Chronique manuscrite d'Ulric de Reichental, à la bibliothèque de l'hôtel de ville de Bâle (Suisse).

En présence de la situation aussi déplorable qu'étrange qui leur était faite, on peut demander quel impérieux motif portait les juifs à demeurer parmi des populations ennemies, et à la merci d'un souverain qui ne cherchait qu'à les opprimer, à les dépouiller, à les soumettre à toutes les vexations. Pour comprendre ce motif, il suffit de remarquer que, par la suite de leurs aptitudes particulières, en gagnant, en amassant de l'argent, ils trouvaient ou devaient espérer de trouver des compensations capables de leur faire oublier la misérable servitude sous laquelle ils étaient obligés de vivre.

Il y eut parmi eux, surtout dans les contrées méridionales, des hommes fort savants. C'est à l'exercice de la médecine qu'ils s'adonnaient de préférence, et, dans ce cas, pour n'avoir pas à lutter contre des préjugés invincibles, ils avaient soin de déguiser leur nationalité et leur religion. Ils se faisaient donc passer pour des praticiens lombards, ou espagnols, ou même arabes, sans éveiller les défiances des malades : qu'ils fussent habiles en réalité ou en apparence, dans un art où la part était largement faite alors à l'empirisme et à l'imposture, ils ne laissaient pas d'acquérir, en le pratiquant, autant de richesse que de renommée. Mais il était une autre science, à l'étude de laquelle les juifs s'appliquaient avec une ardeur, avec une vocation d'autant plus persévérante, qu'ils possédaient ce qu'il fallait pour y réussir merveilleusement ; cette science était celle des finances. S'agissait-il de faire rentrer des impôts arriérés, de prendre à ferme la vente des denrées ou des produits industriels, d'exploiter une régie quelconque, de rendre fécondes des entreprises de commerce hasardeuses, de rassembler de grosses sommes d'argent, au profit des souverains ou des seigneurs nécessiteux ; les juifs étaient toujours là : on pouvait compter sur eux ; ils créaient des capitaux ; ils avaient sans cesse des fonds disponibles au milieu des plus terribles misères publiques. Quand toutes les ressources étaient épuisées, après avoir employé tous les expédients pour remplir une bourse vide, force était d'avoir recours aux juifs, qui souvent, en raison des convoitises qu'ils excitaient quand on avait vu de l'or briller dans leurs mains, se trouvaient exposés à toutes les mauvaises chances de l'arbitraire et de l'envie, mais qui cependant affrontaient ces dangers, soutenus qu'ils étaient toujours par l'espoir du gain et pénétrés d'ailleurs d'une avidité dévorante.

La majorité des chrétiens au moyen âge était peu portée à l'esprit de négoce, elle était surtout éloignée des opérations financières, le prêt à intérêt étant facilement confondu avec l'usure. Les juifs étaient loin de partager ces nobles scrupules, et ils en profitaient le plus largement possible, pour se livrer à cet esprit d'entreprise et de spéculation, qui en tout temps distingua leur race. Aussi voyons-nous, du douzième au quinzième siècle, les juifs, qui

LA PAQUE DES JUIFS.
Fac-simile d'une miniature d'un Missel du quinzième siècle, orné de peintures de l'école de van Eyck. Bibliothèque de l'Arsenal, Th. lat., n° 199.

s'occupaient du grand commerce d'exportation maritime, faire d'excellentes affaires, même dans les villes commerçantes du littoral méditerranéen. On

Fig. 365. — Costume d'un juif italien au quatorzième siècle. D'après un tableau de Sano di Pietro conservé à l'Académie des beaux-arts, à Sienne.

peut, dans une certaine mesure, appliquer aux relations des juifs avec les chrétiens, au moyen âge, ce que lady Montague remarquait encore en 1717, lorsqu'elle comparait les juifs de Turquie aux musulmans : « Les premiers, disait-elle, ont attiré à eux tout le commerce de l'empire, grâce à l'union solide qui existe entre eux, et à la paresse et au défaut d'industrie des Turcs. Il ne se fait pas un marché qui ne passe par leurs mains. Ils sont les médecins, les intendants, les interprètes de tous les grands. Vous pouvez juger de l'unité que cela procure à une nation, qui ne dédaigne pas le moindre profit. Ils ont trouvé le secret de se rendre si nécessaires, qu'ils sont certains de la protection de la cour, quel que soit le ministre qui gouverne. Beaucoup d'entre eux sont énormément riches, mais ils ont soin de faire peu d'étalage, quoique dans leur intérieur ils vivent avec le plus grand luxe. »

La situation des juifs en Orient n'avait jamais été aussi précaire, aussi difficile qu'elle l'était dans l'Occident. Depuis le concile de Paris, en 615, jusqu'à la fin du quinzième siècle, les seigneurs, les autorités laïques et ecclésiastiques éloignèrent les juifs des emplois administratifs; mais, sans cesse aussi, un impérieux besoin d'argent, auquel les juifs étaient toujours prêts à subvenir, faisait révoquer ou modifier ces décisions rigoureuses. D'ailleurs, les chrétiens parfois n'éprouvaient aucun scrupule à mettre en gage chez les juifs ce qu'ils avaient de plus précieux pour se procurer quelque somme qui leur était nécessaire. Ce caractère de prêteurs sur gage et, disons le mot, d'usuriers, était particulier à la race israélite, en Europe, pendant tout le moyen âge. Il fut à la fois son malheur et sa prospérité: sa prospérité, parce que les juifs savaient se rendre adroitement maîtres de presque tout le numéraire, son malheur, parce que ces bénéfices usuraires, accumulés au détriment de la fortune publique, et souvent exigés de leurs débiteurs avec une rigueur odieuse, exaspéraient le peuple et le portaient à des actes de violence, qui tombaient parfois sur les innocents aussi bien que sur les coupables. La plupart des arrêts de bannissement contre les juifs n'eurent pas d'autre motif, sinon d'autre prétexte, que l'usure exercée par ces étrangers dans les provinces et les villes où ils étaient admis à résider. Quand les chrétiens apprenaient que ces hôtes avides et rapaces avaient poursuivi avec dureté et entièrement dépouillé de pauvres débiteurs; quand ils apprenaient que les débiteurs, ruinés par l'usure, étaient encore retenus prisonniers dans les maisons de leurs impitoyables créanciers, l'indignation générale se manifestait par des violences envers les personnes et gagnait les autorités elles-mêmes, qui, au lieu de rendre impassiblement justice aux étrangers comme aux nationaux, selon la conscience et les lois, se prononçaient souvent avec partialité, avec passion, au point d'abandonner quelquefois les juifs à la fureur de la populace.

Fig. 366. — La légende du juif évoquant le démon hors d'une cuve de sang. Fac-simile d'une gravure sur bois des *Histoires prodigieuses* de Boaistuau, in-4°; Paris, Annet Briere, 1560.

Les sentiments haineux du peuple à l'égard de la sordide avarice des juifs étaient du reste entretenus par les ballades qui se chantaient, par les légendes qui se racontaient dans les carrefours des villes et dans les chaumières des villages, légendes et ballades qui peignaient ces usuriers sous les plus hideuses couleurs (fig. 366). La plus célèbre de ces compositions populaires est évidemment celle qui a dû fournir à Shakespeare l'idée de son *Marchand de Venise*, car il est question, dans cette vieille ballade anglaise, d'un marché conclu entre un juif et un chrétien, qui lui emprunte de l'argent, sous condition que, s'il ne peut s'acquitter au jour dit, le prêteur aura le droit de lui couper une livre de chair sur le corps. Tout le mal que le peuple disait et pensait des juifs, au moyen âge, semble concentré dans le Shylock du poëte anglais.

On avait cependant fixé, partout et à toutes les époques, le taux de l'intérêt attribué aux prêts d'argent. Ce taux, quoique variable suivant la rareté du numéraire, était toujours assez élevé pour que les prêteurs pussent s'en contenter; mais ceux-ci, et trop fréquemment, réclamaient un intérêt bien supérieur au taux légal ou coutumier. A la vérité, le peu de garanties offertes par les emprunteurs, et la manière arbitraire dont les créances étaient quelquefois anéanties, augmentaient les risques du prêteur et les difficultés normales du prêt. On trouve pourtant, dans toutes les anciennes législations, une foule d'ordonnances sur le taux d'intérêt pécuniaire accordé aux juifs et, dans quelques pays, notamment en Angleterre, des mesures de prévoyance et de garantie étaient prises, qui devaient donner une certaine force à ces tarifs invariables, en régularisant les contrats intervenus entre chrétiens et juifs. Une des chambres de l'Échiquier recevait l'enregistrement de ces contrats, qui acquéraient par là une valeur légale. Toutefois il n'était pas rare que les rois d'Angleterre accordassent, de leur bon vouloir, des lettres de répit aux débiteurs des juifs; or, ces lettres, qui équivalaient souvent à des annulations de créance, on les achetait à prix d'argent. On retrouverait, dans les registres de l'Échiquier de Londres, la mention des sommes que le trésor royal avait reçues pour libérer des débiteurs ou pour les autoriser à reprendre, sans payement, leurs terres engagées : mais, à leur tour, les juifs payaient largement le roi, pour qu'il laissât exercer la justice en son nom contre leurs débiteurs puissants et retardataires. On voit donc que si les juifs pratiquaient l'usure, les chrétiens, par compensation, surtout les rois et les grands, étaient trop souvent disposés à vendre cher les moindres concessions aux enfants d'Israël. On alla parfois jusqu'à leur extorquer le plus d'argent possible, en les persécutant. Mais les juifs du moyen âge supportaient tout pour s'enrichir.

Ce n'est pas à dire cependant que, si grande que fût leur capacité pour les affaires financières, les juifs s'y soient exclusivement consacrés. Quand on leur permettait d'exercer des métiers, ils ne demandaient pas mieux que de se faire artisans ou agriculteurs. En Espagne, ils se montrèrent même fort industrieux, et ce royaume perdit beaucoup quand on les eut expulsés. Chez les peuples slaves, les juifs exerçaient aussi avec adresse et profit la plupart des industries mécaniques ou manuelles; mais ils ne pouvaient songer à devenir propriétaires fonciers dans des pays où ils étaient vus de mauvais

Fig. 367. — Vue et plan de Jérusalem. Fac-simile d'une gravure sur bois du *Liber Chronicarum mundi*, gr. in-fol.; Nuremberg, 1493.

œil, et où la possession territoriale, loin de leur offrir aucune sécurité, n'eût pas manqué d'exciter l'envie et la cupidité de leurs ennemis.

Si, comme on le sait, les peuples orientaux ont le caractère grave, on s'explique que celui des juifs le fut encore davantage, alors qu'ils étaient détestés et poursuivis avec acharnement. On peut lire dans le Talmud une touchante allégorie. Chaque fois qu'un être humain se forme, Dieu ordonne à ses anges de conduire devant son trône une âme, à laquelle il commande d'aller habiter le corps qui va naître sur la terre. L'âme s'afflige et supplie l'Être suprême de lui épargner cette épreuve pénible où elle ne prévoit que douleurs et afflictions. Cette allégorie concorde avec la situation d'un peuple qui n'avait partout à attendre que le mépris, la défiance et la haine. Aussi les Israélites s'attachaient-ils avec enthousiasme à l'espérance d'un messie, qui devait ramener pour eux les beaux jours de la terre de promission, et ils ne considéraient leur éloignement de la Palestine que comme un exil passager. « Mais, leur disaient les chrétiens, il est venu depuis longtemps, ce messie? — Hélas! répondaient-ils, s'il avait apparu sur la terre, notre messie, serions-nous encore malheureux? » Fulbert, évêque de Chartres, fit trois sermons pour désabuser les juifs, en leur prouvant que leur messie n'était autre que Jésus-Christ; mais il prêcha dans le désert, et les juifs restèrent obstinément attachés à leur dernière illusion.

Quoi qu'il en fût, les juifs, qui mêlaient aux anciennes lois et aux nombreuses prescriptions de la religion des ancêtres les rêveries et les monstruosités du Talmud, trouvaient, dans la pratique de leurs coutumes nationales et dans la célébration de leurs mystérieuses cérémonies, les plus vives et les plus douces émotions, surtout quand ils pouvaient s'y livrer dans la paix du Ghetto; car, en tous les pays où ils vivaient épars et isolés parmi les chrétiens, ils avaient soin de cacher leur culte, de faire leurs commémorations le plus secrètement possible.

Le clergé, s'efforçant de convertir les juifs, provoquait avec les rabbins des conférences dogmatiques qui dégénéraient souvent en querelles et aggravaient le sort de la communauté. Si la propagande catholique réussissait à détacher entièrement de la secte israélite quelques individus ou quelque famille, ces ardents prosélytes, en dévoilant quelques traits de la morale du Talmud, surexcitaient l'horreur des populations pour leurs anciens coreligionnaires. Parfois des conversions en masses s'opéraient parmi les juifs, mais c'était bien moins par suite de convictions sérieuses que par crainte de l'exil, de la spoliation ou du supplice.

D'ailleurs ces conversions simulées ne les mettaient pas toujours à l'abri des dangers. En Espagne, l'inquisition faisait rigoureusement épier les juifs convertis, et, s'ils n'étaient pas fidèles à leur nouvelle foi, des peines sévères leur étaient infligées. Les habitants d'Abrantès, ville de Portugal, massacrèrent, en 1506, tous les juifs baptisés. Un roi de Portugal, Manoël, défendit aux convertis de vendre leurs biens et de quitter ses États. L'Église les excluait des dignités ecclésiastiques, et, quand ils parvenaient à obtenir des emplois civils, ils y étaient mal vus. En France, les parlements essayèrent, par esprit de justice, d'empêcher qu'on reprochât aux juifs baptisés leur première condition, mais Louis XII, dans ses pressants besoins d'argent, ne s'était pas fait scrupule d'exiger d'eux un impôt exceptionnel; et l'on trouve encore, en 1611, une sorte de dénonciation injuste, où, sous les formes d'une *Remontrance au roi et au parlement de Provence, à cause des grandes parentés et alliances des néophytes,* il est fait appel aux plus cruelles représailles contre cette race maudite « qu'il faudrait chasser en s'emparant de ses biens ».

Fig. 368. — Cérémonie juive devant l'arche sainte. Fac-similé d'une gravure sur bois de l'imprimerie de Troyes, au seizième siècle.

BOHÉMIENS, GUEUX, MENDIANTS,

COURS DES MIRACLES.

Premières apparitions des bohémiens en Occident. — Les bohémiens à Paris. — Mœurs et habitudes de ces tribus errantes. — Tours du capitaine Charles. — Les bohémiens chassés par ordonnances royales. — Langue des bohémiens. — Le royaume de l'argot. — Le grand Coesre, chef des truands, ses vassaux et sujets. — Divisions de la nation de l'argot. — Décadence de l'argot et ses causes. — Cours des Miracles. — Pré des Gueux. — Langue matoise ou narquois. — Gueux étrangers. — Voleurs et tireurs de laine.

N l'année 1417, dans les contrées qui avoisinent l'embouchure de l'Elbe, les populations furent mises en émoi par l'arrivée d'étrangers dont les mœurs et la physionomie n'étaient rien moins que rassurantes. De là, ces étranges voyageurs se portèrent vers la Hanse teutonique, en commençant par Lunebourg ; ils gagnèrent ensuite Hambourg ; enfin, allant d'Occident en Orient, le long de la Baltique, la même troupe visita les cités libres de Lubeck, de Wismar, de Rostock, de Stralsund et de Greifswald.

Ces nouveaux venus, connus depuis en Europe sous les noms de *Zingari, Gigani, Gypsies, Gitanos, Égyptiens, Bohémiens*, mais qui se désignaient eux-mêmes dans leur langue par le titre de *Romi* ou *gens mariés*, étaient au nombre de trois cents environ, tant hommes que femmes, mais non compris les enfants, qui devaient foisonner; ils se divisaient en plusieurs bandes, se suivant de près l'une l'autre. Très-sales, fort laids, remarquables par la noirceur de leur peau, ils avaient pour chefs un duc et un comte, superbement vêtus, auxquels ils obéissaient. Certains d'entre eux allaient à cheval, tandis que d'autres marchaient à pied. Les femmes voyageaient sur des bêtes de somme et sur des chariots, avec les enfants (fig. 369). A les en croire, leur vie errante avait pour cause leur retour au paganisme après une première conversion à la foi chrétienne; et, en pénitence de leur faute, ils devaient continuer leur course aventureuse pendant sept ans. Ils montraient des lettres de recommandation de divers princes, entre autres de Sigismond, roi des Romains, et ces lettres vraies ou fausses leur procuraient un bon accueil partout. Leur troupe campait la nuit dans les champs, parce que l'habitude qu'ils avaient de voler tout ce qui se trouvait à leur convenance leur faisait craindre d'être inquiétés dans les villes. On ne tarda pas cependant à se saisir de plusieurs d'entre eux, qui furent mis à mort. Les autres s'éloignèrent en toute hâte.

L'année suivante, on les retrouve en Saxe, à Meissen, d'où ils furent chassés à cause des vols et des désordres qu'ils commettaient; puis, en Suisse, où ils traversent le pays des Grisons, les cantons d'Appenzell et de Zurich, pour s'arrêter dans l'Argovie. Les chroniqueurs, qui signalent alors leur présence, nomment leur chef Michel, duc d'Égypte, et rapportent que ces étrangers, se disant Égyptiens, prétendaient avoir été chassés de leur pays par le sultan des Turcs, et condamnés à errer, durant sept années, dans la pénitence et la misère. Les chroniqueurs ajoutent que c'était d'ailleurs de fort honnêtes gens, qui suivaient scrupuleusement toutes les pratiques de la religion chrétienne; qu'ils étaient pauvrement vêtus, mais qu'ils avaient de l'or et de l'argent en abondance; qu'ils mangeaient et buvaient bien et payaient de même. Au bout de sept ans, ils partirent, en effet, pour retourner chez eux, comme ils le disaient; mais, soit qu'un assez bon nombre fût resté en route, soit qu'il en fût revenu d'autres de la même race, dans la même année, une bande de cinquante hommes, accompagnés d'une multitude de femmes fort laides et de sales enfants, parut aux environs d'Augsbourg. Ces vagabonds se donnaient pour des exilés de la basse Égypte, et prétendaient connaître l'art de prédire l'avenir. On put constater bientôt qu'ils étaient beaucoup moins exercés dans la divination et les sciences occultes que dans la rapine et l'escroquerie.

Fig. 369. — Bohémiens en marche (quinzième siècle). Fragment d'une ancienne tapisserie du château d'Effiat, communiqué par M. A. Jubinal.

L'année d'après, une horde semblable, prenant le nom de *Sarrasins*, paraît à Sisteron en Provence, et, à la date du 18 juillet 1422, un chroniqueur de la ville de Bologne fait mention de l'arrivée, en cette ville, d'une troupe d'étrangers, commandée par un certain André, duc d'Égypte, et composée d'au moins cent personnes, en y comprenant les femmes et les enfants. Ils campèrent en dedans et en dehors de la porte *di Galiera*, à l'exception du duc qui logeait à l'auberge *del Re*. Durant les quinze jours qu'ils passèrent à Bologne, quantité de gens de la ville allèrent les voir « à cause de l'épouse du duc, qui, disait-on, savait deviner et dire ce qui devait arriver à une personne pendant sa vie, comme ce qu'elle avait pour le présent; le nombre de ses enfants; si une femme était bonne ou méchante, et mainte autre chose (fig. 370). » Mais bien peu d'hommes sortaient de chez le soi-disant duc d'Égypte, sans qu'on leur volât leur bourse, et bien peu de femmes, sans qu'on leur coupât le pan de leur robe. D'autre part, les Égyptiennes parcouraient la ville, au nombre de six ou sept, et, pendant qu'elles causaient avec les citadins, disaient la bonne aventure ou marchandaient dans les boutiques, l'une d'elles faisait main basse sur ce qui se trouvait à sa portée. Il se commit ainsi tant de larcins, que les magistrats de la ville et l'autorité ecclésiastique défendirent aux habitants d'aller visiter le camp des Égyptiens et de se mettre en rapport avec eux, sous peine d'excommunication et d'une amende de cinquante livres. Il fut permis, en outre, par une application étrange de la peine du talion, à ceux que ces étrangers auraient dévalisés, de les dévaliser à leur tour, et ce, jusqu'à concurrence de la valeur des sommes ou des objets volés. En conséquence, des Bolonais s'introduisirent dans une écurie qui contenait plusieurs chevaux de ces voleurs, et s'emparèrent du plus beau. Pour le ravoir, les Égyptiens convinrent de restituer ce qu'ils avaient pris, et la restitution eut lieu. Mais, voyant qu'ils n'avaient plus rien à faire dans le pays, ils levèrent pied et partirent pour Rome, où, disaient-ils, force leur était de se rendre, afin d'accomplir un pèlerinage imposé par le sultan qui les avait chassés de leur patrie, et surtout afin d'obtenir des lettres de rémission du Saint-Père.

En 1422, les Égyptiens ont quitté l'Italie, et nous les retrouvons à Bâle et dans la Souabe; alors, aux saufs-conduits impériaux dont ils s'étaient jusque-là exclusivement prévalus, ils joignent les bulles qu'ils prétendaient avoir obtenues du pape et, modifiant leur premier récit, ils se donnent comme les descendants des Égyptiens qui refusèrent l'hospitalité à la Sainte

Vierge et à saint Joseph pendant leur fuite en Égypte, et ils déclarent qu'en raison de ce crime, Dieu lui-même a voué leur race à une éternelle misère et à un exil éternel.

Cinq ans plus tard, les voici enfin aux environs de Paris : « Le dimanche d'après la mi-aoust, — dit *le Journal d'un bourgeois de Paris,* dont nous croyons devoir rajeunir quelque peu la forme surannée, — vinrent à Paris

Fig. 370. — Les bohémiens disant la bonne aventure. Fac-simile d'une gravure sur bois de la *Cosmographie universelle* de Munster, in-fol.; Bâle, 1552.

douze pèlerins comme ils disoient, c'est à savoir un duc et un comte, et dix hommes tous à cheval; lesquels se disoient très-bons chrétiens, et estoient de la basse Égypte... et le jour de saint Jean Decolace (de la décollation de saint Jean, 29 août), vint le commun (le reste de la troupe), lequel on ne laissa point entrer dans Paris, mais, par justice (par ordre de la Prévôté), furent logés à la Chapelle Saint-Denis; et n'estoient pas plus en tout, hommes, femmes et enfants, de six-vingts environ (120); et en partant de leur pays (disoient-ils), ils estoient mille ou douze cents, mais le *remenant* (le reste) estoit mort en la voie (en route)... Quand ils furent à la Chapelle, on ne veit jamais plus grand *allée* de gens à la bénédiction de la foire du Landit, qu'il n'en alloit, de Paris, de Saint-Denis, et d'ailleurs, pour les veoir. Presque tous avoient les deux oreilles percées et dans chacune un ou deux anneaux d'argent, et disoient que c'estoit signe de noblesse en leur pays. Les hommes estoient très-noirs, avec cheveux crêpés; les femmes, les plus laides et les plus noires qu'on peust veoir : elles avoient les cheveux noirs, comme la queue d'un cheval; pour toute robe, une vieille *flaussoie* ou couverture, retenue sur l'espaule par un lien de drap ou de corde (fig. 371). En leur compagnie estoient des sorcières, qui regardoient aux mains des gens, et disoient ce qui leur estoit advenu ou devoit leur advenir, et mirent la discorde en plusieurs ménages. Qui pis estoit, en parlant aux créatures, par art magique ou autrement, ou par l'ennemi d'enfer, ou par tour d'habileté, faisoient vider les bourses aux gens... Ainsi le disoit le peuple partout; tant que la nouvelle en vint à l'évesque de Paris, lequel y alla avec un frère mineur, nommé le petit Jacobin, lequel par le commandement de l'évesque feit une belle prédication en excommuniant tous ceux et celles qui faisoient cela, et qui avoient creu et montré leurs mains. Et convint que ces gens s'en allassent. Ils partirent le jour de Notre-Dame en septembre, et s'en allèrent vers Pontoise. »

Ajoutons que les bohémiens avaient, encore cette fois, ajouté de nouvelles variantes à leur histoire. Ils disaient qu'ils étaient originairement chrétiens, mais qu'une invasion de Sarrasins les avait contraints d'abjurer; que, plus tard, de puissants monarques étaient venus les délivrer du joug des infidèles, et avaient décidé, pour les punir d'avoir renoncé momentanément à la foi chrétienne, qu'ils ne seraient pas autorisés à rentrer dans leur pays avant qu'ils en eussent obtenu la permission du pape; le Souverain Pontife, auquel ils étaient allés confesser leurs péchés, leur avait donc prescrit de courir le monde pendant sept ans, sans coucher dans un lit, en ordonnant toutefois à chaque évêque et à chaque abbé portant crosse, de leur donner dix livres tournois à leur passage sur son domaine; ce que les abbés et les évêques ne se pressaient pas de faire. Ces étranges pèlerins assuraient qu'ils n'étaient que depuis cinq ans en route, lorsqu'ils vinrent à Paris.

Quoi qu'il en fût, on voit qu'en dépit du pieux objet de leur longue pérégrination, les Égyptiens ou Bohémiens ne tardaient guère à donner aux populations qu'ils visitaient la juste mesure de leur équivoque probité, et nous ne croyons pas qu'il soit utile ici de rechercher et de suivre pas à pas la piste de la hideuse bande qui, à dater de cette époque, multiplie ses apparitions, tantôt dans une contrée, tantôt dans l'autre, au nord, comme au midi et surtout au centre de l'Europe. Au reste, leurs démêlés avec les autorités ou les habitants des pays qui avaient le désagrément de leurs visites périodiques ont laissé des traces nombreuses dans l'histoire.

Le 7 novembre 1453, soixante à quatre-vingts bohémiens, venant de Courtisolles, arrivèrent à l'entrée de la ville de Cheppe (près de Châlons sur-Marne). Les étrangers, parmi lesquels plusieurs portaient « javelines,

Fig. 371. — Le ménage des bohémiens. Fac-similé d'une gravure sur bois de la *Cosmographie universelle* de Munster, in-fol.; Bâle, 1552.

dards et autres instruments de guerre », ayant demandé qu'on les hébergeât, le procureur royal de la ville leur démontra « que n'y avoit pas longtemps aucuns (quelques-uns) de la même compagnie ou autres semblables avoient esté logés dans la ville et y avoient fait plusieurs maux en desrobant ». Comme les bohémiens voulaient insister, le peuple se souleva contre eux, et force leur fut bien de se remettre en route. Toutefois, dans la retraite qu'ils ne faisaient qu'à regret, ils furent suivis par plusieurs habitants, et un de ceux-ci tua un bohémien, nommé Martin de la Barre; meurtre dont l'auteur obtint des lettres de grâce du roi.

A Genève, en 1532, « certains larrons bohémiens », au nombre de plus de 300, frappent, à Pleinpalais (faubourg de Genève), les officiers qui leur défendaient d'entrer dans la ville. Les citoyens accourent. Les bohémiens se retirent au couvent des Augustins et s'y fortifient pour s'y défendre ; les bourgeois les assiégent et veulent les dépouiller, mais la justice intervient : elle en saisit une vingtaine, qui demandent pardon et que l'on renvoie.

En 1632, les habitants de Viarme (Lot-et-Garonne) soutiennent un combat contre une troupe de bohémiens, qui voulaient se loger dans la ville. Les aventuriers périrent tous ; leur chef fut pris et conduit devant le parlement de Bordeaux, qui le fit pendre. Vingt et un ans auparavant, le maire et les jurats de Bordeaux avaient donné l'ordre au capitaine du guet d'opérer l'arrestation d'un chef de bohémiens, qui, s'étant enfermé dans la tour de Veyrines, à Merignac, rançonnait le pays environnant ; et, le 21 juillet 1622, les mêmes magistrats enjoignaient aux bohémiens de vider la paroisse d'Eysines, dans les vingt-quatre heures, en les menaçant de la peine du fouet.

D'ailleurs, il n'était guère dans les habitudes des bohémiens d'user de la force et d'opposer une résistance ouverte ; plus généralement ils avaient recours, pour atteindre leur but, à la subtilité et à la ruse. Un certain capitaine Charles s'était acquis, parmi eux, une grande célébrité par les tromperies qu'il imaginait sans cesse, et que sa bande se chargeait d'exécuter. D'un méchant cheval maigre, par le moyen de certaines herbes qu'il lui donnait à manger, dit un chroniqueur, ils en faisaient un « refait et poli » (gras et brillant) ; puis ils l'allaient vendre aux foires et marchés voisins ; mais ceux qui l'avaient acheté reconnaissaient la fourbe au bout de huit jours, car le cheval, redevenu maigre, demeurait sur la litière et mourait bientôt.

Une fois, le capitaine Charles et ses gens, raconte Tallemant des Réaux, étaient logés dans un village dont le curé, riche et avare, était fort haï de ses paroissiens. Ce curé ne bougeait de chez lui, et les bohémiens ne lui pouvaient rien enlever. Que font-ils ? Ils feignent qu'un d'entre eux a commis un crime, et le condamnent à être pendu, à un quart de lieue du village, où ils se rendaient avec tout leur attirail. Cet homme, au pied de la potence, demande un confesseur : on va quérir le curé. Il n'y voulait point aller ; ses paroissiens l'y obligent. Pendant son absence, des bohémiennes entrent chez lui, lui prennent dans son coffre 500 écus, et vont vite rejoindre la troupe. Dès que le pendard les vit revenir, il dit qu'il en appelait au roi *de la petite*

Fig. 372. — Campement de bohémiens. Fac-similé d'une estampe, dessinée et gravée sur cuivre par Callot.

Égypte. Aussitôt le capitaine crie : « Ah ! le traître ! je me doutais bien qu'il en appellerait ! » Incontinent, ils troussent bagage. Ils étaient bien loin, avant que le curé fût chez lui.

A ce bon tour, Tallemant ajoute le suivant : Près de Roye en Picardie, un bohémien, qui avait volé un mouton, en demanda cent sous (60 fr. de la monnaie actuelle) à un boucher : le boucher n'en voulut donner que quatre livres. Quand le boucher s'est éloigné, le bohémien tire aussitôt le mouton d'un sac où il l'avait mis, et y enferme à sa place un enfant de sa tribu ; puis, il court après le boucher et lui dit : « Donnez-en cinq livres, et vous aurez le sac par-dessus le marché. » Le boucher paye et s'en va. Quand il fut chez lui, il ouvre le sac. Il fut bien étonné, quand il en vit sortir un petit garçon, qui, ne perdant point de temps, s'empare du sac et s'enfuit avec. « Jamais pauvre homme n'a été tant raillé que ce boucher, » ajoute Tallemant des Réaux.

Les bohémiens avaient dans leur gibecière mille autres tours aussi bons que celui-là. Nous en appelons au témoignage d'un de leur bande, qui, sous le nom de Pechon de Ruby, a publié, vers la fin du seizième siècle, la *Vie généreuse des Mattois, Gueux, Bohémiens et Cagoux* : « Quand ils veulent partir du lieu où ils ont logé, ils s'acheminent tout à l'opposite et font demi-lieue au contraire, puis ils se jettent en leur chemin. Ils ont des meilleures cartes et les plus seures, dans lesquelles sont représentez toutes les villes et villages, rivières, maisons de gentilhommes et autres, et s'entredonnent un rendez-vous, de dix jours en dix jours, à vingt lieues du pays d'où ils sont partis..... Le capitaine baille aux plus vieux chacun trois ou quatre mesnages à conduire, prennent leur traverse et se trouvent au rendez-vous, et ce qui reste de bien montez et armez, il les envoye avec un bon almanach où sont toutes foires du monde, changeans d'accoustrements et de chevaux. Quand ils logent en quelque bourgade..., ils prennent fort peu auprès du lieu où ils sont logez ; mais aux prochaines paroisses, ils font rage de desrober et crocheter les *fermeures* (serrures). S'ils y trouvent quelque somme d'argent, ils donnent l'avertissement au capitaine, et s'esloignent promptement à dix lieues de là. Ils font de la fausse monnaie et la mettent en circulation. Ils jouent à toutes sortes de jeux ; ils acheptent toutes sortes de chevaux, quelque vice qu'ils ayent, pourvu qu'ils mettent de leur argent (faux). Quand ils prennent des vivres, ils baillent de bon argent pour la première fois, pour la deffiance qu'on a d'eux : mais, quand ils sont prests à partir, ils prennent encore quelque chose dont ils baillent pour gaige quelque fausse pièce, et retirent de bon argent, et adieu. Au temps de la moisson, ils trouvent les portes fermées, et avec leurs crochets ils ouvrent tout, et desrobent linges, manteaux, argent et tout autre meuble, et de tout rendent compte à leur capitaine qui y prend son droit, fors (hormis) ce qu'ils gagnent à dire la bonne aventure. Ils *hardent* (trafiquent) fort heureusement ; quand ils sçavent quelque bon marchand qui passe pays, ils se desguisent et l'attrapent..., puis changent d'accoustrements, et font ferrer leurs chevaux à rebours, et couvrent les fers de *fustes* (laines), craignant de les entendre marcher. »

Nous trouvons, d'autre part, dans l'*Histoire générale des Larrons*, que les vagabonds appelés bohémiens, tantôt jouaient des gobelets, tantôt dansaient sur la corde, faisaient des sauts périlleux et autres tours de passe-passe (fig. 373) ; ce qui revient à dire que, pour ces coureurs d'aventures, tous moyens étaient bons, qui leur permettaient de subvenir à leur étrange existence ; sans oublier même qu'il leur arrivait de pratiquer également le vol à main armée sur les grands chemins. Aussi ne faut-il pas s'étonner si, à peu près dans toutes les contrées, des mesures de police sévères étaient prises contre cette race dangereuse. Quelquefois même, il faut bien le dire, ces rigueurs touchaient à la barbarie.

Après leur avoir interdit le séjour de l'Espagne, sous peine de six ans de galères, Charles-Quint les chassa des Flandres sous peine de mort : en 1545, un bohémien qui avait enfreint l'ordre de bannissement fut seulement condamné, par la cour d'Utrecht, à être fouetté jusqu'au sang, à avoir les deux narines fendues, les cheveux coupés, la barbe rasée, et à se voir ensuite expulsé pour toujours du territoire de la province. On peut, dit l'historien allemand Grellman, se faire une idée de l'état misérable des bohémiens, d'après les faits suivants : plusieurs d'entre eux, surtout des femmes, ont été brûlés sur la requête qu'ils en avaient faite eux-mêmes, dans le but de terminer leur triste sort, et l'on peut citer l'exemple d'un bohémien qui, ayant été pris, fouetté et conduit à la frontière, avec menace de la corde s'il reparaissait dans le pays, y revint résolûment à la suite de trois condamnations semblables en trois endroits différents, et demanda qu'on mît à exécution la sentence capitale prononcée contre lui, afin de le débarrasser d'une vie aussi misérable. On ne regardait même pas ces malheureux comme des créatures humaines; car, dans une petite cour d'Allemagne, à une partie

Fig. 373. — Le bohémien qui se lavait les mains dans du plomb fondu. Fac-similé d'une gravure sur bois des *Histoires merveilleuses* de Pierre Boaistuau, in-4°, 1560.

de chasse, les veneurs ne se firent aucun scrupule de tuer ainsi que des bêtes fauves une bohémienne et l'enfant qu'elle allaitait.

« Parmi les questions que soulève l'existence de ce peuple singulier, dit le savant M. Francisque Michel, il en est une qui, pour avoir été négligée, ne laisse pas cependant d'offrir un réel intérêt. Comment, avec une langue à part, étrangère à toutes celles qui avaient cours en Europe, les bohémiens pouvaient-ils se faire comprendre des populations chez lesquelles ils apparaissaient pour la première fois? Nouveaux venus en Occident, ils ne devaient point avoir de ces interprètes, que l'on ne rencontre que chez les peuples dont l'établissement date de loin, et qui ont des rapports politiques ou commerciaux avec les autres nations. Où donc les bohémiens recrutèrent-ils des truchements? — La réponse nous semble facile. — Ouvrant leurs rangs à tous ceux que le vice, la crainte d'un châtiment, une humeur inquiète ou le charme d'une vie errante poussaient continuellement sur leur passage, ils durent s'en faire des auxiliaires, soit pour pénétrer dans des contrées qu'ils ne connaissaient pas encore, soit pour y commettre des vols qui, autrement, eussent été inexécutables. Passés maîtres en toutes sortes de mauvaises pratiques, ils ne tardèrent point à former une nouvelle association de malfaiteurs qui tantôt opéra de concert avec eux, parfois seule, et en tout cas prit modèle de son organisation sur celle du peuple bohémien. »

Ce nouveau compagnonnage, régi par des statuts dont on a voulu faire honneur à un certain Ragot, qui s'intitulait capitaine des gueux, se composait de *matois* ou de filous, de *mercelots* ou colporteurs qui ne valaient guère mieux, de *gueux* ou mauvais pauvres, et d'une foule d'autres marauds, formant l'ordre ou la hiérarchie de l'*Argot*. Leur chef était le *grand Coesre,* truand rompu à toutes les ruses du métier, dit M. Francisque Michel, et qui finissait souvent par l'être dans le sens propre du mot. L'histoire a conservé le souvenir d'un autre misérable cul-de-jatte, qui, après avoir été grand Coesre pendant trois ans, fut roué vif à Bordeaux, pour ses méfaits. On l'appelait *roi de Tunes* (Tunis); il se faisait traîner par deux gros dogues, dans une petite charrette. Un de ses successeurs, le grand Coesre, surnommé Anacréon, qui était atteint de la même infirmité, tenait d'habitude sa cour à Paris, sur le Port-au-foin, où il trônait couvert d'un manteau fait de mille pièces, quand il ne rôdait pas dans la ville, monté sur un âne, en demandant l'aumône. Le grand Coesre avait dans chaque province un lieutenant nommé *Cagou,* qui, chargé d'initier les apprentis aux secrets de la Mate (gueuserie), répandait et patronnait, dans les diverses localités, ceux dont le chef suprême lui avait confié la conduite. Il rendait compte à celui-ci des soins qu'il s'était donnés pour faire payer l'impôt, et de l'argent, comme des hardes, qu'il avait pris aux *argotiers* qui ne voulaient pas reconnaître son autorité. Pour honoraires de leur charge, les cagoux étaient exempts de toute redevance envers leur chef; ils avaient part à la dépouille des gens qu'ils faisaient dévaliser, et ils étaient libres de mendier comme bon leur plaisait. Après les cagoux venaient les *Archisuppôts,* qui, recrutés d'habitude dans les bas-fonds des écoles et du clergé, étaient pour ainsi dire les docteurs de la loi; à eux appartenait la mission d'enseigner les nouveaux adeptes de la gueuserie, et de réglementer la langue de l'argot; or, pour prix de leurs bons et loyaux services, ils avaient le droit de mendier sans payer de redevance.

Fig. 374. — Les Orphelins, les Callots et la famille du *grand Coesre*, d'après les toiles peintes et tapisseries de la ville de Reims, exécutées au quinzième siècle.

Le grand Coesre taxait, à vingt-quatre sous par an, les petits bandits qui s'en allaient pleurant dans les rues, comme *Orphelins* (fig. 374); c'était le surnom qu'ils se donnaient pour exploiter la charité publique. Les *Marcandiers,* taxés à un écu, étaient des gueux errants, vêtus d'un assez bon pourpoint, qui se faisaient passer pour des marchands ruinés par la guerre, par l'incendie, ou par des vols sur le grand chemin. Couverts de plaies, le plus souvent factices, ou simulant quelque apparence d'enflure, les *Malingreux,* taxés à quarante sous, annonçaient qu'ils allaient faire, pour se guérir, un pèlerinage à Saint-Méen, en Bretagne. Les *Piètres,* ou gueux estropiés, qui payaient un demi-écu, marchaient avec des béquilles. Les *Sabouleux,* que le vulgaire appelait les *Pauvres malades de saint Jean,* fréquentaient de préférence les foires et marchés, ou bien les alentours des églises ; là, barbouillés de sang, rendant l'écume par la bouche au moyen d'un morceau de savon qu'ils y avaient mis, ils se roulaient par terre et attiraient force aumônes dans leur chapeau (fig. 375). C'étaient eux qui rendaient le plus d'argent au grand Coesre.

Il y avait encore les *Callots*, teigneux véritables ou faux, contribuant à la liste civile du chef pour sept sous, ainsi que les *Coquillards*, prétendus pèlerins de saint Jacques ou de saint Michel ; puis les *Hubins*, qui, à en

Fig. 375. — Les Aveugles et les Sabouleux, d'après les toiles peintes et tapisseries de la ville de Reims, exécutées au quinzième siècle.

croire le certificat qu'ils avaient fabriqué, allaient à Saint-Hubert ou en revenaient, après avoir été mordus par un chien enragé. Les *Polissons* payaient deux écus au maître, mais ils gagnaient beaucoup, surtout l'hiver, car les bonnes âmes, touchées du dénûment dans lequel paraissaient être ces malheureux à moitié nus, leur donnaient, qui un pourpoint, qui une chemise, qui un haut-de-chausses ; mais, au lieu de s'en vêtir, nos *Polissons* se hâtaient de vendre tout au fripier. Les *Francs Mitoux*, dont la taxe ne s'élevait pas à plus de cinq sous, étaient des gueux malades ou feignant de l'être, qui se liaient le bras au-dessus du coude, pour faire cesser les battements du pouls, et se laissaient tomber en défaillance sur la voie publique. Nommons encore les *Ruffés*, les *Millards*, qui mendiaient en familles dans les campagnes (fig. 376); les *Capons*, filoux qui ne sortaient guère des villes où ils faisaient main basse sur tout ce qui se trouvait à leur portée, les *Courtauds de boutanche*, faux ouvriers qu'on rencontrait partout avec les outils de leur profession sur le dos, et qui ne travaillaient jamais; les *Convertis*, qui, feignant de se rendre aux exhortations de quelque excellent prédicateur, faisaient profession de foi en public, se tenaient ensuite à la

Fig. 376. — Les *Ruffés* et les *Millards*, d'après les toiles peintes et les tapisseries de la ville de Reims, exécutées au quinzième siècle.

porte des églises, comme nouveaux catholiques, et recueillaient, à ce titre, d'abondantes offrandes, etc.

Nommons enfin les *Drilles, Narquois* ou gens de la *Petite flambe*, qui pour la plupart étaient des soldats licenciés, mendiant, l'épée au côté, dans les rues et dans les maisons (fig. 377). Ceux-là, qui d'ailleurs menaient bruyante et plantureuse vie, firent un jour banqueroute au grand Coesre, et ne voulurent plus se reconnaître pour ses sujets; ce qui ébranla considérablement la monarchie argotique.

Une autre cause contribua puissamment à diminuer la force et le prestige de cette bizarre souveraineté; c'est que les coupeurs de bourses, rôdeurs de nuit, voleurs de bois, ne pouvant vivre assez bien de leur *industrie*, et voyant que les argotiers, au contraire, étaient toujours dans une position plus brillante, voulurent aussi allier le vol et la mendicité : ce qui fit scandale parmi les *bons garçons*. Les archisuppôts et les cagoux se refusèrent d'abord à une telle alliance, mais ils furent bien contraints d'admettre les voleurs dans la monarchie, à l'exception toutefois des voleurs de bois, qui restèrent exclus. Ainsi, au dix-septième siècle, pour être un parfait argotier, il fallait non-seulement demander l'aumône, comme les gueux d'une série quelconque, mais encore posséder la subtilité des coupeurs de bourses ou larrons. Toutes ces choses-là s'apprenaient d'ailleurs dans les lieux qui servaient de rendez-vous ordinaires au rebut de la société, et qui étaient généralement connus sous le nom de *Cours des Miracles*. Ces logis, ou plutôt ces repaires, avaient été ainsi nommés, s'il faut en croire un écrivain du commencement du dix-septième siècle, « d'autant que les gueux... et autres qui ont fait tout le jour les estropiez, mutilez, hydropiques, venans le soir au giste, portent sous le bras un alloyau, ou morceau de veau, quelque gigot de mouton, sans oublier la bouteille qu'ils ont, pendue à leur ceinture, et, entrans dans ladite cour, ils quittent leurs *potences* (béquilles), reprennent leur disposition et embonpoint, et à l'imitation des anciennes bacchanales, chacun ayant son trophée à la main, attendant que l'hoste leur prépare le souper, dansent toutes sortes de danses... Peut-on voir de plus grands *miracles* que les boiteux marcher droit, en cette cour? »

Fig. 377. — Le *Drille* ou *Narquois*, d'après les toiles peintes de la ville de Reims. (Quinzième siècle.)

Il y eut, à Paris, plusieurs Cours des Miracles; mais la plus célèbre fut celle qui, du temps de Sauval, le curieux historien des *Antiquités de Paris*

Fig. 3,7,8. — Grande vue en perspective de Paris en 1607, d'après la gravure sur cuivre de Léonard Gaultier.
(Collect. topogr. de M. Guénebault, à Paris.)

au milieu du dix-septième siècle, conservait encore, comme par excellence, ce nom générique, qui n'est pas même effacé aujourd'hui (fig. 379) : « Elle consiste, dit-il, en une place d'une grandeur considérable, et en un grand cul-de-sac puant, boueux, irrégulier. Autrefois il confinoit aux dernières extrémités de Paris ; à présent il est situé dans l'un des quartiers les plus mal bâtis, les plus sales, et des plus reculés de la ville, entre la rue Montorgueil, le couvent des Filles-Dieu et la rue Neuve-Saint-Sauveur, comme dans un autre monde. Pour y venir, il se faut souvent égarer dans de petites rues, vilaines, puantes, détournées ; pour y entrer, il faut descendre une assez longue pente de terre, tortue, raboteuse, inégale. J'y ai vu une maison de boue, à moitié enterrée, toute chancelante de vieillesse et de pourriture, qui n'a que quatre toises (huit mètres) en quarré, et où logent néanmoins plus de cinquante ménages, chargés d'une multitude de petits enfants légitimes, naturels ou dérobés... On m'assura que dans ce petit logis et dans les autres habitaient plus de cinq cents grosses familles.... Quelque grande que soit cette cour, elle l'étoit autrefois bien davantage... Là, sans aucun soin de l'avenir, chacun jouissait à son aise du présent, et mangeoit le soir avec plaisir ce qu'avec bien de la peine, et souvent avec bien des coups, il avoit gagné tout le jour ; car on y appeloit gagner ce qu'ailleurs on appelle dérober ; et c'étoit une des lois fondamentales de la Cour des Miracles de ne rien garder pour le lendemain. Chacun y vivoit dans une grande licence, personne n'y avoit ni foi ni loi... Il est vrai qu'en apparence, ils (les gueux) sembloient reconnoître un Dieu ; pour cet effet, ils avoient dressé, dans une grande niche, une image de Dieu le Père, qu'ils avoient volée en quelque église et où tous les jours ils venoient adresser quelques prières ; mais ce n'étoit, en vérité, qu'à cause que superstitieusement ils s'imaginoient que par là ils s'étoient dispensés des devoirs dus par les chrétiens à leur pasteur et à leur paroisse, même d'entrer dans l'église, que pour gueuser et couper des bourses. »

Paris, capitale du royaume des gueux, n'était pas la seule ville qui possédât des Cours des Miracles, car on retrouve çà et là, à Lyon notamment et à Bordeaux, quelques traces de ces refuges privilégiés de la gueuserie et de la matoiserie, qui florissaient alors sous le sceptre du grand Coesre ; ajoutons que Sauval affirme, sur le témoignage de gens dignes de foi, qu'il y

Fig. 379. — Cour des Miracles de Paris. Talebot le Bossu, illustre *polisson*, au dix-septième siècle. D'après une ancienne gravure du Cabinet des estampes, à la Bibl. nat. de Paris.

avait à Sainte-Anne d'Auray, lieu de pèlerinage le plus saint de la Bretagne, placé sous la surveillance de l'ordre des Carmes réformés, un grand pré nommé le *Pré des Gueux,* parce qu'il était couvert de cabanes faites de branches et de terre, où se rendait tous les ans, aux principales fêtes solennelles, le grand Coesre, avec ses officiers et ses sujets, pour « tenir ses états », c'est-à-dire pour couper des bourses et dérober. A ces *états* périodiques, qui ne s'étaient pas toujours tenus à Sainte-Anne d'Auray, tout le personnel de la monarchie argotique était présent et rendait hommage à son seigneur et maître. Ceux-ci lui payaient les tributs auxquels ils étaient obligés par les statuts du métier, ceux-là lui rendaient compte de ce qu'ils avaient fait et gagné pendant l'année. Quand ils s'étaient mal acquittés de leurs charges, le grand Coesre les faisait punir, pécuniairement ou corporellement, selon la gravité de leurs fautes. Lorsqu'il n'avait pas lui-même bien gouverné son royaume, on le détrônait et on nommait, par acclamation, un autre souverain à sa place.

Dans ces réunions générales, comme dans les Cours des Miracles, ce n'était point la langue française qu'on parlait, mais une langue étrange et artificielle, qu'on appelait le *jargon*, la *langue matoise*, le *narquois*, etc. Cette langue, encore en usage aujourd'hui sous le nom d'*argot*, avait été, pour la plus grande partie, empruntée au jargon du bas peuple; pour le reste, selon les observations du savant archéologue de cette langue secrète, M. Francisque Michel, elle se composait de mots français allongés ou tronqués, de locutions proverbiales, d'attributs mis à la place des sujets, de termes altérés avec ou sans intention, et de mots confondus avec d'autres, qui leur ressemblaient matériellement sans avoir le même sens. Ainsi l'on disait *pantière* pour bouche, à cause du pain qu'on y met; les bras étaient des *lyans;* un bœuf, un *cornant;* une bourse, une *fouille* ou *fouillouse;* un coq, une *horloge;* les jambes, des *quilles;* un sou, un *rond;* les yeux, des *luisants*, etc... Le jargon avait, en outre, adopté un certain nombre de mots de l'ancienne langue des bohémiens, qui témoignent de la part que ces vagabonds avaient prise à la formation du compagnonnage argotique. Par exemple, une chemise se disait *lime;* une chambrière, *limogère;* des draps, *limans,* tous ces mots dérivés du vocable bohémien *lima*, chemise; on appelait un écu, *rusquin* ou *rougesme*, à cause de *rujia*, nom générique de la monnaie ; un homme riche, *rupin;* une maison, *turne;* un couteau, *chourin*, en souvenir de *rup, turna* et *chori*, qui dans la langue de Zingari, signifient encore *argent, château* et *couteau*, etc.

Après ce que nous avons raconté des gueux et des Cours des Miracles, on serait peut-être tenté de croire que la France était privilégiée de ce côté-là : les Italiens, cependant, l'emportaient de beaucoup sur nous à cet égard.

Fig. 380. — Le ménage des gueux, le mari raclant du violon et la femme l'accompagnant avec des cliquettes, d'après une ancienne estampe du dix-septième siècle.

Chez eux, les gueux avaient reçu le nom de *Bianti* ou de *Ceretani,* et se subdivisaient en plus de quarante espèces, dont un certain Rafael Frianoro s'est plu à retracer la physionomie variée. Il va sans dire que plus d'une de ces espèces trouve son analogue dans le tableau sommaire que nous avons présenté du royaume argotique en France. Nous ne signalerons donc que celles qui avaient un caractère propre à l'Italie. Il ne faut pas oublier que, dans les contrées méridionales où la piété et la superstition prirent un développement plus marqué que partout ailleurs, la nombreuse famille des gueux ne manqua pas de multiplier tous les genres de fourberies reposant sur les diverses manifestations du sentiment religieux. C'est ainsi que les *Affrati* couraient le monde en habits de moines ou de prêtres, disant même la messe et prétendant que c'était le premier exercice de leur sacerdoce, afin de gagner davantage à l'aumône ou à l'offrande; c'est ainsi que les *Morghigeri,* portant une cloche et une lampe, marchaient derrière un âne, un chapelet à la main, et demandaient de quoi payer la cloche qu'ils venaient toujours d'acheter; c'est ainsi que les *Felsi* se prétendaient inspirés de Dieu et doués d'un don de seconde vue, annonçant qu'il y avait des trésors cachés dans certaines maisons, sous la garde de malins esprits, et que ces trésors ne pouvaient être découverts sans danger, que par le moyen des jeûnes et des sacrifices, qu'eux et leurs confrères étaient seuls capables de faire, moyennant un prix convenu avec les propriétaires ou les locataires desdites maisons. Les *Accatosi* méritent une mention, pour l'habileté avec laquelle ils savaient se donner l'apparence de captifs récemment échappés d'esclavage, secouant les chaînes dont ils disaient avoir été chargés, baragouinant des mots inintelligibles, faisant le récit navrant de leurs souffrances, de leurs privations, montrant les marques des coups qu'ils avaient reçus; ils quêtaient pour aller, répétaient-ils en gémissant, racheter et délivrer des frères ou des amis qu'ils avaient laissés chez les Turcs, les Sarrasins, les corsaires. Il faut signaler aussi les *Allacrimanti,* ou pleureurs, qui devaient ce surnom à la faculté qu'ils avaient de répandre des larmes à volonté, et les *Testatori* qui, feignant d'être gravement malades, escroquaient de l'argent à tous ceux qu'ils instituaient leurs légataires, sans avoir un sou vaillant à léguer. N'oublions pas les *Protobianti* (maîtres gueux) qui ne se faisaient pas scrupule d'exploiter la pitié de leurs confrères en gueuserie (fig. 381); ni les *Vergognosi* qui, nonobstant leur indigence, voulaient être pris pour riches et croyaient que l'aumône leur était due par cela même qu'ils étaient nobles. Nous nous en tiendrons là, car la liste des gueux italiens serait trop longue. Quant à ce qui concerne les gueux d'outre-Rhin (fig. 382 et 383), d'outre-Pyrénées

Fig. 381. — Mendiant italien, d'après une estampe de Callot.

ou d'outre-Manche, nous nous bornerons à remarquer qu'on ne rencontre aucun type, chez les vagabonds espagnols, anglais ou allemands, qui ne se trouve également chez les argotiers de France ou chez les *Bianti* d'Italie. Quand on a étudié la mendicité de ces deux pays au moyen âge, on est donc sûr de savoir ce qu'elle était dans tout le reste de l'Europe.

L'histoire des voleurs, grands et petits, durant cette longue période, est plus difficile à exposer : elle n'offre guère que des anecdotes plus ou moins intéressantes, mais sans connexité et sans liaison entre elles. Il est à croire cependant que les larrons n'opérèrent pas toujours séparément, et qu'ils comprirent, de bonne heure, les avantages de l'association en affaire de

Fig. 382 et 383. — Les mendiants allemands. Fac-similé d'une gravure sur bois de la *Cosmographie universelle* de Munster, in-fol.: Bâle, 1552.

pillerie. Les *Tafurs* ou *Halegrins*, que nous voyons figurer dans les croisades, à la suite de Godefroy de Bouillon, vers la fin du onzième siècle, étaient de terribles *ribauds,* qui sont formellement accusés, par les chroniqueurs, de violer les tombeaux et de se nourrir de chair humaine ; aussi inspiraient-ils une grande horreur aux infidèles, qui redoutaient bien plus la sauvage férocité de ces pillards que la vaillance des barons croisés : ceux-ci même, auxquels obéissaient les hordes des Tafurs, n'étaient pas sans les tenir en défiance, et quand ces truands eurent saccagé la Hongrie, qu'ils traversaient, sous les auspices de la croix, Godefroy de Bouillon avait dû demander grâce pour eux au roi des *Hongres*.

Un trouvère nous a conservé un recueil rimé des bons tours d'Eustache le moine, qui après avoir jeté le froc aux orties, embrassa la vie de bandit, et ne l'abandonna que pour devenir amiral de France, sous Philippe-Auguste, et aller se faire tuer devant Sandwich, en 1217. On peut constater que déjà, au treizième siècle, les filous étaient passés maîtres dans leur métier, car les ingénieuses et amusantes escroqueries, dont ils se rendaient coupables, valaient bien les meilleures de celles qu'enregistrent aujourd'hui nos gazettes des tribunaux. Dans les deux siècles suivants, la science de la *pince* et du *croc,* comme on disait alors, ne put que faire des progrès, et Pathelin (personnage de comédie, type incomparable de l'astuce et de la mauvaise foi) ne manqua jamais de disciples, non plus que Villon, d'imitateurs. On sait que ce charmant poëte, qui était en même temps un voleur émérite, faillit deux fois être pendu. Ses contemporains lui avaient attribué un poëme de près de 1,200 vers, intitulé : *les Repues franches,* dans lequel sont racontés les expédients de ses compagnons, pour avoir du vin, du pain, de la viande et du poisson, sans qu'il leur en coutât rien. Ce sont autant d'histoires édifiantes dont voici la morale :

> C'est bien disné, quand on eschappe
> Sans desbourcer pas ung denier,
> Et dire adieu au tavernier,
> En torchant son nez à la nappe.

A côté de cette épopée de la *villonnerie,* on doit citer un poëme d'une époque postérieure, la *Légende de maître Faifeu,* mise en rimes par Charles Bourdigné. Ce Faifeu était une espèce de Villon angevin, qui excellait dans tous les genres de friponnerie et qui en eût remontré aux bohémiens eux-mêmes. Le personnage de Panurge, dans le *Pantagruel,* n'est autre que le type de Faifeu, immortalisé par le génie de Rabelais.

Citons encore, à la fin du seizième siècle, une des *Serées* (soirées) de Guillaume Bouchet, laquelle traite fort plaisamment des larrons, des voleurs, des picoreurs et des matois, et l'*Histoire générale des Larrons,* dans laquelle nos ancêtres admiraient le récit d'une foule de meurtres, de vols et d'escroqueries, qui leur faisaient connaître les héros de la Grève et de Montfaucon. Il ne faudrait pas croire qu'à cette époque le métier de voleur fût sans danger pour ceux qui l'exerçaient avec plus ou moins d'industrie et d'adresse, car on pendait sans rémission les plus innocents coupeurs de bourse : ce qui n'empêchait pas les *Enfants de la matte* de faire merveilles.

Brantôme raconte que le roi Charles IX eut la curiosité de « sçavoir les dextérités et finesses des coupeurs de bourse », et pria le capitaine La Chambre de lui amener, un jour de festin et de bal, les plus habiles tireurs de laine, en leur donnant pleine liberté de montrer leur savoir-faire. Le capitaine alla chercher dans la Cour des Miracles dix de ces voleurs, « triés sur le volet, desliés et fins à dorer », qu'il présenta au roi. Charles, « après le disner et le bal, voulut tout veoir au bureau du butin et trouva qu'ils avoient bien gaigné trois mille escus ou en bourses et argent ou en pierreries, perles et joyaux, jusqu'à aucuns qui perdirent leurs cappes, dont le roy cuyda (pensa) crever de rire. » Le roi leur laissa ce qu'ils avaient gagné de la sorte aux dépens de ses convives, mais il leur défendit de continuer à « faire ceste vie », sous peine d'être pendus, et il les fit enrôler dans l'armée pour récompenser leurs hauts faits. On peut assurer que ces bons coupeurs de bourses firent d'assez mauvais soldats.

Fig. 384. — Le montreur d'animaux fantastiques (douzième siècle). Manuscrit de la Bibl. roy. de Bruxelles.

CÉRÉMONIAL

Origines du cérémonial moderne. — Incertitudes du cérémonial français jusqu'à la fin du seizième siècle. — Sacre des rois de France. — Couronnement des empereurs d'Allemagne. — Consécration des doges de Venise. — Mariage du doge avec la mer. — Joyeuses entrées des souverains. — Relation de l'entrée d'Isabeau de Bavière à Paris. — Lits de justice. — Visites de cérémonie entre grands personnages. — Deuils. — Termes de civilité. — Solennités populaires et commémorations nationales. — Jour de l'an. — Fêtes locales. — Vins d'honneur. — Processions des métiers.

IEN que la société, au moyen âge, formât un tout homogène animé des mêmes sentiments et pénétré des mêmes idées, elle se partageait, comme nous l'avons dit, en trois grandes classes : clergé, noblesse et tiers-état. Chacune de ces classes, formant un corps séparé au sein de l'État, et vivant d'une vie propre, présentait, dans la manifestation collective de son existence, une physionomie particulière. Il y avait donc, pour chaque classe, un cérémonial distinct. Nous n'essayerons pas de retracer en détail les innombrables lois de ces trois espèces de cérémonial; notre attention pourra seulement se porter sur les pratiques les plus caractéristiques, sur les aspects les plus curieux de leur ensemble. Mais nous devons laisser de côté, comme appartenant à un ordre de choses tout différent et tout spécial, ce qui se rapporte surtout aux cérémonies purement religieuses, ce qui se rattache, en quelque sorte, aux traditions et aux usages liturgiques.

« Lorsque les Germains, et particulièrement les Francs, dit le savant paléographe Vallet de Viriville, eurent réussi à substituer leur domination à celle du peuple romain, ces nations presque sauvages, et les chefs barbares qu'elles avaient à leur tête sous le titre de *rois*, empruntèrent nécessairement des vaincus les notions plus ou moins raffinées que suppose un cérémonial. L'exaltation du chef élu ou *kœnig* (roi) sur le pavois, la prise solennelle des armes au sein de la tribu, telles sont, en effet, les seules traces de cérémonies publiques que l'on puisse constater chez les Germains. Le spectacle merveilleux, l'ordre imposant de la hiérarchie politique de l'empire romain, surtout dans ses pompes extérieures, durent frapper l'imagination de ces hommes grossiers. Aussi voyons-nous les rois francs se faire, aussitôt après la victoire, les copistes naïfs et plus ou moins maladroits de cette civilisation qu'ils avaient brisée. » Clovis, revenu à Tours, en 507, après avoir défait Alaric, reçut de l'empereur Anastase les titres de *patrice* et de *consul*, et se para de la pourpre, de la chlamyde, du diadème. Le même esprit d'imitation rétrospective s'appliqua depuis au cérémonial intérieur et extérieur des cours, à mesure qu'il se développait auprès de la personne royale. Charlemagne, cherchant tout ce qui devait orner et vivifier une monarchie nouvelle, constitua autour de lui un ordre régulier, pour l'administration générale et privée de son empire, ainsi que pour le règlement et la discipline intérieure de ses palais. Nous avons rappelé ailleurs (*voyez* les chapitres *Vie privée* et *Nourriture*) cette double organisation, mais nous remarquerons ici qu'en dépit de ces lointaines tendances à la création d'un cérémonial fixe, les règles minutieuses qui firent de l'*étiquette* une science et une loi ne s'établirent chez nous que lentement et tardivement.

En 1385, lorsque le roi Charles VI épousa la trop fameuse Isabeau de Bavière, âgée de quatorze ans à peine, il voulut lui faire faire, à Paris, une *entrée* magnifique, dont la pompe et l'éclat répondissent au rang et à la naissance illustre de sa jeune épouse. Il pria donc la vieille reine Blanche, veuve de Philippe de Valois, de présider à la cérémonie, *en se reportant aux souvenirs du temps passé*, et l'on se borna, en conséquence, à consulter les *records* (mémoires) officiels, c'est-à-dire la *Chronique du monastère de Saint-Denis*, en l'absence de toute règle fixe établie à cet égard. Le premier corps de règles sur cet objet, à l'usage des classes nobles, qui ait paru en

France, sous le titre des *Honneurs de la Cour,* ne date que de la fin du quinzième siècle. On pourrait même supposer qu'il n'était pas généralement admis comme base du cérémonial de la noblesse, car nous voyons, en 1548, que rien encore n'avait été arrêté d'une façon définitive, puisque le roi Henri III désirant « savoir et entendre quel rang et ordre, du temps de ses prédécesseurs, avaient tenu en toutes grandes et solennelles assemblées les princes du sang, tant ducs que comtes, les autres princes, barons et seigneurs du royaume, et semblablement les connestable, mareschaux de France et admiral, » donna commission à Jean du Tillet, greffier civil en sa cour du parlement de Paris, de rechercher, parmi les archives royales, les divers témoignages authentiques, propres à éclaircir cette question et à servir de loi pour l'avenir. Enfin ce fut seulement Henri III qui, en 1585, créa la charge de grand maître des cérémonies de France, en faveur de Guillaume Pot, seigneur de Rhodes, charge qui, pendant plusieurs générations, demeura héréditaire dans la famille de ce bon gentilhomme.

Fig. 385. — Héraut d'armes (quatorzième siècle). D'après une miniature des *Chroniques de Saint-Denis,* à la Bibl. nat. de Paris.

Toutefois cette question du cérémonial, et notamment des préséances, avait déjà plus d'une fois éveillé l'attention des souverains, non-seulement au sein de leurs États, mais dans les relations internationales de la diplomatie. La célébration des conciles, qui réunissait avec les députés de l'Église entière les ambassadeurs de toutes les puissances chrétiennes, n'avait pas manqué de susciter l'examen sur cette matière. Le pape Jules II, en 1504, fit publier, par son maître des cérémonies, Pierre de Crassis, un décret, qui déterminait le rang hiérarchique dans lequel les différents souverains de l'Europe ou leurs représentants devaient prendre séance; mais nous devons ajouter que ce décret papal ne reçut jamais l'adhésion des parties intéressées, et que les questions des préséances, même dans les plus humbles cérémonies publiques, furent, pendant toute la durée du moyen âge, une source perpétuelle de procès et de querelles trop souvent sanglantes.

Au premier rang, parmi ces cérémonies, qu'on pourrait appeler politiques, il convient de placer celles qui avaient pour objet l'installation des souverains sur leur trône, et qui empruntaient, en même temps, leur sanction suprême et leur plus haute majesté à l'intervention indispensable que devait y apporter l'autorité ecclésiastique. Nous parlerons donc d'abord du sacre et couronnement des rois de France.

Pépin le Bref, fils de Charles Martel et fondateur de la seconde dynastie, fut le premier de nos rois qui reçut l'onction religieuse. Mais la forme essentielle subit longtemps de nombreuse variations, avant que d'être consacrée par une loi définitive. Ainsi Pépin, après avoir été sacré une première fois, en 752, dans la cathédrale de Soissons, par l'archevêque de Mayence, le fut une seconde fois avec ses deux fils Charlemagne et Carloman, en 753, dans l'abbaye de Saint-Denis, par le pape Étienne III ; Charlemagne se fit oindre successivement par le souverain pontife, d'abord comme roi des Lombards, puis comme empereur. Louis le Débonnaire, son successeur immédiat, fut sacré, à Reims, par le pape Étienne IV, en 816; en 877, Louis le Bègue reçut l'onction et le sceptre à Compiègne, des mains de l'archevêque de Reims. Charles le Simple, en 893, et Robert Ier, en 922, furent sacrés et couronnés à Reims ; mais le couronnement de Raoul (923) se célébra en l'abbaye de Saint-Médard de Soissons, et celui de Louis d'Outremer (936) à Laon. Depuis l'avénement du roi Lothaire jusqu'à celui de Louis VI, dit le Gros, le sacre des rois de France eut lieu, tantôt en l'église métropolitaine de Reims, et tantôt dans d'autres églises, mais le plus souvent dans la première. Louis VI ayant été sacré dans la cathédrale d'Orléans, le clergé de Reims réclama contre cette prétendue infraction à la coutume et à ses priviléges. Une longue discussion eut lieu, qui mit en évidence les titres que l'église de Reims pouvait faire valoir, depuis le règne de Clovis, pour s'attribuer exclusivement le sacre des rois, car le roi Louis le Jeune, fils de Louis le Gros, qui s'était fait sacrer à Reims, promulgua, à propos du sacre anticipé de son fils Philippe-Auguste, un acte spécial, qui fixa d'une manière irrévocable les droits de cette ancienne église, en même temps que l'ordre à suivre dans les cérémonies du sacre; et, depuis cette époque jusqu'à la fin du règne des Bourbons de la branche aînée, les rois furent invariablement sacrés, selon le rite légal, dans la métropole de Reims, à l'exception toute-

Fig. 386. — Couronnement de Charlemagne. Fac-simile d'une miniature des *Chroniques de Saint-Denis*, ms. du quatorzième siècle, à la Bibl. nat. de Paris.

fois d'Henri IV, lequel se fit couronner à Chartres, par l'évêque de cette ville, au milieu des dissensions de la guerre civile qui divisaient alors son royaume et qui lui fermaient encore les portes de Reims.

Le sacre des rois de France devait s'accomplir un dimanche. Le samedi qui précédait le jour désigné, à l'issue de complies, la garde de l'église appartenait aux officiers royaux, assistés des gardiens ordinaires de la cathédrale; dans la soirée, le monarque venait y faire son oraison et « selon sa dévotion, y veiller une pièce (partie de la nuit) en prières » : ce qu'on appelait la veillée des armes. Un vaste échafaud, surmonté d'un trône, s'élevait entre le sanctuaire et la grande nef. Là, devaient monter, avec le roi et ses grands officiers, les douze pairs ecclésiastiques accompagnés des prélats qu'il plaisait au roi de convoquer, et les six pairs laïques et autres officiers ou seigneurs. Dès l'aube, le roi envoyait une députation de barons, à l'abbaye de Saint-Remi, demander la sainte Ampoule, qui consistait, comme l'on sait, en une petite fiole de verre nommée *ampoule* (*ampulla*), renfermant le saint chrême destiné à l'onction royale : la tradition raconte que cette fiole fut apportée du ciel par une colombe, lors du sacre de Clovis. Quatre des seigneurs restaient en otage à l'abbaye, pendant que l'abbé de Saint-Remi, suivi de ses moines et escorté par les barons, allait processionnellement déposer la sainte Ampoule sur l'autel de la cathédrale. De son côté, l'abbé de Saint-Denis en France avait semblablement amené, à Reims, en grande pompe, et déposé près de la sainte Ampoule les insignes royaux, qui se conservaient dans le trésor de son monastère, depuis le règne de Charlemagne, à savoir : la couronne, l'épée enclose dans le fourreau, les éperons d'or, le sceptre doré, la verge garnie de la main d'ivoire, les sandales ou bottines de soie bleue fleurdelisées, la chasuble ou *dalmatique*, et le *surcot* ou manteau royal en forme de chape sans chaperon. Le roi, sortant du lit, entrait dans la métropole, et prêtait d'abord serment de maintenir la foi catholique et les priviléges de l'Église et de rendre à son peuple bonne et loyale justice. Puis il arrivait au pied de l'autel, et dépouillait une partie de ses vêtements. Il se présentait, la tête nue; il portait une chemise ouverte à la poitrine, aux épaules, aux coudes et au milieu du dos; ces ouvertures se fermaient par des aiguillettes d'argent. Alors, l'archevêque de Reims tirait l'épée du fourreau et la plaçait dans la main du roi, qui la remettait au connétable. Le prélat procédait ensuite à la cérémonie religieuse du sacre, à l'aide de l'huile miraculeuse, qu'il prenait dans la sainte Ampoule avec la pointe d'une aiguille d'or, pour la mêler avec les saintes huiles de son église. Cela fait, le prélat, assis dans l'attitude de la consécration, pratiquait sur la personne du roi agenouillé devant lui, les onctions, au nombre de cinq : l'une sur le front, la deuxième sur la poitrine, la troisième au dos, la quatrième aux épaules, et la cinquième aux jointures des bras. Le roi se relevait ensuite, puis avec l'aide de ses officiers revêtait ses habits royaux ; l'archevêque lui remettait successivement l'anneau, le sceptre, la main de justice, et enfin la couronne. A cet instant, les douze pairs se groupaient, les

Fig. 387. — Dalmatique et sandales de Charlemagne, insignes des rois de France à leur sacre, conservés au trésor de l'abbaye de Saint-Denis.

laïques en première ligne, autour du souverain, et portant la main à la couronne, ils devaient la soutenir un moment ; puis tous ensemble ils conduisaient le roi sur son trône. Le prélat consécrateur, déposant sa mitre, s'agenouillait à son tour aux pieds du monarque, et donnait aux autres pairs et feudataires assistants l'exemple de la prestation de l'hommage lige. En même temps, le cri de *Vive le Roi!* proféré par l'archevêque, était répété trois fois à l'extérieur de la cathédrale par les hérauts d'armes, qui l'adressaient à la foule assemblée. Celle-ci répondait *Noël! Noël! Noël!* et se disputait les menues pièces de monnaie que les officiers royaux lui jetaient en criant : « *Largesse, largesse aux manants!* » Tous les actes de ce cérémonial étaient accompagnés de bénédictions et d'oraisons, dont la formule se lisait au *Pontifical du Sacre*, et la solennité se terminait par le retour des diverses processions civiles et religieuses, dont se composait l'ensemble du cortége. Lorsque le souverain était marié, son épouse participait aux honneurs du sacre, de l'investiture symbolique et du couronnement; mais elle ne partageait les hommages rendus au roi que sous des formes restrictives, qui indiquaient, chez la reine, une autorité moins étendue, un rang moins élevé.

Les cérémonies qui accompagnaient la prise de possession des empereurs d'Allemagne (fig. 388), et qui furent fixées par diplôme, que promulgua en 1356 l'empereur Charles IX, au sein de la diète de Nuremberg, n'offrent pas un moindre intérêt. Aux termes de ce diplôme, encore aujourd'hui conservé dans les archives de Francfort-sur-le-Mein, et connu sous le nom de *bulle d'or,* à cause du sceau d'or pur dont il est muni, lorsque l'Empereur était décédé, l'archevêque de Mayence convoquait, pour un jour désigné, les princes-électeurs de l'Empire, lesquels, pendant tout le cours du moyen âge, restèrent au nombre de sept, « en l'honneur, dit la bulle, des sept chandeliers de l'Apocalypse. » Ces électeurs, qui remplissaient auprès de l'Empereur le même office que les douze pairs auprès du roi de France, étaient : les archevêques de Mayence, de Trèves et de Cologne, le roi de Bohême, le comte palatin du Rhin, le duc de Saxe et le margrave de Brandebourg. A la date indiquée, après avoir entendu la messe du Saint-Esprit dans l'église de Saint-Barthélemy de Francfort (ville dans laquelle avait lieu presque toujours, non-seulement l'élection de l'Empereur, mais encore son couronnement, qui devait cependant se célébrer à Aix-la-Chapelle, et la

Fig. 388. — Costume des empereurs à leur couronnement depuis Charlemagne. D'après une estampe de l'ouvrage intitulé : *Insignia sacræ majestatis Cæsarum principum* (Francfort, 1579, in-fol.).

première cour plénière, qui devait se tenir à Nuremberg), les électeurs se retiraient, assistés de leurs officiers et de leurs notaires, dans la sacristie de ladite église. Ils avaient trente jours pour délibérer. Au delà de ce terme, ils ne devaient plus « manger de pain, ni boire d'eau », qu'ils ne se fussent accordés, au moins à la majorité des voix, pour donner *un chef temporel*

Fig. 389. — Cortège impérial. Réduction d'un fragment de l'*Entrée solennelle de Charles-Quint et de Clément VII à Bologne*, gravé par L. de Cranach, d'après une fresque de Brusasorci, de Vérone.

au peuple chrétien, c'est-à-dire un roi des Romains qui dût être promu empereur. Le prince nouvellement élu n'était encore, en effet, que *roi des Romains*, et ce titre fut souvent porté par des personnages que les vœux des électeurs ou les conjonctures de la politique *destinaient* seulement à l'Empire. Pour être promu à la plénitude de sa puissance et de son autorité, le roi des Romains devait recevoir à la fois la consécration religieuse et la couronne. Les formes de cette solennité présentaient une grande analogie avec celles qui étaient usitées pour le sacre des rois de France, et aussi, d'ailleurs, avec les cérémonies d'installation de tous les princes de la chrétienté. L'office était célébré par l'archevêque de Cologne, qui plaçait la couronne sur le front de l'élu, et qui le sacrait empereur. Les symboles de son autorité lui étaient remis par chacun des électeurs, qui en étaient porteurs,

Fig. 390. — Étendards de l'Empire et de l'Église. Réduction d'un fragment de l'*Entrée solennelle de Charles-Quint et du pape Clément VII à Bologne*, gravé par Lucas de Cranach, d'après une fresque de Brusasorci, de Vérone.

puis on le proclamait : « *César, Majesté très-sacrée, toujours auguste, Empereur du Saint Empire romain de la nation d'Allemagne.* »

Le cortége impérial sortait ensuite de l'église Saint-Barthélemy et traversait la ville, pour se diriger vers l'hôtel de ville (appelé particulièrement le *Rœmer*, par commémoration du grand nom de Rome), où un repas magnifique, dressé dans le *Kaysersaal* (salle des Césars), attendait les principaux acteurs de l'auguste cérémonie.

Au moment où l'Empereur venait d'entrer dans le Rœmer, l'électeur de Saxe, archi-maréchal de l'Empire, toujours à cheval, lançait sa monture à toute bride vers un monceau d'avoine, préparé sur la place ; tenant d'une main une *mesure* d'argent, et de l'autre une *racloire,* du même métal, qui pesaient ensemble douze marcs, il emplissait la mesure d'avoine, la rasait avec la racloire, et la remettait au maréchal héréditaire ; le reste du tas d'avoine se partageait tumultueusement entre les mains et sous les pieds du peuple, témoin de ce spectacle allégorique. Puis le comte Palatin, archi-sénéchal, venait à son tour accomplir sa fonction, qui consistait à poser devant l'Empereur, assis à la table impériale, quatre plats d'argent, du poids de trois marcs chacun, et chargés de mets. Le roi de Bohême, archi-bouteiller, offrait au monarque l'eau et le vin, dans une coupe d'argent, de douze marcs. Enfin, le margrave de Magdebourg devait lui présenter *à laver* (ablution des mains), dans une aiguière d'argent du même poids. Quant aux trois autres électeurs, archi-chanceliers, c'était à leurs frais communs que devait être fourni le bâton d'argent, toujours du poids de douze marcs, sur lequel l'un d'eux portait suspendus les sceaux de l'Empire. Enfin l'Empereur (et l'Impératrice, lorsqu'il était marié), les princes et chacun des électeurs, allaient s'asseoir à autant de tables séparées et s'y faisaient servir par leurs officiers particuliers. Sur une table ou estrade spéciale, étaient placés les insignes impériaux. La cérémonie se complétait au dehors par des réjouissances publiques, telles que l'ouverture de fontaines, versant du vin, de la bière et d'autres boissons, rôtissoirs gigantesques où des bœufs entiers tournaient à la broche, tables dressées en plein air et à tout venant, en un mot, toutes les largesses, tous les divertissements qui depuis des siècles composent le programme des fêtes publiques.

On sait que les doges de Venise, ainsi que les empereurs d'Allemagne et quelques autres chefs d'État, différaient, en principe, des autres souverains de la chrétienté, puisqu'au lieu de tenir leurs pouvoirs du droit *héréditaire* ou *divin,* ils en étaient investis par délégation élective. A Venise, un conclave formé de quarante électeurs, désignés eux-mêmes par une assemblée de notables beaucoup plus nombreuse, élisait le doge ou président de la *sérénissime république.*

Or, depuis le jour où Laurent Tiepolo, aussitôt après son élection (1268),

Fig. 391. — Grande procession du doge, à Venise (seizième siècle). Réduction d'une des quatorze planches, in-fol., représentant cette cérémonie, dessin et gravure de J. Amman.

fut spontanément porté en triomphe par les marins vénitiens, l'usage s'était établi de décerner la même ovation aux doges nouvellement élus. A cet effet, les ouvriers du port faisaient placer le nouveau doge dans un riche palanquin, et le promenaient en grande pompe, sur leurs épaules, tout autour de la place Saint-Marc. Mais une autre cérémonie plus caractéristique signalait cette magistrature élective. Le jour de l'Ascension, le doge, monté sur une grande galère, nommée le *Bucentaure*, somptueusement équipée, toute resplendissante d'or et d'étoffes précieuses, traversait le grand canal, sortait des lagunes, et s'avançait, au son de la musique, au milieu d'un innombrable cortége nautique, à une lieue environ de la ville, dans le golfe de l'Adriatique. Alors le patriarche de Venise bénissait la mer; puis le doge, se plaçant au gouvernail, jetait devant lui un anneau d'or, en disant : « *O mer, je t'épouse au nom et en témoignage de notre vraie et perpétuelle domination!* » Aussitôt, les flots se couvraient de fleurs, les cris d'allégresse et les applaudissements de la foule se mêlaient aux accords des instruments et au fracas de l'artillerie, tandis que le ciel radieux de Venise souriait à ce poétique tableau.

La plupart des grandes cérémonies du moyen âge empruntaient de diverses circonstances accessoires et locales un caractère de solennité bien propre à impressionner l'esprit des populations : dans ces occasions mémorables, l'exhibition de certains monuments historiques, de certains symboles traditionnels, de certaines reliques, se rattachait aux souvenirs les plus fameux de l'histoire nationale, entourés déjà du prestige de l'ancienneté aussi bien que de la vénération publique. Ainsi, au sacre des rois de Hongrie, c'était la couronne du roi saint Étienne (dixième siècle); au sacre des rois d'Angleterre, c'était le siége antique de saint Édouard (onzième siècle) et des rois d'Écosse; au sacre des empereurs d'Allemagne, les insignes impériaux de Charlemagne; au sacre des rois de France, à dater d'une certaine époque, la main de justice de saint Louis, etc.

Après leur consécration par l'Église et le pouvoir spirituel, il ne restait plus aux souverains qu'à prendre possession réelle de leurs États et, pour ainsi dire, de leurs sujets. Cet acte définitif de souveraineté était souvent accompagné d'un autre ordre de cérémonies, qu'on appelait *joyeuse entrée* ou *entrée solennelle*. Ces entrées, dont les historiens nous ont conservé de nombreuses relations, et qui la plupart offraient beaucoup de diversité, avaient naturellement lieu dans la ville capitale. Nous nous bornerons à reproduire, comme un curieux spécimen des fêtes publiques de ce genre, le récit sommaire que le vieux chroniqueur Juvénal des Ursins a fait de l'entrée à Paris de la reine Isabeau de Bavière, femme de Charles VI.

« L'an mil trois cent quatre-vingt-neuf, le roy voulut que la reyne entrast à Paris, et ce il fit notifier et sçavoir à ceux de la ville de Paris, afin qu'ils se préparassent. Et y avoit en chaque carrefour diverses histoires (représentations historiées, images peintes ou tableaux vivants) et fontaines jetant eaue, vin et laict. Ceux de Paris allèrent au devant, avec le prevost des marchands, à grande multitude de peuple, criant *Noël!* Le pont, par où elle passa, estait tout tendu d'un taffetas bleu à fleurs de lys d'or. Et y avoit un homme, assez léger, habillé en guise d'un ange, lequel par engins bien faits, vint des tours de Notre-Dame de Paris à l'endroit dudit pont, et entra par une fente de ladite couverture, à l'heure que la reyne passoit, et luy mit une belle couronne sur la teste; et puis, par les habillemens (mécanisme, produit de l'habileté) qui estoient faits, fut retiré par ladite fente, comme s'il s'en retournast de soy-mesme au ciel. Devant le Grand-Chastelet, avoit un beau lict (lit) tout tendu et bien ordonné de tapisseries d'azur, et disoit-on qu'il estoit faict pour représentation d'un lict de justice, et estoit bien grand et richement paré; et au milieu avoit un cerf bien grand et tout blanc, fait artificiellement, les cornes dorées et une couronne d'or au col, et estoit tellement faict et composé qu'il y avoit un homme qu'on ne voyoit pas, qui luy faisoit remuer les yeux, les cornes, la bouche et tous les membres, et avoit au col les armes du roy pendans; c'est à scavoir l'écu d'azur à trois fleurs de lys d'or... Et sur le lict, près le cerf, avoit une grande espée, belle et claire, toute nue; et quand ce vint que la reyne passa, celuy qui gouvernoit le cerf, au pied de devant dextre (droit), lui fit prendre l'espée, et la tenoit toute droite, et la faisoit trembler. Au roy fut rapporté qu'on faisoit lesdits préparatoires, et dit à Savoisy, qui estoit un de ceux qui estoient le plus près de luy : « Savoisy, je te prie, tant que je puis, que tu montes sur un bon cheval, et je monterai derrière toy, et nous nous habillerons tellement qu'on ne nous connoistra point, et allons voir l'entrée de ma femme. » Et combien que (quoique) Savoisy fist bien son devoir de le demouvoir (dis-

ENTRÉE SOLENNELLE DU ROI CHARLES VII A PARIS

LE 12 NOVEMBRE 1438.

Enguerrand de Monstrelet rend compte dans les termes suivants de la « première entrée » que fit le roi dans sa capitale, délivrée du joug anglais, et dans laquelle il n'était pas revenu depuis la nuit fameuse du 28 mai 1418, où Tanneguy du Châtel l'avait emporté tout nu dans le drap de son lit afin de le soustraire à la fureur des Bourguignons victorieux :

Le mardy douziesme jour de novembre de cest an (1438) le Roy Charles de France..... s'en alla en la cité de Paris, où il n'avoit esté depuis le temps qu'il en avoit esté debouté..... Et vindrent au devant de luy jusques à la Chappelle le prevost des marchans, eschevins et bourgeois en tres grant nombre, accompaignez des arbalestriers et archiers de la ville. Si mirent iceulx prévost et eschevins ung ciel bleu couvert de fleurs de lis d'or et le porterent par dessus le chief du Roy. Apres vint le prevost de Paris, accompaigné de ses sergens de pied, et ensuyvant neuf sergens vindrent les notaires, procureurs et advocatz et commissaires du Chastellet. En apres vindrent les personnaiges des sept Pechez mortels et des Sept Vertus montez à cheval et habillez selon leurs proprietez. Apres suyvoient les presidens et y avoit tres grant multitude de peuple. Et ainsy alla le Roy entrer par la porte Sainct Denys en la ville et cité de Paris, sur laquelle porte estoit ung escu de France que troys Anglois tenoient eslevé, et au dessus dudit escu estoient Anglois chantans et au dessous y avoit escript :

Tres excellent roy et seigneur,   Vous reçoyvent en tout honneur
Les manants (habitans) de vostre cité   Et en tres grande humilité.

« Au ponchelet (au pont de la porte Saint-Denis) avoit ung fontaine en laquelle y avoit ung pot ou estoit une fleur de lis qui jectoit bon ypocras, vin et etue, et dedans la dicte fontaine estoient deux Dauphins, et au dessoubz avoit une terrasse voultée de fleurs de lis, et dessus la dicte terrasse estoit ung personnaige de sainct Jehan Baptiste, qui monstroit l'*agnus Dei*, et y avoit anges chantans moult mélodieuscment..... »

La scène qu'a choisie le miniaturiste représente l'arrivée du roi Charles au pont de la porte Saint-Denis : le roi, chevauchant sous un dais aux couleurs et armes de France, est précédé de son connétable. Sur le premier plan l'artiste, soit pour rompre la monotonie des lignes, soit pour rappeler une ancienne coutume du sacre des rois, a placé deux oiseliers qui en signe de réjouissance rendent la liberté à des troupes d'oiseaux.

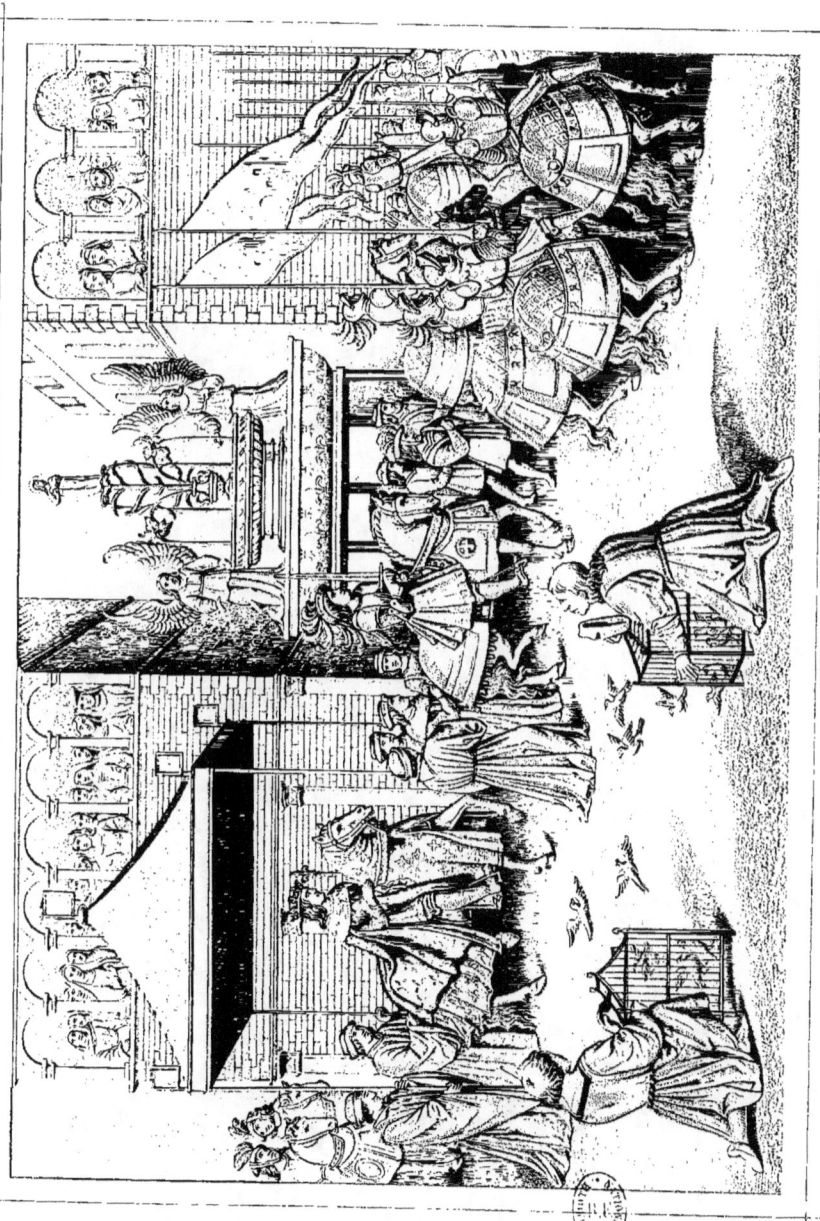

ENTRÉE DE CHARLES VII A PARIS.

Miniature des *Chroniques d'Enguerrand de Monstrelet*, à la Biblioth. imp. de Paris, fonds Lavallière, n° 2036i.
Costumes du seizième siècle.

suader), toutefois le roy le voulut et luy commanda qu'ainsi fust fait. Si fit Savoisy ce que le roy lui avoit commandé et se desguisa le mieux qu'il pust et monta sur un fort cheval, et le roy derrière luy, et s'en allèrent parmy la ville en divers lieux, et s'avancèrent pour venir au Chastelet, à l'heure que la reyne passoit; et y avoit moult (beaucoup) de peuple et grande presse, et se

Fig. 392. — Joutes en l'honneur de l'entrée de la reine Isabeau, à Paris. D'après une miniature des *Chroniques* de Froissart, ms. du quinzième siècle, à la Bibl. nat. de Paris.

bouta (mit) Savoisy le plus près qu'il put, et y avoit là sergent de tous costez à grosses boulayes (baguettes de bouleau), lesquels, pour défendre la presse et qu'on ne fist quelque violence au lict où estoit le cerf, frappoient d'un costé et d'autre de leurs boulayes bien fort, et s'efforçoit toujours Savoisy d'approcher. Et les sergens qui ne connoissoient ne le roy ne Savoisy, frappoient de leurs boulayes sur eux, et en eut le roy plusieurs coups et horions sur les espaules bien assis. Et, au soir, en la présence des dames et damoiselles, fut la chose sceue et récitée, et s'en commença-t-on à farcer, et le roy mesme se farçoit des horions qu'il avoit receus. La reyne, à l'entrée, estoit en une lictière bien richement ornée et habillée, et aussi estoient les dames et damoiselles; qui estoit belle chose à voir. Et qui voudroit mettre (décrire) tous les habillements des dames et damoiselles, des chevaliers et escuyers, et de ceux qui menoient la reyne, seroit chose longue à réciter. Et, après souper, y eut chansons et danses jusqu'au jour et faite une très-grande chère, et le lendemain y eut jouste (fig. 392) et autres esbatemens. »

Dans le cours de ce récit naïf et pittoresque, il a été question de *lit de justice*. On qualifiait ainsi toutes les réunions judiciaires ou législatives, auxquelles le souverain croyait devoir assister royalement; mais on les appelait plus ordinairement *plaidoyers*, quand le roi n'y venait qu'en qualité de simple assistant, auquel cas rien n'était changé dans la forme ordinaire des séances, et *conseils*, quand le roi présidait à la délibération; ce qui exigeait un cérémonial particulier. Enfin, on entendait par *lit de justice* proprement dit (fig. 393), ou bien par *cour des pairs*, les assemblées des grands officiers de la couronne et des grands corps de l'État, dans lesquelles il s'agissait, soit de juger criminellement quelque pair de France, soit de plaider solennellement quelque cause politique d'intérêt exceptionnel, soit de faire enregistrer, au nom de l'absolue souveraineté du roi, un édit important. On sait le rôle considérable, disons même fatal, que jouèrent ces sortes de solennités, qui revenaient sans cesse et à tout propos, dans les derniers temps de la monarchie. Ces lits de justice se tenaient toujours avec une pompe imposante. Le monarque y convoquait habituellement les princes du sang et les officiers de sa maison; les membres du Parlement y siégeaient en robes rouges; les présidents, revêtus de leurs mortiers et de leurs manteaux, et les greffiers portant l'épitoge. Aux pieds du roi s'asseyaient le grand chancelier et le premier chambellan, ainsi que le prévôt de Paris. Le chancelier de France, les présidents et conseillers du Parlement occupaient le parquet; les huissiers de la cour étaient à genoux.

Après avoir simplement mentionné, sans les décrire (car nous risquerions de tomber dans des redites oiseuses), les assemblées de notables, les entrevues de souverains (fig. 394), et les réceptions d'ambassadeurs, nous aborderons le cérémonial particulier des classes nobles, en prenant pour guide le livre réglementaire intitulé les *Honneurs de la cour*, rédigé à la fin du quinzième siècle, par la célèbre Aliénor de Poitiers, qui avait joint à ses propres observations celles de sa mère Isabelle de Souza, laquelle même n'avait fait que continuer le travail d'une noble dame, sa devancière, Jeanne d'Harcourt,

Fig. 393. — Lit de justice, tenu par le roi Philippe de Valois, où fut jugé Robert, comte d'Artois, le 8 avril 1332. D'après un dessin à la plume tiré des pièces originales manuscrites. (Arch. nationales.)

mariée en 1391 au comte Guillaume de Namur, « la plus sçachante de tous estats (des rangs et conditions), qui fust au royaume de France » ; de telle sorte que ce recueil des usages de la cour formait une sorte de journal de famille, embrassant trois générations, et remontant à plus d'un siècle en arrière.

Si curieux et si intéressant que soit ce livre, et quelque autorité qu'il puisse avoir en cette matière, nous ne pourrons y faire, à notre grand regret, que des emprunts restreints et peu nombreux ; mais ces extraits, choisis avec soin, suffiront sans doute pour donner une idée assez juste des mœurs de la noblesse au quinzième siècle, et pour représenter les lois d'étiquette, dont le livre de dame Aliénor était le code vénérable.

Un des premiers chapitres des *Honneurs de la cour* fait ressortir cette loi fondamentale du cérémonial français : que, « selon les estats (coutumes, traditions) de France, *les femmes vont* (ont rang) *selon les marits*, quelque grandes qu'elles fussent, fussent-elles filles de roy. » Nous y voyons aussi qu'aux noces du roi Charles VII et de Marie d'Anjou, en 1413, bien que jamais peut-être on n'eût vu réunis tant de princes et de grandes dames, au banquet toutes les dames dînèrent avec la reine, « et nuls-hommes n'y estoient assis ». Notons, à ce sujet, que ce ne fut guère que sous François Ier que les deux sexes se trouvèrent rassemblés et confondus dans le commerce ordinaire de la vie des cours ; nous avons ailleurs remarqué (voyez *Vie privée*) que cette dérogation aux anciens usages exerça une grande influence non-seulement sur les mœurs, mais encore sur les affaires publiques.

L'auteur des *Honneurs de la cour* nous raconte ensuite en détail *l'honneur que la royne, Marie-d'Anjou, fist à madame la duchesse de Bourgogne, quand elle fust à Châlons en Champagne, devers elle, en 1445* : « Madame la duchesse vint, elle et toute sa compagnie, à haquenées et en chariots, tout dedans la cour de l'hostel où le roy et la reine estoient, et là, descendit madame la duchesse, et sa première damoiselle print (prit) sa queue (la traîne de sa robe). M. de Bourbon l'addextroit (lui donnait la main à droite) et les gentilshommes alloient devant. En cest estat, vint jusques en la salle, devant la chambre où la royne estoit. Là, madite dame s'arresta et fit entrer M. de Crequi, lequel estoit son chevalier d'honneur, pour demander à la royne s'il luy plaisoit que madame la duchesse entrast... Quand madite dame vint à l'huis (porte), elle print la queue de sa robbe en sa main et l'osta à celle qui la portoit, et quand elle marcha devant l'huis, elle la laissa traîner et s'agenouilla bien près jusqu'à terre, et puis marcha jusqu'au milieu de la chambre. Là, elle fit encore un pareil *honneur* (génuflexion), et puis recommença à marcher toujours vers la royne, laquelle étoit toute droicte, et là trouva Madame (la reine) ainsy emprès le chevet de son lict ; et quand madame la duchesse recommença à faire le troisième *honneur*, la royne demarcha deux ou trois pas, et madame (la duchesse) se mit à genouil; la royne luy mit une de ses mains sur l'épaule, et l'embrassa et la baisa et la fit lever. »

Nous voyons ensuite la duchesse aller à la dauphine, Marguerite d'Écosse,

Fig. 394. — Entrevue du roi Charles V avec l'empereur Charles IV, à Paris, en 1378. Fac-similé d'une miniature de la relation de cette entrevue, ms. du quinzième siècle, à la bibl. de l'Arsenal, à Paris.

épouse du dauphin, depuis Louis XI, « qui estoit à quatre ou cinq pieds de la royne », et lui rendre les mêmes honneurs qu'à celle-ci; la dauphine, néanmoins, ayant fait semblant de vouloir l'empêcher de s'agenouiller jusqu'à terre. Puis, elle se dirige vers la reine de Sicile (Isabelle de Lorraine, femme de René d'Anjou, beau-frère du roi), « laquelle estoit à deux ou trois pieds de madame la dauphine », et elle se contente de la saluer; ainsi qu'une troisième princesse, madame de Calabre, qui n'appartenait au sang royal qu'à un degré encore plus éloigné. Puis la reine, et après elle la dauphine, baisèrent les trois premières dames d'honneur de la duchesse et les femmes des gentilshommes. La duchesse en fit autant pour les dames qui accompagnaient la reine et la dauphine, mais « de celles de la royne de Sicile, madame n'en baisa (aucune), non plus que celle-ci fit des siennes. Et ne voulut madame la duchesse aller derrière la royne de Sicile, car elle disoit que monsieur le duc de Bourgogne estoit plus près de la couronne de France que le roy de Sicile n'estoit, et aussy qu'elle estoit fille du roy de Portugal, qui est plus grand que le roy de Sicile n'est ».

Plus loin, le détail d'une réception analogue nous apprend que l'étiquette n'avait pas encore subi l'empire des lois courtoises de la galanterie, par le fait de l'hommage volontaire du sexe masculin envers l'autre sexe, abstraction faite du rang social. Nous voyons, en effet, lors de l'arrivée de Louis XI, alors dauphin, à la cour de Bruxelles, où il venait chercher un refuge contre la colère de son père, que les duchesses de Bourgogne, de Charolais et de Clèves, ses proches parentes, lui donnent, en le recevant, toutes les marques de soumission et d'infériorité qu'il aurait pu recevoir d'un vassal. Le dauphin, il est vrai, veut se soustraire à ces hommages, ce qui engage un débat de « plus d'un quart d'heure » ; enfin, il prend la duchesse de Bourgogne par dessous le bras, et l'emmène, pour couper court aux cérémonies, « ce dont Madame fit fort parler », et ce qui n'empêcha pas qu'en se retirant, les princesses ne s'agenouillassent jusqu'à terre pour témoigner de leur respect pour le fils du roi de France.

On a vu plus haut que la duchesse de Bourgogne, au moment de se présenter devant la reine, avait pris des mains de sa suivante la queue de sa robe, pour la tenir elle-même. Elle ne faisait en cela que se conformer à un principe général, qui voulait qu'en présence du supérieur on cessât d'avoir droit aux honneurs qui pouvaient être rendus à celui-ci; ainsi un duc et une duchesse, au milieu de leur cour, faisaient *couvrir* tous les objets qui servaient à table (de là l'expression moderne, *mettre le couvert*), depuis l'aiguière *à laver* (les mains) jusqu'au *cadenas*, sorte de coffre où s'enfermaient à clé la coupe, le couteau et les autres meubles de bouche; mais recevaient-ils un roi, toutes ces marques de suprématie leur étaient enlevées par l'étiquette et passaient, comme privilége exclusif, au souverain qui se trouvait là.

Le livre de dame Aliénor, dans une série d'articles que nous ne ferons

Fig. 395. — Entrée de Louis XI à Paris. Fac-simile d'une miniature des *Chroniques* de Monstrelet, manuscrit du quinzième siècle, à la Bibl. nat. de Paris.

qu'indiquer, s'étend longuement et minutieusement sur l'ordonnance intérieure des chambres, où naissaient les princes et autres enfants nobles, cérémonial aussi étrange que compliqué, que dame Aliénor déplore pourtant de voir tomber en discrédit : « Par quoy, dit-elle, est à doubter (craindre) que tout ira mal; car les estats (des maisons nobles) sont trop grands, comme chacun sçait et dit. »

Il est ensuite question des deuils. Le roi ne porte jamais le deuil en noir, fût-ce de son propre père, mais en rouge, en violet. La reine porte le deuil en blanc, en cas de veuvage, et doit pendant une année ne pas sortir de ses appartements. De là, le nom de château, hôtel ou tour de la *Reine Blanche*, que portent encore communément beaucoup d'édifices du moyen âge, dans lesquels des reines veuves ont habité pendant la première année de leur veuvage. En cas de deuil, les diverses salles du logis doivent être tendues de noir. Dans les grands deuils, comme ceux de mari ou de père, on ne porte ni gants, ni joyaux, ni soie; la tête doit être couverte de coiffures noires, basses et à barbes traînantes, nommées *chaperons, barbettes, couvre-chefs* et *tourets*. Les duchesses et femmes de chevaliers-bannerets, en prenant le deuil, gardent la chambre six semaines; mais les premières, pendant tout ce temps, lorsqu'il s'agit d'un grand deuil, restent couchées, le jour, sur un lit couvert de draps blancs, tandis que les secondes, au bout de neuf jours, se lèvent, et jusqu'au terme commun, doivent se tenir assises, devant un lit, sur un drap noir. Les dames ne vont point au service funèbre de leurs maris; mais elles doivent être présentes à ceux de leurs père et mère. Pour un frère aîné, on porte le même deuil que pour le père, mais on ne *couche* point.

Dans leurs relations habituelles d'intimité, les rois, princes, ducs et duchesses, mais ceux-là seulement qui sont *seigneurs* et *dames du pays*, doivent s'appeler *Monsieur* et *Madame*, en y joignant leurs noms de baptême ou de terre. Quand le supérieur parle à ses inférieurs ou leur écrit, il peut ajouter à leur titre de parenté celui de *beau* et *belle*; par exemple, mon *bel oncle*, ma *belle cousine*; les gens de moindre état ne doivent pas s'appeler entre eux : *Monsieur Jean, ma belle tante*, mais simplement : *Jean, ma tante*. Le chef d'une maison s'assied sous un *dais* ou *dosseret*, qu'il ne cède qu'à son souverain, quand il a l'honneur de le recevoir. « Ce sont, dit Aliénor en terminant, les honneurs ordonnez, préservez et gardez, en Allemagne, en l'Empire, aussi au royaume de France, en Naples, en Italie, et en tous autres pays et royaumes, où l'on doit user de raison. » Remarquons que l'étiquette, après avoir pris naissance en France, se répandit de là chez les autres nations de la chrétienté. Une fois acclimatée sur ce dernier terrain elle y acquit, il est vrai, une rigueur et une fixité, qu'elle conserva plus cons-

Fig. 396. — « Comment le roy d'armes présente l'espée au duc de Bourbon. » D'après une miniature des *Tournois du roi René*, manuscrit du quinzième siècle, à la Bibl. nat. de Paris.

tamment qu'en France. Parmi nous, c'est seulement à partir du dix-septième siècle, et particulièrement sous Louis XIV, que l'Étiquette royale, ou le Cérémonial de la cour devint réellement une science et presque une sorte de culte, assujetti à un rituel minutieux et sacramentel, où la pompe et la précision conduisaient souvent à une gêne insupportable et même à la plus étrange puérilité. Mais, néanmoins, à travers les perpétuelles variations des temps et des usages, ce qui distingua toujours la nation française, ce furent la noblesse et la dignité tempérées par l'esprit et la grâce.

Si maintenant nous tournons nos regards vers le tiers-état, cette classe qui, pour rappeler une expression célèbre, était destinée à devenir tout, après n'avoir été longtemps comptée pour rien, nous verrons que là encore l'usage et la tradition avaient fait une large part aux cérémonies de tous genres. Non-seulement la présence du tiers-état imprimait aux fêtes aristocratiques et religieuses un véritable caractère de grandeur, mais encore le tiers-état avait en propre tout un monde de solennités variées, dans lesquelles l'étiquette n'était ni moins compliquée ni moins sévère qu'aux cérémonies de cour. Cette variété même de cérémonies bourgeoises et populaires est tellement étendue, qu'il faudrait une volumineuse monographie, illustrée de nombreuses gravures, pour en retracer les acpects divers et capricieux. La seule énumération des fêtes publiques, qui toutes étaient nécessairement régies par un cérémonial distinct, nous entraînerait loin, si nous voulions essayer de la donner à peu près complète.

En effet, outre les nombreuses cérémonies purement religieuses, comme les processions de la Fête-Dieu, des Rogations, et les fêtes à la fois superstitieuses et burlesques, comme celles des *Fous,* de l'*Ane,* des *Innocents,* et d'autres semblables, qui eurent tant de vogue au moyen âge, et dont nous parlerons un jour avec plus de détails, on y verrait figurer les fêtes militaires ou gymnastiques, comme les solennités dites des *Confrères de l'Arquebuse,* des *Archers,* du *Papegaut,* du *Roi de l'Épinette* à Lille (fig. 397), et *du Forestier* à Bruges; les fêtes, en quelque sorte, naturelles, comme celles des *Béhours,* des *Champs-Galat* d'Épinal; des *Laboureurs* de Montélimar; du *Guy l'an neuf,* en Anjou; du *Mai,* de la *Gerbe,* du *Printemps,* des *Roses,* des *Feux de Saint-Jean,* etc.; les fêtes historiques ou commémoratives, comme celles du *Géant Reuss,* à Dunkerque, de *Gayant,* à Douai, etc.; *Guet de Saint-Maxime,* à Riez en Provence; les processions de *Jeanne d'Arc* à Orléans, de *Jeanne Hachette* à Beauvais;

enfin les innombrables fêtes de corps et de communautés, comme celles des Écoliers, des Nations, des Universités ; le Lendit, la Saint-Charlemagne, la Baillée des roses au Parlement ; les fêtes littéraires des Pays et chambres de rhétorique, en Picardie et en Flandres, de Clémence Isaure à Toulouse,

Fig. 397. — Entrée du roi de l'Épinette à Lille, au seizième siècle. D'après une miniature d'un manuscrit de la bibliothèque de Rouen (fonds Leber).

du Capitole à Rome, etc. ; les Serments, Métiers, Devoirs des corporations ouvrières ; les fêtes patronales appelées aussi Assemblées, Ducasses, Folies, Foires, Kermesses, Pardons, etc.

On comprend donc, à cette simple nomenclature, quelle énorme et inutile tâche nous nous imposerions, s'il fallait seulement aborder ici un sujet si vaste et si complexe, dont le lecteur peut d'ailleurs se faire aisément une idée d'ensemble ; car, à part les détails infinis, qui devaient résulter des conditions locales, dans lesquelles avaient été instituées ces diverses cérémonies qui se célébraient partout, à jour fixes, avec le même entrain et la même affluence, une sorte d'esprit général en avait naturellement réglé et dicté l'ordonnance. Toutes ces fêtes et réjouissances publiques, qui constituaient, en quelque sorte, le fonds commun du cérémonial populaire, avaient entre elles, du moins la plupart, bien des analogies.

Toutefois quelques particularités, moins connues ou plus singulières que le reste, méritent d'être signalées; c'est par là que nous terminerons cette étude, qui ne pourrait être plus complète sans dépasser ses limites.

Les solennités et cérémonies les plus usuelles, celles qui se conservent au milieu de nous avec le plus de persistance, ne sont pas celles qui se rattachent à la moins ancienne origine. Ainsi, l'usage de célébrer joyeusement le commencement de l'année, ou de consacrer au plaisir quelques jours privilégiés, est encore universellement pratiqué dans tous les pays du monde. La coutume de s'envoyer des présents, au *jour de l'an,* se retrouve dans la civilisation orientale aussi bien que dans la nôtre. Au moyen âge, les princes et notamment les rois de France, recevaient de leurs familiers, à titre d'étrennes, des cadeaux intéressés auxquels ils devaient répondre avec usure. En Angleterre, ces échanges de libéralités ont lieu à la fête de Noël, sous les noms de *Christmas gift* (cadeau de Noël); en Russie, c'est au jour de Pâques, et ils sont accompagnés de la formule consacrée, que les passants s'adressent l'un à l'autre dans la rue : « *Christ est ressuscité!* » Ces pratiques ainsi que beaucoup d'autres, nous ont été léguées, nul ne l'ignore, par les premiers âges du christianisme. Il en est de même d'une foule d'usages plus ou moins locaux, qui se sont observés pendant des siècles, en diverses contrées. Autrefois, à Ochsenbach, en Wurtemberg, à l'époque du carnaval, les femmes célébraient un festin dans lequel elles étaient servies par les hommes, et, à la suite de ce festin, elles formaient une sorte de cour plénière où elles se jugeaient entre elles, et dont les hommes étaient également exclus. A Ramerupt, petite ville du comté de Champagne, tous les ans, au 1ᵉʳ mai, les gens de la ville se rendaient, au nombre de vingt, en *chassant* sur la route, au hameau de Saint-Remy, qui en dépendait. C'étaient *les fous de Rameru;* le plus fou menait la bande, disait-on. Ceux de Saint-Remy étaient tenus de les recevoir gratuitement, eux, leurs

Fig. 398. — Représentation d'un ballet devant Henri III et sa cour, dans la galerie du Louvre. Fac-simile d'une gravure sur cuivre du *Ballet de la Royne*, par Balthazar de Beaujoyeulx (Paris, Mamert Patisson) 1582, in-4°).

chevaux et leurs chiens; de leur faire dire une messe, de souffrir toutes les folies du capitaine de la bande, et de leur fournir, en outre, un *bélier beau et bien cornu*, que l'on ramenait en triomphe. De retour à Ramerupt, les fous saluaient de leurs cris, et de coups de feu ou d'artifice quand la poudre fut inventée, les portes du curé, du bailli, du procureur fiscal; puis on se rendait sur la place de la halle, et l'on dansait autour du bélier couronné de rubans. N'était-ce pas une réminiscence des fêtes de l'antiquité païenne?

Une solennité, plus bizarre encore, et que l'on croit pouvoir faire remonter aux fêtes dionysiennes du paganisme, s'est perpétuée jusqu'à nos jours, à Béziers. Elle porte le nom de fête de *Pepézuch,* ou le *Triomphe de Béziers,* ou encore des *Caritats,* c'est-à-dire des *Charités.* On voit, à Béziers, au bas de la rue Française, une statue mutilée qui, malgré les outrages de toute espèce dont elle porte les traces, dénote visiblement un travail antique et même des beaux temps. C'est le *Pepézuch,* dans lequel on veut reconnaître, par une tradition de seconde origine, un citoyen de Béziers, qui aurait victorieusement défendu la ville contre les Goths, d'autres disent contre les Anglais, ce qui ne donnerait pas une date d'origine postérieure au treizième siècle. Le jour de l'Ascension, fête du Pepézuch, un immense cortége parcourait la cité. On y distinguait trois machines remarquables : la première était un chameau colossal fait de bois et mû par des procédés artificiels, de telle sorte qu'il marchait et remuait ses membres et ses mâchoires; la seconde était une galère roulante, montée par un nombreux équipage; la troisième consistait en un char, sur lequel était installé un théâtre ambulant. Les consuls et autres autorités de la ville, les corporations de métiers, ayant à leur tête les bergers à pied, les maréchaux-ferrants à cheval, tous portant leurs insignes et étendards respectifs, formaient cortége. Une double troupe, composée d'une *faction* de jeunes garçons, et d'une *faction* de jeunes filles, tenant des cerceaux blancs décorés de rubans et de bandelettes multicolores, était précédée d'une jeune fille couronnée de fleurs, à demi voilée, qui portait une corbeille. Ce brillant cortége se déroulait au son de la musique, et, de distance en distance, les couples de jeunes gens des deux sexes s'arrêtaient pour exécuter, à l'aide de leurs cerceaux, diverses figures chorégraphiques, appelées la *Danse des Treilles.* Les machines stationnaient successivement en divers endroits. Le chameau entrait notamment dans l'église de Saint-Aphrodise, premier apôtre, venu, disait-on, sur un chameau pour évangéliser la contrée et y recevoir la palme du martyre. Arrivé devant *Pepézuch,* la jeunesse ornait sa statue. Sur la place de la ville, le théâtre mobile cessait de rouler, comme l'ancien char de Thespis, et les acteurs débitaient au peuple quelques sotties satiriques, renouvelées d'Aristophane. De la galère, des jeunes gens lançaient des dragées, des sucreries, et en recevaient à leur tour, de la part des spectateurs. Enfin des hommes couronnés de feuillage vert, portaient sur la tête des pains qui devaient être, ainsi que d'autres provisions, chargés sur la galère et distribués entre les pauvres de la ville.

En Allemagne et en France, il était d'usage, aux entrées solennelles, lorsqu'on recevait des rois, des princes ou des personnages de distinction, de leur offrir les *vins de la ville*. A Langres, par exemple, ces vins étaient renfermés dans quatre vases d'étain appelés *cimaises*, qui se voient encore à la maison commune; on les nommait : vins de *lion*, de *singe*, de *mouton* et vin de *cochon ;* dénominations symboliques, qui exprimaient les différents degrés ou caractères de l'ivresse, qu'ils pouvaient produire : le *lion*, courage; le *singe*, malice; le *mouton*, débonnaireté; le *cochon*, bestialité.

Empruntons enfin, pour terminer, à l'excellent ouvrage de M. Alfred Michiels, sur la peinture flamande et hollandaise, la description abrégée d'une procession de corps et métiers, qui eut lieu à Anvers en 1520, le dimanche après l'Ascension : « Tous les corps de métiers s'y trouvaient, chaque membre revêtu de ses plus riches habits; en tête de chaque guilde flottait une bannière, et, dans l'intervalle qui les séparait l'une de l'autre, brûlait un cierge énorme. De longues trompettes d'argent, des flûtes, des tambours réglaient la marche. Les orfèvres, les peintres, les maçons, les brodeurs en soie, les sculpteurs, les menuisiers, les charpentiers, les bateliers, les pêcheurs, les bouchers, les corroyeurs, les drapiers, les boulangers, les tailleurs et les hommes des autres états se déployaient sur deux rangs. Puis venaient les tireurs d'arbalète, d'arquebuse et d'arc, les uns à pied, les autres à cheval. Après eux s'avançaient les ordres monastiques; ils étaient suivis d'une foule de bourgeois en costume splendide. Une nombreuse troupe de veuves fixaient particulièrement l'attention; elles étaient habillées de blanc depuis les pieds jusqu'à la tête, et formaient une sorte de confrérie, se nourrissant du travail de leurs mains et observant une certaine règle. Les chanoines et les prêtres étincelaient d'or et de soie. Vingt personnes portaient une statue de la Vierge, tenant son fils, et pompeusement ornée. Des chariots et des navires roulants terminaient le cortége. On y voyait toute espèce de groupes qui représentaient des scènes de la Bible et de l'Évangile, comme la *Salutation angélique,* la *Venue des Mages,* assis sur des chameaux, la *Fuite en Égypte* et autres épisodes. La dernière machine simulait un dragon que sainte Marguerite conduisait avec une bride somptueuse, ayant derrière elle saint Georges et quelques brillants chevaliers. »

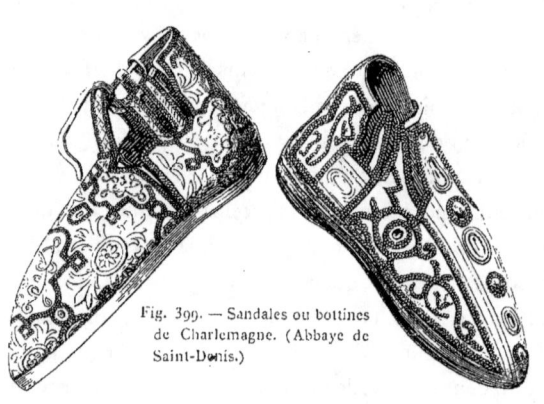

Fig. 399. — Sandales ou bottines de Charlemagne. (Abbaye de Saint-Denis.)

COSTUMES

Influence du costume antique. — Costume au cinquième siècle. — Chevelure. — Costumes au temps de Charlemagne. — Naissance des costumes nationaux modernes. — Coiffures et barbes. — Siècle de saint Louis. — Progrès du costume : braies, chausses, souliers, cotte, surcot, chaperon. — Variations dans la mode des souliers et des chaperons. — La *livrée*. — Manteaux et chapes. — Édits contre les modes extravagantes. — Costume féminin : robes, bonnets, coiffes, etc. — Disparition du costume ancien. — Robes à taille. — Idée générale du costume sous François Ier. — Unification du costume.

usqu'à l'apparition des hordes sauvages du Nord, ou plutôt jusqu'à l'envahissement de l'empire romain par ces peuples nomades, le vêtement long fut seul en usage dans le monde antique. Partout où ce vêtement était porté, le costume des femmes différait peu de celui des hommes. Pendant des siècles, chez les Grecs, la manière de s'habiller n'avait guère varié ; mais les Romains, devenus les maîtres de l'univers, changèrent ou plutôt modifièrent dans quelques parties leur habillement, en s'appropriant ce qui leur semblait préférable dans le costume comme dans les armes des vaincus. Néanmoins le fond de l'habillement était à peu près demeuré le même (fig. 400 et 401).

Le costume romain se composait presque exclusivement de deux parties ou de deux pièces, le vêtement de dessous ou la *tunique*, et le vêtement de dessus ou le *manteau*, désigné sous les différents noms de *chlamyde*, de *toge* et de *pallium*, qui affectaient des distinctions de formes peu marquées, malgré ces appellations particulières : par exemple, la tunique simple à manches, qui se rapprochait par son usage de la chemise, et par sa forme de la blouse actuelle, était à peu près la même sous des noms divers : *chiridota,* tunique à manches longues et larges, d'origine asiatique; *manuleata,* tunique à manches longues et étroites, descendant aux poignets; *talaris,* tunique tombant jusqu'aux talons ; *palmata,* tunique d'apparat, brodée de palmes; et il en était ainsi des autres pièces de l'habillement. Quant aux *lacerna, læna, cucullus, chlamys, sagum, paludamentum,* c'étaient des vêtements de dessus, plus ou moins grossiers, plus ou moins amples, plus ou moins courts, mais entièrement analogues à nos manteaux, cabans, etc., avec ou sans cagoule ou capuchon. La coquetterie des femmes avait bien inventé un certain nombre de variations de la tunique et du manteau, ainsi que d'élégants accessoires de leur toilette; mais rien ne différenciait essentiellement le costume national, pas plus que les multiples dénominations de la chaussure n'en changeaient l'économie primordiale. Les invasions barbares amenèrent une révolution dans le costume, comme dans l'état social des peuples, et c'est d'elles que date, à proprement parler, l'histoire de l'habillement moderne; car le costume romain, mêlé au costume des Francs, des Huns, des Hérules, des Vandales, des Goths, etc., alla toujours se modifiant petit à petit jusqu'au neuvième siècle, puis de plus en plus, pour disparaître enfin tout à fait vers le quatorzième siècle.

Il était naturel que des hommes, vivant dans un pays plus que tempéré, ne marchant armés que pour le service de l'État, se contentassent de vêtements qui pouvaient les couvrir, sans envelopper trop étroitement le corps. Les nations du Nord, au contraire, avaient dû songer de bonne heure à se garantir des rigueurs du climat qu'elles habitaient. Ainsi les vêtements, connus chez eux sous le nom de *braies,* sous le nom de *sarabara* chez les Parthes, ont certainement donné naissance à ceux qui chez nous se sont nommés successivement *chausses, haut-de-chausses, trousses, grègues, culottes, pantalons,* etc. Ces peuples errants avaient encore d'autres raisons pour préférer au vêtement ample et long le vêtement court ou juste : leur turbulence native qui les obligeait à ne jamais se séparer de leurs armes, leur habitation dans des forêts et des halliers, la passion de la chasse, et l'habitude de se barder de fer.

Les anciens Grecs et Romains avaient toujours la tête nue quand ils restaient dans leurs villes; mais, à la campagne, pour se préserver des rayons du soleil, ils se coiffaient de chapeaux de feutre, de paille ou de roseau tressé, qui ressemblaient beaucoup à nos chapeaux ronds. Les Barbares marchaient aussi tête nue, ou se coiffaient, sans aucune régularité, de bonnets plus ou moins volumineux, dont la forme nous est peu connue et qui se composaient ordinairement de peaux de bêtes.

Les chaussures et les coiffures à formes déterminées appartiennent à une époque plus avancée. Ce n'est aussi que dans des temps plus modernes

Fig. 400 et 401. — Costumes gallo-romains, d'après des bas-reliefs découverts à Paris, en 1711, sous le chœur de Notre-Dame.

que l'on peut constater les variations du costume féminin, qui, à toutes les époques et dans tous les pays, ont porté les vêtements que nous connaissons sous le nom général de *robes :* seulement, l'usage de la ceinture était restreint et subordonné aux circonstances; dans tous les cas, les femmes s'en servaient de la même manière que les hommes du ceinturon, car autrefois la ceinture n'était jamais adhérente à la robe. La grande différence dans le costume moderne des femmes consiste donc en ceci, que la ceinture, devenue aujourd'hui partie intégrante de la robe, accuse la taille longue ou courte, selon que l'exige la mode. De même, la révolution complète du costume masculin s'est opérée à partir de l'invention des manches flottantes ou étroites, longues ou courtes.

Nous prendrons pour point de départ de notre aperçu historique le cinquième siècle, époque à laquelle peut se rapporter le mélange du costume romain avec le costume barbare (fig. 400 et 401), du vêtement long et sans formes avec l'habillement court accompagné des braies que portaient les Germains. Ainsi, sur la statue couchée qui ornait le tombeau de Clovis, dans l'église de l'abbaye da Sainte-Geneviève, ce roi franc, que la civilisation gallo-romaine avait inévitablement métamorphosé, est représenté vêtu de la tunique, et de la toge ou de la chlamyde, mais avec adjonction de ce haut-de-chausses collant, que nous désignons sous le nom de *pantalon*. Il a, en outre, la tunique serrée par une ceinture, ce qui n'était pas une innovation de son temps, car les femmes portaient alors une longue robe ceinte par le milieu. Sa chaussure n'offre rien encore de bien particulier, puisque le *soulier,* ou sandale fermée, se retrouve, de toute antiquité, chez la plupart des nations (fig. 402 et 403).

Le manteau peut revendiquer une origine aussi lointaine. La première remarque essentielle à faire doit porter sur les ornements dont les Francs enrichissaient leurs ceintures et les bords ou *orles* de leurs tuniques et manteaux. Cette mode leur venait de la cour impériale qui, transportée de Rome à Constantinople, dans le troisième siècle, n'avait pas tardé à s'assimiler le luxe de pierreries et de riches bigarrures, familier de tout temps aux peuples d'Orient.

Il est bon, toutefois, de déclarer, comme le fait très-judicieusement le savant historien du Costume en France, Horace de Vielcastel, qu'il est sinon impossible, au moins fort difficile, de préciser le véritable costume des premiers âges mérovingiens. Les écrivains qui en ont parlé pour la première fois se sont exprimés vaguement à ce sujet, ou bien n'étaient point contemporains, et les monuments figurés qui sont censés les représenter datent presque tous d'une époque plus ou moins postérieure, où les artistes, statuaires et imagiers, étaient peu curieux de la fidélité du costume et semblaient même ne pas supposer qu'il y eût, pour les temps antérieurs au leur, rien qui différât de ce qu'ils pouvaient voir de leurs yeux. Pour s'approcher le plus possible, quoique hypothétiquement, de la vérité, il faut, d'une part, se rappeler ce que Tacite dit des Germains, qu'ils « étaient presque nus, sauf les braies, et avaient des vêtements courts et serrés, avec un petit manteau carré sur l'épaule droite »; puis, d'autre part, se reporter à l'ancien costume romain, en imaginant la fusion des deux systèmes. Voici,

Fig. 402. — Costume du roi Clovis (sixième siècle), d'après la statue couchée sur sa tombe, autrefois à l'église de l'abbaye Sainte-Geneviève.

Fig. 403. — Costume du roi Childebert (septième siècle), d'après sa statue jadis placée dans le réfectoire de l'abbaye de Saint-Germain-des-Prés.

d'ailleurs, l'étrange peinture que Sidoine Apollinaire fait des Francs : « Ils relevaient et rattachaient sur le sommet du front leurs cheveux d'un blond roux, qui formaient une espèce d'aigrette et retombaient par derrière en queue de cheval. Leur visage était entièrement rasé, à l'exception de deux longues moustaches tombant de chaque côté de la bouche. Ils portaient des habits de toile, serrés au corps et sur les membres, avec un large ceinturon, auquel pendait l'épée. » Mais c'est là un tableau esquissé à l'époque où le

Fig. 404 et 405. — Saints en costume du sixième au huitième siècle, d'après les miniatures de divers anciens manuscrits, à la Bibl. roy. de Bruxelles. (Dessins du comte H. de Vielcastel.)

peuple franc n'était encore connu dans les Gaules que par ces hordes aventureuses, dont les incursions répandaient, de temps à autre, la terreur et la ruine dans les pays qu'elles visitaient. Du jour où ils eurent pris régulièrement possession du territoire enlevé à la domination romaine, les rudes fils de la vieille Germanie se montrèrent aussitôt accessibles aux mœurs plus douces de la nation vaincue. « A l'exemple de leur chef, dit le maître par excellence de l'érudition archéologique, M. Jules Quicherat, les Francs dépouillèrent plus d'une fois la saie guerrière et le ceinturon de cuir, pour revêtir la toge des dignités romaines. Plus d'une fois, leur blonde chevelure se para du manteau impérial; l'or des chevaliers, la pourpre des sénateurs et des patrices, les couronnes triomphales, les faisceaux, tout ce que l'empire romain créa pour sa gloire, concourut à celle de nos ancêtres. »

Fig. 406 et 407. — Costumes des prélats et des seigneurs du huitième au dixième siècle, d'après les miniatures du *Missel de saint Grégoire*, à la Bibl. nat. de Paris.

Une grande et caractéristique différence doit être signalée cependant; nous voulons parler de l'usage de porter la chevelure longue, usage qui ne fut jamais adopté par les Romains, et qui chez les Francs resta pendant toute la première race un des signes distinctifs des rois et des grands. « On ne coupe point les cheveux aux fils des rois francs, dit l'historien grec Agathias. Dès leur première enfance, leur chevelure tombe d'une manière gracieuse sur leurs épaules; elle se partage sur le front et se range également à droite et à gauche; elle est pour eux l'objet d'un soin tout particulier. » On sait, en effet, qu'ils la tressaient avec des bandelettes d'étoffe, qu'ils l'ornaient de perles et de métaux précieux, et qu'ils la poudraient de paillettes d'or.

Pendant que les hommes de haut rang étaient ainsi distingués par leur chevelure longue et flottante, les gens du peuple portaient les cheveux plus ou moins ras, selon leur degré d'affranchissement; les serfs avaient la tête rasée entièrement. Au reste, la coutume de jurer sur sa chevelure s'était établie dans les classes nobles ou libres, et quand on saluait quelqu'un, l'exquise politesse exigeait qu'on s'arrachât un cheveu et qu'on le présentât à la personne avec qui on échangeait un salut. Le chroniqueur Frédégaire raconte que Clovis enleva ainsi un cheveu de sa tête, pour honorer saint Germer, évêque de Toulouse, et le lui offrit en le saluant; aussitôt, les courtisans s'étant empressés d'imiter le monarque, le vénérable prélat, la main pleine de cheveux, s'en retourna, ravi de la flatteuse réception qui lui avait été faite à la cour du roi franc. A l'époque mérovingienne, la plus grande injure qu'on pût faire à un homme libre était de porter le rasoir ou les ciseaux dans sa chevelure; on sait que la dégradation des rois et des princes s'effectuait, d'une manière solennelle, en leur rasant la tête et en les faisant entrer dans un couvent; mais ceux-ci reprenaient tous leurs droits et leur puissance quand leurs cheveux avaient repoussé. Il faut croire que l'estime particulière qui s'attachait à la conservation de la chevelure entière persista même sous les rois de la seconde race, car Charlemagne, dans ses Capitulaires, ordonnait encore la perte des cheveux, comme une peine infamante, en expiation de certains crimes.

Les Francs, en restant fidèles à leur ancienne coutume de porter les cheveux longs, avaient peu à peu renoncé à se raser le visage; d'abord ils ne conservaient qu'un petit bouquet de poils au menton, puis ils avaient laissé le bouquet s'étendre et grandir, si bien qu'aux sixième et septième siècles la plupart des hommes de condition libre avaient toute leur barbe. Dans le clergé, l'usage avait prévalu de se raser la tête, en ménageant seulement une couronne de cheveux autour du crâne, comme cela se pratique toujours dans quelques ordres monastiques : ajoutons, toutefois,

Fig. 408. — Costume d'un clerc ou lettré, à l'époque carlovingienne (saint Matthieu écrivant son évangile sous l'inspiration du Christ). D'après une miniature d'un manuscrit du neuvième siècle, à la bibliothèque de Bourgogne, à Bruxelles. (Dessin du comte Horace de Vielcastel.)

qu'après avoir porté longtemps la barbe longue, les prêtres y avaient renoncé absolument, lorsque la mode s'établit parmi les laïques de la garder entière et d'en faire un véritable objet de parure (fig. 406 et 407). Les peintres et sculpteurs tombent donc dans une singulière erreur, lorsqu'ils représentent les prélats et moines de ce temps-là avec de grandes barbes.

Autant que les rares monuments de ces époques lointaines et obscures permettent d'en juger, le costume qui avait été celui de Clovis n'éprouva que des légères modifications jusqu'à la fin de la première race ; mais, sous les règnes de Pepin et de Charlemagne, de notables changements se produisirent, qui résultaient des relations belliqueuses ou amicales de la nation franque avec les peuples méridionaux. C'est alors que l'usage des étoffes de soie commence à s'introduire dans le royaume, et que les grands, pour se distinguer du populaire, font border leurs vêtements de fourrures précieuses. (*Voyez* plus haut le chapitre *Commerce*.)

Nous avons dit ailleurs (*voyez* le chap. *Vie privée*) que Charlemagne, toujours simple en ses goûts désapprouvait, même assez vigoureusement, ces manifestations nouvelles d'un luxe qu'il jugeait aussi vain que malséant. « A quoi servent ces petits manteaux? disait-il : au lit, ils ne sauraient nous couvrir; à cheval, ils ne nous défendent ni de la pluie ni du vent; lorsque nous sommes assis, ils ne garantissent nos jambes ni du froid ni de l'humidité. » Quant à lui, il ne portait ordinairement qu'une sorte de tunique large, faite de peaux de loutre; or, un jour que ses courtisans l'avaient suivi à la chasse, couverts de superbes habits à la mode méridionale, lesquels se trouvèrent piteusement salis et endommagés par la pluie, les broussailles, le sang des animaux : « Oh! les plus fous des hommes! leur dit-il le lendemain, en leur montrant son vêtement qu'un domestique venait de lui rendre en excellent état, après l'avoir simplement séché devant le feu et frotté dans ses mains. Quel est maintenant le plus précieux et le plus utile des habits que nous portons, vous et moi ? Est-ce le mien, que je n'ai payé qu'un sou (environ 22 francs de notre monnaie), ou les vôtres qui vous ont coûté beaucoup d'argent ?» Aussi, quand le grand roi Charles entrait en campagne contre ses ennemis, les officiers de sa maison, les plus riches et les plus puissants, n'osaient se montrer à sa suite qu'avec des vêtements de cuir, de laine ou de toile ; car, s'ils se fussent présentés couverts de soie ou de dorures pour aller en guerre, il n'eût pas manqué de les renvoyer durement, en les traitant de lâches ou d'efféminés.

Cependant le même monarque, qui proscrivait sévèrement le luxe dans les circonstances usuelles de la vie, en faisait au contraire le plus magnifique étalage, quand il s'agissait de quelque cérémonie politique ou religieuse, où la dignité impériale dont il était investi demandait à en imposer par la pompe du cérémonial et la richesse du costume.

Fig. 409. — Costume d'un clerc ou lettré.   Fig. 410. — Costume d'un évêque ou d'un abbé.
Fac-simile des miniatures d'un ms. du neuvième siècle (*Biblia sacra*), à la Bibl. roy. de Bruxelles.

Sous les autres rois carlovingiens, au milieu des agitations politiques, des guerres intestines et des bouleversements sociaux, on n'eut guère l'idée et le loisir d'inventer de nouvelles modes. Les monuments de la fin du neuvième siècle nous attestent, en effet, que le costume national n'avait subi presque aucune variation depuis le règne de Charlemagne, et que l'influence de la tradition romaine se faisait toujours sentir dans l'habillement des classes nobles, surtout aux circonstances d'apparat (fig. 408 à 411).

Dans une miniature de la grande Bible manuscrite donnée à Charles le Chauve par les chanoines de Saint-Martin de Tours, en 869 (Bibliothèque nationale), nous voyons le roi, assis sur son trône, entouré des grands de sa cour et de soldats, tous vêtus à la manière des Romains. Le monarque porte un manteau qui paraît être de drap d'or, retenu sur l'épaule droite par une lanière ou par un ruban glissant dans une agrafe : ce manteau est brodé de rouge sur fond or ; la tunique est brun rouge ; les souliers sont d'un rouge clair avec des fils d'or. Dans le même manuscrit, une autre peinture, qui représente quatre femmes prêtant l'oreille aux discours d'un prophète, nous apprend que le costume féminin de cette époque se composait de deux tuniques, dont l'une, celle de dessous, à la fois moins ample et plus longue que celle de dessus, a des manches descendant jusqu'au poignet, qu'elles serrent, et où elles forment des plis nombreux. Les manches de la tunique supérieure sont évasées et ne vont pas au-delà du coude. Le bas, le col et le contour des manches sont garnis de bandes ornementées. La taille est marquée par une ceinture, à la hauteur des hanches. Un long voile, finement ouvragé, est attaché sur la tête couvrant les épaules et descendant jusqu'aux pieds, il cache complétement la chevelure, car la mode n'autorisait pas encore à former de longues nattes retombant par devant. Les chlamides inférieures de ces quatre femmes, qui ont toutes des souliers noirs, sans doute en peau de maroquin, offrent des couleurs très-variées, tandis que les robes ou tuniques de dessus sont généralement blanches.

Bien que sous la dynastie carlovingienne on considérât toujours comme une honte et un déshonneur le seul fait d'avoir les cheveux rasés, on ne doit pas en conclure que les gens de la classe supérieure continuassent à porter la longue chevelure mérovingienne. Aussitôt après le règne de Charlemagne, la mode voulut que les cheveux, rasés sur le front, qui se trouvait de la sorte élargi, ne tombassent plus que jusqu'au milieu du cou ; et, sous Charles le Chauve, dont le surnom n'annonce pas d'ailleurs un partisan des longues chevelures, la tradition à cet égard était si bien négligée ou abandonnée, que les hommes se faisaient raser une partie de la tête, et ne conservaient qu'une espèce de calotte de cheveux, occupant le haut du crâne. C'est

COSTUMES. 561

Fig. 411. — Costume du roi Charles le Simple (dixième siècle), d'après une miniature des *Rois de France* de Du Tillet, manuscrit du seizième siècle, à la Bibl. nat. de Paris.

MŒURS (A). 71

à ce même temps que remonte le premier usage de l'*aumusse :* cette sorte de coiffure usuelle, taillée dans des fourrures d'animaux ou dans des étoffes de laine, continua à être portée presque jusqu'à nos jours; après avoir été dans l'origine un simple bonnet étroit et fort exigu, elle recouvrit les oreilles, puis descendit sur le cou, et finit par tomber sur les épaules.

Le dixième siècle n'apporta que d'insensibles changements dans le costume des deux sexes. « Rien de plus simple que la coiffure des femmes, dit le savant M. Jules Quicherat ; rien de moins étudié que leur frisure; rien de plus uni et en même temps de plus fin que leur linge. La coupe élégante de leurs vêtements rappelle encore la parure des Grecques et des Romaines. Leurs robes étaient parfois serrées, au point de laisser voir toute l'élégance de leur taille; d'autres étaient si haut montées, qu'elles leur couvraient entièrement le cou : on nommait ces robes-là *cottes-hardies.* La cotte-hardie, qui a été longtemps le vêtement des femmes françaises, et qui fut toujours commune aux hommes comme aux femmes, était une tunique longue, descendant jusqu'aux talons, serrée d'une ceinture et fermée aux poignets. Les reines, les princesses et les dames nobles y ajoutaient un long manteau, doublé d'hermine, ou une tunique avec ou sans manches. Souvent aussi, leur costume se composait de deux tuniques et d'un voile ou draperie, qui retombait jusque par-dessus la tête, entourant le cou et venant retomber par devant sur la poitrine. »

On ne peut réellement signaler aucune modification sensible dans la manière de se vêtir avant la fin du onzième siècle. Les costumes nationaux, formés de draps épais et de grossières étoffes de laine, avaient alors une extrême solidité, ne s'usaient qu'à la longue, ne s'altéraient que lentement; et, comme cela se voit encore dans quelques provinces fidèles à leurs vieilles traditions, les habits, surtout ceux de gala et de cérémonie, passaient, de père en fils, par héritage, à la troisième ou quatrième génération. Les Normands, arrivés de la Scandinavie, avec leur costume court et leurs cottes de mailles en fer, vers la fin du dixième siècle (970), adoptèrent d'abord l'habillement des Français, et en suivirent toutes les variations; puis, dans le siècle suivant, ayant retrouvé en Angleterre Saxons et Bretons revêtus du costume de leurs ancêtres, modifié par le costume romain, ils commencèrent à opérer de grands changements dans leur manière de

Fig. 412. — Costume du roi Louis le Jeune. Miniature des *Rois de France*, de Du Tillet (seizième s.), à la Bibl. nat. de Paris.

Fig. 413. — Costume royal, d'après une miniature d'un manuscrit du douzième siècle, à la Bibiothèque de Bourgogne, à Bruxelles.

se vêtir, parallèlement à ceux qui s'opéraient en France, à la même époque, en s'éloignant de plus en plus de la tradition romaine.

Avant d'aller plus loin, dans cette espèce de galerie historique du costume moderne, nous devons prévenir une objection, qui ne manquera pas de se présenter à l'esprit du lecteur; c'est que nous semblons nous occuper exclusivement du costume des rois, reines et autres grands personnages. Mais nous répondrons que si nous avons, pour ces époques reculées, des notions tant soit peu précises relativement à l'habillement des classes supérieures, les costumes populaires nous échappent presque entièrement, et les documents écrits, de même que les monuments figurés, sont à peu près nuls à cet égard. Néanmoins il est permis de supposer que l'habillement des hommes, dans les rangs infimes de la société, a constamment été court et serré, consistant en braies ou chausses collantes, de peau tannée la plupart; en tuniques étroites, en sayons ou pourpoints, en capes ou manteaux, d'étoffes de laine brunes et grossières. La tunique était retenue par une ceinture où se suspendaient le couteau, l'escarcelle (depuis nommée *aumônière* chez les gens riches), et quelquefois les instruments de travail. La coiffure du peuple fut presque partout un simple bonnet, en grosse laine tissée ou feutrée ordinairement, souvent en peau de mouton. Au douzième siècle, c'est la coiffure qui sert particulièrement à distinguer les conditions des personnes. Le chaperon était en velours pour les gens de qualité, en drap commun pour les pauvres gens. La cornette, qui toujours accompagnait le chaperon, était une sorte de béguin en toile, avec lequel on pouvait serrer le chaperon sur la tête ou seulement l'assujettir. Le mortier ou bonnet rond, qui remontait aux premiers siècles, changea de forme et de caractère, en se prêtant à tous les caprices de la mode; mais les seigneurs justiciers le conservèrent presque dans son intégrité originelle, et il devint dans le monde des tribunaux comme un insigne professionnel pour le juge et l'avocat.

Dans les miniatures du temps, nous voyons sur la tête de Charles le Bon, comte de Flandre (mort en 1127), un bonnet ayant une pointe; à cette pointe fait suite une longue queue venant se nouer autour du bonnet, qui a un retroussis par devant. Un bonnet à peu près semblable, mais sans queue et avec la pointe tournée vers la gauche, se trouve représenté dans une figure de Geoffroy le Bel, comte du Maine en 1150. Vers le même temps, Agnès de Baudement est coiffée d'une sorte de bonnet en linge ou étoffe, avec des ailes qui pendent sur les épaules ; elle est revêtue d'une robe ceinte par le milieu du corps et ayant aux manches, vers les poignets, de longues bandes flottantes. La reine Ingeburge, deuxième femme de Philippe-Auguste, porte aussi la robe ceinte, arrêtée au col par une boucle ronde et deux bandes

Fig. 414. — Costume de princesse enveloppée d'un manteau doublé de fourrures. D'après une miniature du treizième siècle.

Fig. 415. — Costume de Guillaume Malgeneste, veneur du roi, ainsi représenté sur sa tombe, jadis à l'abbaye de Long-Pont.

d'étoffe formant collier ; le manteau long, la chaussure fermée et déjà pointue. Robert, comte de Dreux, qui vivait à la même époque, est vêtu entièrement de même que la reine, en dépit de la différence de sexe et d'état ; seulement, sa robe ne vient qu'à la cheville du pied, et sa ceinture n'a point de pendants par devant. La reine a les cheveux longs et tombants ; le comte, les cheveux courts.

Les femmes ajoutaient souvent à leur parure de tête une espèce de ligature ou mentonnière, qui encadrait le visage : hommes et femmes avaient, sur la chaussure, des bandes de couleur, dessinant les contours du pied et se nouant autour des chevilles, en manière d'attaches de sandales.

La barbe, que l'on portait tout entière au commencement du douzième siècle, alla peu à peu se modifiant de forme et de longueur. D'abord taillée et pointue, et garnissant seulement le bout du menton, elle se marie ensuite avec les moustaches. Généralement sous Louis le Jeune (fig. 412), les moustaches sont supprimées. Enfin, on ne vit bientôt plus de barbe qu'aux gens de la campagne, et à ceux qui, selon la remarque des historiens contemporains, voulaient garder « un souvenir de leur participation à la croisade ». A la fin du siècle, il n'y avait plus que des mentons rasés.

Les croisades avaient aussi rendu général l'usage de l'escarcelle ou aumônière, qu'on tenait suspendue à la ceinture par une ganse de fil ou de soie, sinon par une chaînette de métal, et qui, au moment de la guerre sainte, était devenue comme un emblème distinctif des pèlerins, lesquels, avant de partir pour la Palestine, recevaient, des mains du prêtre, la croix, le bourdon et l'escarcelle.

Nous voici arrivés au règne de Louis IX (fig. 414 à 418), de ce sage roi qui, selon le témoignage de son historien, s'habillait en temps ordinaire avec la plus grande simplicité, mais qui ne laissait pas, malgré sa modestie et son économie coutumières, de se soumettre, dans les grandes occasions, au faste obligé du rang royal qu'il occupait : « Aucunes fois, dit le sire de Joinville, il venoit au jardin, une cotte de chamelot vestue, un surcot de tiretaine sans manches, un mantel de sandal (drap de soie) noir autour du col, moult bien (peigné), et sans coiffe, et un chapel de paon blanc sur sa tête. Aucunes fois, il estoit vestu d'une cotte de sandal inde (bleue), d'un surcot et d'un mantel de samit (satin) vermeil, et d'un bonnet de coton sur sa tête. »

Le surcot ou *sur-cotte*, qui fut d'abord un vêtement féminin, mais dont l'usage ne tarda pas à se généraliser, était, à l'origine, une espèce de large fourreau à manches, qu'on enfilait par-dessus la robe proprement dite, et qui n'était jamais de la même longueur que cette *cotte*; de là le nom donné à ce vêtement. Bientôt les manches en furent retranchées, sans doute, comme le fait remarquer M. Quicherat, pour laisser apparaître, par quelque endroit, la robe de dessous faite ordinairement d'étoffe plus précieuse ; puis, dans le même but, aussi bien que pour dégager les mouvements des membres, on releva le surcot sur les hanches, et on le découpa largement aux entournures des bras.

Au sacre de Louis IX, en 1226, les seigneurs portent le mortier (bonnet)

Fig. 416. — Costumes du treizième siècle : Tristan et la belle Yseult, d'après une miniature du roman de *Tristan*, manuscrit du quatorzième siècle, à la Bibl. nat. de Paris.

bordé de fourrures; les évêques, la chape, la crosse et la mitre ouverte à deux pointes. Louis IX, représenté tel qu'il était à l'âge de treize ans, dans un portrait fait en 1262 (Sainte-Chapelle de Paris), a les cheveux courts, un bonnet de velours rouge, une tunique, et, par-dessus cette tunique, un manteau ouvert sur la poitrine, avec de très-longues manches, fendues, dans une partie de leur longueur, pour le passage des bras; ce manteau ou surcot est garni de petit-gris par devant et présente des espèces de revers, que nous nommerions aujourd'hui un *châle de fourrure*.

Le jeune roi a des chausses et des souliers emboîtant le pied en forme précise de pantoufles hautes. Dans la même peinture, la reine Marguerite, sa femme, porte une robe à corsage serré, évasé sur les hanches, avec manches longues et étroites, un manteau fleurdelisé, à longues manches fendues, bordées d'hermine; un chaperon beaucoup plus large que sa tête, et, par-dessus cette coiffure, une bande, ou voile plié, qui vient passer sous le menton, sans adhérer au visage; les souliers sont très-allongés et paraissent emprisonner étroitement le pied.

A dater de ce règne, d'ailleurs, les robes à corsage sont généralement adoptées; les femmes portent, par dessus, une soubreveste serrée, descendant un peu au-dessous des hanches, très-souvent garnie de fourrure quand le reste de la robe est armorié, et quelquefois armoriée quand le reste de la robe est uni. Elles commencent aussi à natter leurs cheveux, qui descendent sur les côtés de la figure jusqu'au col, chargés de perles ou d'ornements en métaux précieux. Jeanne, reine de Navarre, femme de Philippe le Bel, est représentée avec un bonnet en pointe rabattue; sur les retroussis de ce bonnet, les cheveux flottent, en boucles épaisses, des deux côtés de la figure; sur la poitrine, une guimpe abattue en deux pointes; la robe, attachée sur le devant par un rang de boutons, a des manches longues, étroites, avec une petite fente au poignet, fermée par un bouton; enfin la reine porte, par dessus, une sorte de seconde robe en forme de manteau, dont les manches sont très-largement fendues au milieu.

A la fin du treizième siècle, le luxe a pris d'immenses proportions à la cour de France : l'or et l'argent, les perles et pierres précieuses, sont prodigués sur les habits. Au mariage de Philippe III, fils de saint Louis, les hommes étaient vêtus d'écarlate; les dames, de draps d'or, brodés, chamarrés. On portait des ceintures d'or massif, des *chapels* tout étincelants du même métal. Et nous savons, d'ailleurs, que la *pompe,* comme on disait alors (*voyez* le chapitre *Vie privée*), avait envahi les classes bourgeoises, puisque Philippe le Bel, par son ordonnance de 1294, s'efforça de mettre ordre à ces excès, qui, aux yeux des grands et des nobles, avaient surtout le fâcheux inconvénient d'effacer ou de dissimuler, du moins, toutes les distinctions de naissance, de rang et de conditions. La richesse s'efforçait alors d'être la seule règle du costume.

COSTUMES. 569

Fig. 417. — Costumes des gens du peuple au quatorzième siècle : jardinier et bûcheron italiens.
D'après deux estampes du recueil de Bonnart.

En abordant le quatorzième siècle, époque où le moyen âge, après bien des fluctuations de la mode, après bien des luttes contre les antiques traditions du costume romain et germanique, semble avoir enfin trouvé, pour le costume des nations modernes, un caractère propre et normal, nous croyons devoir, en nous plaçant à un point de vue général, procéder à une sorte de récapitulation destinée à fixer mieux que nous n'avons pu le faire jusqu'ici, la nature et le rôle de chacun des éléments qui concourent à l'ensemble de ce nouveau costume; et, pour donner plus d'autorité, plus de précision, à ce résumé à la fois technique et pittoresque, nous emprunterons presque textuellement quelques pages à la savante et judicieuse étude qu'a publiée sur ce sujet M. Jules Quicherat, sans la signer de son nom.

« Vers 1280, dit le célèbre archéologue, l'habillement d'un homme (non pas d'un homme dans le sens qu'avait alors ce mot, qui était l'équivalent de *serf* : il ne peut être question ici que de ceux à qui l'opinion du temps accordait l'exercice de la prérogative humaine, c'est à savoir des clercs, des bourgeois et des nobles), l'habillement d'un homme donc se composait de six pièces indispensables : les braies, les chausses, les souliers, la cotte, le surcot ou *cotte hardie,* et enfin le chaperon. A cela, les élégants ajoutaient, sur le corps, la chemise; sur les épaules, le manteau; le chapeau ou le fronteau, sur la tête.

« Les *braies* ou *brayes* étaient un caleçon, ordinairement de tricot, quelquefois d'une étoffe de laine ou de soie, quelquefois même de peau... Nos pères tenaient des vieux Gaulois cette partie de l'habillement; seulement, les braies gauloises descendaient jusqu'à la cheville, tandis que celles du treizième siècle n'allaient pas plus bas que le jarret. On les ceignait, sur les hanches, au moyen d'un ceinturon à demeure, appelé *braier*.

« Par *chausses,* on entendait ce que nous appelons aujourd'hui des *bas*. On appareillait l'étoffe et la couleur des chausses à celle des braies. On les faisait tenir sur la jambe, en rabattant par dessus la partie inférieure des braies, qui s'y nouaient par un cordon.

« Les souliers étaient de divers cuirs, dont les qualités se rapportaient soit à la *basane,* qui s'étendait à tous les cuirs communs, soit au *cordouan* ou cuir de Cordoue, qui était réservé à ce que nous appelons maroquin (d'où le nom de *cordouannier,* dont nous avons fait *cordonnier*). On faisait ordinairement les souliers pointus; c'était toujours la mode des *poulaines,* ou pointes polonaises, introduite par toute l'Europe depuis près de trois cents ans et dont, au commencement, l'Église s'était si fort scandalisée, qu'elle l'avait presque mise au rang des hérésies. Depuis, le goût s'était amendé, quand à la longueur exagérée des pointes, mais le système était

Fig. 418. — Costumes des domestiques en Angleterre, au quatorzième siècle. D'après des miniatures de manuscrits du British Museum, à Londres.

resté en honneur, n'attendant qu'un relâchement dans la surveillance exercée contre les poulaines, pour retomber dans ses premiers errements. A la faveur des contestations survenues sous Philippe le Bel, entre l'Église et l'État, les poulaines s'allongèrent insensiblement.

« Outre les souliers, il y avait encore les *estiviaux,* ainsi nommés d'*estiva* (chose d'été), parce qu'ils étaient ordinairement faits en velours, brocard, ou autres étoffes précieuses, qui ne pouvaient guère être employées que par un temps sec.

« La *cotte* correspondait à la tunique des anciens ; c'était une blouse à manches ajustées. Ces manches en étaient la seule partie apparente, tandis que le corsage et la jupe disparaissaient entièrement sous le *surcot* ou *cotte hardie* (dénomination encore inexpliquée), dont la forme était celle d'un grand fourreau, dans lequel on pratiqua plus tard d'assez vastes ouvertures aux manches, aux hanches, sur la poitrine, par où se montraient les fourrures de prix ou les riches satins employés à les doubler... L'étoffe ordinaire du surcot était le drap vermeil, bleu, tanné (brun rouge) ou marbré pour les riches, et la tiretaine ou futaine pour les pauvres. Les grands seigneurs, princes et barons, tenant cour, assortissaient la couleur du surcot à celle de leurs armes, qu'ils faisaient broder dessus, mais les petits nobles, qui fréquentaient les grandes maisons, se disaient ordinairement *aux robes* de tel ou tel seigneur, parce que celui-ci, dont ils recherchaient et subissaient le patronage, était tenu de les entretenir de surcots et de manteaux. Ils portaient la couleur préférée du maître, ce qu'on appelait la *livrée,* à cause de la *livraison* qui s'en faisait deux fois par an. Le mot est resté dans la langue avec une autre acception, mais qui tient de trop près au sens primitif, pour qu'on n'en saisisse pas le lien. »

On trouve dans les chroniques de Mathieu Paris une anecdote intéressante relative à cet usage. Quand saint Louis, au grand déplaisir de tous ses vassaux et de ses moindres serviteurs, eut résolu de prendre la croix, ce fut par une sorte de ruse pieuse qu'il associa à son vœu les seigneurs de sa cour. Ayant fait préparer, pour la fête de Noël, un certain nombre de robes, sur lesquelles une petite croix blanche avait été cousue au-dessus de l'épaule droite, il fit distribuer ces robes le matin de la fête, au moment de se rendre à la messe, qui se disait bien avant le lever du soleil. Chacun reçut, à la porte de sa chambre, le manteau donné par le roi, et s'en revêtit dans les ténèbres, sans remarquer la croix blanche, qui y était attachée ; mais,

SAINTE CATHERINE

AU MILIEU DES DOCTEURS D'ALEXANDRIE.

Cette composition, si riche et si harmonieuse à la fois, due à quelque maître inconnu que l'on croit être l'habile peintre Memling, retrace l'une des scènes du martyre de sainte Catherine d'Alexandrie. D'après le *Ménologe* de l'empereur Basile, la sainte, forcée par le farouche Maximin II d'entrer en controverse avec les philosophes païens, les réduisit non-seulement au silence, mais les convertit à la foi du Christ et les associa même à son douloureux martyre. Ce fait se passa à Alexandrie, en novembre 311.

Au milieu d'une place publique décorée de magnifiques édifices qui rappellent gauchement le style romain de la décadence, Catherine discute avec les docteurs ses antagonistes ; elle est richement vêtue et porte une couronne d'or ainsi qu'il convient à une vierge de naissance royale. Elle a l'air d'être inspirée, et semble discourir sur le mystère de la Trinité, dont elle compte sur ses doigts les personnes divines. Nombreux et recueillis, ses auditeurs expriment par leur attitude, leur physionomie ou leurs gestes, la surprise, la confusion, l'enthousiasme qui les a successivement gagnés sous l'influence de cette merveilleuse éloquence. Ils ne songent déjà plus à discuter; on sent que la foi nouvelle les envahit et les entraîne.

Du haut d'une galerie de son palais l'empereur Maximin, en grand appareil royal et entouré de ses officiers, assiste à la controverse qu'il a ordonnée. Lui aussi (du moins c'est l'intention qu'a voulu rendre l'artiste) paraît céder aux arguments de la sainte; son intelligence épaisse s'illumine d'un rayon de lumière; sa main s'ouvre comme par un geste d'involontaire hommage à la vérité, dont cependant il va bientôt punir les courageux confesseurs....

SAINTE CATHERINE AU MILIEU DES DOCTEURS D'ALEXANDRIE.
Miniature du *Bréviaire* du cardinal Grimani, attribuée à Memling. Bibl. de S.-Marc, à Venise.
Costumes du xve siècle.
(D'après une copie appartenant à M. Ambroise-Firmin Didót.)

Fig. 419. — Costume de Philippe le Bon, duc de Bourgogne, avec le chaperon *à cocarde*.
D'après une miniature d'un manuscrit contemporain. (Bibl. nat. de Paris.)

quand le jour parut, chaque courtisan vit, à sa grande surprise, le signe que portait son voisin, sans se douter qu'il le portait aussi lui-même. « Ils s'étonnent en se moquant, dit l'historien anglais, et ils apprennent que le seigneur roi les avait ainsi pieusement attrapés... Comme il aurait été indécent, honteux et même indigne de déposer ces croix, ils mêlèrent leurs rires à l'effusion de beaucoup de larmes, en disant que le seigneur roi des Français, allant à la chasse aux pèlerins, avait trouvé une nouvelle manière de prendre au piège les hommes. »

« Le chaperon, ajoute M. J. Quicherat, fut la coiffure nationale des anciens Français, de même que le *cucullus*, d'où il tira son origine, avait été celle des Gaulois. On peut s'en faire une idée très-juste par le capuchon de nos dominos de bal masqué. Cette forme s'altéra de diverses manières, sous le règne de Philippe le Bel, soit par la suppression de la pèlerine, soit par l'allongement de la cornette, à laquelle on donna des dimensions suffisantes pour la faire retomber sur les épaules. Dans la première de ces modifications, le chaperon, cessant de s'attacher autour du cou, eut besoin d'être retenu autour de la tête par quelque chose de consistant. On le monta donc sur un bourrelet, ce qui le transforma en une véritable toque. En bâtissant l'étoffe, on lui fit faire certains plis pour rappeler ceux qu'elle produisait d'elle-même quand elle n'était pas soutenue. Ces plis furent disposés en bouillons, en fraises, en crêtes de coq; cette dernière façon, dite *coquarde*, fut surtout bien portée (fig. 420); elle fit même entrer dans la langue l'épithète de *coquard*, qui équivaudrait aujourd'hui à celle de *dandy*.

« Les chapeaux étaient de plusieurs formes. On les faisait de divers feutres, soit de loutre, de poil de chèvre, soit même de bourre de laine et de coton. Quant à l'expression de *chapeaux de fleurs*, qui revient très-souvent dans les anciens auteurs, elle désignait non pas une forme de chapeau, mais simplement une couronne de bluets ou de roses, qui, jusqu'au règne de Philippe de Valois (1317), se maintint comme partie indispensable du costume de bal ou de festin. Les *fronteaux*, espèces de diadèmes, formés d'un galon de soie, chargé d'or et de pierreries, firent tomber les chapeaux de fleurs; ils avaient l'avantage de ne pas se faner. Ils avaient aussi le mérite de coûter beaucoup plus cher et d'établir ainsi d'une manière encore plus voyante la démarcation entre les grandes et les petites fortunes.

« Il y avait deux sortes de manteaux. L'un était ouvert par devant et tombait sur le dos; une bride, qui traversait la poitrine, le tenait fixé sur les épaules. L'autre, enveloppant le corps comme une cloche, était fendu sur le

Fig. 420. — Costumes d'une riche bourgeoise, d'une femme du peuple et d'une dame noble du quatorzième siècle. D'après différents vitraux des églises de Moulins (Bourbonnais).

côté droit, et se retroussait sur le bras gauche; de plus, il était accompagné d'un collet de fourrure, taillé en guise de pèlerine. C'est ce dernier qui s'est perpétué jusqu'à nos jours, sous le nom de *toge* et *épitoge*, dans le costume de nos présidents de cours judiciaires.

« C'est à tort qu'on a coutume de regarder la *chemise* comme un vêtement d'invention moderne ; la chemise nous vient directement de l'antiquité ; il n'y a de nouveau que l'universalité d'usage.

« Il nous reste à mentionner une pièce, qui ne cessa jamais d'être un objet de pure utilité, on pourrait dire meuble : la *chape,* seule garantie qu'aient eue contre le mauvais temps les générations qui ne connaissaient ni les voitures commodes, ni les parapluies. La chape, d'ailleurs, nommée aussi *chape de pluie,* à cause de son usage, était une grande pelisse à manches, d'une étoffe dont l'imperméabilité faisait tout le mérite ; elle était portée derrière le maître, par un domestique, à qui cette fonction valait le nom de *porte chape.* Et, bien entendu, les gens du commun la portaient eux-mêmes, troussée en bandoulière ou pliée sous le bras... »

Si nous passons maintenant à la toilette des femmes, nous y retrouvons toutes les pièces composant le costume masculin, et sous les mêmes dénominations. Il faut noter, comme seule différence, que la cotte et la surcotte des femmes étaient souvent traînantes; que leur chapeau, appelé généralement *couvre-chef,* et composé d'une carcasse de laiton recouverte d'étoffe, brodée ou passementée, n'affectait pas la forme conique ; enfin, que leur chaperon, toujours muni de ces appendices nommés *pèlerine* ou *chausse,* ne se retroussait jamais pour se transformer en toque. Ajoutons que l'usage du couvre-chef ne se prolongea guère plus loin que le milieu du quatorzième siècle, où les femmes prirent l'habitude de se composer une coiffure, à leur guise, avec leurs cheveux retenus par un filet de soie ou *crépine,* accompagné soit d'un fronteau, soit d'un cercle d'orfévrerie, soit d'une voilette d'étoffe très-légère, appelée *mollequin* (fig. 421).

L'époque à laquelle nous nous sommes placés (fin du treizième siècle pour jeter, avec notre savant guide, un coup d'œil d'ensemble sur l'habillement de nos ancêtres, convenait d'autant mieux à cet examen général, que, bientôt après, le costume, au moins pour les hommes, et surtout pour les jeunes gens de la cour, tourne peu à peu aux plus indécentes, aux plus ridicules exagérations; à tel point, que de graves calamités ayant alors éprouvé la nation française, qui déjà, en ces temps éloignés, imposait ses modes à l'Europe, les historiens contemporains n'hésitent pas à considérer ces malheurs publics comme le châtiment du scandale que la France avait donné au monde par l'extravagance de ses habits.

Fig. 421. — Costumes d'un jeune seigneur et d'un bourgeois au quatorzième siècle. D'après un vitrail de l'église de Saint-Ouen, à Rouen, et d'après un vitrail de Moulins (en Bourbonnais).

« Nous devons croire que Dieu a souffert ceste chose par les désertes (démérites) de nos péchés, — disent les moines rédacteurs de la grande *Chronique de Saint-Denis,* en 1346, époque de la funeste bataille de Crécy, — jaçoit (bien que) à nous n'aparteigne pas de ce juger. Mais ce que nous voyons, nous témoignons ; car l'orgueil estoit moult (beaucoup) grant en France, et meismement (notamment) ès (parmi les) nobles et en aucuns autres, c'est à savoir, en orgueil de seigneurie, et en convoitise de richesses, et en deshonnesteté de vesture et de divers habits, qui couroient communément par le royaume de France, car les uns avoient robes si courtes et si estroites qu'il leur falloit aide à eux au vestir et au despouiller, et sembloit que l'on les escorchoit, quand l'on les despouilloit. Et les autres avoient robes froncées sur les reins comme femmes, et si avoient leurs chaperons destranches (découpés) menument tout autour ; et si avoient une chausse d'un drap, et l'autre, d'autre ; et si leur venoient leurs cornettes et leurs manches près de terre, et sembloient mieux jongleurs que autres gens. Et pour ce, ne fut pas merveille si Dieu voulut corriger les excès des François, par son fléau le roi d'Angleterre. »

Et ce n'est pas là le seul témoignage des bizarreries de goût de cette époque aussi malheureuse qu'extravagante. Tel écrivain parle avec indignation des *barbes de chèvre* (à double pointe), qui mettent comme le dernier cachet de ridicule à l'aspect déjà si baroque des personnages les plus graves de ce temps-là ; tel autre s'élève contre le luxe effréné des joyaux d'orfévrerie, et des plumes, lesquelles figurent alors pour la première fois dans les accessoires du costume masculin ou féminin. Ceux-ci blâment, et non sans raison, la mode insensée qui a transformé l'antique ceinturon de cuir, destiné à serrer et maintenir la taille, en une espèce de lourd et épais bourrelet, chargé de dorures et de pierreries, lequel semble tout exprès imaginé pour gêner et empêtrer celui qui le porte. D'autres contemporains, et parmi eux un pape, Urbain V, et un roi, Charles V (fig. 423), s'indignent contre les *poulaines* qui ont repris faveur plus que jamais, et qui ne sont bien portées qu'autant qu'elles ajoutent à la longueur du pied un appendice, mesurant au moins le double de cette longueur, enjolivé de la manière la plus bizarre. Le pape anathématise cette « difformité, qui est en dérision à Dieu et à sainte Eglise » ; le roi fait défense aux artisans d'en fabriquer, et à ses sujets, d'en faire usage. Tout cela n'est rien encore, en comparaison du luxe des fourrures, luxe effréné et ruineux, dont on ne saurait se faire une idée, si

Fig. 422. — Costume de Jeanne de Bourbon, femme de Charles V, d'après sa statue autrefois dans l'église des Célestins, à Paris.

Fig. 423. — Costume de Charles V, roi de France, d'après sa statue autrefois placée dans l'église des Célestins, à Paris.

l'on ne savait, par les comptes royaux, que, pour fourrer deux habillements complets du roi Jean, on n'employa pas moins de six cent soixante-dix ventres de martre; que le duc de Berry, fils cadet de ce roi, fit acheter à la fois près de dix mille de ces ventres de martre, qui venaient des pays du Nord, pour fourrer seulement cinq manteaux et autant de surcots ; enfin, que la fourrure d'une robe destinée au duc d'Orléans, petit-fils du même roi, exigea l'emploi de deux mille sept cent quatre-vingt-dix peaux de petit-gris. Or il va sans dire que, par suite de l'immense consommation, dont nous venons de donner quelques exemples, le prix des pelleteries n'avait pu que prendre des proportions colossales; il suffit de noter ici que le demi-cent de peaux à fourrer ne coûtait guère moins de cent francs (environ six mille francs, au taux de la monnaie actuelle), et l'on pourra s'imaginer à quelles dépenses folles devaient être entraînés ceux qui voulaient se tenir au niveau du luxe de leur temps (fig. 424).

Nous avons vu plus haut que le roi Charles V usa de son pouvoir, malheureusement trop restreint, pour essayer de mettre un terme aux déréglements de la mode : ce monarque fit mieux que décréter des lois somptuaires contre les vêtements *déshonnêtes* et ridicules, il resta toujours fidèle au costume ample et long, plus décent et plus convenable, adopté dans le siècle précédent. Son exemple, à la vérité, fut peu suivi, mais il eut pourtant cet heureux résultat, que les partisans des habits courts et étroits, comme s'ils se fussent pris tout à coup d'une pudeur instinctive, adoptèrent un vêtement de dessus, qui semblait avoir pour but de dissimuler les modes bizarres dont ils n'avaient pas le courage de se débarrasser. Cette espèce de dalmatique, nommée *housse*, était formée de deux larges bandes d'étoffes, plus ou moins riches, qui, partant du cou, retombaient par devant et par derrière, de façon à couvrir entièrement, de face et de dos, le corps de celui qui le portait, en ne laissant voir l'habit de dessous, que par les fentes qui s'ouvraient naturellement de chaque côté entre les pans de ce manteau lourd et disgracieux.

Il est un fait bien digne de remarque : alors que le costume masculin était arrivé, par une complète aberration du goût, aux dernières limites de l'extravagance, le vêtement des femmes, au contraire, par une sorte de suprême effort vers la simplicité noble et élégante, avait enfin atteint un type idéal, dans lequel se trouvaient comme résumées et perfectionnées toutes les meilleures traditions du costume féminin aux époques antérieures.

La statue de la reine Jeanne de Bourbon, femme de Charles V, autrefois

DENTELLE ITALIENNE EN FIL D'OR.

aux chiffre et armes d'Henri III. (Seizième siècle.)

Fig. 424. — Costumes d'un bourgeois ou marchand, d'un seigneur ou noble, et d'une dame de la cour ou riche bourgeoise avec l'escoffion, au quinzième siècle. D'après un vitrail du temps, à Moulins (en Bourbonnais), et un tableau peint sur bois à la même époque (Musée de Cluny).

placée, avec celle de son époux, dans l'église des Célestins à Paris, offre le plus pur modèle de ce charmant costume, auquel reviennent sans cesse nos artistes, quand ils veulent retracer quelques poétiques scènes du moyen âge français (fig. 422 et 423).

Ce vêtement, sans différer en principe de celui du treizième siècle, puisqu'il se composait à peu près des mêmes éléments, se distingue pourtant par un sentiment de parfaite élégance que la mode n'avait pas encore rencontrée jusqu'alors. La cotte, ou robe de dessous, qui auparavant ne se montrait que par des ouvertures trop maladroitement ménagées, accuse maintenant, grâce au large dégagement du pardessus, les formes harmonieuses du buste et des flancs. Le surcot, retenu sur les épaules par deux bandes étroites, est devenu une sorte d'ample jupe traînante, qui drape majestueusement la partie inférieure du corps : enfin, on a créé le *corset* extérieur, espèce de mantille, qui retombe devant et derrière, sans masquer aucune des belles lignes du corsage. Cette nouvelle pièce du vêtement, retenue sur le milieu de la poitrine par un *busc* d'acier enfermé dans une riche passementerie, était ordinairement faite de fourrure en hiver, et d'étoffes de soie en été. Si nous constatons, d'après les nombreuses miniatures des manuscrits de cette époque, que le choix et l'assortiment des couleurs rehaussaient l'ordonnance de ce gracieux costume, on comprendra quelle variété, quelle richesse d'aspect il pouvait déployer, sans s'écarter toutefois de la plus heureuse simplicité.

Un mot encore des coiffures féminines. La mode des coiffures en cheveux continua d'être en grande faveur pendant le second tiers du quatorzième siècle; elle donna lieu à toutes sortes d'ingénieuses combinaisons, qui cependant admirent toujours en principe la division de la chevelure en deux masses égales, séparées du milieu du front à l'occiput, et nattées ou ondulées sur les oreilles. On reprit ensuite les filets, puis les coiffes, qui permettaient de mettre en montre une fausse abondance de cheveux, en cachant des paquets de crins ou d'étoupes. Enfin, parut l'*escoffion,* lourd bourrelet qui, posé fièrement sur un premier bonnet rembourré aussi, effecta les formes les plus massives, les plus singulières, les plus disgracieuses (424).

Au commencement du quinzième siècle, le vêtement des hommes est encore fort court. C'est une espèce de camisole étroite, attachée par des aiguillettes, et un haut-de-chausses, fort serré, de manière à mettre en relief toutes les formes du corps. Pour paraître plus large des épaules, on en portait d'artificielles, nommées *mahoitres*. On laissait tomber, sur

Fig. 425. — Costumes italiens du quinzième siècle : notaire et sbire, avec souliers à demi-poulaines. D'après deux estampes du recueil de Bonnart.

le front, des mèches de cheveux, qui couvraient les sourcils et les yeux. Les manches étaient déchiquetées, les souliers armés de longues pointes en métal, et le chapeau pointu à retroussis, orné de chaînes d'or et autres bijoux.

Les dames et demoiselles qui, sous le règne de Charles VI, ajoutaient à leurs robes de longues queues, qu'elles relevaient sous le bras, quand des suivantes ou des pages ne les portaient pas derrière elles (*voyez* le chapitre *Cérémonial*), retranchèrent ces *traînes* incommodes, ainsi que leurs très-longs bouts de manches ornés de franges et de bordures ; mais alors leurs robes, en devenant plus courtes, furent bordées avec une recherche et un luxe inouïs. Leurs coiffures étaient des bourrelets très-larges, surmontés d'un haut bonnet conique pyramidal, qu'on nommait *hennin* et dont l'importation en France était attribuée à la reine Isabeau de Bavière, femme de Charles VI. Elles commencèrent alors à se découvrir la poitrine et à porter des colliers et des bracelets.

Sous Louis XI, le costume, déjà suivi et adopté par les plus aventureux esclaves de la mode, se généralisa davantage (fig. 427 et 428).

« En cette année (1467), dit le chroniqueur Monstrelet, délaissèrent les dames et damoiselles les queues à porter à leurs robes, et en ce lieu mirent bordures de *guis* (guèbre, canard sauvage), de martre, de velours et d'autres choses si larges comme d'un velours haut d'un quart (d'aune) ou plus, et se mirent sur leurs testes bourrelets, à manière de bonnet rond, qui s'amenuisaient (se rétrécissaient) par dessus : de la hauteur de demie aulne ou de trois quartiers, tel y avoit. Et aulcunes les portoient moindres, et desliez couvre-chiefs (voiles de gaze ou de dentelle) par dessus, pendant par derrière jusques à terre. Et aultres se prindrent (prirent) aussi à porter leurs ceintures de soye plus larges beaucoup qu'elles n'avoient accoutumé, et les *fermures* (fermoirs, boucles) plus somptueuses assez, et colliers d'or à leurs cols, autrement et plus cointement (galamment et de diverses façons).

« En ce temps aussi, les hommes se prindrent à vestir plus courts qu'ils n'eussent oncques (jamais) fait, tellement que l'on voyait les formes de leur corps, aussi comme l'on souloit (avait coutume) vestir singes, qui estoit chose très-malhonneste et impudique : et si faisoient fendre les manches de leurs robes et leurs pourpoincts, pour monstrer leurs chemises desliées (fines), larges et blanches : portoient aussi leurs cheveux si longs, qu'ils leur empeschoient le visage, mesmement leurs yeux, et sur leurs testes portoient bonnets de drap, hauts et longs, d'un quartier ou plus. Portoient aussi, tous indifféremment, chaisnes d'or, moult somptueuses ; chevaliers et

COSTUMES. 585

Fig. 426. — Costumes d'une femme d'artisan et d'un riche bourgeois de la fin du quinzième siècle.
D'après les vitraux de la cathédrale de Moulins (en Bourbonnais).

escuyers; les varlets mêmes, pourpoincts de soye et de veloux, et presque tous espécialement, ès cours de princes, portoient poulaines à leurs souliers, d'un quartier de long, voire plus. Portoient aussi à leurs pourpoincts

MŒURS (A). 74

586 MŒURS ET USAGES.

Fig. 427. — Costume de Charlotte de Savoie, seconde emme de Louis XI. D'après un tableau contemporain provenant du château de Bourbon l'Archambault, collection de M. de Quedeville, à Paris. (Les armoiries de Louis XI et de Charlotte sont peintes derrière le tableau.)

Fig. 428. — Costume de Marie de Bourgogne, fille de Charles le Téméraire, femme de Maximilien d'Autriche (fin du quinzième siècle). D'après une ancienne gravure à la Bibliothèque nationale de Paris, cabinet des estampes.

Fig. 429 et 430. — Costumes des jeunes seigneurs à la cour de Charles VIII, avant et après l'expédition d'Italie. D'après les miniatures de deux manuscrits du temps, à la Bibl. nat. de Paris.

gros mahoitres, pour monstrer qu'ils estoient larges par les espaules. »
Sous Charles VIII, le manteau, bordé de fourrure, est fendu par devant, ouvert en haut des fausses manches, pour laisser passer, avec les bras, celles

Fig. 431. — Costumes d'un seigneur ou riche bourgeois, d'un bourgeois ou marchand, et d'une dame noble ou riche bourgeoise, à l'époque de Louis XII. D'après les miniatures des manuscrits du temps, à la Bibl. nat. de Paris.

du justaucorps. Le bonnet est à retroussis, les chausses étroites. Le soulier à poulaine a fait place à une espèce de chaussure en peau noire, rembourrée, large, arrondie ou carrée par le bout, à *fenêtres* ou crevés, garnis d'étoffe de couleur sur le pied, forme nouvelle empruntée à l'Italie, et que l'on exagère en France autant qu'on y avait naguère exagéré la poulaine. Les femmes portent toujours, pour coiffures, des bonnets coniques, des *hennins* excessivement hauts, surmontés d'un voile immense ; elles ont des robes à corsage ajusté, dessinant les contours de la taille (fig. 425 et 426).

Sous Louis XII, la reine Anne inventa, ou plutôt on inventa pour elle une coiffure basse, qui consistait en une pièce d'étoffe, velours ou autres tissus de soie noir ou violet, encadrant la figure, par-dessus d'autres bandes de linge blanc, et retombant sur le dos et les épaules ; les larges manches de robes reçurent, pour ornementation, des espèces de bord ou retroussis, d'une énorme largeur. Les hommes prirent des tuniques courtes, froncées et serrées à la taille. Le haut du vêtement, tant masculin que féminin, fut alors coupé carrément sur le haut au milieu de la poitrine et des épaules, ainsi que sont représentés la plupart des personnages dans les tableaux de Raphaël et des peintres contemporains.

On peut remarquer, comme une singularité du costume à cette époque, la profusion et l'exubérance des panaches ; tout le monde en portait, les chevaux comme les hommes ; c'étaient, de préférence, des plumes d'autruche blanches ou teintes.

La fameuse expédition de Charles VIII, en Italie, avait marqué le premier pas vers les modes et les costumes italiens, qui, à vrai dire, ne différaient pas trop de ceux que nous avions adoptés déjà, mais avec un meilleur goût, avec un sentiment de l'art, plus délicat (fig. 429 et 430). Aux mahoitres, qu'on avait abandonnés dès le temps de Louis XI, succédèrent des manches amples et plissées, qui donnaient beaucoup de grâce au haut du corps. Un manteau, court et orné, une toque à bord assez large, couverte de plumes, et un haut-de-chausses avec cette ampleur d'étoffe qui lui valut le nom de *trousses ;* tel fut le costume des hommes, à la fin du quinzième siècle. Les femmes portaient alors des corsages ajustés, brodés, passementés, couverts de dorures, avec des manches larges et ouvertes ; elles conservaient encore, la plupart, le lourd et disgracieux couvre-chef de la reine Anne de Bretagne. Le caractère principal du costume des femmes, en ce temps-là, est l'ampleur ; le costume des hommes, au contraire, excepté le manteau ou la robe de dessus, est ordinairement juste et même fort étriqué.

Fig. 432. — Costumes d'une riche bourgeoise normande et d'un seigneur ou notable en grand habit de cérémonie du temps de François Ier. D'après le recueil de Gaignières, tirés des vitraux de l'église Saint-Ouen, à Rouen. (Bibl. nat. de Paris.)

On peut constater déjà que le seizième siècle amena une séparation définitive entre le costume ancien et le costume nouveau ; c'est en effet au seizième siècle que nos modes actuelles ont pris naissance ; c'est pendant ce siècle, que les hommes ont définitivement adopté les vêtements adhérents au corps, les surtouts à manches serrées, les chapeaux de feutre à bords plus ou moins larges, et les chaussures fermées, bottes et bottines, et que les femmes ont adopté aussi les robes à corsages et à manches justes, les chapeaux à forme basse et les jupons à riche envergure. Ces vêtements, qui diffèrent entièrement de ceux de l'antiquité, forment, en quelque sorte, depuis cette époque, le seul fonds commun sur lequel vont se dessiner désormais les variations sans nombre du costume masculin et féminin, qui finiront néanmoins et inévitablement par se rapprocher de leur point de départ et par se rattacher même au type primitif, pour s'en écarter ensuite un moment, afin d'y revenir tôt ou tard.

Au seizième siècle, les femmes donnèrent à la jupe de leurs robes, serrées à la ceinture et fendues sur le devant, une grande ampleur et une roideur incroyable. Elles laissaient à découvert le bas d'un jupon très-riche, qui, de même que la robe de dessus, arrivait jusqu'à terre, sans laisser apercevoir le bout du pied. C'était là une mode tout italienne, ainsi que les manches à bourrelets, descendant par cercles gradués, jusqu'aux poignets. Souvent les cheveux, relevés en rouleaux et ornés de pierres précieuses, étaient surmontés d'un petit *toquet*, coquettement posé, soit de côté, soit sur le haut de la tête, et orné de chaînes d'or, de pierreries et d'aigrettes. Le corsage était toujours allongé et pointu par devant. Les hommes avaient imité la même forme de corsage pour leur justaucorps; leurs chausses étaient étroites, accompagnées d'une trousse bouffante autour des reins. Ils portaient un manteau qui ne tombait qu'à mi-cuisse, toujours très-orné; une toque unie ou cannelée qui se posait sur le côté de la tête; un petit collet droit sur le haut du justaucorps. Ce collet fut remplacé, après la première moitié du seizième siècle, par la haute *fraise* goudronnée, maintenue en l'air par des fils de laiton, que les femmes agrandirent également, en l'appliquant à leur toilette et en lui donnant la forme d'un éventail plus ou moins ouvert derrière la nuque.

Si maintenant nous reportons un coup d'œil d'ensemble sur les nombreuses vicissitudes du costume, métamorphoses capricieuses dont nous avons essayé de tracer un rapide tableau, nous constaterons que, parmi les peuples européens formant la société du moyen âge, il n'y eut guère pour les modes qu'un seul et même courant d'idées générales, qui s'imposèrent et se développèrent avec tel ou tel caractère particulier, selon les mœurs de chaque pays, selon les instincts et les aptitudes de chaque race. En Italie, par exemple, le costume s'est toujours modifié avec un certain sentiment de

Fig. 433 et 434. — Costumes des dames et demoiselles de la cour de Catherine de Médicis. D'après Cesare Vecellio.

grandeur, rappelant encore de près ou de loin l'influence de l'antiquité. En Allemagne et en Suisse, les formes des habits restèrent généralement lourdes et massives; en Hollande, bien plus encore (fig. 436 et 437). L'Angleterre affecta régulièrement une sorte d'élégance et de correction instinctives. L'Espagne, chose singulière, participa sans cesse de la pesanteur germanique, soit que l'élément gothique dominât encore chez elle, soit que les modes wallones aient eu pour elle un attrait de contact et d'habitude. La France enfin, qui était alors ce qu'elle est aujourd'hui, resta mobile et capricieuse, fantasque et incertaine, mais non indifférente, toujours prête à prendre d'ici et de là, chez les autres, ce qui lui plaisait d'aventure, mais aussi ne manquant pas de mettre sur tous ses emprunts son cachet propre, et faisant sien, c'est-à-dire essentiellement français, ce qui la veille encore était espagnol, anglais, allemand, italien. Dans ces différents pays, on a vu et on voit encore des provinces entières conserver un ancien costume, qui les met en désharmonie complète avec le reste de la nation : ce sont là simplement des modes retardataires, car on peut être sûr que tout costume local, que garde fidèlement et religieusement telle ou telle population, éloignée du centre de l'action politique, a été jadis porté par les grands seigneurs du pays. Ainsi la coiffe d'Anne de Bretagne est encore celle des paysannes de Penhoët et de Labrevack, et le hennin d'Isabeau de Bavière est toujours la coiffure d'honneur en Normandie.

Bien que nous soyons rigoureusement arrivés aux limites historiques qui nous sont assignées par la nature même de cet ouvrage, nous croyons devoir passer outre pour indiquer sommairement le dernier lien qui rattache le domaine des modes actuelles à celui de l'âge antérieur.

Sous François Ier, le costume italianisé reste à peu près stationnaire (fig. 432). Sous Henri II (fig. 433 et 434), et surtout après la mort de ce prince, époque où une régence ouvre la période des rois enfants, le goût des frivolités prend un essor prodigieux. Le costume va, de jour en jour, perdant le peu de dignité qui lui reste.

Catherine de Médicis avait apporté en France la mode des *fraises;* Marie de Médicis apportera celle des collerettes au commencement du siècle suivant. Les robes, étroites de la ceinture, commencèrent à bouffer autour des hanches, au moyen de gros bourrelets qui s'augmentèrent encore sous le nom de *vertugadins* (corruption de *vertus-gardiens*), monstrueux appareils de baleines et d'acier rembourrés, qui devaient plus tard devenir les ridicules *paniers*, que les femmes ont portés presque jusqu'au seuil de notre siècle, et qui ont depuis essayé de reparaître.

Sous les derniers Valois, le costume des hommes est court, fermé : justaucorps pointu, entouré de petites basques; toque de velours avec aigrette; barbe en pointe; perle pendante à l'oreille gauche; petit manteau ou mantelet ne descendant qu'à la ceinture. L'usage des gants de peau parfumée devient alors universel. Le vêtement féminin est long, très-étoffé, fort riche, et ne varie guère sous Henri IV. Alors cependant, chez les hommes, la trousse s'allonge et prend de l'ampleur (fig. 435), surtout en Espagne et dans les Pays-Bas, et la mode des grandes bottes molles en peau de daim ou en maroquin noir s'établit partout, en raison de leur commodité usuelle.

Fig. 435. — Costume de gentilhomme à la cour de France, vers la fin du seizième siècle. Fac-similé d'une miniature du *Livre de poésies*, manuscrit dédié à Henri IV.

Notons que le costume des bourgeois est depuis longtemps presque invariable, même dans les capitales. N'ayant adopté ni les chausses étroites ni les trousses ballonnées, ils portent le justaucorps aisé, le manteau ample, les grègues lâches, et le chapeau de feutre, que les Anglais ont fait pointu et à larges rebords.

Enfin, vers le commencement du dix-septième siècle, la trousse, sur laquelle les peuples du Nord ont jeté une profusion de boutons plus ou moins riches, se métamorphose en *culotte* courte, large, ouverte aux genoux. La division se fait brusquement entre le haut de chausses et les *bas* des chausses, comme si l'on eût tranché en deux parties le vêtement qui couvrait les membres inférieurs, depuis les reins jusqu'aux pieds : les jarretières naissent inévitablement. Le chapeau de feutre devient dans presque toute l'Europe une calotte prenant la forme exacte de la tête et s'entourant de grands bords plats ou relevés d'un côté. Les hauts talons s'appliquent aux chaussures qui avaient été jusque-là planes et à simples semelles..... Et deux siècles plus tard, une terrible commotion sociale se produit en France, en Europe, révolution profonde, de laquelle le costume masculin, dès lors presque uniforme dans l'Europe entière, est sorti plus pauvre, plus disgracieux, plus triste, plus insignifiant que jamais, tandis que le vêtement féminin ne connaît plus d'autres lois qu'une inconstance perpétuelle et indomptable, où il sait, d'un jour à l'autre, rencontrer la grâce et l'élégance, en touchant trop souvent à l'extravagant et à l'absurde.

Fig. 436 et 437. — Costumes de la bourgeoisie allemande, au milieu du seizième siècle.
Dessins attribués à Holbein.

TABLE DES FIGURES

I. PLANCHES CHROMOLITHOGRAPHIQUES.

Planches.	Pages.
1. La reine de Saba devant Salomon. Miniature du *Bréviaire* du cardinal Grimani, attribuée à Memling. Costumes du 15ᵉ siècle.	Frontispice
2. La cour des dames de Marie d'Anjou, femme de Charles VII. Miniature des *Douze périlz d'Enfer*. Cost. du 15ᵉ s.	26
3. Louis XII sort, le 24 avril 1507, d'Alexandrie pour aller châtier Gênes. Miniature du *Voyage de Gênes* de Jean Marot.	44
4. Le cortège de la jeune mère. Miniature du *Térence* latin de Charles VI. Costumes du 14ᵉ siècle.	80
5. Service de table chez une châtelaine. Miniature du *Roman de Renaud de Montauban*. Costumes du 15ᵉ siècle.	146
6. La chasse des dames. Miniature des *Épitres d'Ovide*. Costumes du 15ᵉ siècle.	200
7. Le fou en titre d'office. Miniature d'un manuscrit du 15ᵉ siècle.	248
8. Les joueurs d'échecs. Miniature des *Trois âges de l'homme*, fin du 15ᵉ siècle.	256
9. Martyre des saints Crépin et Crépinien. Vitrail de l'hôpital des Quinze-Vingts. 15ᵉ siècle.	314
10. Règlement de comptes de la confrérie de la Charité-Dieu de Rouen, en 1466. Miniature du *Livre des comptes* de cette société. 15ᵉ siècle.	354
11. Comment Guillaume de Pomiers, atteint de trahison, et un sien clerc furent décollés à Bordeaux, en 1377. *Chroniques de Froissart*.	448
12. La pâque des Juifs. Miniature d'un missel du 15ᵉ siècle de l'école de van Eyck.	480
13. Entrée de Charles VII à Paris. Miniature des *Chroniques d'Enguerrand de Monstrelet*. Costumes du 16ᵉ siècle.	532
14. Sainte Catherine au milieu des docteurs d'Alexandrie. Miniature du *Bréviaire* du cardinal Grimani, attribuée à Memling. Costumes du 15ᵉ siècle.	572
15. Dentelle italienne en fil d'or, aux chiffre et armes de Henri III. 16ᵉ siècle.	580

II. GRAVURES.

	Pages.
Alexandrie d'Égypte, vue du 16ᵉ s.	273
Amende honorable de Jacques Cœur, 15ᵉ s.	357
— — devant le tribunal, 16ᵉ s.	445
Anne de Bretagne et ses dames.	87
Apprenti cordonnier, 13ᵉ s.	317
— menuisier, 15ᵉ s.	318
Arbalétrier, 15ᵉ s.	31
Armes diverses du 15ᵉ s.	58
Armurier (l'), 16ᵉ s.	306
Artisane du Bourbonnais, 15ᵉ s.	585
Assassinat de Jean sans Peur, à Montereau.	353
Atelier d'un orfèvre, 16ᵉ s.	304
Aumônière du 15ᵉ s.	28
Autel des Nautes parisiens.	151
Aveugles et Sabouleux, 15ᵉ s.	504
Avocat (l'), 15ᵉ s.	403
Bailliage royal.	57
Ballet (le) des Ardents, 15ᵉ s.	265
— (un) devant Henri III.	545
Bannière des boulangers d'Arras.	116
— des boulangers de Paris.	116
— des bourreliers de Paris.	313
— des cabaretiers de Montmédy.	161
— des cabaretiers de Tonnerre.	161
— des charrons de Paris.	313
— des cloutiers de Paris.	313
— des cordonniers d'Yssoudun.	311
— des couvreurs de Paris.	313

TABLE DES FIGURES.

	Pages.
Bannière des drapiers de Caen	326
— des pâtissiers de Bordeaux	171
— des pâtissiers de Caen	171
— des pâtissiers de Tonnerre	192
— des tanneurs de Vic	313
— des tisserands de Toulon	313
— des tonneliers de Bayonne	163
— des tonneliers de la Rochelle	163
Barbier (le) étuviste, 16ᵉ s.	304
Bastille (la), à Paris	462
Battage du blé, 16ᵉ s.	113
Batteur (le) d'or, 16ᵉ s.	304
Bergers célébrant la Noël	109
Blason des mesureurs de grains de Gand	116
Blasons exposés aux fenêtres des hérauts	15
Bœuf (le) sacré, monument celtique	130
Bohémien qui se lave les mains dans du plomb fondu	501
Bohémiens en marche, 15ᵉ s.	491
Boucher (le), 16ᵉ s.	131
Boulanger (le), 16ᵉ s.	115
Bourgeois, 13ᵉ et 14ᵉ s.	21, 83
— allemands, 16ᵉ s.	596
— à table, 16ᵉ s.	126
— de Gand en prières	89
— du Bourbonnais, 14-15ᵉ s.	577, 585
— ou marchand, 15ᵉ et 16ᵉ s.	581, 589
Bourgeoise française, 14ᵉ s.	575
— normande, 16ᵉ s.	591
Bourreau (le), type du 13ᵉ s.	443
Boutique d'un épicier, 17ᵉ s.	176
Boutiques sous une halle, 15ᵉ s.	320
Brasseur (le), 16ᵉ s.	156
Bûcheron italien, 14ᵉ s.	569
Bureau des orfévres de Rouen, 15ᵉ s.	319
Buveurs (les) du Nord, 16ᵉ s.	155
Cachet de Chilpéric Iᵉʳ	408
Cage de fer mobile	463
Campement des bohémiens	497
Capendu (le), jeu du 14ᵉ s.	269
Carillon de Saint-Lambert à Liége	53
Cartes françaises du 16ᵉ s.	255
Casse-noisettes sculpté, 16ᵉ s.	187
Cérémonie juive devant l'arche	487
Chambrières du 13ᵉ s.	95
Chandeliers en bronze, 14ᵉ s.	79
Chapelier (le), 16ᵉ s.	303
Charcutier (le), 14ᵉ s.	129
Charlemagne, gravure du 16ᵉ s.	9
— tenant le globe et le glaive	373
Charles, fils de Pépin, reçoit la nouvelle de la mort de son père. Costumes du 15ᵉ s.	8
Charles III le Simple	561
Charles V, statue du 14ᵉ s.	579
Charlotte de Savoie, femme de Louis XI	586
Chasse à la foletouere, 14ᵉ s.	233
— à la pipée	230
— au cerf	33
— au faisan	232
— au héron	227
— au léopard, 16ᵉ s.	205
— au loup	208
— au sanglier	229
— aux brais	231
— aux daims	202
— aux écureuils	203

	Pages.
Chasse aux lièvres	197
— aux ours	209
— aux perdrix	204
— en charrette	198
— en portant la toile	196
Château (le) d'Alamond, 15ᵉ s.	411
Château-Gaillard (le), aux Andelys	10
Châtelet (le), à Paris	385
Chaudronnier (le), 16ᵉ s.	167
Chenil (le), 15ᵉ s.	207
Chevalier en costume de guerre, 12ᵉ s.	17
— et sa dame, 14ᵉ s.	77
Chevaliers allemands, 15ᵉ s.	427
— français, 12ᵉ s.	11
Childebert, statue du 7ᵉ s.	553
Clerc ou lettré, 9ᵉ s.	559
Clovis Iᵉʳ, statue du 6ᵉ s.	553
Cologne, vue du 16ᵉ s.	425
Colons laboureurs, 12ᵉ s.	12, 13
Combat d'un cheval contre des chiens, 13ᵉ s.	237
Comment on doit huer et corner	199
— on écorche le cerf, 15ᵉ s.	141
Commerce (le) dans le Levant, 15ᵉ s.	277
Compagnon du devoir, 15ᵉ s.	323
Compagnons du devoir (charpentiers)	324
Confrérie de la mort à Venise	431
Conspiration des juifs, 13ᵉ s.	481
Cordonnier (le), 16ᵉ s.	306
Cornet de chasse, 14ᵉ s.	240, 211
Cortége impérial	526
Costume des empereurs à leur couronnement, 16ᵉ s.	525
— royal, 12ᵉ s.	563
Cour d'amour : scènes allégoriques	257
— provençale	71
— de bailliage, 16ᵉ s.	393
— des miracles : le Bossu	509
— des seigneurs, 13ᵉ s.	377
— du palais des Doges	429
— d'un baron allemand	397
— du roi du grand conseil, 15ᵉ s.	387
— souveraine, 15ᵉ s.	395
Couronnement de Charlemagne	521
Coutelier (le) fourbisseur, 16ᵉ s.	306
Crodon, idole des Saxons	415
Cuisinier (le), 16ᵉ s.	177
Culbutes (les), 16ᵉ s.	252
Culture de la vigne, 16ᵉ s.	123
— des céréales, 16ᵉ s.	117
— des fruits, 15ᵉ s.	121
Dalmatique et sandales de Charlemagne	523
Dame de la cour, 15ᵉ et 16ᵉ s.	581, 593
— noble, 14ᵉ et 16ᵉ s.	83, 575, 589
Dames nobles au 9ᵉ s.	67
— — et enfants, 14ᵉ s.	82
Danse (la) à la torche, 15ᵉ s.	263
— à l'épée, 14ᵉ s.	243
— de fous, 13ᵉ s.	247
Danses de paysans, 15ᵉ s.	261
Danseurs (les) de la nuit de Noël	259
David (le roi) et quatre musiciens, 13ᵉ s.	73
Décapitation (la), 16ᵉ s.	449
Découverte de l'Amérique	292
Demoiselle de la cour, 16ᵉ s.	593
Départ (le) pour la chasse	221
Députés des bourgeois de Gand	55

TABLE DES FIGURES.

	Pages.
Diseurs de bonne aventure	493
Distribution de viande au peuple	241
Doge de Venise	433
Domestiques anglais, 14ᵉ s	571
Dortmund, vue du 16ᵉ s	417
Drapier (le), 16ᵉ s	303
Drille (le), 15ᵉ s	506
Droit sur la cervoise, 15ᵉ s	39
— sur les vins	38
Duc (le) de Saxe, 16ᵉ s	423
Duel (le) judiciaire, 13ᵉ et 15ᵉ s	380, 381
Enfant (l') nouveau-né, 15ᵉ s	91
— Richard crucifié	473
Entrée de Louis XI à Paris	539
— du roi de l'épinette, à Lille, 16ᵉ s	543
Entrevue du roi Charles V avec l'empereur Charles IV, à Paris, 14ᵉ s	537
Éperonnier (l'), 16ᵉ s	306
Épicier (l') droguiste, 16ᵉ s	304
Épinglier (l') aiguillier, 16ᵉ s	305
Escarcelle et coutelas, 15ᵉ s	110
Esclaves ou serfs, 6ᵉ au 12ᵉ s	4
Étendards de l'empire et de l'Église	527
Évêque ou abbé, 9ᵉ s	559
Exécution des jugements du tribunal secret	424
— d'un chef de pirates, à Hambourg	289
Exécutions publiques, 16ᵉ s	451
Exercices d'équilibre, 13ᵉ s	242
— équestres, 13ᵉ s	245
Expulsion des juifs de Jérusalem, 15ᵉ s	467
Extraction des métaux, 16ᵉ s	329
Fabricant (le) d'huile, 16ᵉ s	143
Fabrication des fromages en Suisse	149
— du pain, 16ᵉ s	113
Familles et barbares, 16ᵉ s	371
Faucon (le) à la filière	217
— à l'eau	219
— dressé au vol	220
Fauconniers	215, 218, 222, 225
Femme du Bourbonnais, 14ᵉ s	575
— sous la sauvegarde de la chevalerie	70
Femmes de la cour, 10ᵉ s	62
Fermailleur (le), 16ᵉ s	305
Festin d'apparat au 14ᵉ et 16ᵉ s	189, 139
Fête de village, 16ᵉ s	107
Feu (le), supplice	447
— d'artifice, tiré sur l'eau	251
Fille d'honneur, 14ᵉ s	83
Flamel (Nicolas) et sa femme	98
Fondeur (le) de cloches, 16ᵉ s	307
— en cuivre, 16ᵉ s	307
Fou de cour en titre d'office	249
Fouet à nœuds	464
Foulage du raisin, 16ᵉ s	123
Francs	2
Francs-juges (les), 16ᵉ s	420
Frédégonde donne l'ordre d'assassiner Sigebert (vitrail du 15ᵉ s.)	63
Gaillarde (la), danse du 16ᵉ s	267
Gallo-Romains, 6ᵉ s	551
Garde bourgeoise de Gand	51
Gaston Phœbus enseignant la vénerie, 15ᵉ s	195
Gens de cour amassant des trésors, 14ᵉ s	351
— de métiers, 14ᵉ s	297
Gentilhomme français, 16ᵉ s	594
Geôle (la), 16ᵉ s	161

	Pages.
Gibet (le) de Montfaucon	455
Graville (Louis de), amiral	85
Guerrier germain	3
Guillaume le Bâtard, 11ᵉ s	49
Héraut d'armes, 14ᵉ s	520
Hermensul, idole des Saxons	415
Hommes d'armes, 12ᵉ s	11
Hôtel de la chambre des Comptes, à Paris	347
— des Ursins, à Paris	97
Intérieur de cuisine, 16ᵉ s	166, 170
— italienne	173
— d'une hôtellerie, 16ᵉ s	159
Issue (l') de table, 16ᵉ s	179
Jardinier italien, 14ᵉ s	569
Jeanne de Bourbon, reine de France	579
Jérusalem, vue du 15ᵉ s	485
Jongleurs sur une place publique	246
Joutes en l'honneur d'Isabeau de Bavière	531
Juge (le), 15ᵉ s	401
Juif évoquant le démon	483
— italien, 14ᵉ s	481
Juifs chez le rabbin, 14ᵉ s	471
— de Cologne brûlés vifs	476
— en procession à Constance	479
— recueillant le sang des enfants chrétiens	469
Jurisconsulte (le), 16ᵉ s	403
Juvénal des Ursins et sa femme en prières	37
Laboureurs anglo-saxons	19
Landgrave (le) de Thuringe et sa femme	419
Lit de justice tenu en 1332	535
Louis VII le Jeune	563
Lubeck, vue du 16ᵉ s	287
Maison de Jacques Cœur, à Bourges	356
Maladies (des) des chiens, 15ᵉ s	223
Manches de couteau, 16ᵉ s	187
Marchande (la) d'œufs, 16ᵉ s	145
Marchands, 14ᵉ s	298
— de lions à Constantinople	239
Marie de Bourgogne, 15ᵉ s	587
Marseille, vue du 16ᵉ s	281
Martyre de l'enfant Simon, 15ᵉ s	475
Matthieu (saint) l'évangéliste, cost. du 9ᵉ s	557
Ménage de bohémiens	495
— de gueux	511
Mendiant italien	513
Mendiants allemands, 16ᵉ s	514
Mereaux des charpentiers	301
Mesurage du sel, 15ᵉ s	349
Mesureurs de grains, 16ᵉ s	285
Meunier (le), 16ᵉ s	114
Modus (le roi) enseignant la fauconnerie	214
Monnaies françaises	340, 345, 365, 367
— de saint Éloi, 7ᵉ s	333
— (chambre des), 16ᵉ s	359
Montreur d'animaux fantastiques	516
Montreur d'ours et de singes, 13ᵉ s	244
Musiciens réglant la danse	266
Navire marchand, 15ᵉ s	276
Noble italien chassant	25
— provençal, 15ᵉ s	213
Notaire italien, 15ᵉ s	583
Officiers de bouche de l'empereur	183
Ordonnance de table, 13ᵉ s	181
Orfèvres en procession	309
Origines des macreuses	136
Orphelins et Callots, 15ᵉ s	350

TABLE DES FIGURES.

	Pages.
Ouvrier (l') en bassins, 16ᵉ s.	307
— en dés	307
— en fil de fer	307
Oyer (l') ou rôtisseur, 16ᵉ s.	137
Pal (le), supplice	459
Palais (le) de justice, à Paris, 16ᵉ s.	383
Paris en 1607, vue en perspective	507
Paysans flamands, 15ᵉ s.	32
Péage des marchés, 15ᵉ s.	335
— d'un pont, 15ᵉ s.	341
— sous les ponts	349
Pêche de la baleine	283
Pêcheur (le) de rivière, 16ᵉ s.	152
— d'étangs	149
Peigne en ivoire, 16ᵉ s.	93
Pendaison (la), 15ᵉ s.	456
Philippe le Bel, statue équestre	75
Philippe le Bon, duc de Bourgogne	573
Pilori (le) des halles, 16ᵉ s.	457
Place Saint-Marc à Venise, 16ᵉ s.	47
Poids étalon de la poissonnerie du Mans	294
Pont (le) aux Changeurs, à Paris	343
Porcher (le), 16ᵉ s.	126
Porteurs de foin, 16ᵉ s.	285
Pot à deux anses, 9ᵉ s.	169
Potier (le) d'étain, 16ᵉ s.	307
Poudrière de chasse, 16ᵉ s.	234
Poulaillier (le), 16ᵉ s.	135
Prélat franc, costume du 8ᵉ s.	555
Présidial (le) au grand bailliage	405
Prévôt (grand) suisse, 16ᵉ s.	444
Prévôté des marchands de Paris	407
Princesse de France, 13ᵉ s.	565
Procès du connétable de Bourbon, 16ᵉ s.	389
Procession du doge, à Venise	529
Promulgation d'un édit, 15ᵉ s.	391
Question (la) par l'eau, 16ᵉ s.	441
— par l'estrapade, 16ᵉ s.	437
Receveur (le) d'impôts, 16ᵉ s.	361
Remi (saint) vient trouver Clovis, 15ᵉ s.	61
Remparts d'Aigues-Mortes	45
Repas de chasse	175
Roi carlovingien dans son palais, 9ᵉ s.	375
— (le) d'armes présente l'épée	541
— franc au milieu des chefs militaires	7
— ou chef franc armé	5
Roue (la), supplice	453
Ruffés et Millards, 15ᵉ s.	453
Sainte-Geneviève, ancienne église de Paris	43
Saints, costumes du 8ᵉ s.	554
Salière émaillée du 16ᵉ s.	185
Sandales de Charlemagne	548
Saut (le) périlleux, 16ᵉ s.	253
Sbire italien, 15ᵉ s.	583
Sbires du Conseil des Dix	430

	Pages.
Sceau des bouchers de Bruges	133
— des charpentiers de S.-Trond	301
— des cordonniers de S.-Trond	301
— des foulons de S.-Trond	301
— des menuisiers de Bruges	301
— des métiers de Gand	299
— des tisserands de Hasselt	301
— des tondeurs de drap de Bruges	301
Sceaux des francs-comtes allemands	421
Seigneur du temps de Louis XII	589
— en habit de gala, 16ᵉ s.	591
— franc, 10ᵉ s.	555
— français, 15ᵉ s.	581
— (jeune) normand, 14ᵉ s.	577
Seigneurs du 7ᵉ au 9ᵉ s.	65
— du temps de Charles VIII	588
Serf, au 10ᵉ s.	20
Sergents d'armes, 14ᵉ s.	309
Serment de foi et hommage	18
Signature de saint Éloi	332
Soldats romains	3
Sommelier (le) en fonctions	164
Stalle en bois sculpté du 15ᵉ s.	127
Styles à écrire, 14ᵉ s.	81
Suppôts de l'Université de Paris	41
Table des orfévres de Gand, 15ᵉ s.	321
Tailleur (le), 16ᵉ s.	303
Tanneurs de Gand, 15ᵉ s.	322
Teinturier (le), 16ᵉ s.	303
Temple (le), à Paris	339
Tombe de Chilpéric Iᵉʳ, 11ᵉ s.	331
Tour à Nogent-le-Rotrou	69
— du château de Semur	69
Transport de marchandises	275
— du poisson, 16ᵉ s.	152
Travaux des paysans, 16ᵉ s.	100
Tristan et Yseult, 13ᵉ s.	567
Union des marchands de Rouen	293, 325
Ustensiles de cuisine et de table	169
Valets de fauconnerie, 14ᵉ s.	216
Varlet portant une vouge	31
Vassale, au 10ᵉ s.	20
Vendangeurs (les), 13ᵉ s.	157
Veneur du roi, 13ᵉ s.	565
— (le) allemand, 16ᵉ s.	201
Vente à la criée, 16ᵉ s.	337
Vie des champs, 16ᵉ s.	99
Vieux (le) de la montagne, 15ᵉ s.	413
— (les) cordonniers de Gand	315
Vigneron (le), 16ᵉ s.	125
Vilain (le) convoiteux	105
— (le) égoïste	103
— ou paysan, 15ᵉ s.	23
Vilains et leur seigneur, 15ᵉ s.	101
Village pillé par des soldats, 16ᵉ s.	363

FIN DE LA TABLE DES FIGURES.

TABLE DES MATIÈRES

	Pages.
CONDITION DES PERSONNES ET DES TERRES	1

Désordre de l'Occident au commencement du moyen âge. — Mélange des institutions romaines, germaniques et gauloises. — Fusion opérée par Charlemagne. — Autorité royale. — Condition des grands feudataires. — Division du territoire et prérogatives attachées à la possession territoriale. — Les hommes libres et l'aleu. — Le lide, le colon, le serf, roturiers qui sont le principe du peuple moderne — Formation de la commune. — Bourgeoisies. — Servitudes. — Droit de mainmorte.

PRIVILÉGES ET DROITS FÉODAUX ET COMMUNAUX 29

Éléments de la féodalité. — Droits de trésor, de chasse, de sauf-conduit, de rançon, de déshérence, etc. — Immunité des féodaux. — Redevances des nobles envers leurs suzerains. — Redevances dans l'ordre judiciaire, universitaire; exigences bizarres résultant du système universel de redevances. — Luttes pour l'affranchissement des classes soumises aux redevances. — L'esprit féodal et l'esprit de cité. — Réveil du principe des municipes antiques, en Italie, en Allemagne, en France. — Institutions et associations municipales. — La commune — Les cités bourgeoises. — Naissance de l'unité nationale.

VIE PRIVÉE DANS LES CHATEAUX, LES VILLES ET LES CAMPAGNES 59

Le château mérovingien. — Emploi du temps par les nobles : chasse, guerre. — Disposition des appartements. — Vie privée de Charlemagne. — Mœurs domestiques sous les Carlovingiens. — Influence de la chevalerie. — Simplicité de la cour de Philippe-Auguste, non imitée par ses successeurs. — Vie princière au quinzième siècle. — Les enseignements de la Tour Landry, seigneur angevin. — Varlets, pages, écuyers, damoiselles d'honneur. — Avénement des bourgeoisies. — Le *Menagier de Paris*. — La manse ancienne. — État des vilains aux diverses époques. — Les *Propos rustiques* de Noël du Fail.

NOURRITURE ET CUISINE 111

Histoire du pain. — Légumes et plantes potagères. — Fruits. — Viandes de boucherie. — Volaille, gibier. — Lait, beurre, œufs, fromage. — Poissons et coquillages. — Boissons : bière, cidre, vin, hypocras, breuvages rafraîchissants, eau-de-vie. — Cuisine. — Soupes, bouillies, pâtés, ragoûts, salades, rôtis, grillades. — Assaisonnements, truffes, sucre, verjus. — Entremets, dorures, desserts, pâtisserie. — Repas et festins. — Ordonnance du service de table du quinzième au seizième siècle.

CHASSE 193

Vénerie et fauconnerie. — Origine d'Aix-la-Chapelle. — Gaston Phœbus et son livre. — Les protecteurs célestes des chasseurs. — Confréries et associations cynégétiques. — Rois chasseurs : Charlemagne, Louis IX, Louis XI, Charles VIII, Louis XII, François Ier, etc. — Traités de vénerie. — Papes chasseurs. — Origines de la fauconnerie. — Éducation des oiseaux. — Équipages de chasse à l'oiseau. — Livre du roi Modus. — Langue de la fauconnerie. — Personnages qui ont excellé dans ce genre de chasse. — L'oisellerie.

MŒURS (A). 76

TABLE DES MATIÈRES.

Pages.

JEUX ET DIVERTISSEMENTS.. 235

Jeux des anciens Grecs et des Romains. — Jeux du cirque. — Combats d'animaux. — Intrépidité du roi Pepin. — Les lions du roi. — Combats d'aveugles. — Les badauds de Paris. — Champs de mars, cours plénières et cours couronnées. — Les jongleurs, bateleurs et ménétriers. — Les funambules. — Feux d'artifice. — Exercices de gymnastique. — Les cartes et les dés. — Les échecs. — Les billes et billards, la soule, la pirouette, etc. — Petits jeux de société. — Histoire de la danse. — Ballet des Ardents. — L'*Orchésographie* de Thoinot Arbeau. — Énumération des danses.

COMMERCE.. 271

État du commerce après la chute de l'empire romain. — Sa rénovation sous les rois francs. — Sa prospérité sous Charlemagne. — Sa décadence jusqu'à l'époque des croisades. — Les comptoirs du Levant. — Situation florissante des villes de la Provence et du Languedoc. — Institution des foires. — Foire du Landit, de Champagne, de Beaucaire, de Lyon, etc. — Les poids et mesures. — La Flandre commerçante. — Lois du commerce maritime. — Juridictions consulaires. — Les banques et les lettres de change. — Établissements français sur les côtes d'Afrique. — Conséquences de la découverte de l'Amérique.

CORPORATIONS DE MÉTIERS.. 295

Origines incertaines des corporations. — Les associations industrielles de l'antiquité. — La guilde germanique. — Les colléges. — Les hanses. — La compagnie de la marchandise de l'eau à Paris. — Corporations proprement dites. — Le *Livre des Métiers* d'Étienne Boileau en établit la première réglementation. — Statuts des métiers. — Organisation publique et intérieure des corps de métiers et des communautés. — Esprit des corporations. — Maîtres, compagnons, aspirants, apprentis. — Fêtes religieuses des corps de métiers. — Compagnonnage.

IMPOTS, MONNAIES ET FINANCES.. 327

Les impôts sous la domination romaine. — Exactions fiscales des rois Mérovingiens. — Variations de la monnaie. — Réglementation des finances sous Charlemagne. — *Missi dominici*. — Accroissement des impôts par suite des croisades. — Louis IX organise les finances. — Extorsions de Philippe le Bel. — Embarras pécuniaires de ses successeurs. — Charles V rétablit l'ordre dans les finances. — Désastres de la France sous Charles VI. — Charles VII et Jacques Cœur. — Mouvement des impôts, de Louis XI à François Ier. — Les grands financiers. — Florimond Robertet.

JUSTICE ET TRIBUNAUX.. 369

Le gouvernement né de la famille. — Origine du pouvoir suprême chez les Francs. — La législation barbare humanisée par le christianisme. — Le droit de justice inhérent au droit de propriété. — Les lois sous Charlemagne. — Formes judiciaires. — Les témoins, le duel, etc. — Organisation de la justice royale sous saint Louis. — Le Châtelet et le prévôt de Paris. — Juridiction du Parlement. — Ses devoirs et ses gages. — Les bailliages. — Luttes du Parlement et du Châtelet. — Rédactions des Coutumes. — Vénalité des charges. — Comparaison du Parlement et du Châtelet.

TRIBUNAUX SECRETS.. 409

Le Vieux de la Montagne et ses sectaires en Syrie. — Le château d'Alamond, paradis des *assassins*. — Charlemagne créateur des tribunaux secrets chez les Saxons. — La Sainte-Vehme. — Organisation du tribunal de la *Terre-Rouge*, et formes qui y étaient suivies pour les procédures. — Peines prononcées et exécution des sentences. — La vérité sur les francs-juges de Westphalie. — Apogée et décadence du tribunal vehmique. — Le Conseil des Dix à Venise. — Son code et ses ténébreuses décisions. — Fin du Conseil des Dix.

PÉNALITÉ.. 435

Raffinements de cruauté pénale. — La question préparatoire ou préalable, ordinaire et extraordinaire. — L'eau, les brodequins et le chevalet. — Le bourreau et son caractère. — Femmes bourreaux. — Supplices divers. — Amende honorable. — Peine du feu, en réalité et par contumace. — Auto-da-fé. — Brasier et bassin ardent. — Décapitation. — *In pace.* — Écartelage. — Roue. — Garrotte. — Hart ou pendaison. — Claie. — Peine du fouet. — Pilori. — Arquebusade. — Chatouillement. — Écorchement. — Pal. — Noyade. — Emprisonnement. — Régime des prisons. — Cages de fer. — Plombs de Venise.

JUIFS 465

Dispersion de la nation juive. — Quartiers des juifs dans les villes du moyen âge. — Le *Ghetto* de Rome. — Le vieux Prague. — La *Giudecca* de Venise. — Condition des juifs. — Animosité de la populace contre eux. — Rigueurs et vexations des souverains. — Les juifs de Lincoln. — Les juifs de Blois. — Mission des pastoureaux. — Extermination des juifs. — Prix auquel les juifs achètent la tolérance. — Marques mises sur eux. — Richesse, savoir, industrie et aptitudes financières des juifs. — Réglementation de l'usure pratiquée par les juifs. — Attachement des juifs à leur religion.

BOHÉMIENS, GUEUX, MENDIANTS, COURS DES MIRACLES 489

Premières apparitions des bohémiens en Occident. — Les bohémiens à Paris. — Mœurs et habitudes de ces tribus errantes. — Tours du capitaine Charles. — Les bohémiens chassés par ordonnances royales. — Langue des bohémiens. — Le royaume de l'argot. — Le grand Coesre, chef des truands, ses vassaux et sujets. — Divisions de la nation de l'argot. — Décadence de l'argot et ses causes. — Cours des Miracles. — Pré des Gueux. — Langue matoise ou narquois. — Gueux étrangers. — Voleurs et tireurs de laine.

CÉRÉMONIAL 517

Origines du cérémonial moderne. — Incertitudes du cérémonial français jusqu'à la fin du seizième siècle. — Sacre des rois de France. — Couronnement des empereurs d'Allemagne. — Consécration des doges de Venise. — Mariage du doge avec la mer. — Joyeuses entrées des souverains. — Relation de l'entrée d'Isabeau de Bavière à Paris. — Lits de justice. — Visites de cérémonie entre grands personnages. — Deuils. — Termes de civilité. — Solennités populaires et commémorations nationales. — Jour de l'an. — Fêtes locales. — Vins d'honneur. — Processions des métiers.

COSTUMES 549

Influence du costume antique. — Costume au cinquième siècle. — Chevelure. — Costume au temps de Charlemagne. — Naissance des costumes: nationaux modernes. — Coiffures et barbes. — Siècle de Saint-Louis. — Progrès du costume: braies, chausses, souliers, cotte, surcot, chaperon. — Variations dans la mode des souliers et des chaperons. — La *livrée*. — Manteaux et chappes. — Édits contre les modes extravagantes. — Costume féminin: robes, bonnets, coiffes, etc. — Disparition du costume ancien. — Robe à taille. — Idée générale du costume sous François 1er. — Unification du costume.

TABLE DES FIGURES 597

FIN DE LA TABLE DES MATIÈRES.

www.ingramcontent.com/pod-product-compliance
Lightning Source LLC
Chambersburg PA
CBHW050059230426
43664CB00010B/1375